U0069533

明清時代女性聲音與男性氣概之建構

言 為 心 聲

何宇軒 HO, Yu Hin Kelvin ——— 著

序

歷史不是一個性別的歷史。

兩性共同參與了歷史演進的過程。

男性的歷史中有女性的身影。

女性的歷史中有男性的角色。

書寫的歷史，或者有時會掩蓋了某個性別的聲音。然而客觀的歷史，的確是由兩性共同譜賦的樂曲。當代性別史研究蔚然成風，不少學者都強調治史者的視野必須兼及兩性，並同時關注不同性別、年齡、階級、種族之間的互動。

如果說，古代男性學者文人曾多番參與塑造傳統女性的道德行為規範，構建理想的婦人品格，那麼倒過來說，女性在男性人格形成的過程中，又可有貢獻？答案是肯定的。近年中外學者對近世女性文本中所呈現主體能動性之研究，已充分證明不少知識女性並非沉默的一群，反而對家庭、社會、國家方方面面都有獨到的看法。生存在男性社會中的女性，同樣可以把握機遇、創造空間，以一己價值觀影響身邊的男性，特別是兒子、丈夫、兄弟和族人等。換言之，古代男性人格之締建以及傳統社會對男性角色的諸多期許，都不免會有女性投放的力量和留下的足迹。讀罷何宇軒博士此書，自然體會良多。

宇軒多年來在性別史的領域裡勤耕細耘，學養漸深，發表的文章亦愈形豐贍。作為宇軒碩士和博士論文的導師，筆者有幸見證這位年輕有為、努力不懈的新秀成長的歷程。衷心祝賀宇軒第

一部專書的出版，並深切期盼他繼續勇往直前，為學術界貢獻更多成果。

劉詠聰謹序於香港浸會大學歷史系
二〇一八年九月五日

自序

　　本書終能刊行，必須向是書之出版社秀威資訊科技股份有限公司致以由衷的感謝。另外，秀威編輯鄭夏華小姐及鄭伊庭小姐多所協助出版事項、封面設計及書稿校對，其專業精神與精益求精之態度，在此亦一併申謝。

　　拙著原為筆者博士論文〈明清女性在男性人格建構過程中的角色研究〉（香港浸會大學哲學博士論文，2017年），出版時經過適量的修訂及增潤。本書得以完成，筆者特感謝劉詠聰老師、黃衛總老師及衣若蘭老師的啟發與指導。衛總老師及若蘭老師對拙文的內容、觀點及標題提出重要的修改建議，業師詠聰老師於百忙之中撥冗撰寫推薦序及予以鼓勵，亦在此一一道謝。

　　本研究以明清女性文本來探究她們對男性人格的看法，既關注中國「男性氣概」領域如何在前人的研究基礎上繼續開拓，亦對「過往男性研究較側重於採用男性文本及視野」的狀況作出反思，盼本書之寫作能補苴罅漏，可以對明清時期性別史、男性性別認知、兩性關係、家庭史及古代女性著作研究作出增補與貢獻。進一步來說，本書採用女性著述及視角作為主要探討對象，證明了明清才女筆下對傳統男性人格曾有多番論述，我們可以清楚認識到男性人格的構建，不一定只由男性來完成，當中或許有不少女性的聲音，正如傳統社會對女性的人格期許，同樣包含男女兩性的取態一樣。

　　因此，本書命名為《言為心聲：明清時代女性聲音與男性氣

概之建構》，旨在強調女性在中國歷史上參與「男性建構」的角色，我們亦可通過文本的解讀窺探古代女性的個人思想與情感、她們對男性角色的性別期許、女性對古代社會中兩性的道德規範之反思，故本書以「言為心聲」為題，在命名上有這樣的用意。

筆者必須指出，本研究以女性著作去探究她們對傳統男性人格之建構，只屬初步努力，拙著並非完善之作，仍有不少尚待深化及補充的空間。然而，此等書寫並未普遍為學者所注意，前人從女性文本切入來看男性人格的研究仍然相當缺乏。若拙作可先作起步，並能引起學術界更關注男性史及進一步推動相關研究，將是筆者的莫大榮幸。

回首攻讀碩士及博士學位的歲月，這五年，嘗過悲歡離合，也經歷了人生中一些重要的歷程，包括結婚、出國交流等。同時，於默默耕耘的進程中，身體突然出現毛病，也促使自己時時猛省：身心健康極其重要，更該督促自己莫忘保重身體，以期有效地應付各種工作及挑戰。

首先，我要由衷感謝恩師劉詠聰老師的指導，學生資質愚鈍，她毫不介意，一直耐心地教導我。若果「夫道」是我涉足中國男性史研究的起步，那麼今次探討女性在男性人格建構過程中的角色，就是一個延續。我希望通過這個課題之探究，呈現出更清晰的性別面貌及歷史構圖。感謝老師的寶貴啟迪及具體指導，令我畢生受用。劉老師治學嚴謹，又經常如母親般訓課學生，讓我對「世事洞明皆學問，人情練達即文章」有更深刻的體會。老師一直為學生著想，讓我順利地渡過人生的多個難關，故此，學生已視恩師為親人，並傾盡心力在治學上有所長進，以報答這份恩情。這幾年雖未能獲得甚麼成就，總算充實地完成博士論文之撰寫、汲取不少論文刊登及參加會議報告的經驗，並展開不同性

質的教學工作。無論如何，老師對學生的莫大恩德，我一定銘記在心。

感謝李伯重老師的教誨，在過往無數次的問學場合中，學生有幸得到老師的悉心指導，不勝銘感之至。一直以來，老師循循善誘，又時常關懷學生的近況，使學生獲益良多，亦感到萬分榮幸。另外，感謝盧葦菁老師熱心地為學生撰寫推薦信，令我有幸獲得訪問加州大學聖地牙哥校區歷史系的珍貴機會。得以赴美及進修中國與歐洲性別史，的確使我大開眼界。葦菁老師及保民師丈盡心地教導及照料學生，使我順利達成負笈他鄉與增廣見聞的素願，實銘感五內。

同時，能在不同的場合上認識多位前輩學者，如呂宗力老師、鄧小南老師、雷金慶老師、黃衛總老師、熊秉真老師、高彥頤老師、劉靜貞老師、林麗月老師、Jacqueline Moore老師、吳存存老師、衣若蘭老師、巫仁恕老師、楊彬彬老師、宋耕老師等，並與眾位老師保持聯繫及進行交流，也是我研究生里程上最寶貴的禮物。各位良師的諄諄誨誡，學生畢生難忘。

此外，感謝香港浸會大學歷史系眾位老師、學長、同窗及師弟妹的鼓勵與關懷。一篇學位論文的完成，總會遇到不少波折，亦難免出現一些感到氣餒的時刻。有賴你們時伸扶手，我才能克服種種考驗。感謝周佳榮老師、麥勁生老師、黃文江老師、譚家齊博士、金由美博士、何彌夏博士（Michael Hoeckelmann）、李嘉鈴博士（Catherine Ladds）、廖藹欣博士、李建深博士、范永聰博士、丁潔博士、羅婉嫻博士、盧嘉琪博士、侯勵英博士、彭淑敏博士、區顯鋒博士、黃耀忠博士、布琮任博士、劉冠燊博士、陳嘉禮博士、郭嘉輝博士、劉繼堯博士、袁展聰博士、呂凱鈴小姐、陳家怡小姐、吳綺靜小姐、李志賢先生、羅樂然博士、

江玉翠博士、何智鋒先生、廖穎聰先生、林稚暉博士、汪伊喬小姐、何頌衡先生、歐份昮小姐、陳天沛小姐、吳非小姐、譚春梅小姐。系內行政人員陳月媚小姐、潘家瑩小姐、陳瑋君小姐及陳欣瑜小姐在技術上的多種協助，使各項事宜的協調及運作更加順暢，在此亦一併申謝。

留美四月，也必須向以下各人致謝，他們既協助我適應當地生活，也分享多種人生及學術見聞，讓我擁有充實而有收穫的訪問旅程，包括呂凱鈴小姐及其丈夫、闕瑋玥小姐、王楚楚小姐、林子龍先生、馬旭小姐、歷史系秘書Ms. Amber Rieder、蓋澤爾圖書館（Geisel Library）中國研究圖書管理員陳晰小姐。再者，透過學術會議及校外研究生課程等渠道，因而結識多位互助互勉的同道，包括許建業博士、施志明博士、潘啟聰博士、曹曄博士、張彤小姐、陳煥華博士、王瓊灃先生、黃宜隆先生、黃濤先生、姜本末小姐和溫麗娜小姐，也在此一一道謝。

最後，我亦感激家人及朋友的包容及關愛。感謝父母孜孜不倦的付出，兒子不孝，亦百般愧疚，為了追求自己的夢想，尚未能為您們提供安穩的居所。不過，兒子已有清晰的人生目標，奮戰不懈，工作及婚姻上均漸入佳境，請您們不用為我過度操心，並多加珍重。感謝岳父岳母、內兄嫂及內子詩韻之無私奉獻，時刻給我真誠的關心，讓我可以心無旁鶩，專注為學。相識多載的好友一直聆聽我的想法及多所勉勵，在此特別鳴謝余啟倫先生、潘穎聰先生、李文傑先生、何寶儀小姐、曾慧妍小姐及楊凱瑩小姐。

「心專功必成，志堅事不靡」，體會殊深。然而，在學問方面，修業絕非容易拿捏之事，但願我能秉承前人「負薪挂角須勤學，刺股懸梁好自規」的求學精神，時刻以身作則，期盼自己能

成為學生的榜樣。縱使教學工作的經營具其辛酸之處，為人處世亦常面對各種挑戰，也不宜過度消極，應常以「天行健，君子以自強不息」之人生態度自勉。千言萬語，盡在不言中，是書之出版確是人生中新階段的重要見證。再次感謝各位師長、家人及朋友對我的鞭策及支持，讓我擁有豐收及難忘的學習歲月。面對現時的教學工作及人生道路，反思過去，把握現在，展望將來！

2018年9月19日
序於香港浸會大學歷史系

目次

第一章

導論

第一節　研究目的

　　本文旨在研究明清女性在男性人格建構過程中的角色，並試圖以女性文本來探討她們對傳統男性人格的看法，相信可以彌補過往男性研究主要以男性文本及視野為據之不足。又本研究將審視明清閨秀如何參與塑造「男性氣概」的形成和發展過程，既呈現古代女性的主體性（subjectivity）及能動性（agency），亦對於我們理解明清的兩性關係、男女角色期許之相互營建帶來極大的啟發性與意義。

　　事實上，當代女性及性別史權威學者曼素恩（Susan Mann）曾鄭重提出社會性別作為一種分析角度的重要性，以性別視角切入研究歷史，有助我們進一步了解歷史。[1]「傳統社會女性為受害者」的觀念於學界已逐漸淡出，以女性作為主要分析對象的性別史研究，相關成果蔚為奇觀。然而，研究性別史必須仔細地考察古代兩性關係及權力分配等議題，例如曼素恩提出在中國歷史文化研究的領域之中，我們應重視「男性氣概」、性別關係等議題。[2] 若只側重女性研究，而對男性研究有所忽略，委實不足以完全地理解性別關係的特點及發展，故此男性研究與女性研究是相輔相成的。[3] 其實，中國男性史的研究已日漸進入學者的視線。例如在「男性氣概」研究領域內引領風騷的學者如雷金

---

[1]　Susan Mann, *Precious Records: Women in China's Long Eighteenth Century* (Stanford, CA: Stanford University Press, 1997), p. 200.

[2]　Susan Mann, "AHR Forum-The Male Bond in Chinese History and Culture," *American Historical Review*, vol. 105, no. 5 (December 2000), pp. 1600-1614.

[3]　周華山：《性別越界在中國》（香港：香港同志研究社，2000年），〈誰來界定「男性特質」？〉，頁43。

慶（Kam Louie）、黃衛總（Martin W. Huang）均認為「男性氣概」的研究深具發展潛力，可以更細緻地探討從父權社會所建立的性別規律。「中國屬父系與父權社會」的觀念，於往昔學術界之中根深蒂固。不過目前男性研究的方向已不斷創新，出現更多元化的視野。

回顧過去有關中國男性史的研究，學術成果逐漸增加，學者的努力集中在幾方面，包括男性交友（male friendship）、男性同性戀（male homosexuality）和男性氣概（masculinity），近年亦出現了具啟發性的新嘗試，例如男性消費行為（male consumer behavior）等，但是男性對自身性別認知、兩性關係等方面的探討尚待補充。[4] 有見及此，筆者希望在這方面努力。若重新探究男性於父系社會下的性別角色，又會有甚麼嶄新的視角？男性的自我要求是怎樣的？男性群體又如何看待男性性別角色、男性榮譽、男性人際網絡、建立功名等不同議題？

另外，必須注意的是，過往男性研究似乎側重於採用男性文本及視野作為主要探討對象，似乎未有留意女性文本中有關男性的書寫。雖然雷金慶曾以五四前後（1915-1927）女作家（如丁玲〔1904-1985〕）為探討對象，分析當時女性筆下如何塑造「男性氣概」，[5] 然而，該文只以三位女作家作出專論，並未對該時期的女性文本作出詳細的整理及分析。因此，筆者有這樣的

---

[4] 有關中國男性史研究成果之綜合評論及反思，筆者曾以〈方興未艾：學術界的中國男性史研究〉為題撰寫研究回顧，拙文發表於《漢學研究通訊》，32卷4期（2013年11月），頁1-10。另外，筆者選輯各種中國男性史研究論著，撰寫〈中國男性史研究論著目錄〉，拙作亦已見刊，發表於《書目季刊》，49卷2期（2015年12月），頁105-121。詳參本書第一章第二節〈研究回顧〉。

[5] Kam Louie, *"Women's Voices:* The Ideal 'Woman's Man' in the Twentieth Century," in *Theorising Chinese Masculinity: Society and Gender in China* (Cambridge: Cambridge University Press, 2002), p. 99.

思考：若果五四時期女性筆下曾演繹「男性氣概」，那麼明清時期數量極其豐富的女性著作之中，是否又包含著對傳統男性人格的討論？她們對男性性別角色有何看法？她們的作品中又如何塑造不同的男性形象？

根據胡文楷（1901-1988）《歷代婦女著作考》的考訂，明清女性留下數量相當豐富的著作，是彌足珍貴的歷史資源。[6] 同時，明清女性作品的探究亦引起了學術界的重視。權威學者如孫康宜（Kang-i Sun Chang）曾有名言：「沒有任何國家比明清時代的中國出版更多的女詩人選集或專集。」[7] 她又指出印刷術的改良、女性識字率的顯著上升等因素，為當時女性詩文集的出版帶來有利的條件。孫氏又指出，兩性之間的文學活動實際上是相輔相成、相互依存的，男女共同建構文學、文化與社會的發展。[8] 有關女性著述的出版，一眾學者亦頗為致力於呈現明清女作家的主體性及能動性。

誠然，明清女性筆下的內容具有多元化的議題，例如她們勤於治學，其書寫的文本中常有日常研經與讀史的記錄，亦有對家庭生活的細緻描寫，例如夫妻情誼、訓課子女、隨家遠行等等；此外亦有觸及社會與國家各種議題，題材相當廣泛。在眾多的議

---

[6] 當中清代的女性著作更是「超軼前代，數逾三千」，相對於前朝而言，清代女作家人數屬歷朝之冠，可見明清時期所產生的女性文本，在數量方面蔚為可觀，詳參胡文楷：《歷代婦女著作考》（張宏生等增訂本；上海：上海古籍出版社，2008年），〈自序〉，頁5。

[7] Kang-i Sun Chang, "Ming and Qing Anthologies of Women's Poetry and Their Selection Strategies," in Ellen Widmer and Kang-i Sun Chang (eds.), *Writing Women in Late Imperial China* (Stanford: Stanford University Press, 1997), p. 147. 中譯文字據孫康宜著，馬耀民譯：〈明清女詩人選集及其採輯策略〉，《中外文學》，23卷2期（1994年7月），頁27。

[8] Kang-i Sun Chang, "Ming and Qing Anthologies of Women's Poetry and Their Selection Strategies," pp. 147-170.

題中，其實她們對傳統男性人格亦有不少論述，屢屢使用關於「大丈夫」、「男兒」、「男子漢」及其他帶有性別認知涵義的詞彙。「大丈夫」、「男兒」、「男子漢」等詞彙均呈現出傳統社會中的男性人格，又反映了男性對自己價值的追求。[9] 筆者嘗稽查各種女性作品，發現她們既對男性人格多所討論，而且偶或會模倣傳統男性人格，意圖突破自我性別角色，建構獨有的「女中丈夫」形象。然而，此等書寫並未普遍為學者所注意，前人從女性著作切入來看男性人格的研究仍然相當缺乏。故此，本文之寫作正是打算填補這方面的空白。

　　基於男性史的研究方興未艾，可以發揮的空間極其寬闊，故此筆者希望在這方面努力。筆者期望本研究可以對明清時期性別史研究及古代女性著作研究作出增補與貢獻。進一步來說，由於明清女性筆下對傳統男性人格曾有多番論述，我們可以透過具體的文本分析清楚認識到在中國歷史上「男性氣概」之形成和發展過程中，女性其實不無參與痕迹。換言之，男性人格的構建，不一定只由男性來完成，當中或許有不少女性的聲音，正如傳統社會對女性的人格期許，同樣包含男女兩性的取態一樣。本文認為，以女性文本來探究她們對男性人格的看法，對於我們理解明清的兩性關係將有極大的啟發性。

---

[9]　筆者以〈大丈夫、男子漢、男兒：論傳統社會男性人格的形成〉為題，嘗試對「大丈夫」、「男子漢」及「男兒」等詞語進行溯源，以期了解傳統中國男性性別認知的演變，委實有助於我們理解中國歷史上「男性氣概」的發展，本文已刊於《國文天地》第395期（2018年4月），頁63-67。

第二節　研究回顧

一、中國男性史研究

　　審視近期有關中國男性史的研究，男性史研究明顯地逐漸增潤。筆者曾嘗試把相關研究歸納，提出學者的努力集中在男性交友、男性同性戀、男性氣概等幾方面，並以〈方興未艾：學術界的中國男性史研究〉為題，發表研究回顧，探討以上議題的研究成果，亦提出反思及建議。[10] 另外，筆者亦曾對中國男性史研究論著進行選輯，撰寫〈中國男性史研究論著目錄〉，亦已見刊。[11] 由於筆者已發表專文綜述過往的中國男性史研究成果，此處不煩重複。然而，本文也必須補充提出男性史研究陣容逐漸擴大，亦衍生了一些新視野及嘗試，例如男性消費行為（male consumer behavior）及男性形象（male images）等。就前者而言，較具代表性的有巫仁恕的〈士商的休閒消費與男性特質〉一文，該文後來又收入作者《優游坊廂：明清江南城市的休閒消費與空間變遷》一書中。[12] 巫仁恕對男性消費文化的關注，可促使學界反思男性史研究的未來方向，亦需注意古代男性群體行

---

[10] 拙文〈方興未艾：學術界的中國男性史研究〉發表於《漢學研究通訊》，32卷4期（2013年11月），頁1-10。

[11] 拙作〈中國男性史研究論著目錄〉發表於《書目季刊》，49卷2期（2015年12月），頁105-121。

[12] 巫仁恕：〈消費與性別：明清士商的休閒購物與男性特質〉，《明清史研究》，第36輯（2011年10月），頁1-36；亦收入其《優游坊廂：明清江南城市的休閒消費與空間變遷》（台北：中央研究院近代史研究所，2013年），〈士商的休閒消費與男性特質〉，頁293-342。巫氏《優游坊廂》一書著力探究明清時期江南城市居民的休閒消費活動，並呈現這些群體活動如何令空間的結構作出改變，箇中也展現出社會關係及權力分配等重要議題的考察。

為、消費觀念、日常生活史的探究。詳見筆者為巫氏一書所撰書評，[13] 於此不作贅述。至於後者，下文將連同近期的中國男性史研究成果一併作出析論。

男性交友（male friendship）

過往有關男性交友議題的研究，具備不同性質的嘗試，從學者的分析層面而言，包羅了家庭、社會關係，展現了男性交友的階級性及多元視野。從交友的研究時段而言，學人亦較集中於明代男性友道的分析。[14] 誠然，筆者梳理此領域的新著作，發現有關漢晉時期和中唐時期交友的研究亦有所增加。以漢晉時期的交友研究為例，有馬婷婷〈論漢代交友之禮〉、景方方〈漢晉交友詩研究〉、黃昕瑤《魏晉名士的友誼觀：友情與友道研究》等等。馬婷婷注意漢代的交友特色，漢代士人重視名譽與氣節，擇友時重視朋友的才學和品行，而士人結交朋友更需別人的引薦與介紹；[15] 景方方以漢晉士人的交友詩作出分析，藉以闡明漢晉士人筆下如何呈現他們的交友觀、彼此交流情感的現象；[16] 黃昕瑤則以魏晉名士為主要的探究對象，強調魏晉名士的友誼觀與先秦兩漢友誼觀的相異之處，認為魏晉名士樂於私交，君臣關係轉變為平行關係；又嘗試破除公交與私交之別，友誼觀的發展可涵蓋任何人、自然界的萬物。[17]

---

[13] 參拙書評〈優游坊廟：明清江南城市的休閒消費與空間變遷〉，《中國史研究》（大邱），第88輯（2014年2月），頁273-278。

[14] 參拙文〈方興未艾：學術界的中國男性史研究〉的第二部分〈社會關係：男性交友〉（頁1-3）。

[15] 馬婷婷：〈論漢代交友之禮〉，《管子學刊》，2007年3期（2007年），頁93-97。

[16] 景方方：〈漢晉交友詩研究〉（廣西師範大學碩士論文，2012年）。

[17] 黃昕瑤：《魏晉名士的友誼觀：友情與友道研究》（新北：花木蘭文化出版社，2012年），頁212-213。

至於在中唐時期的交友研究方面，值得注意的有Anna M. Shields的《知我者：中唐的友誼與文學文化》（*One Who Knows Me: Friendship and Literary Culture in Mid-Tang China*）。Anna M. Shields指出在一些中唐及晚唐散文寫作中，「知己」一詞既表示親密的朋友關係，亦代表友人了解自己的才華與潛能。[18] 有關友誼的話題亦成為文人筆下不可或缺的寫作題材，例如白居易（772-846）和元稹（779-831）互相撰寫唱和詩等；若朋友已逝世，更會書寫作品以悼念已故朋友，例如神道碑、誄、祭文等體裁。作者亦強調了解中古時期男性文人友誼的發展，可有助學人理解宋代以前關於「男性氣概」的歷史脈絡、兩性及男性與同性之間有關性欲議題的論述。[19]

　　筆者認為以漢晉時期和中唐時期交友的研究作為基礎，與明代的男性交友研究連貫起來，使學人對「男性交友」於中國歷史上的發展有較深入的了解。然而，從男性交友（male friendship）的研究去觀察，筆者發現以不同時期作為切入的研究方法較為普遍，而通論式研究則相對欠缺，或可嘗試從一些專題，例如有關友誼主題的寫作，在文學層面上嘗試綜觀各個朝代有關交友的呈現方式，從而補充男性交友研究的不足。

男性同性戀（male homosexuality）

　　在男性同性戀的研究方面，以性文化的角度探究男性同性戀，並集中探討明清時期的男色風氣的著作，不勝枚舉。[20] 值得

---

[18] Anna M. Shields, *One Who Knows Me: Friendship and Literary Culture in Mid-Tang China* (Cambridge, MA: Harvard University Press, 2015), pp. 95-101.

[19] Anna M. Shields, *One Who Knows Me: Friendship and Literary Culture in Mid-Tang China*, p. 335.

[20] 拙文〈方興未艾：學術界的中國男性史研究〉的第三部分〈性取向：男性同性

注意的是近年學人試圖以士人與男旦的交往為觀察對象，呈現明清時期的「男色」風氣，闡明清代士人與男旦交往的規模與聲勢的擴大，例如有程宇昂《明清士人與男旦》，強調清代士人品題男旦蔚然成風，男旦亦因而依賴士人。[21] 此研究標誌著不同階層的男性互相交往的深入探討，亦進一步呈現了明清社會上男性同性戀的普遍風氣。除了關注社會階層之間男性同性戀的關係如何建立外，學者亦從法律史的視野著手，注意政府對明清社會上的男子同性性行為所作出的規範，比如有范育菁〈風俗與法律：十七世紀中國的男風與男風論述〉一文。范氏認為清政府在規範男子同性性行為方面，相較明代的律法，在概念上產生了重要的變化。例如男性侵犯同性的案例，於法律條文之中採用了帶有「女性化」的書寫形式來形容被侵犯者，亦折射了當時人們對於「男色」的印象和想法。這種把被侵犯者等同受害女性的法律概念，其表現方式於乾隆年間亦有所加強。[22]

　　利用文學作品探討「男色」風氣的著作，視野亦推陳出新，採用的史料更加多元化。例如蕭敏如〈戲謔下的規戒——清代男色笑話中的諧謔、規戒與性別心態〉提出以笑話書為探究史料，呈現當中對「男色」作出嘲諷的主題。蓋因笑話書的寫作與流行，展現了權力分佈、道德規範、各種社會禁忌及性別意識的相互連繫。作者所採用的笑話書，包括《笑林廣記》、《笑得好》、《笑笑錄》及《增廣笑林廣記》等等，並以僧侶道士、科場士子、梨園優伶等不同的男性角色展示笑話的社會倫理功能及

戀〉（頁3-6）已從通論形式、性文化視野及文學作品三個層面分析中國古代男性同性戀研究，學術界的成果頗多，故此處只扼要地列舉幾項重要的研究方向。

[21] 程宇昂：《明清士人與男旦》（上海：上海古籍出版社，2012年）。

[22] 范育菁：〈風俗與法律：十七世紀中國的男風與男風論述〉（國立政治大學碩士論文，2010年）。

其諷刺意味。蕭敏如亦強調笑話主要由男性文人參與創作，因此，這些著述中所呈現的男性論述風格尤為明顯。[23]

至於康文慶（Wenqing Kang）的《癖：中國男同性關係（1900-1950）》（*Obsession: Male Same-Sex Relations in China, 1900-1950*）另闢蹊徑，運用翻譯的性學寫作、文學作品及小報，藉以考察二十世紀前期的中國男同性關係。而在語言領域方面，作者亦全面地審視論述男同性關係的詞彙之內在含義，比如有「斷袖癖」、「男寵」、「男色」、「南風」、「男風」、「相公」、「兔子」、「屁精」、「人妖」、「雞姦」等等。[24] 不過，對於康文慶所採用的「癖」字，並作為該書的核心思想，許維賢《從豔史到性史：同志書寫與近現代中國的男性建構》則持相反的論調。康氏認為「癖」字可視為「中國古代傳統將同性戀病理化的依據」。然而，許氏發現康文慶並未對「癖」字加以溯源，例如「癖」字於中國史籍中的相關記載及其語義的演變。許維賢指出「癖」字原義為「積聚」，他亦列舉《康熙字典》中的解釋：「癖」可解作「對典籍詩詞的習慣偏好」。許氏也申述在明末清初時期「癖」字的論述並不包含「病理化」的意義，如作者以張岱（1597-1679）及張潮（1650-1709）的看法加以說明。故此，許維賢並不認同康文慶對「癖」字的見解，指出學人需謹慎地考究「癖」的意義轉變及發展，不能強調「癖」字必然與疾病掛鈎。[25] 除了徵引翻譯的性學寫作、小報等史料外，許維賢更擴闊

---

[23] 蕭敏如：〈戲謔下的規戒──清代男色笑話中的諧謔、規戒與性別心態〉，《漢學研究》，31卷3期（2013年9月），頁229-260。

[24] Wenqing Kang, *Obsession: Male Same-Sex Relations in China, 1900-1950* (Hong Kong: Hong Kong University Press, 2009).

[25] Wenqing Kang, *Obsession: Male Same-Sex Relations in China, 1900-1950*, pp. 19-22；亦參許維賢：《從豔史到性史：同志書寫與近現代中國的男性建構》（台北：遠流出版事業股份有限公司，2015年），頁10-13。

史料的範圍，包羅了二十世紀初以至二十世紀末的同性愛譯著、書寫同志主題的作品及相關題材的電影，例如陳森（約1797-約1870）《品花寶鑑》、王韜（1828-1897）《艷史叢鈔》、李碧華《霸王別姬》和《北京故事》[26]等等。許氏也鄭重指出「近現代中國男性建構」與「同志書寫」千絲萬縷的關係。針對中國男性史研究的方法論，例如「文」與「武」、「陰」與「陽」、「君子」與「才子」等理論體系，[27]他建議作出「老同志」與「新同志」之對比分析，強調「老同志」愛黨的政治原則、對陽剛特質的推崇、較難接受同性戀的特點，反映「新同志」自由的政治傾向、對陽剛與陰性等不同性別特質的接納、破除同性戀和異性戀的對立局面等特點。[28]從作者的觀點來看，由「艷史」過渡至「性史」代表著「陰性男性建構」轉變為「陽剛男性建構」的過程；「男色」更可視為男子之間在社交上吟詩作樂的媒介，並非片面地只視作疾病。[29]

　　過往有關男性同性戀的研究成果之中，對於「男色」論述文獻的整輯仍然匱乏。然而，史麻稞（Mark Stevenson）及吳存存所編的新著《帝制中國的同性情慾：資料集》（*Homoeroticism in Imperial China: A Sourcebook*）是尤為珍貴的文獻匯編，收錄由上古時期至清代有關「男色」話題的史料，兼及詩、戲曲、小

26　《北京故事》屬網路小說，作者署名「北京同志」，原版《北京故事》請參考以下網頁：http://www.shuku.net/novels/beijing/beijing.html，轉引自許維賢：《從艷史到性史：同志書寫與近現代中國的男性建構》，頁253，註〔2〕。

27　有關「文」與「武」、「陰」與「陽」、「君子」與「才子」等理論體系的分析，詳參Kam Louie, *Theorising Chinese Masculinity: Society and Gender in China* (Cambridge: Cambridge University Press, 2002); Geng Song, *The Fragile Scholar: Power and Masculinity in Chinese Culture* (Hong Kong: Hong Kong University Press, 2004).

28　許維賢：《從艷史到性史：同志書寫與近現代中國的男性建構》，頁42-43。

29　同上，頁275。

說等多種文體，[30] 委實裨益於學界運用相關文本從而開拓更多可行的探討方向。

男性氣概（masculinity）

過往以中國歷史、社會及文化為主題分析「男性氣概」的著作，均從個別時期切入，當中以明清「男性氣概」之探討較為普遍。[31] 不過，近來學界已嘗試對歷史上不同時代的「男性氣概」之具體狀況作出連貫的考察，可輔助學人更深入地觀察「男性氣概」於各個時段的轉變。值得關注的有韓獻博的《中國歷史上的男性氣概》（*Masculinities in Chinese History*）、雷金慶所編《演變中的中國男性氣概：由帝制國家的支柱變成全球化時代的男子漢》（*Changing Chinese Masculinities: From Imperial Pillars of State to Global Real Men*）及黃克武的《言不褻不笑：近代中國男性世界中的諧謔、情慾與身體》。

韓獻博的《中國歷史上的男性氣概》以通論形式分析自周代（前1046-前256）以迄二十世紀九十年代的「男性氣概」之發展，而這些變化主要建基於政治、經濟、社會與宗教各方面的歷史轉變。[32] 作者採用多元化的主題帶出個別朝代「男性氣概」的特色，例如漢朝（前206-220）及唐朝（618-907）皆析論男性名譽之維繫，而宋朝（960-1279）則討論男性文人如何透過文化資本的累積來提升個人地位。至於明朝（1368-1644），韓獻博嘗試觀察邊緣男

---

[30] Mark Stevenson and Cuncun Wu (eds.), *Homoeroticism in Imperial China: A Sourcebook* (New York: Routledge, 2013).

[31] 參拙文〈方興未艾：學術界的中國男性史研究〉的第四部分〈自我認同：男性氣概〉（頁6-10）。

[32] Bret Hinsch, *Masculinities in Chinese History* (Lanham, MD: Rowman and Littlefield Publishers, 2013).

性如「好漢」所呈現的丈夫氣概；及至晚清與民國時期，他著力於探討軍事式的「男性氣概」等。[33] 另外，作者亦指出研究中國「男性氣概」必須思量一些重要的因素，例如男性所建立的人際網絡、經濟與國際環境之轉變如何促使男性反思自身的定位等等。[34]

而雷金慶所編《演變中的中國男性氣概：由帝制國家的支柱變成全球化時代的男子漢》一書屬於會議論文集，[35] 當中以帝

---

[33] 有關晚清及民國時期所出現的軍事式「男性氣概」，我們不應忽略石穘（Nicolas Schillinger）的新著《晚清及民國早期的身體及軍事式男性氣概：治兵之道》（*The Body and Military Masculinity in Late Qing and Early Republican China: The Art of Governing Soldiers*）。此書探討晚清及民國早期的軍事改革，如何促使身體及「男性氣概」的觀念得以重建（the reconceptualization），而著者主要採用軍事演習指南、軍事規條、士兵及軍校學員所使用的教科書、新聞及期刊、專業軍事期刊等史料作為參考文獻。蓋因中日甲午戰爭（1894-1895）之發生，清朝最終落敗。因此，清政府決定推行軍事革新及參照德國與日本的軍制而建立「新軍」（New Armies）。作者提出，晚清的軍事改革者發現軍官、士兵及普遍男性所出現的問題，主要是他們的身體較為虛弱，又缺乏尚武精神的培養和軍事技能之訓練。於是，這些改革家針對以上的弊病，他們嚴謹地制定養生之法及軍事規則，藉以協助戰士在身心方面皆有強健的表現。身體及「男性氣概」之建立，為本書的核心主題，石穘便有以下的看法：在身體方面，從軍男性所接受的軍事操練，務使他們的日常生活更有規律，如改善周遭環境的衛生狀況，令士兵的身體得以保持健康；同時，女性的身體也要維持良好的狀態，期盼孕育健康及強壯的嬰兒，有助於國家培育未來的軍事人才。至於在「男性建構」方面，石穘認為，軍事文化可以塑造士兵及軍官的男子氣概，包括從軍人的外觀及行為兩方面切入。前者著重軍事制服及禮儀之制定，而後者側重於提升從軍者的專業水準、提倡尚武精神及鼓勵他們願意為國家而犧牲。另外，執行軍事變革的領導人物也建議「軍國民教育」，係指政府向人民推廣軍事教育，讓他們可以及早為軍事參與作出準備。最後，作者亦指出這些從軍男性成了「武」之男性特質的代表人物，並強調軍人對於民國時期的政治及社會帶來重要的影響，甚或於1917年，國內的報章曾出現「中國已成為武人世界」的專題報導。由此看來，晚清及民國時期的軍事文化，讓我們得知當時的革新者所採用的治兵之道，如何帶動身體及男性氣質等概念之建構，而「武」的男性氣概亦逐漸地得到一些社會人士的彰顯及認同。參Nicolas Schillinger, *The Body and Military Masculinity in Late Qing and Early Republican China: The Art of Governing Soldiers* (Lanham: Lexington Books, 2016), pp. 3-6、320-326.

[34] *Ibid.*, pp. 7-10.

[35] 香港大學文學院（Faculty of Arts, The University of Hong Kong）及香港大學中文學院（School of Chinese, The University of Hong Kong）曾先後舉辦兩次以中國「男性氣概」為主題的國際學術會議。其後，主辦者決定徵集相關論文及作出適度篩選，因此編成此書。第一次會議名為「Chinese Masculinities on the Move: Time, Space and Cultures-An International Conference」，並於2013年11月28-30日舉行，

制晚期及現今的中國為主要分析時期。[36] 以晚期帝制中國為例，各學者帶出了此時期「男性氣概」研究的一些新面貌。作為男性，他們如何從親屬關係之建立去思考男性角色的性別期許？例如黃衛總以沈復（1763-1825）的《浮生六記》為探討對象，分析作為貧士的丈夫於追悼亡妻陳芸（1763-1803）而撰寫的詩作之中，也反映了作者對自身的「男性氣概」作出省思。[37] 而在時局及社會經濟的轉變下，社會上不同身份的男性該怎樣自處？基於明清蓬勃的都市及商業發展，吳存存從晚明小說《龍陽逸史》入手，探討男色平民化的現象，並指出小官（catamites）因應市場的需求從而累積可觀的財富及重新定義他們的性別角色；[38] 而史麻稞則以花譜為主要參考的史料，分析十九世紀北京文人及商人所呈現的男性氣概，從中顯現了兩者對自身的社會地位所作出的角力。[39] 至於楊彬彬則考究清代著名官員完顏麟慶（1791-

由the China-West SRT and the Louis Cha Fund in the Faculty of Arts, The University of Hong Kong贊助及香港人文學院（The Hong Kong Academy of the Humanities）作出支援。而第二次會議名為「Translating Chinese Masculinities: Chinese Men in Global Contexts-An International Conference」，於2014年12月12-13日舉行，由香港大學中文學院及英國國家學術院（The British Academy）共同贊助。兩次會議的詳情可參考以下網頁：http://arts.hku.hk/page/detail/1054及http://www.chinese.hku.hk/main/category/news-events/past-events-2013-14/。而筆者亦曾為首次會議撰寫專文作出簡介，拙文發表於The Asian Studies E-Newsletter (The Association for Asian Studies)，2014年10月，參http://aas2.asian-studies.org/conferences/conference-reports-October-2014.shtm。

[36] 現今中國的「男性氣概」發展超出論文範圍，故此處不作贅述。相關內容詳參 "Chinese Masculinity Today," in Kam Louie (ed.), *Changing Chinese Masculinities: From Imperial Pillars of State to Global Real Men* (Hong Kong: Hong Kong University Press, 2016), pp. 137-243.

[37] Martin W. Huang, "The Manhood of a *Pinshi* (Poor Scholar): The Gendered Spaces in *the Six Records of a Floating Life*," in Kam Louie (ed.), *Changing Chinese Masculinities: From Imperial Pillars of State to Global Real Men*, pp. 34-50.

[38] Cuncun Wu, "The Plebification of Male-Love in Late Ming Fiction: *The Forgotten Tales of Longyang*," in Kam Louie (ed.), *Changing Chinese Masculinities: From Imperial Pillars of State to Global Real Men*, pp. 72-89.

[39] Mark Stevenson, "Theater and the Text-Spatial Reproduction of Literati and Mercantile

1846）如何於《鴻雪因緣圖記》中以畫像和題記撰寫自我人生中的光榮片段及建構「男性氣概」。楊氏發現麟慶的自我形象書寫，由本來所著重的「文」之男性特質，其後演變為彰顯「武」的軍事才能。誠然，這種文武並重的轉變，除了有助於個人仕途的經營，亦與皇帝的取態、國家發生動亂因而提倡尚武風氣等因素有密切的關係。[40]

　　不過，此書以匯集會議論文為主，同時會議的籌辦者亦沒有嚴格地作出分析時段的限制，所以編者也強調此論文集並非忽視二十世紀中國「男性氣概」的觀察，恰巧主辦單位所收集的論文議題於時期上就出現了明確的分野。故此，編者指出這種分類更能突顯帝制晚期及現今中國「男性氣概」發展的相似及差異之處。[41] 然而，此研究不但探討了晚期帝制中國中不同階層的男性，例如小官、貧士、商人及官員等等，也進一步反思「文」與「武」[42] 及「陰」與「陽」等男性研究理論體系之應用，[43] 其貢獻確實不容忽視。

　　Masculinities in Nineteenth-Century Beijing," in Kam Louie (ed.), *Changing Chinese Masculinities: From Imperial Pillars of State to Global Real Men*, pp. 51-71.

[40] Binbin Yang, "Drawings of a Life of 'Unparalleled Glory': Ideal Manhood and the Rise of Pictorial Autobiographies in China," in Kam Louie (ed.), *Changing Chinese Masculinities: From Imperial Pillars of State to Global Real Men*, pp. 113-134.

[41] Kam Louie, "Introduction," in Kam Louie (ed.), *Changing Chinese Masculinities: From Imperial Pillars of State to Global Real Men*, p. 4. 而編者雷金慶亦邀請宋漢理（Harriet Zurndorfer）撰寫專論把中國「男性氣概」過去與現在的發展加以連繫，亦期望對二十世紀中國「男性氣概」之發展作出概略的補充。她以中國的一夫多妻制和男性氣概之間的關連作出分析，詳參 Harriet Zurndorfer,「Polygamy and Masculinity in China: Past and Present,」in Kam Louie (ed.), *Changing Chinese Masculinities: From Imperial Pillars of State to Global Real Men*, pp. 13-33.

[42] Mark Stevenson, "Theater and the Text-Spatial Reproduction of Literati and Mercantile Masculinities in Nineteenth-Century Beijing," pp. 51-71 及 Binbin Yang, "Drawings of a Life of 'Unparalleled Glory': Ideal Manhood and the Rise of Pictorial Autobiographies in China," pp. 113-134.

[43] 即如李木蘭（Louise Edwards）以審美角度討論《紅樓夢》中男女角色在衣著及

至於黃克武《言不褻不笑：近代中國男性世界中的諧謔、情慾與身體》則探討明朝末年到民國初年之間「男性氣概」的演變。有趣的是，作者通過「幽默」文本的解讀從而考究男性的情緒、慾望、身體與男性氣概之塑造的關連，以期深入分析中國男性的「心態史」。[44] 黃氏認為精英階層的男性是文本的創造者與主要的閱讀者，箇中展現了他們通過這類想像空間嘗試對社會規範加以挑戰。然而，這些文人又不能漠視各種禮教的制約，因而形成個人情慾追求與傳統道德思想之間的一種拉扯，也可一探男性從中所作出的種種掙扎。[45]

　　依據黃克武的觀點，「男性氣概」的界定，與男性之情慾生活及對女性身體的想像具有緊密的聯繫。男子必須對「色」擁有一定的認知，並重視性能力的增強及性技巧的熟練，亦能夠觸發女性的性高潮。此外，他們筆下的女性都有「花癡化」之傾向，她們雖因禮教束縛而壓制自己的情慾，然而，只要男方作出挑逗，女性也會解放自我及追求性愛的享樂。同時，男性文人也致力於塑造「天下無妒婦的烏托邦」，亦呈現了他們極其厭惡女性嫉妒之表現。[46] 作者也表示明清之後這種情慾表現及身體觀念經歷了轉型，尤其是現代國家的建立與科學知識

打扮方面所展現的男性特質，繼而重新思考「陰」與「陽」的應用，參 Louise Edwards, "Aestheticizing Masculinity in *Honglou meng*: Clothing, Dress, and Decoration," in Kam Louie (ed.), *Changing Chinese Masculinities: From Imperial Pillars of State to Global Real Men*, pp. 90-112.

[44] 「幽默」文本係帶有鬥趣及諧謔性質的著述，而且屬「言不褻不笑」，因此與情慾及身體的猥褻話題相關。作者主要採用明清笑話書、俗曲、艷情小說及民初報紙的醫藥廣告等史料作為參考文獻，例如有《笑林廣記》、《笑得好》、《鏡花緣》、《白雪遺音》、《肉蒲團》、《姑妄言》、《浪史》、《空空幻》、《癡婆子傳》、《醉春風》及《申報》等。詳參黃克武：《言不褻不笑：近代中國男性世界中的諧謔、情慾與身體》（台北：聯經出版事業股份有限公司，2016年），頁6-24。

[45] 同上，頁10。

[46] 同上，頁460-463。

的進步，都促使相關的管制與保障進一步加強。不過黃氏指出這個演變仍有待深入探討，是次研究只屬初步的嘗試。[47]更重要的是，黃克武以情色文本來析論「男性氣概」之形成，視角頗為獨到，可以彌補過往主要以儒家典範、訓誡文獻等著述為據之不足。

韓獻博及雷金慶的著作，讓我們對周代至現今中國「男性氣概」之變遷有更宏觀的認識。至於黃克武的著述也嘗試考察「男性氣概」於明清過渡至民初的轉型，然而相關演變的分析則有待深化。而且該研究主要從性文化及身體史的角度著手，並未仔細探討「文」與「武」的男性特質、男性榮譽等性別議題。

然而，Lili Zhou〈中國「男性氣概」的重建（1896-1930）〉（"The Reconstruction of Masculinity in China, 1896-1930"）一文即集中討論由清末過渡至民國期間「中國男性因應國家走向現代化所經歷的性別轉變」，[48]亦具有參考價值，不應忽略。此研究進一步審視中國於1896年至1930年所發生的西方國家殖民擴張事件及當時提倡的中國民族主義、民主化和現代化等概念，如何促使中國男性文人重新建構「男性氣概」。[49]例如作者提出在1915-1923年間發生的新文化運動，提倡「賽先生」（Mr. Science，即科學）及「德先生」（Mr. Democracy，即民主）的主張。「賽先生」的概念鼓勵中國男性進入實驗室，機器、工具的新發明成為年輕男性的「男性化」象徵，「文」的範疇亦擴展

---

[47] 同上，頁464。

[48] 黃衛總曾嘗試提出一些中國「男性氣概」中可以再深入考究的方向，例如傳統的男性文人轉變為現代的知識份子，他們所體驗的性別轉變及如何調整自我去適應這些時局的變化等。參Martin W. Huang, *Negotiating Masculinities in Late Imperial China*, p. 203.

[49] Lili Zhou, "The Reconstruction of Masculinity in China, 1896-1930" (Ph.D. dissertation, University of Technology, Sydney, 2012), pp. 1-2.

至商業、製造業的技巧。[50] 此外，因應民主的概念，精英文人對儒家所定義的「好兒子」亦有所抨擊，他們認為兒子需要擁有婚姻自主權和經濟獨立的權利；而當時的社會也提倡較為平等的父子關係，夫妻關係的聯繫同時有所增強。[51]

韓獻博、雷金慶、黃克武及Lili Zhou的新著，與過往的著作配合起來，可讓學界對「男性氣概」於中國歷史上的整體發展有更清晰的理解，尤其是傳統文人轉變為現代知識份子的歷程、社會性別概念的重新思考等，使「男性氣概」方面的研究更具連貫性及啟發意義。

男性形象（male images）

至於文學作品所塑造的男性形象研究，成果逐漸增潤，就其研究方式而言，個別文學作品所呈現的形象研究，如《詩經》、《聊齋志異》等等，有劉洋〈論《聊齋志異》男性人物形象〉、譚莊蘭《〈詩經〉男性人物形象研究》、賢娟〈從《詩經》看先秦時代的男性形象〉等等；[52] 有趣的是，論者透過《詩經》切入來分析男性形象之塑造，就發現《詩經》的內容並不是單純地描寫男性人物的外貌，箇中也呈現著者如何建構這些男性的「思想、情感、儀態、行為及人格特質」。譚莊蘭更指出周代男性的服飾設計主要以「美服襯托其德」，所以，男子形象是否能與其身份和品德相襯，當時的男性是非常

---

[50] *Ibid.*, pp. 120-121、146、272.

[51] *Ibid.*, pp. 248、264.

[52] 劉洋：〈論《聊齋志異》男性人物形象〉（西北師範大學碩士論文，2010年）；譚莊蘭：《〈詩經〉男性人物形象研究》（新北：花木蘭文化出版社，2011年）；賢娟：〈從《詩經》看先秦時代的男性形象〉，《青年文學家》，2013年10期（2013年），頁8-9。

重視的。[53]

　　而以不同時期的文學體裁為據對男性形象進行探究，論者
所採用的文體亦頗為豐富，例如有南朝樂府民歌、唐代婚戀小
說、宋話本小說、明清彈詞小說和五四時期女性小說等，例如
有王穎〈南朝樂府民歌中的男性形象探析〉、王衛〈唐婚戀
傳奇中的男性形象研究〉、王雪晨〈唐前婚戀小說中的男性
形象研究〉、尹楚兵〈宋話本愛情婚戀題材小說中男性形象探
析〉、趙愛華〈論明清彈詞小說中的男性弱化現象〉、廖冰凌
《尋覓「新男性」：論五四女性小說中的男性形象書寫》等
等。[54] 值得注意的是，學者不單採用男性文人撰寫的文本，亦
注意女作家對男性形象的塑造，比如對宋代女性詞作及五四時
期女作家小說進行考察等等，有盧蘭〈宋代女性詞作中的男性
形象研究〉、廖冰凌《尋覓「新男性」：論五四女性小說中的
男性形象書寫》、張毅〈從五四到抗戰：中國女性小說中的男
性形象〉、葉一慧〈二十世紀上海女作家小說中男性形象轉變
之探討——以六位女作家為例〉、伍倩〈論五四女作家小說中
的男性形象〉等。[55] 值得關注的是，學人以「五四女性小說中

---

[53]　譚莊蘭：《〈詩經〉男性人物形象研究》，頁294-296。

[54]　尹楚兵：〈宋話本愛情婚戀題材小說中男性形象探析〉，《江南大學學報》（人
文社會科學版），2004年4期（2004年8月），頁82-85、89；廖冰凌：《尋覓
「新男性」：論五四女性小說中的男性形象書寫》（台北：文史哲出版社，2006
年）；王衛：〈唐婚戀傳奇中的男性形象研究〉（陝西師範大學碩士論文，2009
年）；王雪晨：〈唐前婚戀小說中的男性形象研究〉（延邊大學碩士論文，2011
年）；趙愛華：〈論明清彈詞小說中的男性弱化現象〉，《鹽城師範學院學報》
（人文社會科學版），2013年4期（2013年4月），頁75-79；王穎：〈南朝樂府
民歌中的男性形象探析〉，《柳州職業技術學院學報》，2013年4期（2013年8
月），頁63-67。

[55]　廖冰凌：《尋覓「新男性」：論五四女性小說中的男性形象書寫》；張毅：〈從
五四到抗戰：中國女性小說中的男性形象〉（山東大學博士論文，2007年）；葉
一慧：〈二十世紀上海女作家小說中男性形象轉變之探討——以六位女作家為
例〉（淡江大學碩士論文，2009年）；伍倩：〈論五四女作家小說中的男性形

的男性形象書寫」作為研究主旨，藉著五四時期女性對男性形象的寫作，從而帶出「女性並非只關注自身的社會規範，她們也對男性的理解、認識有所期許與要求」之反思。女性視角不但「表現其現代性、開放性及獨立性」，也讓我們對「特定的歷史、社會、文化氛圍裡」的兩性期望，具有更透徹的了解。她又表明「新男性」的討論是多元的，不只限制於「國家民族及歷史政治意義上的男性」。作者進一步審視五四時期男性的個人心理、家庭婚姻、工作事業、兩性關係及性別角色與權力等議題。不難發現，男性的性別期許的確包含了女性的聲音，我們不應有所忽略及只偏重於男性立場的探討。女性的看法有助於我們了解男性的性別角色，具備深層的意義。[56]

綜觀男性形象的研究，學者已關注中國文化及文學作品中男性形象的多變，除了剛強男子的塑造，亦注意男作家筆下「文弱」、「柔弱化」及「怯懦」的男性形象，例如有楊雨〈中國男性文人氣質柔化的社會心理淵源及其文學表現〉、林如敏〈明清小說男性形象弱化現象研究〉、李艷麗〈「美男」の誘惑──清末写情小説の「文弱」な男性像についての解読〉、何宣儀〈唐人小說男性怯懦形象書寫研究〉、趙愛華〈論明清彈詞小說中的男性弱化現象〉等。[57] 而在男性形象的研究領域上，仍有補充的

象〉（江西師範大學碩士論文，2012年）；盧蘭：〈宋代女性詞作中的男性形象研究〉（贛南師範學院碩士論文，2013年）。

[56] 廖冰凌：《尋覓「新男性」：論五四女性小說中的男性形象書寫》，頁13、17、240。

[57] 楊雨：〈中國男性文人氣質柔化的社會心理淵源及其文學表現〉，《文史哲》，2004年2期（2004年），頁107-112；林如敏：〈明清小說男性形象弱化現象研究〉（暨南大學碩士論文，2005年）；李艷麗：〈「美男」の誘惑──清末写情小説の「文弱」な男性像についての解読〉，《アジア地域文化研究》，第6號（2009年），頁81-96；何宣儀：〈唐人小說男性怯懦形象書寫研究〉（佛光大學碩士論文，2012年）；趙愛華：〈論明清彈詞小說中的男性弱化現象〉，《鹽城

空間，例如男女作者所構建的男性形象之比較，相關研究仍然不足，尚待補充。

小結

綜觀以上中國男性史研究，除了成果漸豐的三個類別，分別是男性交友（male friendship）、男性同性戀（male homosexuality）與男性氣概（masculinity）外，不難發現，男性史的研究亦出現了新視野及嘗試，例如男性消費行為（male consumer behavior）及男性形象（male images）等等。至於前三者的研究成果，我們更可察見各個類別的相互關係之分析，例如同性戀題材的書寫與塑造「男性氣概」的連繫（如許維賢《從豔史到性史：同志書寫與近現代中國的男性建構》等）、歷史上男性友誼與男性之間的愛情同時發生的探討（如魏矞安〔G. Vitiello〕《浪子的朋友：中華帝國晚期的同性戀及男性氣概》〔*The Libertine's Friend: Homosexuality and Masculinity in Late Imperial China*〕）[58]等等。誠然，男性消費行為也可從男性交友及男性氣概等角度著手進行思考和探究，男性形象亦牽涉男性氣質的探討。筆者相信將來的中國男性史研究，各個部分的相互聯繫之析論會更加豐富，它們既是男性史研究的重要範疇，也會成為相關研究領域開拓的分析工具及視角。

此外，上述的分析主題也呈現了學界對參考文獻的反思。例如黃克武嘗試採用情色文本來探究「男性氣概」，以期帶出男性「心態史」之重要考察；而巫仁恕及楊彬彬也結合文字與圖像去

師範學院學報》（人文社會科學版），2013年4期（2013年4月），頁75-79。
[58] G. Vitiello, *The Libertine's Friend: Homosexuality and Masculinity in Late Imperial China* (Chicago: The University of Chicago Press, 2011).

闡析男性消費行為及男性特質等課題，促使學人思考如何運用不同性質的文獻來擴闊男性學的分析面向。過往的中國男性史研究較多採用以男性視野書寫的著述，誠然女性作家筆下對傳統男性人格實多所演繹，我們應該加以探索。

換言之，審視兩性如何共同參與「男性建構」，對於學界全面地觀察中國性別史和「男性氣概」的歷史發展也有莫大的裨益。

明清女性著作研究

據胡文楷《歷代婦女著作考》的考訂及各前輩學人的探究，明清女性作家共同創造了豐碩的著作數量，她們書寫的議題尤為廣泛，實屬彌足珍貴的歷史資源。隨著女性作品不斷地浮出歷史地表，明清女性著作的考究成果委實蔚為奇觀，而論者更強調「女性著述研究已發展成一片天地，形勢大好」，[59] 足證這個研究領域已獲得學術界的熱烈關注。本研究把相關論著加以歸納，發現學者的努力主要集中在幾方面，包括明清女性著作之綜合評論、明清才女群體之研究，並以地域、結社及文體等分類為主要探討中心、明清女性著述中個別題材作品之專題探討等等。[60]

---

[59] 胡曉真：〈藝文生命與身體政治：清代婦女文學史研究趨勢與展望〉，《近代中國婦女史研究》，13期（2005年12月），頁28。

[60] 值得注意的是，明清女性作家之個案研究亦有可觀的成果。筆者把相關論著加以選輯，並撰寫〈明清女性作家之個別研究論著知見錄〉，拙作已見刊，發表於《書目季刊》，50卷4期（2017年4月），頁75-114。由於筆者已發表專文整輯過往的研究著述，此處不贅。

整體評價：明清女性著作之綜合評論

在明清女性著述的整體評價方面，必須注意前輩學人謝無量（1884-1964）《中國婦女文學史》、梁乙真（1899-1950）《清代婦女文學史》及譚正璧（1901-1991）《中國女性的文學生活》等具開創性的論著。[61] 謝書先以通論形式審視中國女性作品的歷史發展，而該書的分析時段及至明末。至於梁書針對「惟謝書敘述僅至明末而止，清以下無有也」的狀況，繼而延續清代女性著作之探討。[62] 譚氏則認為謝、梁二書「主辭賦，述詩詞」，忽略了小說、戲曲和彈詞等文種，於氏著增補相關析論。[63] 建基於這些具開拓性之研究，有關明清女性書寫之整體成就評價也相繼出現，[64] 例如王力堅《清代才媛文學之文化考察》一書以詩、詞、戲曲與書信等四類女性文本切入，藉此展現清代才媛文化的整體面貌。王氏可能受到前輩學人的啟發，嘗試採用各文類對清代女性的寫作行為作出綜合的議論。[65] 再者，集體編寫的研究著作也不斷呈現。[66] 由此看來，以上的學術成果均為明清女性著作

---

[61] 梁乙真：《清代婦女文學史》（台北：中華書局，1958年）；譚正璧：《中國女性的文學生活》（台北：河洛圖書出版社，1977年）；謝無量：《中國婦女文學史》（上海：上海書店，1990年）。

[62] 梁乙真：《清代婦女文學史》，〈自序〉，頁3-4。

[63] 譚正璧：《中國女性的文學生活》，〈自序〉，頁1。

[64] 有關明清女性書寫的綜合評論，比如有康正果：〈重新認識明清才女〉，《中外文學》，22卷6期（1993年11月），頁121-131；張宏生：〈清代婦女詞的繁榮及其成就〉，《江蘇社會科學》，1995年6期（1995年），頁120-125；王瑜：〈清代女性詩詞成就論〉（蘇州大學碩士論文，2004年）；宋清秀：〈試論明末清初才女文化的特點〉，《求索》，2005年9期（2005年），頁195-197、176；王力堅：《清代才媛文學之文化考察》（台北：文津出版社，2006年）；段繼紅：《清代閨閣文學研究》（天津：南開大學出版社，2007年）等等。其他例子尤多，不煩一一列舉。

[65] 王力堅：《清代才媛文學之文化考察》（台北：文津出版社，2006年）。

[66] 例如有 Ellen Widmer and Kang-i Sun Chang (eds.), *Writing Women in Late Imperial China* (Stanford, CA: Stanford University Press, 1997)；Kang-i Sun Chang and

的整體發展提供不同層次及重要的參考，極具意義。然而，女性文本的綜合研究於中西方學術界皆有不俗的成果，學者如何有效地對既有的主張及方法論加以反思與融合，或透過跨學科的理論作出借鑒，從而擴闊相關探索的視野，[67] 筆者相信是勢在必行的。

地域、結社、文類：明清才女群體之研究

　　以地域為分析主題的明清女性群體探究，學人的注意力較集中於江南地區 才媛的探討，[68] 比如有紀玲妹〈清代常州女詞人群體研究〉與〈論清代常州詞派女詞人的家族性特徵及其原因〉、陳玉蘭《清代嘉道時期江南寒士詩群與閨閣詩侶研究》、王婕〈清代蘇州閨閣詩人研究〉、徐春燕〈明代知識女性論略——以江南地區知識女性為考察對象〉、李匯群《閨閣與畫舫：清代嘉慶道光年間的江南文人和女性研究》、周巍《技藝

Haun Saussy (eds.), *Women Writers of Traditional China: An Anthology of Poetry and Criticism* (Stanford, CA: Stanford University Press, 1999)；張宏生編：《明清文學與性別研究》（南京：江蘇古籍出版社，2002年）；張宏生、張雁編：《古代女詩人研究》（武漢：湖北教育出版社，2002年）；Wilt L. Idema and Beata Grant (eds.), *The Red Brush: Writing Women of Imperial China* (Cambridge, MA: Harvard University Asia Center, 2004); Grace S. Fong, Nanxiu Qian, and Harriet T. Zurndorfer (eds.), *Beyond Tradition and Modernity: Gender, Genre, and Cosmopolitanism in Late Qing China* (Leiden and Boston: Brill, 2004); Nanxiu Qian, Grace S. Fong and Richard J. Smith (eds.), *Different Worlds of Discourse: Transformations of Gender and Genre in Late Qing and Early Republican China* (Leiden and Boston: Brill, 2008); Grace S. Fong and Ellen Widmer (eds.), *The Inner Quarters and Beyond: Women Writers from Ming through Qing* (Leiden and Boston: Brill Academic Publishers, 2010)；劉詠聰編：《性別視野中的中國歷史新貌》（北京：中國社會科學出版社，2012年）；Clara Wing-chung Ho (ed.), *Overt and Covert Treasures: Essays on the Sources for Chinese Women's History* (Hong Kong: Chinese University Press, 2012）等等。

[67] 胡曉真：〈最近西方漢學界婦女文學史研究之評介〉，《近代中國婦女史研究》，第2期（1994年6月），頁273-277；亦參王力堅：《清代才媛文學之文化考察》，頁266-267。
[68] 即如常州、蘇州及徽州之才女群體的專論，頗為常見。

與性別：晚清以來江南女彈詞研究》、姚雪梅〈清代徽州名媛略論〉、王燕〈明清徽州閨媛及其詩詞創作〉、鮑震培〈明清時代江南才女文化的繁榮與彈詞體小說〉、趙愛華〈閨秀作家的生存狀況與明清江南地區的彈詞創作〉、張洲〈明清江南才媛文化考述〉等等。[69] 不過，學者並非忽略對其他地區的才媛作出觀察，儘管成果有待補充，這些研究仍具有啟發性。例如魏愛蓮（Ellen Widmer）參考冼玉清（1895-1965）《廣東女子藝文考》[70] 所收錄的著作，繼而分析十八世紀的廣東才女，當中包括方潔、李晚芳（1691-1767）、林蘭雪、謝方端（1724-1813）、陳廣遜、麥英桂、麥又桂及黃之淑（1792-1853）八位女性。魏氏認為廣東才媛受到男性家人的教導與啟蒙，她們對歷史的考究甚具興趣，作者指出十八世紀晚期廣東女性的寫作文化仍頗具活力。由此觀之，魏氏透過十八世紀廣東地區閨秀之觀察，從而重新思考此時期有關「江南女性的文學交流及書寫等文化活動之衰落」的說

---

[69] 紀玲妹：〈清代常州女詞人群體研究〉（南京師範大學碩士論文，1999年）；紀玲妹：〈論清代常州詞派女詞人的家族性特徵及其原因〉，《聊城師範學院學報》（哲學社會科學版），2000年6期（2000年），頁54-58；陳玉蘭：《清代嘉道時期江南寒士詩群與閨閣詩侶研究》（北京：人民文學出版社，2004年）；王健：〈清代蘇州閨閣詩人研究〉（蘇州大學碩士論文，2006年）；徐春燕：〈明代知識女性論略——以江南地區知識女性為考察對象〉，《黃河科技大學學報》，2008年2期（2008年3月），頁57-60；李匯群：《閨閣與畫舫：清代嘉慶道光年間的江南文人和女性研究》（北京：中國傳媒大學出版社，2009年）；周巍：《技藝與性別：晚清以來江南女彈詞研究》（上海：上海人民出版社，2010年）；姚雪梅：〈清代徽州名媛略論〉，《池州學院學報》，2011年5期（2011年10月），頁80-82；王燕：〈明清徽州閨媛及其詩詞創作〉，《巢湖學院學報》，2011年1期（2011年1月），頁61-64；鮑震培：〈明清時代江南才女文化的繁榮與彈詞體小說〉，《閩江學刊》，2011年6期（2011年12月），頁100-106；趙愛華：〈閨秀作家的生存狀況與明清江南地區的彈詞創作〉，《江蘇工業學院學報》（社會科學版），2012年3期（2012年7月），頁57-60；張洲：〈明清江南才媛文化考述〉，《玉溪師範學院學報》，2012年7期（2012年7月），頁8-19等等。
[70] 冼玉清：《廣東女子藝文考》（長沙：商務印書館，1941年）。

法，並稽查江南以外的重要區域是否出現同樣的情況。[71] 誠如曼素恩所言，區域及當地文化的環境因素對女性的寫作行為產生其影響力，[72] 故此，筆者認同了解不同區域才女文化發展之異同，也有益於閨秀群體的全面考察，並不是單單偏重於江南地區女性的探究。

另外，在明清女性結社的專論方面，高彥頤曾提出「家居式」、「公眾式」及「交際式」的結社模式，使學者對相關的社會現象大開眼界。[73] 而後續研究以女性詩社之探討較為豐富，值得留意的有Daria Berg的"Negotiating Gentility: The Banana Garden Poetry Club in Seventeenth-Century China"、李冰馨〈從「秋紅吟社」看明清女性詩社的發展〉、張遠鳳〈清初「蕉園詩社」形成原因初探〉、段繼紅〈清代才女結社拜師風氣及女性意識〉及邱芸怡〈清才自撰蕉園史：清初閨秀、結社與性別書寫〉等

[71] Ellen Widmer, "Guangdong's Talented Women of the Eighteenth Century," in Maghiel van Crevel, *et al.* (eds.), *Text, Performance, and Gender in Chinese Literature and Music: Essays in Honor of Wilt Idema* (Leiden: Brill, 2009), pp. 293-309; 中譯字據魏愛蓮著，趙穎之譯：〈十八世紀的廣東才女〉，《中山大學學報》（社會科學版），2009年3期（2009年），頁40-46。

[72] Susan Mann, "Talented Women in Local Gazetteers of the Lingnan Region during the Eighteenth and Nineteenth Centuries," *Research on Women in Modern Chinese History*, vol. 3 (1995), pp. 123-141.

[73] Dorothy Ko, *Teachers of the Inner Chambers: Women and Culture in Seventeenth-Century China* (Stanford, CA: Stanford University Press, 1994), pp. 179-250; 中譯字據高彥頤（Dorothy Ko）著，李志生譯：《閨塾師：明末清初江南的才女文化》（南京：江蘇人民出版社，2005年），頁191-264。

等。[74]女性詩社成員之間除了牽涉家族關係及姻親關係，[75]論者亦指出個別詩社之建立打破了滿漢及地域間的界限，即如「秋紅吟社」兼具漢族及滿族女詩人，這些女性並沒有血緣關係，彼此進行文藝切磋。[76]值得注意的是，也有論者以「蕉園詩社」為例，審視女詩人如何塑造自我形象及彰顯自身為精英女性。作者同時指出男女閱讀者對於女性書寫的鑒賞取向具有明確的分野，例如男性讀者關注女性的學術成就與美德，而女性讀者則強調女作者的名聲及自我營建男性氣質的特點。[77]至於目前的才女結社研究，較多論述其形成原因及女性成員之專門介紹，主要從個案分析著手。然而，各個團體之間有否進行具體的文藝交流，或女性作家如何評價不同社團的寫作水平，值得一探。

---

[74] Daria Berg, "Negotiating Gentility: The Banana Garden Poetry Club in Seventeenth-Century China," in Daria Berg and Chloe Starr (eds.), *The Quest for Gentility in China: Negotiations beyond Gender and Class* (London and New York: Routledge, 2007), pp. 73-93；李冰馨：〈從「秋紅吟社」看明清女性詩社的發展〉，《樂山師範學院學報》，2007年2期（2007年2月），頁43-46；張遠鳳：〈清初「蕉園詩社」形成原因初探〉，《金陵科技學院學報》（社會科學版），2008年1期（2008年3月），頁79-83；段繼紅：〈清代才女結社拜師風氣及女性意識〉，《天津師範大學學報》（社會科學版），2008年3期（2008年6月），頁39-42；邱芸怡：〈清才自撰蕉園史：清初閨秀、結社與性別書寫〉（國立暨南國際大學碩士論文，2012年）等等。

[75] 例如「蕉園詩社」成員之中柴靜儀（1662-1722）與朱柔則屬婆媳關係。

[76] 李冰馨：〈從「秋紅吟社」看明清女性詩社的發展〉，頁43-46；段繼紅：〈清代才女結社拜師風氣及女性意識〉，頁39-42。

[77] Daria Berg, "Negotiating Gentility: The Banana Garden Poetry Club in Seventeenth-Century China," p. 89.

此外，以明清才女的寫作文類作出集體研究的著作，不勝
枚舉。經筆者的觀察，以詩、[78] 詞、[79] 彈詞、[80] 戲曲[81] 等文體之

[78] 在明清女詩人的群體研究方面，例如有鍾慧玲：〈清代女詩人寫作態度及其文學
理論〉，《東海中文學報》，3期（1982年6月），頁147-168及氏著《清代女詩
人研究》（台北：里仁書局，2000年）；Kang-i Sun Chang, "Ming-Qing Women
Poets and Cultural Androgyny," in Peng-hsiang Chen and Whitney Crothers Dilley (eds.),
Feminism/Femininity in Chinese Literature (Amsterdam and New York: Rodopi, 2002),
pp. 21-31; Xiaorong Li, *Women's Poetry of Late Imperial China: Transforming the Inner
Chambers* (Seattle: University of Washington Press, 2012); 曹曉花：〈無意苦爭春，
一任群芳妒——論清代女詩人的總體特徵〉，《名作欣賞》，2013年33期（2013
年），頁22-23；王曉燕：《清代女性詩學思想研究》（四川大學出版社，2014
年）等等。

[79] 以明清女詞人群體為分析對象，比如有王力堅：〈清代女性婉約詞學觀及女性婉
約詞創作中的性別意識〉，收入中國古代文學理論學會編：《古代文學理論研
究》，第20輯（上海：華東師範大學出版社，2002年），頁317-326；李敏：〈近
二十年來明末清初女詞人群體研究回顧〉，《宜賓學院學報》，2006年3期（2006
年3月），頁66-69；汪青雲：〈清代女性詞人自我形象的重塑〉，《安徽廣播電
視大學學報》，2007年2期（2007年6月），頁98-102；張宏生：〈經典確立與創
作建構——明清女詞人與李清照〉，《中華文史論叢》，2007年4期（2007年12
月），頁279-313；趙雪沛：《明末清初女詞人研究》（北京：首都師範大學出版
社，2008年）；蘇菁媛：《晚明女詞人研究》（台北：花木蘭文化出版社，2010
年）；王秋文：《明代女詞人群體關係研究》（新北：花木蘭文化出版社，2012
年）等。

[80] 以明清彈詞女作者作出整體考察，例如有Ellen Widmer, *The Beauty and the Book:
Women and Fiction in Nineteenth-Century China* (Cambridge, MA: Harvard University
Asia Center, 2006)；鮑震培：《清代女作家彈詞研究》（天津：南開大學出版
社，2008年）；周巍：《技藝與性別：晚清以來江南女彈詞研究》（上海：上海
人民出版社，2010年）；Li Guo, *Women's Tanci Fiction in Late Imperial and Early
Twentieth-Century China* (West Lafayette, Indiana: Purdue University Press, 2015) 等
等。此外，胡曉真亦有一系列關於清代至民初女性彈詞小說的研究，大致以收錄
於她的兩本氏著之中，包括《才女徹夜未眠：近代中國女性敘事文學的興起》
（台北：麥田出版，2003年）及《新理想、舊體例與不可思議之社會：清末民初
上海「傳統派」文人與閨秀作家的轉型現象》（台北：中央研究院中國文哲研究
所，2010年）。

[81] 在明清女劇作家之群體研究而言，例如有張冬梅：〈明清戲曲與女性意識〉，
《長沙師範專科學校學報》，2007年1期（2007年1月），頁65-68；劉奇玉：〈明
清女性戲曲創作理論的詮釋與接受：以古代戲曲序跋為例〉，《湖南科技大學學
報》（社會科學版），2008年3期（2008年5月），頁103-107和〈性別‧話語‧
策略：從序跋視角解讀明清女性的戲曲批評〉，《中南大學學報》（社會科學
版），2009年5期（2009年10月），頁692-697；鄧丹：〈名言為曲，實本為心：
論明清女劇作家的「私情」書寫〉，《文化遺產》，2010年1期（2010年1月），
頁51-57及《明清女劇作家研究》（新北：花木蘭文化出版社，2013年）等等。

分析成果較為豐富；其他體裁如小說、散文[82] 的專門研究雖方興未艾，亦足證明清女性文本具備豐富的呈現形式，極具歷史價值。然而，一些女作者兼寫詩、詞、彈詞等多種文本，若單以文類對女性作家作出分類，學者的確便於宏觀審視女性之集體創作行為。可是，當中能否有效地呈現個別才媛的寫作動機及文體選擇[83] 等重要議題，委實有待商榷。

專題探究：明清女性著述中個別題材作品之分析

以明清女性著述中某類題材作品作為析論對象，也具有不俗的成果。例如從明清女性詩作的議題而論，學者曾探討思歸、[84]

另外，華瑋除了對明清婦女的戲曲文本進行點校（見其《明清婦女戲曲集》〔台北：中央研究院中國文哲研究所，2003年〕），她亦撰寫一系列關於明清婦女戲曲創作的研究，詳參其氏著《明清婦女之戲曲創作與批評》（台北：中央研究院中國文哲研究所，2003年）和《明清戲曲中的女性聲音與歷史記憶》（台北：國家出版社，2013年）。

[82] 相關論著有吳宇娟：〈走出傳統的典範：晚清女作家小說女性蛻變的歷程〉，《東海中文學報》，19期（2007年7月），頁239-268；張麗傑：《明代女性散文研究》（北京：中國社會科學出版社，2009年）及黃錦珠：《女性書寫的多元呈現：清末民初女作家小說研究》（台北：里仁書局，2014年）等。

[83] 例如侯芝（約1760-約1829）曾顧慮撰寫詩詞難以傳世的狀況，因而轉變為寫作彈詞小說。參胡曉真：〈女作家與傳世慾望——清代女性彈詞小說中的自傳性問題〉，收入國立台灣大學中國文學系編：《語文、情性、義理——中國文學的多層面探討：國際學術會議論文集》（台北：台灣大學中國文學系，1996年），頁399-436。

[84] 詳參鍾慧玲：〈女子有行，遠父母兄弟——清代女作家思歸詩的探討〉，收入淡江大學中國文學系編：《中國女性書寫：國際學術研討會論文集》（台北：台灣學生書局，1999年），頁127-170。

記夢、[85] 和友、[86] 咏物、[87] 課訓、[88] 悼亡、[89] 題畫、[90] 題壁、[91] 絕命[92] 等不同的主題，對明清才女的日常生活及寫作模式、明清兩性關係、從女性作品中所反映的明清政治與社會面貌等層面皆有

---

[85] 見鍾慧玲：〈深閨星空——清代女作家記夢詩探論〉，《漢學研究》，27卷1期（2009年3月），頁263-298。

[86] 至於明清女性和友詩之析論，相關成果有Beata Grant, "Chan Friends: Poetic Exchanges Between Gentry Women and Buddhist Nuns in Seventeenth-Century China," in Grace S. Fong and Ellen Widmer (eds.), *The Inner Quarters and Beyond: Women Writers from Ming through Qing*, pp. 215-248; 段繼紅：〈清代女性「和友詩」論〉，《晉陽學刊》，2011年6期（2011年），頁126-128等等。

[87] 例如李小榮曾考究女性詩歌中的食物描寫，參Xiaorong Li, "Eating, Cooking, and Meaning-making: Ming-Qing Women's Poetry on Food," *Journal of Oriental Studies*, vol. 45, nos.1-2 (2012), pp. 27-43.

[88] 以明清女性所書寫的課訓詩為探討對象，參鍾慧玲：〈期待、家族傳承與自我呈現——清代女作家課訓詩的探討〉，《東海中文學報》，15期（2003年7月），頁177-204及劉詠聰：〈清代女性的課子詩文〉，載氏著《才德相輝：中國女性的治學與課子》（香港：三聯書店有限公司，2015年），頁116-155。

[89] 以明清女性所撰悼亡詩為研究對象，比如有小林徹行：《明代女性の殉死と文學：薄少君の哭夫詩百首》（東京：汲古書院，2003年）；周明初：〈「悼亡」並非悼妻的專稱——讀明代六位女詩人的悼亡詩〉，《中國文化研究》，2008年4期（2008年12月），頁38-44；Anne E. McLaren, "Lamenting the Dead: Women's Performance of Grief in Late Imperial China," in Grace S. Fong and Ellen Widmer (eds.), *The Inner Quarters and Beyond: Women Writers from Ming through Qing*, pp. 49-77; Wilt L. Idema, "The Biographical and the Autobiographical in Bo Shaojun's *One Hundred Poems Lamenting My Husband*," in Joan Judge and Hu Ying (eds.), *Beyond Exemplar Tales: Women's Biography in Chinese History*, pp. 230-245等。

[90] 有關明清女性題畫詩之研究論著，見黃儀冠：〈清代婦女題畫詩的閱讀社群及其自我呈現——以《晚晴簃詩匯》為主〉，《國立編譯館館刊》，27卷1期（1989年6月），頁287-310；戴麗珠：〈清代婦女題畫詩〉，《靜宜人文學報》，3期（1991年3月），頁45-69；黃儀冠：《晚明至盛清女性題畫詩研究：以閱讀社群及其自我呈現為主》（台北：花木蘭文化出版社，2009年）；段繼紅：〈清代女性「題畫詩」論〉，《呂梁學院學報》，2011年3期（2011年7月），頁15-17等。

[91] 關於明清女性題壁詩之研究成果，例如有蔡九迪（Judith T. Zeitlin）著，林凌瀚譯：〈題壁詩與明清之際對婦女詩的收集〉，收入張宏生編：《明清文學與性別研究》，頁502-531；合山究著，李寅生譯：〈明清女子題壁詩考〉，《河池學院學報》，2004年1期（2004年7月），頁53-57；段繼紅：〈論清代女性題壁詩〉，《名作欣賞》，2013年14期（2013年），頁90-92等等。

[92] 參Grace S. Fong, "Signifying Bodies: The Cultural Significance of Suicide Writings by Women in Ming-Qing China," *Nan Nü: Men, Women and Gender in Early and Imperial China*, vol. 3, no. 1 (June 2001), pp. 105-142.

更深入的觀察。首先，有關思歸詩、記夢詩、和友詩與咏物詩等課題之切入，帶出了明清女性作家對昔日為人女的身份所作出的回憶、同性之間的書信往來及日常生活片斷的多種記錄，頗具趣味。其次，以明清兩性關係為例，妻子藉著悼亡詩的寫作既抒發自我情感，亦有展示女性才學及弘揚婦德的傾向。而課訓詩之專門探討，學者著重審視為母者如何致力訓課兒女，呈現「母教」於家族承傳中的影響力。至於題畫詩的題詠形式與內容，從中展現了男性文人與女作者的互動過程，誠然詩中所書寫的男女楷模，就進一步顯現兩性的性別期許。[93] 另外，我們可以發現才媛寫作題壁詩與絕命詩的舉動，均反映她們對明清國家及社會變動而產生的性別思考，女性亦期盼其書寫行為與著述之流傳獲得社會的普遍認可。

抑有進者，病弱的才女形象書寫、[94] 女性旅遊寫作[95] 等研究主題之嘗試亦逐漸增加。建基於學者的共同努力，呈現了明清女

---

[93] 黃儀冠：《晚明至盛清女性題畫詩研究：以閱讀社群及其自我呈現為主》，頁 158-159。

[94] 關於明清時期病弱的才女形象書寫之考究，詳參 Maram Epstein, *Competing Discourses: Orthodoxy, Authenticity, and Engendered Meanings in Late Imperial Chinese Fiction* (Cambridge, MA; London: Harvard University Asia Center, 2001); Grace S. Fong, "A Feminine Condition? Women's Poetry on Illness in Late Imperial China," in Paolo Santangelo and Ulrike Middendorf (eds.), *From Skin to Heart: Perceptions of Emotions and Bodily Sensations in Traditional Chinese Culture* (Wiesbaden: Harrassowitz Verlag, 2006), pp. 131-150; Binbin Yang, "Women and the Aesthetics of Illness: Poetry on Illness by Qing-Dynasty Women Poets" (Ph.D. dissertation, Washington University, 2007); 楊彬彬：〈「自我」的困境——一部清代閨秀詩集中的疾病呈現與自傳欲望〉，《中央研究院中國文哲研究集刊》，37期（2010年9月），頁95-130; Grace S. Fong, "Writing and Illness: A Feminine Condition in Women's Poetry of the Ming and Qing," in Grace S. Fong and Ellen Widmer (eds.), *The Inner Quarters and Beyond: Women Writers from Ming through Qing*, pp. 17-48 等。

[95] 以明清女性旅遊書寫為探討中心，例如有 Grace S. Fong, "Authoring Journeys: Women on the Road," in *Herself an Author: Gender, Agency, and Writing in Late Imperial China* (Honolulu: University of Hawai'i Press, 2008), pp. 85-120; Yanning Wang, *Reverie and Reality: Poetry on Travel by Late Imperial Chinese Women* (Lanham:

性如何建立其才女形象，並作出跨越性別界限的寫作。誠然，學者同時注意到明清才媛的豪放（masculine）寫作風格，[96] 可惜相關成果仍然不足。筆者更發現她們甚或對傳統男性人格加以仿傚，並構建獨特的「女中丈夫」形象，嘗試突破自我性別角色。由此可見，明清女性如何演繹「男性氣概」及建立「女中豪傑」的性別形象，確實有更多的探索空間，亦是本文的主旨。

小結

　　隨著明清女性作品研究的推陳出新，學術界呈現了頗為可觀的研究成果。事實上，明清女性著作之整體評論、以地域及文類為主要分析方向的才女群體探究皆有可觀的成果，而明清女性著述的「經典化」現象之長期爭論，[97] 亦屬不可或缺的重要課題。

Lexington Books, 2014); Yuan Xing, "Leaving the 'Boudoir' for the Outside World: Travel and Travel Writings by Women from the Late Ming to the Late Qing Periods," *Ming Qing Studies* (December 2014), pp. 257-276 等。

[96] 至於明清女性的豪放寫作風格之分析，見Xiaorong Li, "Engendering Heroism: Ming-Qing Women's Song Lyrics to the Tune *Man Jiang Hong*," *Nan Nü: Men, Women and Gender in China*, vol. 7, no.1 (March 2005), pp. 1-39; Wai-yee Li, *Women and National Trauma in Late Imperial Chinese Literature* (Cambridge, MA: Harvard University Asia Center, 2014）等等。而李惠儀分析明清女作家筆下所構建的「男性化聲音」，並反思箇中的寫作意義。例如女詩人採用真實、想像或隱喻的刀劍作為表達其性別聲音的重要形式，她們模倣男性文人的寫作傳統而建構「男子氣概」，詳參Wai-yee Li, *Women and National Trauma in Late Imperial Chinese Literature*, pp. 153、184、198.

[97] 有關明清女性著作的「經典化」現象之長期爭論，孫康宜發現男性文人輯錄女性著作時，他們會引用《詩經》等典籍及申述這些經典之中已載有不少女性作品，藉以強調女性寫作的歷史傳統。這些文人同時展現女性書寫的承傳及創新之處，如表明她們的詩作中具有「清」及「真」的特點，成為明清女性文本的重要特色。參Kang-i Sun Chang, "Gender and Canonicity: Ming-Qing Women Poets in the Eyes of the Male Literati," *Hsiang Lectures on Chinese* Poetry, vol. 1 (2001), pp. 1-18。然而，一些論者則持相反論調，例如方秀潔認為並非所有選輯的女性詩作皆符合「經典性」的要求，當中一些著述的篩選只以市場利潤為前提，參Grace S. Fong, "Gender and the Failure of Canonization: Anthologizing Women's Poetry in the Late

女性文本的發揮空間極其寬闊，學者亦不斷地對相關的研究趨勢作出進一步的整理與反思。例如學者建議同時採用女性作品總集及女性別集，從而重塑明清才女的生活及寫作形式。[98] 本文兼用兩者，期許彌補只以總集所輯的女性著作為據之不足。換言之，我們更應注意這些女性聲音所反映的歷史發展、社會與生活面貌。另外，也有論者提倡關注非精英女性的書寫行為，[99] 配合既有的才媛文化研究，對女性著述之分析確有深化的作用。除了方法論的更新及注意閨秀階層外的女作家等建議之外，明清女性著作的選輯方式及發掘工作之考察，委實不容忽視。[100] 雖然現今

Ming," *Chinese Literature: Essays, Articles, Reviews*, vol. 26 (December 2004), pp. 129-149。同時，也有學者提出男性文人使女性詩篇「經典化」的方法，並不是明清時期所獨有，例如作者以宋人歐陽修（1007-1072）所撰寫的序加以說明相關現象，參Sufeng Xu, "The Rhetoric of Legitimation: Prefaces to Women's Poetry Collections from the Song to the Ming," *Nan Nü: Men, Women and Gender in China*, vol. 8, no.2 (September 2006), pp. 255-289.

[98] 詳參Clara Wing-chung Ho, "Encouragement from the Opposite Gender: Male Scholars' Interests in Women's Publications in Ch'ing China-A Bibliographical Study," in Harriet T. Zurndorfer (ed.), *Chinese Women in the Imperial Past: New Perspectives* (Leiden, Boston & Köln: Brill, 1999), pp. 308-353. 劉詠聰認為學者不應忽略女性別集之探究，蓋因閨秀作品總集的選輯者並沒有詳細地交代女作者的生平、思想及其人際關係，委實難以重構她們的傳記資料。因此，本文同時採用兩者，筆者相信，我們可更深入探索才媛的生活、想法及其寫作模式。另參Maram Epstein, "Bound by Convention: Women's Writing and the Feminine Voice in Eighteenth-Century China," *Tulsa Studies in Women's Literature*, vol. 26, no. 1 (Spring 2007), pp. 97-105.

[99] 例如湖南南部江永縣農村所發現的女書及女歌等，也可視作女性聲音的研究文本。詳參胡曉真：〈藝文生命與身體政治：清代婦女文學史研究趨勢與展望〉，頁53及Maram Epstein, "Bound by Convention: Women's Writing and the Feminine Voice in Eighteenth-Century China," p. 102.

[100] 在明清女性著述的蒐集與編輯之分析方面，研究對象以女性作品總集及各大型叢書所輯之女性著作為主，值得注意的有孫康宜"A Guide to Ming-Ch'ing Anthologies of Female Poetry and Their Selection Strategies"、盧嘉琪〈《四庫全書》賡續諸編所收女性著述〉及王兵〈清詩女性選本研究〉等。見Kang-i Sun Chang, "A Guide to Ming-Ch'ing Anthologies of Female Poetry and Their Selection Strategies," pp. 147-170; 盧嘉琪：〈《四庫全書》賡續諸編所收女性著述〉，《成大歷史學報》，32期（2007年6月），頁35-80；王兵：〈清詩女性選本研究〉，《中國文化大學中文學報》，23期（2011年10月），頁21-38. 事實上，明清女性文本的數量甚豐，並散見於各種大型叢書，然而相關史料之梳理及專門探究仍然不足。

學者逐漸地對女性文本加以校對，並相繼出版；[101] 然而，這些文獻的學術價值和其編輯的具體狀況，均未見具系統性的分析。誠然，這類專論可有助於學者審視相關史料的版本及出版情況，對於這個研究領域的持續發展具有關鍵的作用。

第三節　研究材料及方法

一、研究基礎、史料徵引

　　本研究計劃是筆者在已完成的碩士論文〈「夫道」──清代家訓所呈現的男性人格〉的基礎上進行延伸思考，並希望進一步開拓新研究方向的努力。[102] 過去筆者透過梳理清代家訓、文集等不同文獻，發現清代男性對如何彰顯「夫道」、如何達到「齊家之道」並建立了一套丈夫的守則。與此同時，筆者亦發現清代男性除了享有不同的權利及地位，也面對不同層面的規範及性別壓力。然而，該研究仍側重於徵引男性文人書寫的文本，故是次研究強調視角的改變，探索明清女性如何參與塑造「男性氣概」的歷史發展，並對女性著述加以採用，藉以審視兩性如何建構中

---

[101] 例如有方秀潔、伊維德（Wilt L. Idema）編：《美國哈佛大學哈佛燕京圖書館藏明清婦女著述彙刊》（桂林：廣西師範大學出版社，2009年）；王英志：《清代閨秀詩話叢刊》（南京：鳳凰出版社，2010年）；黃秩模（1808-1868）、付瓊：《國朝閨秀詩柳絮集校補》（北京：人民文學出版社，2011年）；李雷編：《清代閨閣詩集萃編》（北京：中華書局，2015年）等等。至於胡曉明及彭國忠所編《江南女性別集》仍然持續進行，由黃山書社負責付梓，暫時已推出共四編八冊，包括《江南女性別集初編》（2008年）、《江南女性別集二編》（2010年）、《江南女性別集三編》（2012年）及《江南女性別集四編》（2014年）。

[102] 參拙文〈「夫道」──清代家訓所呈現的男性人格〉（香港浸會大學哲學碩士論文，2013年）。

國歷史上「男性氣概」的發展。[103] 研究兩性共同的歷史，才能審視與梳理接近真相的歷史。[104]

有見及此，本文希望進一步探討中國歷史上「男性氣概」的發展及轉變，本研究的中心將集中在審視明清女性如何建構男性人格，探討她們對男性人格塑造的多元化參與。筆者亦留意到有些女作家偶或會模倣傳統男性人格，意圖突破自我性別角色，仿佛自我構建剛強的「女中丈夫」形象，藉以說明「閨閣女子也能勝過男兒」，這些都是很有趣的課題。明清女性筆下對各傳統男性人格實多所發揮，她們多次論述「大丈夫」、「男兒」、「男子漢」及其他帶有性別認知涵義的詞彙。「大丈夫」是一種儒家所提倡的理想人格，也是男性對自己價值的追求。另外，「男兒」、「男子漢」、「鬚眉」也代表了傳統社會中男性人格的呈現。然而這些人格的形成，筆者估計不會只是基於男性的力量。

至於女性文本的重要性，前輩學人方秀潔（Grace S. Fong）鄭重指出善用女性書寫的文本，可獲取嶄新的文學、歷史及文化視野，既重新了解古代女性文化的可貴之處，亦可對文本中所記載的生活體驗、言語、行為、情感表達加以考證，裨益於學人探究構成中國文化與社會結構的不同層面。[105] 故此，本文以明清女性著作為主要參考資料，包括總集所輯錄的明清女性作品及個

---

[103] 孫康宜曾言明清女性詩歌的繁盛，並非單靠某一性別的參與，需要兩性配合與互相合作，又強調兩性共同建立明清文學的新方向，詳參Kang-i Sun Chang, "Gender and Canonicity: Ming-Qing Women Poets in the Eyes of the Male Literati," pp. 1-18. 其實，傳統男性人格的建構，委實包括了兩性的共同參與，女性亦對男性人格多所演繹。

[104] 劉詠聰：《女性與歷史：中國傳統觀念新探》（香港：香港教育圖書公司，1993年），頁143。

[105] 方秀潔著，王志鋒譯：〈欣賞與研究的文學寶庫：哈佛燕京圖書館藏明清婦女著述〉，載方秀潔、伊維德編：《美國哈佛大學哈佛燕京圖書館藏明清婦女著述彙刊》，頁1-19。

別女作家的詩文集，屬集部史料。[106] 明清女性別集蘊含了個人思想、行為、見聞等等，也是真實的生活紀錄，[107] 是審視明清女性對傳統男性人格的理解及自我性別意識的珍貴材料。然而，誠如胡文楷所指，明清女性別集數量甚豐，基於本書篇幅所限，本書所收〈明清女性別集知見錄〉一表（見附表一），只羅列本文所徵引者，並以作者姓氏筆劃排序。誠然，筆者已整理傳世者，編成〈明清女性別集知見錄〉一表，附於拙博士論文之末，見〈明清女性在男性人格建構過程中的角色研究〉（香港浸會大學哲學博士論文，2017年），頁239-300。另外，筆者亦曾嘗試探討過往的明清女性著作研究成果，該文同時附上相關女性作品總集及女性別集知見錄，可作進一步的參考，參拙文〈明清女性著作研究趨勢初探——附明清女性作品總集、女性別集知見錄〉，《書目季刊》，51卷4期（2018年4月），頁109-116。至於明清女性作品在一般總集中的呈現方式，包括：（1）只錄女性詩文之總集，（2）附有女性詩文之一般總集，筆者亦已編成〈明清女性作品總集知見錄〉一表，詳參本書附表二。

　　另外，本文會根據多種古籍目錄稽尋現存明清女性著作等資料，並盡力搜羅進行研究，例如一些大型叢書，如《叢書集成初編》、《叢書集成續編》、《景印文淵閣四庫全書》、《續修四庫全書》、《四庫全書存目叢書》、《四庫未收書輯刊》、《四庫禁燬書叢刊》、《四庫全書存目叢書補編》等等。[108] 同

---

[106] 集部史料包括有別集、總集。有關其史料價值，可參戴逸：〈序言〉，收入柯愈春：《清人詩文集總目提要》（北京：北京古籍出版社，2002年），上冊，頁2-3；馮爾康：《清史史料學》（瀋陽：瀋陽出版社，2004年），頁193-241。

[107] 詳參Weijing Lu, "Personal Writings on Female Relatives in the Qing Collected Works," in Clara Wing-Chung Ho (ed.), *Overt and Covert Treasures: Essays on the Sources for Chinese Women's History* (Hong Kong: Chinese University Press, 2012), pp. 411-434.

[108] 《叢書集成初編》（北京：中華書局，1985年）；《叢書集成續編》（台北：新

時，筆者亦會參考一些電子版數據庫，例如《中國基本古籍庫》所收錄女性著作等。值得注意的是，電子文庫「明清婦女著作」網站已啟用超過十年，是重要的網上資源，極便利於根據近二百多種的明清女性著作進行研究。該數據庫提供多項檢索工具，各種女性著作原書亦可供下載，包括別集、總集等等，本研究會盡量利用。[109] 為加強以女性文本為主要參考史料及進行研究的可行性，筆者也會盡力從其他途徑搜羅明清女性別集，如參考各種明清文集目錄等。[110] 再者，近年有匯集罕見清人別集的叢書出版，如《北京師範大學圖書館藏稀見清人別集叢刊》、《南開大學圖書館藏稀見清人別集叢刊》等等，[111] 當中亦收錄了一些較為稀見的清代女性作品，如周維德《千里樓詩草》、張湘筠《冬蕙軒存稿》等。[112] 總之，筆者會透過不同的渠道盡力搜羅相關

文豐出版公司，1989年）；《景印文淵閣四庫全書》（台北：台灣商務印書館，1983-1985年）；《續修四庫全書》（上海：上海古籍出版社，1995年）；《四庫全書存目叢書》（台南柳營鄉：莊嚴文化事業有限公司，1996年）；《四庫未收書輯刊》（北京：北京出版社，2000年）；《四庫禁燬書叢刊》（北京：北京出版社，2000年）；《四庫全書存目叢書補編》（濟南：齊魯書社，2001年）。

[109] 詳參由麥基爾大學（McGill University）及哈佛燕京學社（Harvard-Yenching Institute）發起、合作，並陸續有不同單位加入的「明清婦女著作」網（http://digital.library.mcgill.ca/mingqing/search/index_ch.php）.

[110] 山根幸夫、小川尚編：《日本現存明人文集目錄》（東京：大安印刷，1966年）；山根幸夫編：《增訂日本現存明人文集目錄》（東京：東京女子大學東洋史研究室，1978年）；張舜徽：《清人文集別錄》（北京：中華書局，1980年）；李靈年、楊忠、王欲祥：《清人別集總目》（合肥：安徽教育出版社，2000年）；柯愈春：《清人詩文集總目提要》（北京：北京古籍出版社，2002年）；王重民、楊殿珣：《清代文集篇目分類索引》（北京：北京圖書館出版社，2003年）；上海古籍出版社：《清代詩文集彙編總目·索引》（上海：上海古籍出版社，2010年）。

[111] 程仁桃等輯：《北京師範大學圖書館藏稀見清人別集叢刊》（桂林：廣西師範大學出版社，2007年）；南開大學圖書館、江曉敏編：《南開大學圖書館藏稀見清人別集叢刊》（桂林：廣西師範大學出版社，2010年）。

[112] 周維德：《千里樓詩草》（據光緒二年〔1876〕桂月刻本影印；收入《北京師範大學圖書館藏稀見清人別集叢刊》，冊27）；張湘筠：《冬蕙軒存稿》（據道光間刻本影印；收入《北京師範大學圖書館藏稀見清人別集叢刊》，冊17）。

史料進行研究，以加強本文借女性作品等文獻窺探某些觀念的可行性。

二、研究方法、內容架構

著名的美國性別史學者Joan Wallach Scott曾提出以性別視角作為分析歷史的工具，可使我們重新認識歷史。[113] 另一位性別史權威學者伊沛霞（Patricia Buckley Ebrey）亦指出「最好的婦女史不僅告訴我們歷史上的女人，婦女史挑動我們重新審視我們對歷史和歷史進程的理解」。[114] 以性別視角切入研究歷史，有助我們進一步了解歷史、認識歷史，所以面對古代兩性關係、權力分配等議題的探討時，我們需要更仔細地進行探究。換言之，「社會性別作為一項分析的工具」是學術界大力倡議的方向。[115] 另外，在「男性氣概」研究領域內較為有名的學者如雷金慶、黃衛總均認為「男性氣概」的研究深具發展空間；[116] 而韓獻博亦提出審視「男子氣概」的內涵中不能缺失女性的元素，[117] 可見「男性氣概」研究更需謹慎地考察兩性的聲音。以女性文本切入，可彌補單以男性書寫的文本作為主要考據的不足之處，裨益

---

[113] Joan Wallach Scott, *Gender and the Politics of History* (New York: Columbia University Press, 1988), p. 30.

[114] Patricia Buckley Ebrey, *The Inner Quarters: Marriage and the Lives of Chinese Women in the Sung Period* (Berkeley, L.A. & London: University of California Press, 1993), pp. 270-271. 中譯文字據伊沛霞著，胡志宏譯：《內閨：宋代的婚姻和婦女生活》（南京：江蘇人民出版社，2004年），頁239。

[115] Joan Wallach Scott, "Gender: A Useful Category of Historical Analysis," *American Historical Review*, vol. 91, no. 5 (December 1986), pp. 1053-1075.

[116] Kam Louie, *Theorising Chinese Masculinity: Society and Gender in China*, pp. 3-5; Martin W. Huang, *Negotiating Masculinities in Late Imperial China*, p. 203.

[117] Bret Hinsch, *Masculinities in Chinese History*, pp. 13-28.

於擴充「男性氣概」的研究視野，關注「兩性共同的歷史」。故此，本研究將以性別視野去審視明清女性文本，並考究女性書寫的男性人格、男性形象。

同時，本文亦以傳統男性人格為研究主旨，因此筆者亦會參考上述關於中國歷史上「男性氣概」的研究及「男性氣概」的一般性理論，以加強本研究的分析深度。此外，本文亦會適當地引用現存中國性別史研究理論，例如本文的主題是探討清代母親筆下的「子道」、妻子書寫的「夫道」等概念，既涉及男性家庭成員與女性家庭成員的相互關係，亦呈現了不同層面的性別議題，例如婚姻史與家庭史、[118] 古代兩性關係、[119] 古代女性著作[120] 等等；透過採用不同性質的史料及後人研究，可以更有效地呈現出明清女性所期許的男性人格及男子形象。

在時間方面，是次研究以明清為討論時段，蓋因此歷史階段是從傳統過渡至現代的橋樑，而且明清兩代留下來的資料亦較繁多。同時，據胡文楷《歷代婦女著作考》的考訂，明清時期的女性著作數量極其豐富，為本研究提供了相當豐富的參考資源。由於明清女性著作數量不少，而且本文所參考的資料亦較繁雜，為了有效分析明清女性所構建的男性人格，本研究除了文本分析外，亦會利用附表輔助論述。

本文將以兩個核心方向分析明清女性構建的男性人格，包括探討明清女性以男性家人為對象的男性人格論述，及以她們在

---

[118] 在婚姻史及家庭史方面，以通論性質及從個別朝代切入的研究成果較為豐富，參拙文〈「夫道」──清代家訓所呈現的男性人格〉的第一章〈導論〉第三節〈研究材料及方法〉，頁38，註〔84〕。

[119] 以古代中國兩性關係之探討為例，相關研究仍然不足，尚待補充。參拙文〈方興未艾：學術界的中國男性史研究〉，頁10，註〔69〕。

[120] 參前述有關〈明清女性著作研究〉的文獻回顧，亦參劉詠聰：〈清代女性課子書舉要〉，《東海中文學報》，20期（2008年7月），頁189，註〔6〕。

各種詩篇和論史文章中所塑造的多元男性形象、以至對「女中丈夫」形象的構建。前述的分析方向，筆者會以三個角度有系統地呈現，包括〈「安民治國全忠孝，方顯男兒是丈夫」——明清為母者構建的男性人格〉、〈「君自盡忠儂盡孝，大家努力壯門楣」——明清為妻者塑造的男性氣概〉、〈「男兒秉志壯閭閻，閨女當知詩禮兼」——明清閨秀對其兄弟侄甥培養「丈夫氣概」之勉勵〉。

　　古代女性所擔任的家庭角色，主要圍繞著為人女、為人妻、為人母的身份。當中為人母在家庭之中地位較高，蓋因中國傳統社會重視孝道，而古代母教故事的流傳，亦得到學術界的關注。明清女作家多具備母親身分，筆下屢屢用心叮嚀及訓課兒子，並告誡他們作為男性需要關注的議題。值得注意的是為母者擔當重要的導師，傳遞兒子有關家族承繼的歷史責任及立身處世的價值觀，因此訓課兒子的內容頗為細緻。不論教導兒子進德修業、勉勵兒子赴試，以至訓子為政之道等，她們不斷勸誡為兒子如何達到「男兒」及「大丈夫」的品格要求，可見為母者亦積極地參與建構「男性氣概」的歷史脈絡。再者，母親亦常自述她們撫養孩兒的劬勞及諄諄教誨，例如夜課兒子等等，更反映為母者在指引兒子如何達成性別角色期許方面，具有關鍵的貢獻。

　　至於為妻者亦多次論述性別議題，例如丈夫的男性尊嚴、責任與榮譽等核心課題，然而她們的著述也展現了妻子如何與丈夫達成共識，互相協助，藉以維繫家庭運作，屬友愛婚姻的表現。[121] 比如丈夫的性格及品行有所不足，妻子加以勸勉，助丈

---

[121] 有關友愛婚姻（companionate marriage）的析論，參本書第三章〈「君自盡忠儂盡孝，大家努力壯門楣」——明清為妻者塑造的男性氣概〉第二節〈「友愛婚姻」之展現——家庭之共同維繫及妻子對丈夫之規勸〉。

夫一臂之力，以期協助丈夫達到男性性別期許等等。由此可見，
為妻者筆下對丈夫的性角色委實多所演繹，亦呈現了明清時
期夫妻之間的互相協調與遷就，並非只是女性「服從」男性的
狀況。

　　縱使明清女性多以母親、妻子的身份談論男性人格，但事實
上，為姊者、為妹者亦與其兄弟有所對話，表達她們對男性性別
角色的看法。例如為人姊透過「擬男」模式的利用，既用以調節
自身對性別限制的訴求，[122] 誠然亦反映了男性需優先關注的性
別議題。

　　本文另有兩個章節，〈「讀書久已薄迂儒，願作人間女丈
夫」──明清女性作家建構的「女中丈夫」形象〉和〈「丈夫落
落心何求，干將豪氣芒千秋」──明清女性吟詠篇什及論史文章
中男性形象的演繹〉。筆者將會採用雷金慶所提出的「文」與
「武」理論架構，[123] 繼而分析明清女性建構的「女中丈夫」形
象，例如具備才學的「女士」、牽涉從軍議題的「女英雄」等
等，她們既意圖仿效男性人格，亦同時建構「男性氣概」之內
容。值得注意的是，明清女性詩作中塑造的男性並非全是正面形
象，亦有觸及「小丈夫」和「賤丈夫」等較為負面的形象。

　　前三章主要探究家庭內的男性角色，後兩章則關注家庭外的
官場男性。本文的章節安排，筆者希望展現在明清社會政治環境
的變遷下女性探討「男性氣概」議題的歷史演變。

　　值得注意的是，這些女性在家內如何期待與形塑男性，與

---

[122] 王力堅：《清代才媛文學之文化考察》，頁39。
[123] 雷金慶解釋了在中國社會中存在的兩種男性氣質：「文」與「武」。「文」強
調的是文化上的內涵，溫文爾雅的男性氣質，例如才子、文人；「武」則帶有
剛強、尚武氣質，更有一種武俠形象，強調的是身體上的力量。詳參Kam Louie,
Theorising Chinese Masculinity: Society and Gender in China, p. 77.

明清科舉文化有密切的聯繫。艾爾曼（Benjamin A. Elman）曾提出在科舉制度下男性希望及第，繼而投身士大夫階層為國家建立功業是男子所崇尚的人生目標。然而，男性應考科舉所面對的壓力，他們的父母、姊妹及其他家族成員不能置身事外，並向對方作出安慰及鼓勵。[124] 論者亦指出「妻子激發、支持和督促丈夫及兒子應考科舉，繼而進入仕途，則被看作一項非常重要的責任」，[125] 甚或「丈夫的科舉前程已成為衡量女性婚姻成敗的重要標準，子嗣的功名亦成為女性教子有方的標誌」。[126] 若果男性把自身應考科舉面對的壓力轉投在女性貞節道統的討論上，[127] 那麼女性致力建構男性人格，從中亦發現兩性因應科舉考試所衍生的行為及取態。其實，兼具多種身份的閨秀對家人建立男兒志向的各種勸勉，我們可以發現，這些女性所表達的男性人格論述與科舉制之推行具有千絲萬縷的關係。

有見及此，前三章的討論，既反映明清科舉制度下所產生的性別現象，並按不同家庭角色的女性參與「男性建構」之影響力作出先後排列。由於母教具有關鍵的貢獻，故置於首章進行分析，其次是妻子的男性論述，最後是其他女性親人營建的「男子氣概」。凡此種種，足證為母者、為妻者以至為姊者與為妹者，

---

[124] Benjamin A. Elman, *Civil Examinations and Meritocracy in Late Imperial China* (Cambridge, MA: Harvard University Press, 2013), p. 148. 亦參Hoi Ling Lui, "A Haunting Voice: A Place for Literary Wives in the History of the Civil Examinations in Qing China," *New Zealand Journal of Asian Studies*, vol. 13, no. 1 (June 2011), pp. 17-30.

[125] 程海霞：〈女性與科舉〉，《山東女子學院學報》，2011年1期（2011年2月），頁41-43。

[126] 同上。有關科舉及女性之間的關聯，相關研究詳參顧歆藝：〈明清俗文學中的女性與科舉〉，收入張宏生編：《明清文學與性別研究》，頁34-57；高峰：《科舉と女性》（岡山：大学教育出版，2004年）及該書的中譯本《科舉與女性：溫馨與哀愁》（長春：時代文藝出版社，2007年）等。

[127] T'ien Ju-k'ang, *Male Anxiety and Female Chastity: A Comparative Study of Chinese Ethical Values in Ming-Ch'ing Times* (Leiden: E.J. Brill, 1988).

均頗有致力於參與男性氣概的構建。後兩章的分析，旨在呈現出明清女性因應時代及政治局勢的轉變，持續地反思兩性角色的社會規範。閨秀的目光並不短淺，也關注家庭之外的國家大事，尤其是戰亂頻仍和政局動盪之際，她們探討男性人格的意識更加強烈。晚清時期戰爭時常發生，因此習文之外，「武」的男性特質亦得到一些女性作家的提倡；清朝滅亡後，政權過渡，女性對於男性報效國家的看法也有所調節，展示了政治及社會上變遷如何影響她們對男性社會角色的省思。

最後，筆者於總結部分會綜論女性文本及視野在男性角色論述中所顯現的特點與貢獻。稽查明清女性著作，委實發現傳統男性人格的定型，兩性的共同參與是不可或缺的，當中女性多番著墨探討，更是舉足輕重。

由於以往學者在研究「男性氣概」時多從男性視野與文本切入，忽略女性聲音；而前人在探究女性文本的豐富議題時，亦未有注意到她們筆下對男性人格的鋪述，所以筆者致力稽查與梳理，希望彰顯明清女性積極地參與建構「男性氣概」的歷史發展與文化脈絡。本研究採用女性文本為主要徵引史料，可彌補單以男性書寫文本為據的不足，裨益於開拓「男性氣概」的學術視野，關注「兩性共同的歷史」。

另外，探究明清女性對男性家人的性別期許，追尋母親、妻子等筆下所牽涉的男性人格，亦為「子道」、「夫道」等男性性別角色的規範與準則提供重要的參考。同時，明清女性所建構的「男性氣概」，何嘗不反映作者本人的「女性氣質」與自我角色期待？故筆者希望是次研究可以對明清時期性別史、男性學、性別角色認知、兩性關係及古代女性著作等方面作出貢獻，開拓新的研究方向。

第二章

「安民治國全忠孝，
方顯男兒是丈夫」

——明清為母者構建的男性人格

古代女性所擔負的家庭角色，主要圍繞著為人女、為人妻與為人母幾種身份。中國傳統社會重視孝道，加上政府之提倡，不孝的行為往往會遭受輿論鞭撻甚至導致法律制裁，故母親對兒子亦有較大的指導及命令權力，在士人階層之中更為明顯。[1] 因此，古代母教的具體內容及流傳，亦得到學術界的關注。[2] 誠然，勤於寫作的明清女性多具備母親身分，筆下屢屢用心叮嚀及訓課兒子。她們除了授子詩書及道德教育外，也教導他們注重男性人格的培養，學習如何成為「大丈夫」及「男兒」。與此同時，母親作為兒子生命中的啟蒙老師，也具體教誨下一代為子之道。值得注意的是，明清女性作品之中也記載了母親督促兒子達成普遍性別期許，而且言傳身教，為對方樹立榜樣，母子之間互相激勵，並實踐各自的角色期盼。本章將包括以下兩個部分：（1）為子者的人生導師——明清女性參與制定的男性行為規

---

[1]　鄭雅如：《情感與制度：魏晉時代的母子關係》（台北：國立台灣大學出版委員會，2001年），頁178-179；亦參〈中古時期的母子關係——性別與漢唐之間的家庭史研究〉，載李貞德編：《中國史新論‧性別史分冊》（台北：聯經出版事業股份有限公司，2009年），頁135-190。

[2]　例如在母教的特色方面，鄭雅如曾提出魏晉時代之為母者除了親授詩書、訓以立身處世，也有教子仕宦之道，參鄭雅如：《情感與制度：魏晉時代的母子關係》，頁174-175。至於母親教兒為官之道，明清時代亦可找到不少例證，更有論者表明「天下之治自婦人始」的主張，參錢若蘭：〈「天下之治自婦人始」：試析明清時代的母訓子政〉，收入游鑑明編：《中國婦女史論集‧九集》（台北：稻鄉出版社，2011年），頁111-137。另外，母教具有階級性，比如熊秉真指出明清時期處於下層階級的家庭中，母親多督促兒子守規矩、存有骨氣及學習手藝為主，旨在教導孩兒謀生，參熊秉真：〈建構的感情：明清家庭的母子關係〉，收入盧建榮編：《性別、政治與集體心態：中國新文化史》（台北：麥田出版，2001年），頁264。而母親處於書香世家，則較注重品德、為學、傳承家風及光耀門楣之課兒內容，參鍾慧玲：〈期待、家族傳承與自我呈現——清代女作家課訓詩的探討〉，頁177-204。此外，學人亦對清代課訓詩之對象加以注意，並指出課兒及課女的期待具其差異，參鍾慧玲，同上，頁178-187。再者，清代女性的課子作品也有不同的形式，如有課子書、課子詩文及課子圖，參劉詠聰：〈清代女性的課子書〉、〈清代女性的課子詩文〉、〈清代課子圖中的母親〉，俱載氏著《才德相輝：中國女性的治學與課子》，頁78-115、116-155、156-197。

範；（2）明清母親所期許的「子道」。

第一節　為子者的人生導師
——明清女性參與制定的男性行為規範

在中國古代的社會之中，男性於家庭及社會等不同場域都身肩重任，更需要專注建立功名。他們長期在外刻苦地經營，例如參加科舉、參與政府部門的工作、[3] 與其他精英男性建立關係等，[4] 因此家庭中「父師皆母職」之現象委實不少。[5] 母子之間長期相處與接觸，母教的影響舉足輕重，故論者謂「文人與仕宦家庭之教育基本上以母教為主」。[6] 抑有進者，本文認為明清為母者實際上是兒子重要的人生導師，把有關家族傳承的歷史責任及立身處世的價值觀傳遞給兒子。[7] 故此，她們課子的內容頗為細緻，並牽涉對方不同階段的人生歷程，包括教導孩兒進德修業、勗勵兒子赴試，以至男性為官之道，她們在著作之中屢次勸誡為人子者如何才能符合「大丈夫」及「男兒」的人格要求。現就各個主題，析論如下：

---

[3] Susan Mann, "The Virtue of Travel for Women in the Late Empire," in Bryna Goodman and Wendy Larson (eds.), *Gender in Motion: Divisions of Labor and Cultural Change in Late Imperial and Modern China* (Lanham, Boulder, New York and Oxford: Rowman and Littlefield Publishers, 2005), pp. 55-74.

[4] Susan Mann, "Women's History, Men's Studies: New Directions in Research on Gender in Late Imperial China," in Huang Kewu (ed.), *Gender and Medical History* (Taipei: Institute of Modern History, Academia Sinica, 2002), pp. 73-103.

[5] 汪嫈（1781-1840）：〈閨訓篇〉，見單士釐（1856-1943）：《閨秀正始再續集》（民國元年〔1911〕活字印本），卷1上，頁16上-17上。

[6] 王力堅：《清代才媛文學之文化考察》，頁193、195-196。

[7] 鍾慧玲：〈期待、家族傳承與自我呈現——清代女作家課訓詩的探討〉，頁184。

進德修業

　　母親期望兒子篤志於學及用功修業，亦於詩中屢屢申述。對女性作家之心態加以觀察，孩兒勤奮讀書並確立志向，對於將來立身處世及仕途具有莫大裨益，他朝建功立業可揚名顯親，因此奮志為學屬孝順雙親的表現，[8] 也能一探她們教導兒子的各種冀望。例如何玉瑛（活躍於乾隆嘉慶年間）[9] 對兒子鄭鵬程（1760-1820）[10] 加以訓示，叮囑對方累積學問之重要性：

> 殖學精於勤，取法貴乎上。功無一息寬，志欲千古抗。臨渴而掘井，及泉烏可望？置身賢豪間，**男兒何多讓！**[11]

何氏一針見血地指出「殖學」需「精於勤」及「取法貴乎上」，求學之道更宜「功無一息寬」，蓋因「臨渴而掘井」的做法，實不可取。可見「男兒」不能投機取巧，懂得踏實地積累所學，方能成為「賢豪」。

　　值得注意的是王繼藻（活躍於嘉慶道光年間）[12]〈勗恒兒〉一詩，既指出古代女性對「夫與子」建功立業的盼望，也申述「婦人無能為」之無奈，故母親傾盡心力課子，無非寄望兒子

8　同上，頁180。

9　何玉瑛，字梅鄰，閩侯人。著有《疎影軒遺草》，著錄於《歷代婦女著作考》，頁291。

10　何氏為「知府鄭鵬程母」，見惲珠：《國朝閨秀正始集》（道光十一年〔1831〕紅香館刻本），卷9，〈何玉瑛〉，頁20下。

11　何玉瑛：〈口占勗兒〉，見《國朝閨秀正始集》，卷9，頁21上下。

12　王繼藻，字浣香，湘潭人。著有《敏求齋詩集》，著錄於《歷代婦女著作考》，頁258。

「力學早圖」，藉以「光門閭」：

> 婦人無能為，所望夫與子。撫子得成立，私心竊自喜。
> 望子脩令名，書香繼芳軌。爾質非愚頑，爾年雖稺齒。
> 為學慎厥初，成人貴在始。高必以下基，洪必由纖起。慎
> 毋貪嬉遊，流光疾如駛。慎毋恃聰明，自作遼東豕。璞玉
> 苟不琢，徒然負質美。所以古哲賢，兢此分寸晷。如彼藝
> 南畝，及早勤耒耜。我力既殷殷，我黍必薿薿。積土成邱
> 山，慎毋一簣止。心專功必成，志堅事不靡。我非孟氏
> 賢，母教成三徙。又無積累德，敢冀拾青紫。惟念祖澤
> 存，庶幾免邪侈。**男兒當自彊，立志在經史**。或可光門
> 閭，得以承祖祀。負荷良非輕，毋遺先人恥。力學不早
> 圖，悔之亦晚矣。[13]

王氏於詩中強調求學是「男兒自彊」之表現，故她勸勉恒兒「立
志在經史」。繼藻的看法，既表示了她對兒子角色的理解，亦教
導對方如何營建男性氣概。恒兒作為家族的男性，承擔「光門
閭」及「承祖祀」的責任不可避免，上述期望委實「負荷良非
輕」。在兒子為學及樹立名聲的過程，定必經歷不少磨練，若果
他未能承受這些性別壓力從而選擇逃避責任，母親對恒兒「書香
繼芳軌」之盼望亦不可能實行。然而為母者「所望夫與子」，又
怎會不理解「慎重則必成，輕發則多敗」的道理？因此，王繼藻
亦以「男兒當自彊」勉勵對方，希望兒子面對各種挫敗亦不會氣
餒，奮志於「經史」。只要他持之以恆去尋求學問，日後定可建

13　王繼藻：〈勗恒兒〉，見其《敏求齋詩集》，收入《國朝閨閣詩鈔》（道光二十
　　四年〔1844〕刻本），第10冊，卷5，頁28上下。

立功名，也達成「光門閭」、「承祖祀」及「書香繼芳軌」的使命，成為社會上所期許的「男兒」，受各界所稱頌。

王氏也指導兒子為學之道，讓對方可以更有效地掌握求學的方法。比如她提出為學需要及早，蓋因學海無涯，「力學早圖」對學養之沉潛甚有益處，所以王氏以「如彼藝南畝，及早勤耒耜」及「力學不早圖，悔之亦晚矣」諸句勸誡對方珍惜時光以修業。再者，為學之道是終生的，宜循序漸進，為其後仕宦之旅建立良好的根基，故王繼藻說：「高必以下基，洪必由纖起」與「積土成邱山，慎毋一簣止」。王氏以個人識見訓示兒子，期盼對方謹慎地確立男子志向、履行光耀門楣及傳承先德等責任，我們可了解中國古代女性如何具體地參與制定男性行為之規範。

另外，為人母者亦期許兒子注意進德，維繫忠孝仁義的傳統道德思想。[14] 當中就有母親申述男性必須用心兼顧忠孝思想之

---

[14] 論者指出母親訓課兒女注重道德操守，他日子女成為社會上的典範人物，「母愛」將受到公眾的讚許，詳參邢義田：〈從《列女傳》看中國式母愛的流露〉，《歷史月刊》，4期（1988年5月），頁108。在進德方面，梁蘭漪（1727-？，字素涵，江都人。著有《畹香樓詩稿》，著錄於《歷代婦女著作考》，頁546）認為男性不應追求富貴榮華和戀棧權力，更宜澹泊明志及發奮圖強，如她所撰〈勉子〉云：「休羨豪華子，布衣足暖身。薑鹽堪供粥，花鳥自親人。稅少方知福，書多莫厭貪。吾期爾上達，立志免酸辛。」（見其《畹香樓詩稿》〔據光緒二十一年（1895）上洋振鴻閣書林石印本影印；收入《美國哈佛大學哈佛燕京圖書館藏明清婦女著述彙刊》，冊4〕，卷1，頁17上。此處所據版本同時收入《清代詩文集彙編》，冊362）梁氏叮囑兒子汪端光（1748-1826）勿貪圖名利，並以「休羨豪華子」與「稅少方知福」相勉。梁蘭漪勸慰對方關注「上達」的人生目標，所以端光應抱持安貧樂道之精神。而為母者課子的內容亦多所灌輸忠孝觀念，例如成紉蘭（字素庵，寶應人。其著作有《素庵詩鈔》、《焚餘集》，著錄於《歷代婦女著作考》，頁325）〈示兒〉一詩說：「嗟爾弟與兄，失怙年猶少。自立在修身，當遵嚴父教。勤讀聖賢書，作忠本乎孝。」（見惲珠：《國朝閨秀正始續集》〔道光十六年（1836）紅香館刻本〕，〈補遺〉，頁13上）成氏於詩中勸喻兩兒「勤讀聖賢書」以鑽研學問，同時「遵嚴父教」以學習前人修身處世之經驗。她寄望兒子以盡孝之心，同樣對國家盡忠，故期盼對方「作忠本乎孝」。其他例子尚多，不一一列舉，然而傳統道德思想的教育屬母親課子的普遍內容，毋庸置疑。

維持，方能成為「男兒」的主張，如袁綬（1794-1867後）[15] 對兩子吳師祁（1822-1874）[16] 與吳師曾也有相同的盼望，她於詩中亦說得很明白：

> **男兒立志初，所貴乃孝弟。**……事君如事親，忠臣必孝子。治國如治家，循吏必悌弟。……[17]

「男兒」必先注重「孝弟」及「事親」從而了解「治家」之道，因此當「孝子」需要身體力行。其後，為官者把「事親」之心加以「事君」，善用「治家」的體驗以「治國」，故懂得作為「孝子」的男性定當了解如何成為「忠臣」與「循吏」。凡此種種，為母者均致力於規誡兒子維繫忠孝思想，不論是為臣者及為子者的身份皆遵守本分，在仿傚崇高男性人格方面，自然可以游刃有餘。袁氏的語重心長，可謂躍然紙上。

前文一些女性對修業多加論述，部分母親則側重忠孝之思想教育。其實修業可以明理，也可進德，有些母教對兩者皆有精闢的見解，並視作兒子實踐「男兒」高尚人格的指標，如陳氏（孫

---

[15] 袁綬，字紫卿，錢塘人。其著作有《瑤華閣詩草》、《瑤華閣詞》、《閩南雜詠》等等，著錄於《歷代婦女著作考》，頁493、《清人別集總目》，頁1748、《清人詩文集總目提要》，頁1304。袁綬為袁枚的孫女，有關袁氏之研究，亦參蕭燕婉：〈袁枚の女孫袁綬と滅びゆく隨園：清嘉慶‧道光期の女流詩人の素描〉，《中國文學論集》，36號（2007年），頁72-86。

[16] 吳師祁為其母所撰《瑤華閣詩草》寫序，參吳師祁：〈序〉，見《瑤華閣詩草》（據同治六年〔1867〕刻本影印；收入《美國哈佛大學哈佛燕京圖書館藏明清婦女著述彙刊》，冊2），頁6上-7上。袁綬亦於著作中提及師祁舉京兆之事件，載袁綬：〈聞二兒師祁舉京兆〉，見其《瑤華閣詩草》，卷2，頁19上下。

[17] 袁綬：〈夜讀示兩兒〉，見其《瑤華閣詩草》，頁20下-21下。此處所據版本為同治六年（1867）刻本，《瑤華閣詩草》尚有光緒十八年（1892）刻《隨園三十八種》本，收入《清代詩文集彙編》，冊590。

樹南妻,活躍於道光咸豐同治年間)[18]〈口占勉諸子〉一詩便是很好的例子:

> 今夕諸兒環膝下,進前聽我誨汝知。我無孟母三遷德,編成廿句訓兒詩。光陰虛度真可惜,古人運甓有深思。負薪挂角須勤學,刺股懸梁好自規。滿則招損謙受益,聖賢垂訓勿忘之。白圭之玷尚可磨,斯言之玷不可為。眷令有難思兄弟,烏鴉反哺報親慈。朋友相交須有信,夫妻和睦毋參差。去讒遠佞惟修德,暗室無人不可欺。**富貴不淫貧賤樂,此生方不愧男兒。**[19]

在為學方面,陳氏以朱買臣「負薪」、[20] 李密「挂角」、[21] 孫敬「懸梁」[22] 和蘇秦(前337-前284)「刺股」[23] 等前人艱苦求學之事例作證,表明「勤學」及「自規」的重要性。另外,在品

---

[18] 陳氏,孫樹南妻,號燕軒老人,曲陽人。著有《古香閣吟草》,著錄於《歷代婦女著作考》,頁607。

[19] 陳氏(孫樹南妻):〈口占勉諸子〉,見其《古香閣吟草》(光緒元年〔1875〕刻本),頁17上下。

[20] 朱買臣「負薪」及「行且誦書」,載於《漢書》,原文為「朱買臣字翁子,吳人也。家貧,好讀書,不治產業,常艾薪樵,賣以給食,擔束薪,行且誦書。」參班固(32-92;一說34-94)撰,顏師古(581-645)注:《漢書》(北京:中華書局,1962年),卷64上,〈嚴朱吾丘主父徐嚴終王賈傳〉第34上,頁2791。

[21] 李密「挂角」一事,見《新唐書》,其記載為「聞包愷在緱山,往從之。以蒲韉乘牛,挂《漢書》一帙角上,行且讀。」參歐陽修、宋祁(998-1061):《新唐書》(北京:中華書局,1975年),卷84,〈列傳〉第9,〈李密〉,頁3677。

[22] 孫敬「懸梁」之事件,載於《太平御覽》:「孫敬字文寶,好學,晨夕不休。及至眠睡疲寢,以繩繫頭懸屋樑。後為當世大儒。」參李昉(925-996):《太平御覽》(北京:中華書局,1960年),卷363,〈人事部四〉,〈頭上〉,頁7上(總頁1674)。

[23] 蘇秦「讀書欲睡,引錐自刺其股,血流至足」之記述見《戰國策》,參劉向(前79-前8):《戰國策》(上海:上海古籍出版社,1985年),卷3,〈秦一〉,〈蘇秦始將連橫〉,頁85。

德教育方面，陳氏亦有詳盡的論述。以個人修身的層面來說，注意「修德」，她提出不但要「去讒遠佞」，行事更需光明磊落，儘管「暗室無人」亦「不可欺」。[24] 在人際關係而言，於家庭之內，陳氏認為「報親慈」、「思兄弟」及「和睦」是維持雙親、兄弟及夫妻相處的良方。在家庭之外，母親勸戒兒子需慎重處理人際關係，比如朋友相交貴乎彼此信任及協助；與他人交際尤宜謙虛自處，勿因過於自滿而「招損」；交際時所用之言辭亦需慎思，不能掉以輕心，以免在言語上傷害別人，故言「白圭之玷尚可磨，斯言之玷不可為」。[25]

「修業」作為「進德」的重要起步，自然不可荒廢，不過陳氏對為子者在「進德」方面有更高的冀望，尤其是「富貴不淫貧賤樂，此生方不愧男兒」之相勉。詩中「富貴不淫貧賤樂」的表達，係她對於孟子（前390-前305）所言「富貴不能淫，貧賤不能移，威武不能屈，此之謂大丈夫」之理想人格的一種發揮。[26]

---

24 語出駱賓王（？-684），原句係「類君子之有道，入暗室而不欺」，見駱賓王：《駱賓王文集》（據上海商務印書館縮印明刊本影印；收入《四部叢刊初編》，〈集部〉），卷1，〈賦頌〉，〈螢火賦〉，頁2。

25 語出《毛詩正義》，原句為「白圭之玷，尚可磨也；斯言之玷，不可為也」參毛亨傳，鄭玄（127-200）箋，孔穎達（574-648）疏：《毛詩正義》（阮元〔1764-1849〕《十三經注疏》本；北京：中華書局，1980年），卷第十八，〈大雅〉，〈蕩之什〉，〈抑〉，頁555。

26 參趙岐（？-201）注，孫奭（962-1033）疏：《孟子注疏》（阮元《十三經注疏》本），卷第六上，〈滕文公章句下〉，頁2710。關於孟子所闡述的「大丈夫」人格，也得到一些學者的注意，例如有張經科：〈孟子的大丈夫論〉，《孔孟月刊》，35卷3期（1996年11月），頁11-20；李長泰：〈孟子「大丈夫」人格思想探析〉，《船山學刊》，2006年4期（2006年），頁83-86；姜碧純：〈淺析孟子的「大丈夫」思想〉，《武警學院學報》，2008年3期（2008年3月），頁55-57；羅香萍：〈略論孟子的理想人格——以大丈夫為例〉，《讀與寫》（教育教學刊），2009年8期（2009年8月），頁83、157等等。而孟子的哲學及政治思想之中，其實亦蘊含了「男性建構」。有趣的是，學人Joanne D. Birdwhistell 更強調孟軻在表述男性人格的同時，相關論說也存在「女性氣質」。例如孟子認為統治者應該自視為父母，對百姓如子女般看待和給予細緻的關懷與教育，就呈現了母性的看法。詳參Joanne D. Birdwhistell, *Mencius and Masculinities: Dynamics of Power,*

孟軻認為「大丈夫」不因富貴而有所迷惑、不因貧賤而改移節操、不因威武而甘願屈服，皆為崇高男性人格的體現，具備了「丈夫」之志氣及操守。陳氏以「富貴不淫」勸勉兒子，就是「富貴不能淫」觀念的繼承；然而，「貧賤樂」則是她對於「貧賤不能移」概念之延伸探討，而且心境更為豁達，因為處於「貧賤」的局面仍可怡然自樂。雖然為母者沒有談及「威武不能屈」的看法，然而為人子能夠確立「富貴不淫貧賤樂」之「丈夫」精神並不容易，因此陳氏認為兒子若果達成上述各種人格期望，「此生」委實「方不愧男兒」。

由此可見，為母者在進德修業方面，已屢次指導兒子該如何展示「男性氣概」，箇中呈現了極其豐富的女性聲音。

勖勵兒子赴試

兒子準備赴試，母親賦詩予以勉勵，表達為人母對孩兒之祝願及叮嚀。例如王筠（約1749-約1819）[27] 及郭筠[28] 送別兒子應考，都同時演繹了她們對「男兒」的看法，渴望對方多加留意相關規勸。兒子王百齡（1770-？）北上赴試，王筠撰詩囑咐說：

Morality, and Maternal Thinking (Albany: State University of New York Press, 2007).

[27] 王筠，漢族，字松坪，長安人。著有《槐慶堂集》、《全福記》、《繁華夢》、《遊仙夢》等等，著錄於《歷代婦女著作考》，頁245、《清人別集總目》，頁74、《清人詩文集總目提要》，頁863-864。關於王筠的生平及其創作的《繁華夢》之考證，詳參華瑋《明清婦女之戲曲創作與批評》及《明清戲曲中的女性聲音與歷史記憶》。此外，《繁華夢》亦有英譯本，參Qingyun Wu (trans.), *A Dream of Glory* (*Fanhua meng*): *A Chinese Play by Wang Yun* (Hong Kong: The Chinese University Press, 2008).

[28] 郭筠，字誦芬，蘄水人。著有《藝芳館詩集》，著錄於《歷代婦女著作考》，頁573。

行裝手整赴京畿，恰是春風變化時。待染征袍新柳色，笑迎驕馬小桃枝。杏花早報南宮信，萱草應開比屋眉。**莫向臨岐悵離別，故園空老豈男兒**。[29]

游子遠行，母親筆下難免道出對孩兒的思慮，既以「杏花早報南宮信」冀望對方傳來好音，又以「萱草應開比屋眉」流露出母子之情。縱使雙方離別帶來愁緒，王筠亦以兒子的前途為重，告誡他不應「臨岐悵離別」，作為「男兒」定當志於四方，豈能貪戀家鄉而作出「故園空老」的決定？至於郭筠（其丈夫係曾紀鴻〔1848-1881〕，即曾國藩〔1811-1872〕第三子）之長子曾廣鈞（1866-1929）應春官試，而郭氏的夫君與兒子均出身名門，故於課子詩中亦滿載了為人母的厚望：

> **男兒貴自勵，秋實滋春華**。神京舊遊地，飛蓋耀朝霞。懷抱非楚璧，雕蟲慎毋誇。努力事硯耕，夙夕勉休嘉。先德緬高風，敬畏理無差。勿為流俗遷，言行相毗夸。驅車不遑息，祗役出田園。明星雜微月，殘暑暎離筵。蕭蕭戒宵征，聞雞促先鞭。野樹合濃雲，江花湛露圓。葆真而守約，囂煩自能捐。小住石城署，承歡杖履前。蒙陰蹈良規，進退毋自專。秋至百草淒，轉轡無流連。行矣慎寒暑，戒之在短篇。[30]

曾廣鈞應考會試，處於進入官場的關鍵時刻，為母者對於他的才

---

[29] 王筠：〈送齡兒赴試北上〉，見其《槐慶堂集》（據嘉慶十四年〔1809〕刻《西園辦香集》本影印；收入《清代詩文集彙編》，冊425），頁23下-24上。

[30] 郭筠：〈示兒子廣鈞應春官試〉，見懺安：《閨範詩》（台北：廣文書局，1982年），頁123。

德均予以寄望。在為學方面，以「雕蟲慎毋誇」及「努力事硯耕」期望兒子之文章造詣有所增進；在個人操守而論，孩兒在外接觸不同人事，因此郭筠殷切盼望對方「葆真而守約」，切勿受「流俗」所影響，避免作出「言行相毗夸」及「自專」的行為，時刻注重「先德緬高風」的承傳。郭氏的著述之中展現了「男兒」必須勤奮自勉的想法，故她希望兒子以「秋實滋春華」和「蕭蕭戒宵征，聞雞促先鞭」作出自省。必須注意的是，王百齡與曾廣鈞皆為進士，百齡是嘉慶七年（1802）進士，官直隸知縣；而廣鈞係光緒十五年（1889）進士，授翰林院編修。[31] 由此可見，母親督促兒子敦品勵行及發奮求學，勸勉為子者注重「男兒」與「大丈夫」等豪邁人格的達成，母教的功勞可見一斑。

此外，為母者對兒子落第及未能作出仕宦之途予以慰勉，並視作「男兒」鍛鍊自我的必經歷程。例如有鄭淑昭[32]〈兩兒鄉試歸，怡兒下第，忻兒獲雋，且悵且喜，詩以勖之〉一詩，怡兒面對「下第」的狀況，她於詩裡給予對方相應之勖勵：

---

[31] 朱保炯、謝沛霖編：《明清進士題名碑錄索引》（上海：上海古籍出版社，1979年），上冊，頁201及下冊，頁2312。王百齡的仕宦歷程為「改庶吉士，散館改知縣，官至直隸延慶」，著錄於朱汝珍輯：《詞林輯略》（周駿富輯《清代傳記叢刊》本；台北：明文書局，1985年），卷5，〈嘉慶七年壬戌科〉，頁261；亦參《清人詩文集總目提要》，頁1051及《清人別集總目》，頁117。至於曾廣鈞則「出任廣西桂林知府」，見《清人詩文集總目提要》，頁1953和《清人別集總目》，頁2272。

[32] 鄭淑昭，字班班，遵義人。著有《樹萱背遺詩》，著錄於《歷代婦女著作考》，頁741；另見《清人別集總目》，頁1504、《清人詩文集總目提要》，頁1620。有關鄭淑昭其人之專門探究，亦參杜榮春：〈清代貴州女詩人鄭淑昭〉，《貴州文史叢刊》，1982年3期（1982年），頁118-121；康文：〈「女子何足貴，姑姪羨班家」──簡論貴州遵義鄭淑昭的閨閣詩創作〉，《貴州文史叢刊》，2008年4期（2008年7月），頁89-92；扶平凡：〈人間別離苦，相思了無期──清代貴州女詩人鄭淑昭詩歌抒情藝術論〉，《貴州民族大學學報》（哲學社會科學版），2015年1期（2015年5月），頁90-94等等。

甘李苦其根，鮮棗生棘枝。美物酸辛來，天道真若斯。**男兒不磨鍊，器局安足奇**。汝書我親授，汝作亦離離。名駒自汗血，昂昂神駿姿。自許凌太行，翻成轅下悲。安知此濡滯，非荷皇天慈？窮達毋委命，玉成當自思。且效董夫子，三年重下帷。[33]

對於趙怡下第，鄭氏以「甘李苦其根，鮮棗生棘枝」句闡明「美物酸辛來」的道理，帶出「男兒不磨鍊，器局安足奇」的相勉。為母者亦寄望兒子不必執著於一時之失，「窮達」之局應由自己掌握，並非「委命」，故她云「玉成當自思」。鄭淑昭的表述也呈現了「男兒自強不息」的性別定見，希望趙怡可以振作，效法先賢「下帷」求學的專心致志。

面對兩子處於截然不同的狀況，鄭氏均給予他們苦口婆心的叮嚀。[34] 而母親對於兒子獲雋所表達的欣喜及相關規訓，也見於惲珠（1771-1833）[35] 為完顏麟慶（1791-1846）連捷南宮所撰

---

[33] 鄭淑昭：〈兩兒鄉試歸，怡兒下第，忻兒獲雋，且悵且喜，詩以勖之〉，見《閨秀正始再續集》，卷3，頁13下-14上。

[34] 至於趙忻獲雋，母親以「前途正悠悠，德業從此始」表達喜悅之情及對兒子的勖勵。然而，鄭氏亦規勸對方勿以「美名」自滿，當不斷「責己」以履行責任，達致名實相符。原文為「君子有世澤，遠以貽孫子。而非似續賢，要難濟其美。先人一卷書，傳家惟恃此。又復孝慈德，詳和感離夥。綿綿及後人，門庭自宜起。兒才領青衿，乃又簪桂蕊。科第誠美名，儒家故物耳。勿作檀身皮，循名貴責己。前途正悠悠，德業從此始。」參同上。

[35] 惲珠，字珍浦，號星聯，陽湖人。其著作有《紅香館詩詞草》、《蘭閨寶錄》、《國朝正始集》，著錄於《歷代婦女著作考》，頁630-636；另見《清人別集總目》，頁1661、《清人詩文集總目提要》，頁1062-1063。有關惲珠及相關著述之探究，值得注意的有曼素恩的名著《蘭閨寶錄》（*Precious Records*），詳參Susan Mann, *Precious Records: Women in China's Long Eighteenth Century* (Stanford, CA: Stanford University Press, 1997)。該書有兩種中譯本，包括定宜莊和顏宜葳譯：《綴珍錄——十八世紀及其前後的中國婦女》（南京：江蘇人民出版社，2004年）及楊雅婷譯：《蘭閨寶錄：晚明至盛清時的中國婦女》（台北：左岸文化事業有限公司，2005年），而筆者以楊雅婷之中譯本作出參考。而後續之研究著作

之課兒詩：

> 乍見泥金喜復驚，祖宗慈蔭汝身榮。功名雖并春風發，心性須如秋水平。處世毋忘修德業，立身慎莫墜家聲。言中告戒休輕忽，持此他年事聖明。[36]

惲珠看到兒子的泥金帖子固然驚喜，[37] 然而她亦堅守本分，殷切地課訓孩子莫被利慾薰心。母親希望麟慶銘記祖宗之庇蔭，並肩

頗多，惲珠《國朝閨秀正始集》亦較常得到學人的關注，姑舉數例如下：例如有曹連明：〈紅樓遺夢在，世上有知音——記清代女詩人惲珠〉，《紫禁城》，1995年3期（1995年），頁10-12；馬珏坪、高春花：〈《國朝閨秀正始集》淺探〉，《南京師大學報》（社會科學版），2005年6期（2005年11月），頁119-124；馬珏坪：〈等閒莫作眾芳看——惲珠與《國朝閨秀正始集》〉，載於程章燦編：《中國古代文學文獻學國際學術研討會論文集》（南京：鳳凰出版社，2006年），頁562-581；高春花：〈惲珠與《國朝閨秀正始集》研究〉（南京師範大學碩士論文，2006年）；Xiaorong Li, "Gender and Textual Politics during the Qing Dynasty: The Case of the *Zhengshi ji*," *Harvard Journal of Asiatic Studies*, vol. 69, no. 1 (June 2009), pp. 75-107；聶欣晗：〈論《國朝閨秀正始集》在「教化」與「傳世」間遊走的詩學思想〉，《滿族研究》，2009年2期（2009年6月），頁92-96；馬珏坪：〈論《國朝閨秀正始集》的民族兼容思想〉，《民族文學研究》，2011年2期（2011年4月），頁66-72；高春花：〈清代女詩人惲珠生平家世略〉，《蘭台世界》，2011年23期（2011年10月），頁62-63；馬珏坪：〈《國朝閨秀正始集》史料價值和文學意義的多學科考察〉，《古籍整理研究學刊》，2012年5期（2012年9月），頁13-17；高春花：〈略論《國朝閨秀正始集》的成書與版本〉，《蘭台世界》，2013年20期（2013年7月），頁147-148等。

36 惲珠：〈喜大兒麟慶連捷南宮詩以勖之〉，見其《紅香館詩草》（據民國十七年〔1928〕武進涉園石印本；收入《清代詩文集彙編》，冊499），頁8上。而《紅香館詩草》也有民國十七年（1928）《喜咏軒叢書》本，收入《叢書集成續編》，〈文學類〉，冊176。

37 完顏麟慶為嘉慶十四年（1809）進士，並「授內閣中書，由兵部主事授右中允」。見朱保烱、謝沛霖編：《明清進士題名碑錄索引》，上冊，頁178。在道光九年（1829），他擔任河南按察使；然後「轉貴州布政使，擢湖北巡撫」。麟慶「官至江南河道總督及降授庫倫辦事大臣」，在治水方面建立一定的功績，頗具名氣。參Fang Chao-ying, "Lin-ch'ing," in Arthur W. Hummel (ed.), *Eminent Chinese of the Ch'ing Period* (1644-1912) (Washington, DC: United States Government Printing Office, 1943), pp. 506-507；趙爾巽（1844-1927）等：《清史稿》（北京：中華書局，1976年），卷383，〈列傳〉170，頁11657-11658；朱汝珍輯：《詞林輯略》

負「修德業」和維繫「家聲」之重責;家庭之外,移孝作忠,事君不可有所「輕忽」。言簡意賅,詩中蘊含了作者的諄諄教導,又帶出為人子必須以身作則,勤修德業;亦需思索維持家族聲譽之法,注重忠孝兩全的期盼。

在閨秀的作品中,可見無論兒子前往科場應考,還是面對落第與獲雋的結果,母親也多次教導對方重視男性行為規範。事實上,傳統社會對男性之人格期許,也包含了不少女性的取態。

為官之道

兒子寒窗苦讀,當中總有幸於科場報捷繼而入仕,於是為母者亦多所規勸,訓誡他們為官之道,對於為子者的規訓可謂無微不至。前文論及母親教導兒子如何事君以忠,因此「作忠本乎孝」、「事君如事親,忠臣必孝子」等道德教育屬為人母的普遍期許;至於孩兒作官「事聖明」之處事態度,又有「休輕忽」的誡言,言行需非常謹慎。其實,在為人子的官宦生涯之中,母親也教誨對方如何成為廉潔良吏,必須注重民情,[38]因此有女性鄭重指出「親民能盡職,亦足紹家聲」的諄諄告誡。[39]為官者克守己責和施行仁政,體察百姓的情況,自可受人民愛戴從而維護家聲。

（《清代傳記叢刊》本）,卷10,〈特授改補官職〉,頁558;汪胡楨、吳慰祖輯:《清代河臣傳》（《清代傳記叢刊》本）,卷3,頁182-183;李桓（1827-1891）輯:《國朝耆獻類徵初編》（《清代傳記叢刊》本）,卷203,〈疆臣〉55,頁7上-10下;《清人詩文集總目提要》,頁1262及《清人別集總目》,頁2462等。

[38] 衣若蘭:〈「天下之治自婦人始」:試析明清時代的母訓子政〉,頁112-113。

[39] 語出王瑤芬〈大兒調任黔中赴都引見拈此示之〉一詩,見其《寫韻樓詩鈔》,收入《江南女性別集·四編》,下冊,頁1052。而王瑤芬是桐鄉人。著有《寫韻樓詩鈔》,著錄於《歷代婦女著作考》,頁245。

除了忠孝思想之教育外，其實也有母親既訓示兒子如何為官，同時亦囑咐對方作為男性，在官場之中該如何自處，並在丈夫氣概及男性榮譽的議題上多所發揮。例如溫璜（1585-1645）母陸氏之訓誡，對男性為官之道便有清晰的見解：

> 做官的，將地方緊要做不到事，幹一兩件，纔是男子結果。高爵多金，還不算是結果。[40]

兒子作為官員，若只顧「高爵多金」之謀取，並未符合「男子漢」的人格要求。陸氏認為「男子結果」的衡量準則，在於作官者將「地方緊要作不到事」切實地「幹一兩件」，傾盡心力去建設國家與了解人民的需要。換言之，「結果」之表現是為官者致力於政事上之突破，才算是「男兒」的作為，並非墨守成規或追求高薪厚祿。由此觀之，陸氏主張「男子漢」必須實在地建立政績，不可空談及只為牟取個人利益。這種不為私利及重視民意之高尚操守，又何嘗不是體現了「窮則獨善其身，達則兼善天下」的「大丈夫」襟懷？[41]另外，袁氏[42]也表達她對兒子作宦的盼望：

> 繼後承先學大儒，花驄早上帝王都。（原注：先翁留館後註有《歷代大儒詩鈔》六十卷）安民治國全忠孝，方顯男

---

[40] 溫璜：《溫氏母訓》（《叢書集成初編》本，冊976），頁3。

[41] 語出《孟子》。參趙岐注，孫奭疏：《孟子注疏》，卷第十三上，〈盡心章句上〉，頁2765。

[42] 袁氏，谷暄妻，趙州人。著有《漱芳亭詩草》，著錄於《歷代婦女著作考》，頁494-495。谷暄為谷際岐之子，父子同為進士（谷際岐：乾隆四十年〔1775〕進士、谷暄：咸豐三年〔1853〕進士），參朱保炯、謝沛霖編：《明清進士題名碑錄索引》，下冊，頁2323。

兒是丈夫。[43]

袁氏先叮囑兒子「繼後承先學大儒」，又提醒對方精讀祖父谷際岐（1740-1816）所撰《歷代大儒詩鈔》，[44] 期望他有所啟發，將來為官可秉承祖父及父親之從政經驗，委實甚具裨益。然而，袁氏更勸戒兒子注意事君及民情之兼顧，兩者均不可有所疏忽。不論是為人臣與為人子的身份均需顧全忠孝；管治國家必須了解百姓的生活狀況，並促使人民生活安定，竭力發揮所學而施行仁政，達到「安民治國全忠孝」的目標，才可符合「丈夫」之男性角色期許。

古代官場雖屬男性所主導的場域，不過，我們由此也可反思女性在官場上的無形參與。論者曾指出，「女性於政治史中的『不存在』，很大程度上反映了女性『存在』的狀態」，[45] 又進一步表明士大夫在政治上雖屬主流群體，也不能忽略他們的「背後力量」，例如「士人家族中的女性所發揮的實際作用及

---

[43] 袁氏（谷暄妻）：〈訓子〉，見其《漱芳亭詩草》（光緒刻本），頁9下。袁氏有四兒一女，其中三子與女兒均「中道天亡」，故她「哀傷過甚」，參谷涵榮：〈跋〉，見《漱芳亭詩草》，頁2上。長子為谷陽生，早亡，「亡時年三歲」，參袁氏（谷暄妻）：〈哭亡兒陽生〉，見其《漱芳亭詩草》，頁4上下。而次子為谷炳榮，曾在科場中「食餼」及「赴京兆試」，然而「相繼而逝」，參谷涵榮：〈跋〉，見《漱芳亭詩草》，頁1下-2上。三子為谷涵榮，並為袁氏作跋。至於四子為谷增榮，其求學之路皆由袁氏親授，故云「胞弟增榮幼未從師經史，文章皆先慈口授」，又於「癸酉將赴秋試」，然而「未會考而歿」，參谷涵榮：〈跋〉，見《漱芳亭詩草》，頁2上。

[44] 筆者所據之版本為嘉慶十八年（1813）采蘭堂刻本。谷際岐曾「改庶吉士，授檢討」，於「嘉慶三年（1798）改任福建道監察御史，擢禮科給事中」；其後「因奏劾失實，降補刑部員外郎」，不過有「以直言著者」的美譽。見趙爾巽等：《清史稿》，卷356，〈列傳〉143，頁11315-11318；另參《清人詩文集總目提要》，頁802及《清人別集總目》，頁960。

[45] 鄧小南：〈存在？不存在？——女性與中國古代政治史〉，收入劉詠聰編：《性別視野中的中國歷史新貌》，頁4。

其貢獻」等。[46] 鄧說甚是。為母者雖未能親自「代批帝王的文字」及「掌管核心政治機關」，[47] 然而，她們顯然熟諳官場運作及重視為官的法則。因此，母親屢屢表達自己對兒子為官之道的看法，又指引他們如何於家庭之外建立榮譽，也呈現了明清女性作家的個人修養及卓越識見。[48] 與此同時，這些精英男性受到母教的薰陶，我們可以相信，在母親的潛移默化下，帶動了他們慎思在官場上該如何自處及建立男性榮譽，是不容忽視的。那麼，官場之中是否毫無女性參與的足迹，甚或視她們為「不存在」的群體？值得我們重新思考。

由此觀之，明清母親對於男性行為之規範帶來不少關鍵的指導方向，可見閨秀亦積極地參與構成「男性氣概」的歷史脈絡。

第二節　明清母親所期許的「子道」

明清女性以母親身分嚴謹地訓課兒子，在孩兒的人生道路上擔任啟蒙老師，時刻叮嚀對方慎重地注意各種行為規範。與此同時，為母者筆下也規訓他們作為男性需要注意的性別議題，包括確立男兒志向、維持男子尊嚴及保持男性名譽等等，因此為人母委實對「為子之道」多所著墨，讓我們更深入地了解兒子角色之社會期許。

---

[46] 同上，頁5。
[47] 同上，頁10。據鄧小南的考察，兩宋內廷之中存在一些擔任「內尚書」的女性，她們負責代批帝王的文字及掌管核心政治機關，成為君主的助手。作者認為，這些女性獲得男性從政者的信任，蓋因她們「是被政治『排外』的女性」。
[48] 王力堅：《清代才媛文學之文化考察》，頁193、195-196。

「男兒志遠大，立身貴勿苟」
——母親對兒子確立「男兒志」之勸勉

「男兒」志於四方，慎勿貪戀家園，許多課兒詩中都寄託了母親對兒子建立志向之規勸。例如盧蘊真[49]對潤兒寄予厚望，縱使「無限離愁疊寸衷」的情況不能避免，她仍坦誠表示「倚閭日日盼飛鴻」的冀望。在個人品行而論，盧氏勸誡兒子「心懷友孝」與「當循淳樸舊家風」，故「未許輕狂」。再者，閱者可感受到母親對孩兒前程的種種盼望，期許他們「存高志」及「七尺置身應廣大」，具備宏大志向繼而付諸實踐，將來「出人頭地」，成為「英雄」。[50]

而左錫嘉（1831-1896）[51]亦用心訓誡長子曾光禔注重「志四海」的性別期許，儘管對方並非左氏之親生孩兒，她語重心長地說：

> 不作別離語，心醉愁如泥。人生感萍梗，飄忽恆東西。春華當努力，無遣遲暮悽。薄曉啟行裝，晨星恍然藜。丈夫

[49] 盧蘊真，字倩雲，侯官人。著有《紫霞軒詩鈔》，著錄於《歷代婦女著作考》，頁748；另見《清人別集總目》，頁294、《清人詩文集總目提要》，頁1210。

[50] 盧蘊真：〈寄示潤兒〉，見其《紫霞軒詩抄》（據道光二十六年〔1846〕刻本影印；收入《北京師範大學圖書館藏稀見清人別集叢刊》，冊17），卷2，頁14下。

[51] 左錫嘉，字婉芬，號冰如，陽湖人。著有《冷吟仙館詩稿》、《曾氏家訓》等等，著錄於《歷代婦女著作考》，頁267、《清人別集總目》，頁276、《清人詩文集總目提要》，頁1655。關於左氏之生平、交遊及其作品探討，詳參黃馨蓮：〈左錫嘉與《冷吟仙館詩稿》研究〉（東海大學碩士論文，2007年）；林玫儀：〈試論陽湖左氏二代才女之家族關係〉，《中國文哲研究集刊》，30期（2007年3月），頁179-222；蕭燕婉：〈清末乱世を生きた女流詩人：左錫嘉と《孤舟入蜀図》を中心に〉，《九州中国学会報》，46卷（2008年），頁61-75；唐述壯、張雲倩：〈左錫嘉與宗婉交遊考〉，《忻州師範學院學報》，2015年3期（2015年9月），頁37-39。

志四海，願與前賢齊。奮勉貴日新，忠信為綱提。先德慎勿忘，雲程自有梯。」[52]

男兒志四方，安能久暇逸。行蹤計南閩，道遠心先怵。薄職念所司，慎勿羞末秩。處世抱忠信，臨事戒回遹。齊家重綱常，出入謹纖悉。白華無點辱，慰我期以實。子道懷厥脩，千里同一室。戒言莫我忘，見爾知何日。相送語依依，別緒紛如櫛。尺書勤往還，舊德勉紹述。[53]

不論曾光禧遠赴東川或授邵武府經歷而赴任，左氏均叮囑對方注重「男兒志四方，安能久暇逸」及「丈夫志四海，願與前賢齊」之「男性建構」。「男兒」及「大丈夫」不能「暇逸」，自當「奮勉貴日新」，並樹立功業以展現男子氣概。再者，「男兒」不能忽略忠信之維持，故左錫嘉以「忠信為綱提」和「處世抱忠信，臨事戒回遹」加以訓示孩兒；又以「先德慎勿忘」及「舊德勉紹述」等表述期望他仿傚前人德行。在治家方面，她又以「齊家重綱常，出入謹纖悉」句勸導兒子慎重其事；於官場之中，不必在意「末秩」，致力貢獻自我以效忠於國家，才是「大丈夫」所為。若然兒子「莫忘戒言」及身體力行，已能報答母愛，因此左氏說：「白華無點辱，慰我期以實」。

另外，左錫嘉之二女曾懿（1852-1927）[54] 也為人母，兒子

---

[52] 左錫嘉：〈送禧兒之東川〉，見其《冷吟仙館詩稿》（據光緒十七年〔1891〕刻本影印；收入《美國哈佛大學哈佛燕京圖書館藏明清婦女著述彙刊》，冊5），卷6，頁6下。左氏《冷吟仙館詩稿》亦載於《曾太僕左夫人詩稿合刻》（據光緒十七年〔1891〕定襄官署刻本影印），收入《清代詩文集彙編》，冊652。

[53] 左錫嘉：〈禧兒授邵武府經歷將之官作此勉之〉，見其《冷吟仙館詩稿》，卷7，頁4下。

[54] 曾懿，字伯淵，又名朗秋，華陽人。相關著作有《浣月詞草》、《古歡室詩詞集》、《醫學篇》、《女學篇》、《中饋錄》等等，著錄於《歷代婦女著作考》，頁637-638；另見《清人別集總目》，頁2271、《清人詩文集總目提要》，

入仕並進行宦遊，曾氏也道出對他們「志四方」之期望：

> ……願兒志四方，雲程奮六翮。……願兒儼璠璵，匡君並
> 輔國。願兒如陽春，隨時布德澤。……勉哉為霖雨，努力
> 同修德。[55]

兒輩進行宦遊，因而與母親相隔萬里，曾懿難免有「眷念宦遊
子，天涯互相隔」及「兒行萬里遙，母心隨征轍」的憂思。[56]
然而，曾氏為了協助他們「雲程奮六翮」，只能用心地勖勵孩兒
懷有「志四方」之抱負。對於諸子的仕途，為人母亦展望他們能
盡力「匡君輔國」，為官者必須體察民情及「隨時布德澤」。

　　為母者為了督促孩兒確立「志四海」的宏圖，她們勸勉兒子
勿眷戀家園也是課兒詩的常見內容。例如陳昌鳳[57]撰詩勉勵準
備外出讀書的兒子說：

> 汝如初嫁女，今日始離娘。筆硯裝新篋，衣巾貯舊箱。大
> 江隨眼闊，春日與心長。勿下臨歧淚，男兒志四方。[58]

頁1853。至於曾懿如何塑造才女身份之詳細考證，詳參楊彬彬：〈由曾懿（1852-
1927）的個案看晚清「疾病的隱喻」與才女身份〉，《近代中國婦女史研究》，
16期（2008年12月），頁1-28。又曾氏亦為著名女醫者，其著述中載有不少醫學
理論論，亦參沈雨梧：〈才華卓越的著名中醫曾懿〉，載氏著《清代女科學家》
（杭州：浙江教育出版社，2011年），頁65-76。

[55] 曾懿：〈夏末秋初炎蒸未退病起無聊作此以示諸子〉，見其《古歡室詩詞集》
（據光緒三十三年〔1907〕刻本影印；收入《美國哈佛大學哈佛燕京圖書館藏明
清婦女著述彙刊》，冊3），卷3，頁24下-25上。而曾氏《古歡室詩詞集》亦有光
緒二十九年（1903）刻本，收入《清代詩文集彙編》，冊777。

[56] 同上。

[57] 陳昌鳳，字無恙，善化人。著有《松蔭閣詩存》，著錄於《歷代婦女著作考》，
頁581。

[58] 陳昌鳳：〈鋆兒隨其伯父雲樵讀書濂溪書院，臨行成五律〉，見《湖南女士詩
鈔》，卷8，頁193。

孩子從未離開母親，如今遠行求學，為母者表達了「汝如初嫁女，今日始離娘」的感觸：陳氏懷有一種猶如「嫁女」的矛盾心情，看見兒女成家立室而心存感恩，又因他們遠離娘家而有所傷感。她欣喜地祝願孩兒學有所成，又流露出與對方離別的哀思，尤如「初嫁女」一樣離開本家，母親不能再親自照料。其實，陳昌鳳也進一步展現了她對兩性角色的性別期許。女兒逐漸長大，其人生目標主要是成婚及擔負妻子和母親的身份；相較之下，陳氏則告誡兒子「勿下臨歧淚」，強調對方注重「志四方」之丈夫襟懷，誠然就是長期以來「女正位乎內，男正位乎外」概念之延伸，對於「男兒志四方」的人格主張寄予深刻認同。至於陸費湘于（活躍於嘉慶道光年間）[59]對次兒宗侃北上也有同樣的訓話：

> 松柏生深山，芝蘭在空谷。不遇人採拾，即同凡草木。**男兒苟有志，豈甘老茅屋**。貧賤人所憎，富貴人所欲。立身宜及早，老大傷時促。四海願為家，何必戀邦族。文章可療貧，藉以謀寸祿。……[60]

為母者以「松柏」和「芝蘭」作比喻，帶出「不遇人採拾，即同凡草木」的道理，希望孩兒有所頓悟。她於行文中表明「男兒」應視「四海為家」，勿作「甘老茅屋」的決定，蓋因「眷戀邦族」無法令兒子專注志向的達成。[61]

---

[59] 陸費湘于，字季齋，浙江桐鄉人。侍郎墀（？-1790）女孫，雲騎尉趙貞復繼室。參《國朝閨秀正始集》，卷20，〈陸費湘于〉，頁10上下。

[60] 陸費湘于：〈次兒宗侃北上作此示之〉，見《國朝閨秀正始集》，卷20，頁10下。至於〈次兒宗侃北上作此示之〉一詩亦載於潘衍桐（1841-1899）：《兩浙輶軒續錄》（據光緒十七年〔1891〕浙江書局刻本影印；收入《續修四庫全書》，〈集部〉，〈總集類〉，冊1685-1687），卷54，頁28下。

[61] 陸費湘于：〈次兒宗侃北上作此示之〉，見《國朝閨秀正始集》，卷20，頁10下。

陸費湘于於詩中也帶出了「立身宜及早，老大傷時促」的概念，正好體現了母親對兒子及早立志之寄望。本研究梳理了各種女性著作，也可找到不少相關訓誡。孩兒處於「少壯」之時，是男子立志的良好時機，即如陳若梅[62]的兒子往岳麓讀書，她強調「少年壯志償須早」，勸勉耀兒結交良友及增廣見聞，盼望對方「破浪乘風從此始，古來英俊起岩阿」。[63]而吳氏[64]之孩兒邵忠胤「髫年學業未能成」，雖然「門戶支持幸有兄」，但為母者不應有所偏愛，故諄諄規誡兒子「少壯幾時如過隙」，希望忠胤「立志先袪惰與輕」以鞭策自我，銘記母親對他「且須置意在功名」之冀望。[65]至於王璠（活躍於嘉慶道光年間）[66]答應丈夫「導誘」兒子，也於作品中多番申述珍惜光陰對達成「男兒志」之重要性，例如以「光陰去如梭，方辰忽已酉」、「日求一日功，功積自然厚」及「日與群兒戲，戲罷亦何有」諸句相勉，母親望子成龍，故用心良苦地告誡孩兒「男兒志遠大，立身貴勿苟」。[67]

　　兒子赴考及奪得佳績，為母者亦毋忘勸喻孩子惜時。即如譚世璈成為進士，[68]為其母李氏（活躍於雍正乾隆年間）[69]傳來佳

---

[62] 陳若梅，湖南益陽曾世爕妻。著有《學荻樓吟草》，著錄於《歷代婦女著作考》，頁586。

[63] 陳若梅：〈耀兒往岳麓讀書〉，見貝京：《湖南女士詩鈔》，卷10，頁256。

[64] 吳氏，浙江錢塘人，歸富陽邵氏，息令邵光胤繼母。著有《冰玉堂集》，著錄於《歷代婦女著作考》，頁319。而《名媛詩緯初編》亦有相關記載：「吳氏，富陽人，文學起元繼妻；三子光胤，壬辰進士；嘉胤，乙未進士；忠胤，文學。」參王端淑（1621-1685？）：《名媛詩緯初編》（康熙間山陰王氏清音堂刻本），卷4，〈正集二〉，〈吳氏〉，頁20上下。

[65] 吳氏：〈忠兒寄讀〉，見《名媛詩緯初編》，卷4，〈正集二〉，頁21上。

[66] 王璠，字湘梅，湘潭人。著有《印月樓詩賸》、《印月樓詞賸》，著錄於《歷代婦女著作考》，頁253、《清人別集總目》，頁77、《清人詩文集總目提要》，頁1045。

[67] 王璠：〈勗廸兒〉，見其《印月樓詩詞集》（據道光十年〔1830〕刻本影印；收入《北京師範大學圖書館藏稀見清人別集叢刊》，冊18），總頁510-511。

[68] 譚世璈乾隆十九年（1754）進士，參朱保炯、謝沛霖編：《明清進士題名碑錄索引》，上冊，頁99。

[69] 李氏，遵義人，遵義譚允文妻。參李朝正、李義清：《巴蜀歷代名媛著作考要》

音，她亦勸戒兒子「戒滿盈」，並指出科場報捷僅為事業起步，警惕對方必須把握時光，故以「立志要期成大業，莫因一第誤前程」作出規勸。[70] 此外，也有女性參透「窮通有命」的道理，仍鼓勵兒子「莫任蹉跎誤」及「奮志」，並不希望孩兒任憑命運主宰而放棄自我。[71]

凡此種種，均見證了為人母如何嚴格地督課兒子志在四方，慎勿作出「故園空老」的決定；同時，她們更期盼孩兒立志貴早，善用光陰以建立男性事業。

「男兒立身當自強，禮門義路任周行」
——為母者對為子者「自強不息」之期許

《周易》之中「天行健，君子以自強不息」的觀念，[72] 蘊含了男性宜努力不懈及發奮圖強的涵義，故為人母也寄望兒子擁有這種自強意識，並作為處世的宗旨，繼而克服不同的人生考驗，委實也是丈夫氣概之體現。

為子者不但要「自強」，亦要注意「不息」，故在母親的告誡下，當兒子處於各種人生階段，也時刻渴望孩兒以「自強不息」自勵，例如徐媛[73]〈訓子〉一文令人印象深刻，道出對兒子

（成都：巴蜀書社，1997年），〈李氏〉，頁90。

[70] 李氏：〈瞰兒成進士寄勖〉，見《巴蜀歷代名媛著作考要》，頁90。

[71] 陳淑英：〈課次子兆熊〉，見其《竹素園集》（據同治閒刻本影印；收入《南開大學圖書館藏稀見清人別集叢刊》，冊26），卷1，頁24下-25上。而陳淑英，字德卿，莆田人。著有《竹素園集》，著錄於《歷代婦女著作考》，頁590。

[72] 王弼（226-249）、韓康伯注，孔穎達疏：《周易正義》（阮元《十三經注疏》本），卷第一，〈乾〉，頁14。

[73] 徐媛，字小淑，長洲人。著有《絡緯吟》，著錄於《歷代婦女著作考》，頁142-144。以徐媛為研究對象之學術著作，也有不俗的成果，例如有Mary Ellen Friends, "Xu Yuan," in Kang-i Sun Chang, Haun Saussy and Charles Kwong (eds.),

處於「弱冠」依然「懦怯無為」的憂心：

> 兒年幾弱冠，懦怯無為，於世情毫不諳練，深為爾憂之。
> **男子昂藏六尺於二儀間，不奮發雄飛而挺兩翼，日淹歲**
> **月，逸居無教，與鳥獸何異？將來奈何為人？慎勿令親者**
> 憐而惡者快！……[74]

孩子將為成年男性，然而對「世情毫不諳練」，其性格亦懦弱，
故徐氏流露出「深為爾憂之」的愁緒。徐媛表明「自強」是男子
處世之態度，怎能「懦怯無為」？若果兒子要作為「大丈夫」，
又豈能忽略展現「昂藏六尺於二儀間」之雄概及建立「奮發雄
飛而挺兩翼」之志向？[75] 若果兒子繼續處於「逸居無教」的狀
態，[76] 母親認為「與鳥獸無異」，更有「將來奈何為人」的慨

Women Writers of Traditional China: An Anthology of Poetry and Criticism (Stanford, CA: Stanford University Press, 1999), pp. 257-265; 汪超宏：〈范允臨的散曲及生平考略——兼談其妻徐媛的生卒年〉，《中華文史論叢》，74輯（2004年1月），頁219-234；王莉芳、趙義山：〈晚明女曲家徐媛初論〉，《蘇州大學學報》，2004年4期（2004年7月），頁91-96；吳麗真：〈徐媛《絡緯吟》研究〉（東海大學碩士論文，2009年）；周云匯：〈徐媛詩歌研究〉（復旦大學碩士論文，2010年）；陳玉平：〈明女散曲家黃峨與徐媛散曲風格之異同及成因〉，《新餘學院學報》，2011年2期（2011年4月），頁107-109；金宜貞：〈明代女性詩에나타난전통과의대화방식：徐媛을중심으로〉，《中國語文學論集》，第70號（2011年10月），頁335-354；林寧：〈徐媛研究〉（南京師範大學碩士論文，2012年）；Yanqing Lin and Henry Shaoyuan Cui (trans.), "Xu Yuan," in Lily Xiao Hong Lee and Sue Wiles (eds.), *Biographical Dictionary of Chinese Women: Tang through Ming, 618-1644* (Armonk, New York and London: M. E. Sharpe Inc., 2014), pp. 514-517; 俞士玲：〈朝鮮許蘭雪軒詩與明清中國女性文學——以徐媛詩歌創作為中心〉，《深圳大學學報》（人文社會科學版），2015年3期（2015年7月），頁6-15等。

[74] 徐媛：〈訓子〉，見其《絡緯吟》（據明末鈔本影印；收入《四庫未收書輯刊》，7輯16冊），卷12，總頁411。

[75] 趙典曾言「大丈夫當雄飛，安能雌伏」以申述「大丈夫」不能不思進取的看法，參范曄（398-445）：《後漢書》（北京：中華書局，1965年），卷27，〈宣張二王杜郭吳承鄭趙列傳〉第17，〈趙典〉，頁949。

[76] 孟子以「人之有道也。飽食煖衣，逸居而無教，則近於禽獸」道出「人禽之辨」

歎。徐氏於字裡行間透露了她對「男兒」必須剛強的看法，懦弱的行為會阻礙男性人格的完成。另外，他們必須屹立於天地，並追隨志向而作出「雄飛」，不可作出退縮。只要兒子當一個頂天立地的「丈夫」，用力「奮發雄飛」，也時常以「自強不息」的宗旨面對人生的挑戰，自然可以符合母親所期盼的「子道」。

除了確立男性志向，「男兒」發奮圖強的表現，也有為母者提出「男兒當自彊，立志在經史」[77] 的主張，修業及早，對為學亦宜堅持，他日學以致用及建立功名，定可達成「光門閭」及「承祖祀」之目標。由於「負荷良非輕」，為子者也有可能作出逃避，故母親以「男兒當自彊」相勉，實屬合情合理。其實，男性寒窗苦讀，繼而遠赴科場，獲得入仕的資格並不容易。因此，應考的兒子多會面對落第的情況，為子者失落了仕宦機會的哀愁，母親又怎會不理解？因此她們激勵孩子「男兒不磨鍊，器局安足奇」，[78] 希望對方明白成為「男兒」的歷程必須不斷接受磨鍊，時常以「自強不息」的觀念加以振作，切勿氣餒，以報答母親的一番苦心。

至於孩兒「捷南宮」，樹立了踏上仕途的里程碑，為母者也引導兒子堅守「自強」的立身法則，莫因追求權位而為「威武」所屈，尤宜「努力崇德保性真」：

> ……男兒立身當自強，禮門義路任周行。正直不為威武

及為人處世的道理，參趙岐注，孫奭疏：《孟子注疏》，卷第五下，〈滕文公章句上〉，頁2705。

[77] 王繼藻：〈勗恒兒〉，見其《敏求齋詩集》，收入《國朝閨閣詩鈔》，第10冊，卷5，頁28上下。

[78] 鄭淑昭：〈兩兒鄉試歸，怡兒下第，忻兒獲雋，且悵且喜，詩以勖之〉，見《閨秀正始再續集》，卷3，頁13下-14上。

屈,謙光應戒接輿狂。努力崇德保性真,玉汝成材多苦
辛。論交莫近遊俠子,處世常欽老成人。以茲勉勖思悠
悠,感今悲昔不自由。人生忠孝為根本,我今於汝無他
求。京華甲第望紛紛,得失升沉何足云。正逢天子聖明
日,猶當匡濟立功勛。[79]

左錫嘉的三子曾光岷(1864-?)[80]報捷南宮,為母者固然欣
喜;然而,左氏已為兒子的仕途著想,既規誡他遵行「禮門義
路」及秉持謙虛與正直的品格,又訓勉光岷將來為官必須「正直
不為威武屈,謙光應戒接輿狂」。[81]其實左錫嘉已表明「我今
於汝無他求」的立場,但期孩兒明白「人生忠孝為根本」,盡心
兼顧忠孝及竭誠地「匡時濟世」。

　　換言之,不論「男兒」面對各種挑戰,常常銘記「立身當自
強」的處世態度,注重「崇德」、「保性真」及「忠孝為根本」
的道德操守,蓋因「懦怯無為」及「為威武屈」之行為有違理想
男性人格的要求。為母者對為子者「自強不息」之種種勸戒,細
閱她們的文字,甚為真情流露。

---

[79] 左錫嘉:〈聞岷兒捷南宮賦以勉之〉,見其《冷吟仙館詩稿》,卷8,頁15上
　　-16上。
[80] 曾光岷是光緒十五年(1889)進士,參朱保烱、謝沛霖編:《明清進士題名碑錄
　　索引》,下冊,頁2321。
[81] 楚狂接輿,事見《論語》,楚狂並不認同孔子(前551-前479)入世的做法,並
　　對著孔子唱歌加以諷刺,原文為「鳳兮鳳兮!何德之衰?往者不可諫,來者猶可
　　追。已而已而!今之從政者殆而!」孔子「欲為之言」表示敬意,希望在雙方之
　　處世態度方面加以討論,然而楚狂則「趨而辟之,不得與之言」,反映孔子的襟
　　懷及謙遜之態度。參何晏(195-249)注,邢昺(932-1010)疏:《論語注疏》
　　(阮元《十三經注疏》本),卷第十八,〈微子第十八〉,頁2529。

「成名伸父志,代母慰黃泉」
——為人母對兒子揚名顯親、承繼父志之冀望

母親期盼兒子光耀門楣、承繼先德與家風,是課子詩的重要特色。由於母兼父職,故為母者在家族歷史的延續方面身負重任,[82] 因此她們規勸孩兒注重個人及家族名聲之維繫,[83] 細加考證,相關訓示於女性著述之中多所演繹。

為子者「揚名」以建立男性榮譽,藉此報答母親的致力栽培,是她們的共同心聲,例如伍淡如[84] 所撰〈示兒輩〉一詩,以「一聯詩句淚千行,付與吾兒珍重藏」寄託了她照料孩兒的酸辛;並以「兄弟寒窗須努力,揚名及早慰萱堂」展現了為母者望子成龍之冀望。[85] 伍氏渴望兩兒珍惜時光,不但及早立志,更寄望「揚名及早」,作為自身課勉兒子的一點回報。

除了報答倚閭之情,為人母亦屢番鋪述對為人子「壯門楣」、「光門閭」及「紹家聲」的厚望,顯親之外,男性更宜關注振興家族聲望。例如王繼藻勉勵兒子「立志在經史」,注意「男兒自彊」的規範,呈現了她對孩兒「或可光門閭,得以承祖祀」的盼望;[86] 惲珠之子準備踏上仕宦之途,為母者期望對方勿忘「祖宗

---

[82] 鍾慧玲:〈期待、家族傳承與自我呈現——清代女作家課訓詩的探討〉,頁203。

[83] 古代男性宜重視個人行為與操守,蓋因個人榮譽對丈夫氣概之呈現具有密切的關係,參Bret Hinsch, "Male Honor and Female Chastity in Early China," *Nan Nü: Men, Women and Gender in China*, vol. 13, no. 2 (September 2011), pp. 173-181.

[84] 伍淡如,字晚香,蒙自人。著有《餐菊軒詩草》,著錄於《歷代婦女著作考》,頁272。

[85] 伍淡如:〈示兒輩〉,見其《餐菊軒詩草》(光緒十四年戊子〔1888〕重刊本),頁12下。

[86] 王繼藻:〈勗恒兒〉,見其《敏求齋詩集》,收入《國朝閨閣詩鈔》,第10冊,卷5,頁28上下。

慈蔭」，定當謹言慎行，生怕兒子因一時之喜而有所「輕忽」，不懂如何「事聖明」及治理國事，導致「墜家聲」；[87] 王瑤芬的大兒因調任而遠行，縱使母子相隔，並表達「道遠誰相恤，家貧我自持」的愁緒，亦毋忘訓子為官之道，不必志在名利得失，但期「親民盡職」，也是「紹家聲」之具體表現。[88]

縱使國家處於戰亂，為人母也不能摒棄課訓兒子「忠孝」及「壯門楣」的主張，如長子陳克劬（1826-1908）[89] 於秋闈獲雋，張友書（1799-1875）[90] 作出訓誡如下：

> 屢雪劉蕡涕，今朝暫展眉。未堪酬汝志，差可慰吾衰。兵燹餘生在，風雲後日期。莫忘忠孝意，努力壯門楣。[91]

「屢雪劉蕡涕」句表示了克劬應考所面對的種種落敗：張氏借唐人劉蕡於考卷中抨擊宦官而遭到迫害和未能作官的事例作對比，[92] 不但以「今朝暫展眉」強調對方「獲雋」之喜，亦以

---

87 惲珠：〈喜大兒麟慶連捷南宮詩以勖之〉，見其《紅香館詩草》，頁8上。

88 王瑤芬：〈大兒調任黔中赴都引見拈此示之〉，見其《寫韻樓詩鈔》，頁1052。

89 陳克劬也為母親的著作寫跋，參陳克劬：〈後跋〉，見《倚雲閣詩詞》（據光緒十二年〔1886〕刻本影印；收入《美國哈佛大學哈佛燕京圖書館藏明清婦女著述彙刊》，冊3），頁1上-2上。此外，張氏也有〈月夜懷長男克劬〉一詩表達對兒子之思念，參張友書：〈月夜懷長男克劬〉，見其《倚雲閣詩詞》，卷2，頁5下-6上。

90 張友書，字靜宜，丹徒人。見《倚雲閣詩詞》，著錄於《歷代婦女著作考》，頁507、《清人別集總目》，頁1120、《清人詩文集總目提要》，頁1346。

91 張友書：〈長男秋闈獲雋感而賦此〉，見其《倚雲閣詩詞》，卷3，頁4下。

92 劉蕡，「字去華，幽州昌平人」，「明《春秋》，能言古興亡事，沈健于謀」，具備才學。在唐文宗（李昂，809-840；826-840在位）即位時期，他參加科舉及於試卷中批評宦官專權的現象，本來考官馮宿（767-836）、賈餗（?-835）及龐嚴表示認同，並有「以為過古晁（錯，前200-前154）、董（仲舒，前179-前104）」的讚賞。然而，他們對宦官之權勢有所懼怕，因此不敢錄取劉蕡。一些朝臣賞識劉蕡之賢能，例如令狐楚（766-837）、牛僧孺（779-847）曾徵召他為幕僚，「授祕書郎，以師禮禮之」。不過「宦人深嫉蕡」，劉蕡因而受宦官迫害，「誣以罪，貶柳州司戶參軍」，故未能發揮所長。有關劉蕡的生平事迹之記載篇

「差可慰吾衰」流露了她對兒子入仕的長久盼望。不過，為母者並沒有受到「兵燹餘生在」的影響，繼續殷切地叮囑對方努力「酬汝志」。無論孩兒身為官員及家人的身份亦「莫忘忠孝意」，張友書也對兒子致予「努力壯門楣」的願望。

男性肩起顯親揚名與光宗耀祖之重責外，為母者也於課兒詩中囑託兒子承繼父志及門風。例如在家風的傳承方面，楊文儷（活躍於嘉靖年間）[93] 告誡兒子孫鋌（1528-1570）必須「自勵」及繼承「清白舊家風」。其實，「清白家風」之承繼對個人修身和為官清廉自持均具益處，所以楊氏亦以「官貧道不窮」希望對方勿因利慾的追求而不顧品德操守之堅持。[94] 盧蘊真也提醒兒子「當循淳樸舊家風」，規訓潤兒勿「輕狂」以達到「男兒」及「大丈夫」等崇高人格要求。[95]

至於秉承父志以示對前人的尊重，比如有張湘筠[96]〈課子楚生詩〉一詩，為人母對兒子傳承「父志」多所訓示。張氏表明「兒父」經歷「家道微」之困阨，因此於弱冠之年已「親案牘」。縱使張湘筠的丈夫不斷面對「饑驅走四方，征塵時僕僕」之狀況，他亦未嘗放棄為家庭付出。此外，張氏育有兩子，她的次子已早逝，故其丈夫之「生平未遂志」只可留待長子完成。張湘筠渴望兒子堅持「經典宜窮源，子史宜充腹」之刻苦求學，勿作「遊蕩兒」及「沒字碑」。只要兒子逐步達成「步蟾宮」

幅較長，此處不一一徵引，詳參歐陽修、宋祁：《新唐書》，卷178，〈列傳〉第103，〈劉蕡〉，頁5293、5305-5307。

[93] 楊文儷，又名孫夫人，仁和人。參《歷代婦女著作考》，頁183。

[94] 楊文儷：〈寄鋌兒〉，見其《孫夫人集》（據光緒二十三年〔1897〕嘉惠堂丁氏刊本影印；收入《美國哈佛大學哈佛燕京圖書館藏明清婦女著述彙刊》，冊4），頁2下-3上。此處所據版本為光緒二十三年（1897）嘉惠堂丁氏刊本，《孫夫人集》亦存有《武林往哲遺著》本，收入《叢書集成續編》，〈文學類〉，冊170。

[95] 盧蘊真：〈寄示潤兒〉，見其《紫霞軒詩抄》，卷2，頁14下。

[96] 張湘筠，江寧人。著有《冬蕙軒詩稿》，著錄於《歷代婦女著作考》，頁522。

及「貢玉堂」的寄望，並竭力地報效國家，為子者自可「完父志」。張氏的課子詩中也可看到「兒父」如何犧牲自己及承擔男性責任，對於父親的德行，為母者也盼望兒子能承傳父志，甚至有所超越以振家聲。[97]

又如甘立媃（1743-1819）[98]辛勤「課勉」兩子徐必念和徐心田（1774-1853）[99]讀「遺編」，就是期盼兒子汲取聖賢之說和發揮所學，繼而建立名聲。由於丈夫徐曰呂已逝世，[100]立媃作為女性亦難以爭取功名，所以甘氏明瞭「慰黃泉」的方法便是輔助孩兒踏上「成名」之路；她深切期許必念和心田發奮求學，他日光宗耀祖，便是「伸父志」的表現。[101]事實上，甘立媃作為兒子之啟蒙老師，又何嘗不是教導他們注意「伸父志」的男性責任？甘氏指出「汝父騎箕三十年」，[102]當然渴望兩子可承繼父業和致力經營男性榮譽，誠然也呈現了為母者的一番苦心。

另外，左錫嘉亦著意教誨兒輩「報君父」，她說：

---

[97] 張湘筠：〈課子楚生詩〉，見其《冬蕙軒存稿》，頁1上下。

[98] 甘立媃，字如玉，奉新人。著有《咏雪樓稿》，著錄於《歷代婦女著作考》，頁267、《清人別集總目》，頁270、《清人詩文集總目提要》，頁945。案甘立媃的生平及其著述之分析，詳參Grace S. Fong, "A Life in Poetry: The Auto/biography of Gan Lirou (1743-1819)," in *Herself an Author: Gender, Agency, and Writing in Late Imperial China*, pp. 9-53.

[99] 徐必念為長子，參甘立媃：〈感吟示長兒必念〉，見其《詠雪樓詩存》（據道光二十三年〔1843〕徐心田半偶齋刻本影印；收入《美國哈佛大學哈佛燕京圖書館藏明清婦女著述彙刊》，冊1），卷3，頁28上。至於徐心田係次子，他亦為母親的著述作跋，參徐心田：〈後跋〉，見《詠雪樓詩存》，卷5，頁23上下。

[100] 甘立媃丈夫徐曰呂之逝世，她頗為痛心，例如其《詠雪樓詩存》中就載有多篇悼念亡夫之作品，如〈哭夫〉（卷3，頁1上）、〈又絕句六首〉（卷3，頁1下-2上）、〈追寫夫子真容〉（卷3，頁4上）、〈檢夫子遺篇〉（卷3，頁5下-6上）、〈亡夫靈牌入祀宗祠〉（卷3，頁8上）、〈撿先夫詩棄感吟〉（卷3，頁14上下）、〈展夫子遺篇有感〉（卷3，頁17下）等。

[101] 甘立媃：〈口吟示二孤〉，見其《詠雪樓詩存》，卷3，頁6下-7上。

[102] 甘立媃：〈田兒蒙旨擢入詞垣，謹望闕叩頭，恭謝天恩，即寄囑勉〉，見其《詠雪樓詩存》，卷3，頁34上下。

窮通且莫問，學業貴心堅。汲古知無盡，安貧聽自然。下
帷師董子（董仲舒），陋巷樂顏淵（前521-前481）。**何
以報君父，男兒當象賢**。[103]

人生苦短，左氏勸喻兒子不必執著「窮通」，宜仿傚顏淵「雖
簞食在陋巷，不改其所樂」之樂觀心態，[104]「安貧聽自然」。同
時，她亦規誡孩兒堅持向學，學習董仲舒「下帷講誦」及「三
年不窺園」的求學精神，[105] 明白「學業貴心堅」及「汲古知無
盡」的道理。在左錫嘉的詩中，我們可理解為母者期許兒子重視
品行，作為「男兒」當承繼祖輩德業，便是傳承父志及報答親恩
的有效方法，所以左氏以「何以報君父，男兒當象賢」句相勉。
　　為人子必須慎重地肩起顯親揚名與承傳父志之責任，屬明清
母親著力訓課兒子的性別內容，在課子詩中都寄託了為母者的意
願，箇中的女性心態可謂表露無遺。

第三節　　小結

　　細閱明清閨秀的著作，母親筆下常自述她們撫養孩兒的劬
勞及諄諄教誨，[106] 例如她們在家貧的狀態下如何辛勤地夜課兒
子，我們從字裡行間中可體會到古代女性如何傾盡心力代替父

[103] 左錫嘉：〈示兒女〉，見其《冷吟仙館詩稿》，卷6，頁4下-5上。
[104] 何晏注，邢昺疏：《論語注疏》，卷第六，〈雍也第六〉，頁2478。
[105] 董仲舒「下帷講誦」之事，載於《漢書》，原文為「董仲舒，廣川人也。少治
　　春秋，孝景（漢景帝劉啟，前188-前141；前157-前141在位）時為博士。下帷講
　　誦，弟子傳以久次相授業，或莫見其面。蓋三年不窺園，其精如此。進退容止，
　　非禮不行，學士皆師尊之。」參班固撰，顏師古注：《漢書》，卷56，〈董仲舒
　　傳〉第26，頁2495。
[106] 劉詠聰：〈清代女性的課子詩文〉，載氏著《才德相輝：中國女性的治學與課
　　子》，頁117-119。

職，[107] 更反映為母者在指引兒子如何達成男性角色期許方面，具有舉足輕重的貢獻。同時，為人母訓課兒子，也見證了母子之間所建構的深厚感情，[108] 孩子環繞母親膝下，用心聆聽她們的教導，如「今夕諸兒環膝下，進前聽我誨汝知」、[109]「兒纏繞膝長，不敢禽犢畜」[110] 等句展現了母子之間的親密接觸及慈母之悉心關懷與奉獻。

此外，古代女性曾道出「婦人無能為，所望夫與子。撫子得成立，私心竊自喜」的百般無奈，[111] 因此為母者多寄望兒子成材，若果他們出人頭地，也可視作自身劬勞的安慰。[112] 再者，母親擔任為子者的人生導師，故兒子在生命歷程的不同階段中，她們多番表示為對方操心及「養兒一百歲，長憂九十九」之憂慮。例如兒子年幼，母親察其兒「懦怯無為」和不懂「世情」，表現出「深為爾憂之」的感受；[113] 而王璐雖非孩子之親母，也答應了丈夫「囑予為導誘」之要求。孩兒肩負「世業遞流傳」的使命，故王氏已作出「家塾延經師，詩書相授受」的安排。況且迪兒「姿稟亦非醜」，故她亦希望對方「男兒志遠大」和「立身貴勿苟」。[114] 為母者自述劬勞，不論是親授詩書、辛勤持家，以至憂思重重的表述，均表揚了她們的刻苦耐勞，並頗有致力於

[107] 鍾慧玲：〈期待、家族傳承與自我呈現──清代女作家課訓詩的探討〉，頁196、200。
[108] 熊秉真：〈建構的感情：明清家庭的母子關係〉，頁255-256。
[109] 陳氏（孫樹南妻）：〈口占勉諸子〉，見其《古香閣吟草》，頁17上下。
[110] 張湘筠：〈課子楚生詩〉，見其《冬蕙軒存稿》，頁1上下。
[111] 王繼藻：〈勗恒兒〉，見其《敏求齋詩集》，收入《國朝閨閣詩鈔》，第10冊，卷5，頁28上下。
[112] 劉詠聰：〈清代女性的課子詩文〉，載氏著《才德相輝：中國女性的治學與課子》，頁124。
[113] 徐媛：〈訓子〉，見其《絡緯吟》，卷12，總頁411。
[114] 王璐：〈勗迪兒〉，見其《印月樓詩詞集》，總頁510-511。

導引兒子達成「大丈夫」與「男兒」等各種理想人格的期許。

其實，明清為人母者參與構成「男性氣概」的同時，也反映作者本人的自我角色期待。論者曾言「教子為學固須有才，課子以德亦須有學」，[115] 其說甚是。她們身繫啟迪後代的責任，若果「無才無學」或對自我角色並無要求，又如何課子？歷史上有名的母教故事，亦成為了明清母親的學習榜樣，例如孟（軻）母「斷機」以勸戒兒子堅持修業、[116] 歐（陽修，1007-1072）母「畫荻」以課兒讀書等等，[117] 她們也成為了「母儀」與「母德」之楷模。雖然明清為母者常自謙不如孟母或歐陽母等女性的賢德，例如陳氏有「我無孟母三遷德」句、[118] 王繼藻有「我非孟氏賢，母教成三徙」的表達、[119] 張湘筠也有「我愧孟母賢，明信以買肉。又愧歐陽母，畫荻書滿幅」之自述等等，[120] 她們以這些賢母作為鞭策自我的模倣對象，確實不容置疑。母親時常督促兒子達到傳統社會對男性人格的要求，男子亦宜「自強不息」，這種「日新又新」的處世態度，她們又怎能光說而不力行？為人母不斷構建「男性氣概」的同時，也持續地塑造自我角色期許；著名的母教事例，都強調母親如何言傳身教。明清閨秀在構成「子道」的過程，委實也呈現了母子之間的相互鼓勵與進步。

明清母親作為兒子的人生導師，不斷以「理性嚴苛」的態度誘導孩子銘記男性人格之追求，「男兒」尤宜確立志向、傳承門

---

[115] 劉詠聰：〈自序〉，載氏著《才德相輝：中國女性的治學與課子》，頁1。
[116] 孟母斷機教子的典故，參劉向編：《列女傳》（道光五年〔1825〕摹刊宋本），卷1，〈母儀傳〉，〈鄒孟軻母〉，頁11上-12下。
[117] 歐陽修母鄭氏畫荻教子的事跡，參脫脫（1314-1355）等：《宋史》（北京：中華書局，1977年），卷319，〈列傳〉第78，〈歐陽修〉，頁10375。
[118] 陳氏（孫樹南妻）：〈口占勉諸子〉，見其《古香閣吟草》，頁17上下。
[119] 王繼藻：〈勗恒兒〉，見其《敏求齋詩集》，收入《國朝閨閣詩鈔》，第10冊，卷5，頁28上下。
[120] 張湘筠：〈課子楚生詩〉，見其《冬蕙軒存稿》，頁1上下。

風與父志，面對各種挑戰亦應「自強不息」。為子者經歷不同的人生路途，母親對其落敗之事致以安慰、其功成之事予以勉勵，呈現「溫情慈愛」。另外，她們「恪守傳統規範」以承傳美德，也不斷鞭策自己以「順應時代變遷」。[121]為母者努力地裝備自我及作出無私的奉獻，只為了成就對方的美好將來，故筆者認為這些具備母親身分的明清女性，時刻訓誡他們做堂堂正正和具有尊嚴的「丈夫」，具有極大的影響力。

---

[121] 王力堅：《清代才媛文學之文化考察》，頁245。

第三章

「君自盡忠儂盡孝，
大家努力壯門楣」

——明清為妻者塑造的男性氣概

過往分析中國古代夫妻關係的研究，較為集中於「夫權」及「夫綱」的探討。[1] 本文爬梳明清女性著作，也的確發現一些作者對「夫為妻綱」之概念作出申述，故本章先剖析閨秀如何鋪述相關觀念，讓我們了解女性對男性角色的看法及她們如何重申丈夫的主導位置。然而，近人研究古代夫婦關係已出現新的視角，例如有論者提出一些士人家庭內曾發展了一種「友愛婚姻」（companionate marriages），[2] 不但相互以文字唱和表達愛意，更以實際行動見證彼此遷就及信任。事實上，明清女性作家也有不少「友愛婚姻」的生活經歷，她們在背後默默地支持夫君，更致力於輔助對方達到理想男性人格之期許，其所貢獻之力量委實不容忽視。

　　另外，女性作家以丈夫作為寫作對象之作品尤為豐富，例如有寄外、答外、送外、憶外、呈外、和外、示外、贈外及規外等多種主題，[3] 那麼妻子與夫君的對話之中，又有否呈現她們對

---

[1]　析論中國古代「夫權」及「夫綱」的著作，成果甚豐，例如有史鳳儀：《中國古代婚姻與家庭》（武漢：湖北人民出版社，1987年）；辛立：《男女‧夫妻‧家國：從婚姻模式看中國文化中的倫理觀念》（北京：國際文化出版公司，1989年）；顧鑒塘：《中國歷代婚姻與家庭》（台北：台灣商務印書館，1994年）；郭松義：《倫理與生活：清代的婚姻關係》（北京：商務印書館，2000年）；王躍生：《清代中期婚姻衝突透析》（北京：社會科學文獻出版社，2003年）；常建華：《婚姻內外的古代女性》（北京：中華書局，2006年）；錢泳宏：〈清代的夫妻關係──基於《大清律例》與刑科檔案的法文化考察〉，《南通大學學報》（社會科學版），2010年5期（2010年9月），頁44-51等等。相關的著述頗多，此處不作贅舉。

[2]　Paul S. Ropp, "Love, Literacy, and Laments: Themes of Women Writers in Late Imperial China," *Women's History Review*, vol. 2, no. 1 (1993), pp. 117-123; Dorothy Ko, *Teachers of the Inner Chambers: Women and Culture in Seventeenth-Century China*, p. 179. 至於社會學家及歷史學家的分析視角具有差異，故中譯詞亦出現分歧，詳參呂凱鈴：〈李尚暲、錢韞素合集所見之夫婦情誼：清代友愛婚姻一例〉，《中國文化研究所學報》，50期（2010年1月），頁189-190，註〔1〕。

[3]　Hoi Ling Lui, "Gender, Emotions, and Texts: Writings to and about Husbands in Anthologies of Qing Women's Works" (M.Phil. dissertation, Hong Kong Baptist University, 2010), pp. 25-27.

「夫道」之看法及期望？細加考證，不少妻子對丈夫建立「丈夫志」及「男兒功名」抱有厚望，亦成為了女性參與「男性建構」之重要方向。此外，閨秀作為妻子的身份，亦對為夫者貪戀女色的行為表達了她們的想法，讓我們了解社會上對古代男性行為持有不同的立場，尤其是為人妻的聲音。下文將包括這四部分：（1）女性著述中「夫為妻綱」概念之彰顯；（2）「友愛婚姻」之展現——家庭之共同維繫及妻子對丈夫之規勸；（3）明清妻子所論述的「夫道」——「丈夫志四方」與「男兒分合立功名」之期盼；（4）「請君三復宋弘言，下堂莫把糟糠棄」——為妻者對丈夫沉迷女色之勸誡。

第一節　女性著述中「夫為妻綱」概念之彰顯

「夫為妻綱」為「三綱」之一，[4] 屬主要的古代夫妻關係，原則上賦予丈夫在家庭中管束妻子的權利，[5] 並期許為妻者於任何時候皆對為夫者服從。[6] 與此同時，論者亦言《白虎通》給予為夫者一種「法理型的權威」從而教化為妻者，確立男性尊嚴；[7] 事實上，確立「夫綱」及男子威信的種種論述，亦見於中國女學專著之中，如著名的《女誡》即屬一例。班昭（生約44-51，卒約114-120）以「夫不賢，則無以御婦；婦不賢，則無以

---

[4] 案《白虎通・三綱六紀》的記述便明確地提出「三綱」的概念，即「君為臣綱」、「父為子綱」、「夫為妻綱」，而相關記載為「三綱者，何謂也？謂君臣、父子、夫婦也……」參班固：《白虎通德論》（《四部叢刊》景元大德覆宋監本），卷7，〈三綱六紀〉，頁15上。

[5] 王躍生：《清代中期婚姻衝突透析》，頁74-75。

[6] 常建華：《婚姻內外的古代女性》，頁84。

[7] 季乃禮：《三綱六紀與社會整合：由〈白虎通〉看漢代社會人倫關係》（北京：中國人民大學出版社，2004年），頁207。

事夫。夫不禦婦，則威儀廢缺；婦不事夫，則義理墮闕」[8] 道出丈夫必須懂得「禦婦」的重要性，否則帶來「威儀廢缺」的後果。而妻子無法侍候對方亦出現「義理墮闕」的狀況，呈現出男性之主導地位及女性處於依從角色的性別定見，相關主張於其他著作中也可找到不少確證。誠然，「夫為妻綱」之概念亦得到一些女性作家的認同和強調，傳承長期以來的看法。

例如李氏（李毓清）[9]〈婦誡〉一詩，她開宗明義地指出「夫為妻之綱，妻亦與夫齊」及「男以剛為貴，女以柔為宜」的概念，對男女之別加以申述。[10] 案《女誡・敬慎第三》曾言：「陰陽殊性，男女異行。陽以剛為德，陰以柔為用，男以彊為貴，女以弱為美」，[11] 我們可了解「男以彊」及「女以弱」的兩性之別，故班昭表明「然則修身莫若敬，避彊莫若順。故曰敬順之道，婦人之大禮也」，[12] 她強調女性宜恭敬和柔順的特點。因此，夫妻相處之道，委實也是剛柔之間的互相配合，故李氏認為丈夫「以剛為貴」，妻子「以柔為宜」，箇中的性別期許不應互換。而王佩華（1767-？）[13] 也有相同的論調，故她也道出「婦道以柔為正」的概念，對於「以柔為宜」之想法作出呼應。[14]

8　班昭：《女誡・夫婦第二》，見范曄：《後漢書》，卷84，〈列女傳〉第74，〈曹世叔妻〉，頁2788。

9　李毓清，字秀英，陽山人。著有《一桂軒詩鈔》，著錄於《歷代婦女著作考》，頁341。

10　李氏：〈婦誡〉，見《國朝閨秀正始集》，卷1，頁9下-10上。

11　班昭：《女誡・敬慎第三》，見范曄：《後漢書》，卷84，〈列女傳〉第74，〈曹世叔妻〉，頁2788-2789。

12　同上。

13　王佩華，字蘭如，號慈願，太倉人。著有《願香室筆記》，著錄於《歷代婦女著作考》，頁233。

14　王佩華：《願香室筆記》（民國十年〔1921〕太倉圖書館刻本），〈內編〉，〈論天理人情五則〉，頁8下。

另外，黃韻蘭[15]亦徵引了「夫為妻天」的看法，[16]表達了「夫也比天，終身所倚」的立場；[17]又以「順夫子」命名作為提綱挈領，呈現了黃氏如何進一步彰顯「夫為妻綱」的理念。至於劉慧娟（1830-約1880）[18]〈治家恆言〉之中也有近似的內容，比如在「妻妾」一文帶出「夫婦五倫之首，夫為妻綱，貴有刑于之化」的看法。[19]周文王（姬昌，前1152-前1056；前1105-前1056在位）曾言「刑于寡妻，至于兄弟，以御于家邦」，[20]當中就蘊含了男性自覺有教化女性的責任，故「貴有刑于之化」的論述亦是相關觀念之延伸。劉氏也在「閨箴十則」中闡述「敬夫主」的觀點，重申「婦德貴柔」的主張。[21]凡此種種，均可看到這些女性作家筆下如何強調丈夫履行「扶」的責任，對「夫為妻綱」的夫婦相處模式表示認同。

　　綜上所述，一些中國女性對長久以來的「夫為妻綱」及「夫為妻天」觀念加以析論，藉以重申丈夫作為領導者的角色及妻子宜「敬順」的特點，呈現了她們對夫妻關係的仔細思考，實是有跡可循。[22]然而，為人妻者固然有申述「夫為妻綱」的理念，

---

[15] 黃韻蘭，宜黃人。著有《韻蘭詩鈔》，著錄於《歷代婦女著作考》，頁667。

[16] 「夫為妻天」的觀念，如《儀禮注疏》有以下記載：「故父者子之天也，夫者妻之天也」參鄭玄注，賈公彥疏：《儀禮注疏》（阮元《十三經注疏》本），卷第三十，〈喪服〉，頁1106。

[17] 黃韻蘭：〈閨誡詩〉，見《閨秀正始再續集》，卷3，頁24上下。

[18] 劉慧娟，字湘舲，號幻花女史，香山人。著有《曇花閣詩鈔》，著錄於《歷代婦女著作考》，頁719；另見《清人別集總目》，頁556、《清人詩文集總目提要》，頁1564。

[19] 劉慧娟：〈妻妾〉，見其《曇花閣詩鈔》（據光緒十六年〔1890〕刻本影印；收入《美國哈佛大學哈佛燕京圖書館藏明清婦女著述彙刊》，冊3），〈治家恆言〉，頁15上。

[20] 左丘明（前556-前451）傳，杜預（222-284）注，孔穎達疏：《春秋左傳正義》（阮元《十三經注疏》本），卷第十四，〈僖公十五年至二十一年〉，頁1810。

[21] 劉慧娟：〈閨箴十則〉，見其《曇花閣詩鈔》，〈治家恆言〉，頁26上下。

[22] 其實，「夫為妻綱」的理論並非一朝一夕得以建立，古人已多所申述夫婦之間的從屬關係。例如班固《白虎通・嫁娶》曾言：「婦者，何謂也？夫者，扶也，扶

但當中也有人對兩性關係展示了更多元化的女性聲音，下文將加以詳述。

第二節　「友愛婚姻」之展現
——家庭之共同維繫及妻子對丈夫之規勸

　　前文所述有關「夫也比天」及「敬夫主」等觀念，是否意味著明清夫妻關係的表現，只以「夫為妻綱」作為雙方的相處模式？有論者認為部分士紳家庭內，妻子與丈夫之間互相進行文學、歷史與哲學等層面的交流，透過文字以表達雙方的愛慕、尊

以人道者也；婦者，服也，服於家事，事人者也」（參班固：《白虎通德論》，卷9，〈嫁娶〉，頁16上），簡中的言論強調了妻子宜事奉別人和肩負「服」的性別角色。而《大戴禮記‧本命篇》也有近似的說法：「丈者，長也；夫者，扶也；言長萬物也。⋯⋯女者，如也，子者，孳也；女子者，言如男子之教而長其義理者也。故謂之婦人。婦人，伏於人也」（見戴德：《大戴禮記》〔《四部叢刊》景明袁氏嘉趣堂本〕，卷第十三，〈本命〉第八十，頁5上下），也進一步表明「婦人，伏於人也」的立場。另外，各種女學專著也有不少「夫為妻綱」、「夫天妻地」與「夫剛妻柔」等教化內容，除了前述的《女誡》外，唐人宋若華（一作宋若莘）及宋若昭（？-825）姊妹所撰《女論語》便有如下論述：「將夫比天，其義匪輕，夫剛妻柔，恩愛相因，居家相待，敬重如賓」（參宋若華：〈事夫章第七〉，見其《女論語》，載陳宏謀：《五種遺規》〔據中國科學院圖書館藏清乾隆四至八年（1739-1743）培遠堂刻匯印本影印；收入《續修四庫全書》，〈子部〉，〈儒家類〉，冊951〕，〈教女遺規〉，卷上，頁11上下），夫妻之間如同「天地」，並以「剛柔」的配合作為相處之道。細加考察，仁孝皇后徐氏（1362-1407）所寫的《內訓》也重申「夫婦之道，剛柔之義也」的概念，參仁孝皇后徐氏：〈修身章第二〉，見其《內訓》（據墨海本影印；收入《叢書集成初編》，冊990；北京：中華書局，1991年），頁3-4。由此可見，一些女性作家析論「夫為妻綱」的觀念，也是建基於長久以來女學思想的教育，繼而進行發揮。極富趣味的是，「夫為妻綱」的相處模式之外，學者高彥頤曾提出明末清初的社會上也出現夫妻角色對調的情形，如王端淑及丁聖肇即屬一例。王氏極具才華，她既外出教學以賺取收入養家，又與其他男性文人多作交流。與此同時，丁聖肇更公開承認這種角色倒置的狀況，並甘願作為「閨中良伴」；而王端淑亦以丈夫的名義撰寫了大量詩作、書信及傳記等等。詳參Dorothy Ko, *Teachers of the Inner Chambers: Women and Culture in Seventeenth-Century China*, pp. 115-142; 中譯字據高彥頤著，李志生譯：《閨塾師：明末清初江南的才女文化》，頁115-152。

重與支持，產生了一種「友愛婚姻」。通過學者的考證，夫妻關係並非只有「服從」，事實上也呈現了彼此協調、信任以及和諧。[23] 筆者借鑒前人的考究，發現明清女性著述之中也記錄了不少「友愛婚姻」的片段，引證了丈夫遠行，她們如何堅守妻子的角色，並以「君職我當代」之口脗與對方達成共識以及悉心扶持家人，[24] 省卻夫君的思慮。另外，丈夫的品行有所不足，妻子亦加以勸喻，以期協助丈夫追求崇高的人格。

丈夫出外讀書與入都應考，妻子盼望夫君可專心修業，故為妻者於著作中多表達她們可代替夫職，並妥善地治理家事及照料親人，例如谷暄[25] 出外讀書，袁氏賦詩送贈對方，望夫君可早寄家書，為家人帶來喜訊：

> 好把芸香世澤延，尋師訪友自年年。讀書豈為登高第，立品應須法大賢。君慰母心書早寄，妾兼子職任彌專。瀛洲待步先人跡，仔細青鐙手一編。[26]

袁氏於詩中不但表明「妾兼子職任彌專」以減輕丈夫的負擔，亦渴望丈夫能以進德為重，仿傚「大賢」，不必執著於「登高第」的追求，表達了她對男性性別期許之想法。此外，又於字裡行間勸慰對方專注為學及愛惜光陰，他日有所成就，藉以報答「母

---

[23] Patricia Buckley Ebrey, *The Inner Quarters: Marriage and the Lives of Chinese Women in the Sung Period* (Berkeley, L.A. & London: University of California Press, 1993), pp. 152-154. 中譯文字則據伊沛霞著，胡志宏譯：《內闈：宋代的婚姻和婦女生活》，頁135。

[24] 語出孔繼坤〈送外北上〉，見《國朝閨秀正始集》，卷4，頁18下。而孔繼坤，字芳洲，為桐鄉人。著有《聽竹樓偶吟》，著錄於《歷代婦女著作考》，頁220。

[25] 參《歷代婦女著作考》，頁494-495。

[26] 袁氏（谷暄妻）：〈送夫子出外讀書〉，見其《漱芳亭詩草》，頁1上。

心」。由此可見，她安守本分，亦能顧及丈夫與慈姑的需要。事實上谷暄亦是咸豐三年（1853）進士，[27] 並沒有辜負妻子持家之勞及母親倚閭之望。

至於席佩蘭（1760-1829後）[28] 的丈夫孫原湘（1760-1829）[29] 入京赴考，她所撰〈送外入都〉一詩也表現了妻子之複雜心情：

> 打疊輕裝一月遲，今朝真是送行時。風花有句憑誰賞，寒燠無人要自知。情重料應非久別，名成翻恐誤歸期。養親課子君休念，若寄家書只寄詩。[30]

27 朱保炯、謝沛霖編：《明清進士題名碑錄索引》，下冊，頁2323。
28 席佩蘭，字月襟，號藥珠，昭文人。其著作有《長真閣詩集》、《傍杏樓調琴草》、《長真閣詩餘》等，著錄於《歷代婦女著作考》，頁469、《清人別集總目》，頁1951、《清人詩文集總目提要》，頁960。有關席氏的專門探究，成果頗豐，姑舉數例：Irving Yucheng Lo (trans.), "Xi Peilan (1760-1820?)," in Kang-i Sun Chang, Haun Saussy and Charles Kwong (eds.), *Women Writers of Traditional China: An Anthology of Poetry and Criticism*, pp. 477-485；彭貴琳：〈席佩蘭《長真閣》研究〉（私立東海大學碩士論文，2003年）；劉姝：〈席佩蘭的生平事蹟與詩歌創作〉（上海大學碩士論文，2005年）；蕭燕婉：〈閨秀詩人席佩蘭の文學——「夫婦能詩」を中心に——〉，載其《清代の女性詩人たち：袁枚の女弟子点描》（福岡：中国書店，2007年），頁107-133；孫毓晗：〈清代女詩人席佩蘭研究〉（蘭州大學碩士論文，2008年）；詹萍：〈隨園女弟子之冠——席佩蘭研究〉（中南大學碩士論文，2009年）；常軍、孫毓晗：〈席佩蘭挽詩研究〉，《現代語文》（文學研究版），2009年22期（2009年8月），頁68-69；王琇瑩：〈席佩蘭詩作及其性靈的表現〉（國立中央大學碩士論文，2010年）；汪靜：〈席佩蘭與《長真閣集》〉，《文教資料》，2011年7期（2011年3月），頁16-17；張星星：〈孫原湘、席佩蘭夫婦詩歌研究〉（蘇州大學碩士論文，2013年）等等。
29 見《歷代婦女著作考》，頁469。孫原湘係嘉慶十年（1805）進士，參朱保炯、謝沛霖編：《明清進士題名碑錄索引》，上冊，頁565。其後，原湘「改翰林院庶吉士，充武英殿協修官」，詳參張舜徽（1911-1992）：《清人文集別錄》，頁304-305；蔡冠洛：《清代七百名人傳》（北京：中國書店，1984年），下冊，第5編，〈藝術〉，〈文學〉，頁1788-1789；李桓輯：《國朝耆獻類徵初編》（《清代傳記叢刊》本），卷132，〈詞臣〉18，頁47上；王鍾翰校：《清史列傳》（北京：中華書局，1987年），卷72，〈文苑傳〉3，頁5970；《清人別集總目》，頁651和《清人詩文集總目提要》，頁961。而其畫像亦載葉衍蘭、葉恭綽（1880-1968）：《清代學者像傳》（上海：上海書店出版社，2001年），頁317-318。
30 席佩蘭：〈送外入都〉，見其《長真閣集》（據光緒十七年〔1891〕歸氏南皋草

「打疊輕裝一月遲」及「寒煖無人要自知」等句引證了席氏對丈夫的細心關懷，夫君離鄉，又無人照料，更需慎重地保重身體。席佩蘭當然希望對方可以金榜題名，然而又害怕孫原湘擁有功名後延誤了歸期，故「情重料應非久別，名成翻恐誤歸期」一句亦反映了妻子的矛盾心態。丈夫專心致志赴考，並處於關鍵時刻，席氏以「養親課子君休念」作出鼓勵，叮囑他不必掛念家人；「若寄家書只寄詩」之表述既蘊含了席氏之無微不至，也見證了夫妻唱和贈答的舉動。妻子的用心經營與種種遷就，又何嘗不是協助夫君建立名聲？同時，吳瓊華[31]亦對夫子李國瓚入都之行致予勉勵，例如她以「夫子抱荊璞，此璧價連城」對丈夫之才能加以肯定，並以「漫道長征苦，男兒志請纓」及「勉哉振風翮，扶搖擊蒼冥」諸句勸勉對方確立「男兒志」及致力「振風翮」，展示「大丈夫」之豪邁人格。面對丈夫的前途，妻子以「婦職敢不勤」自勉，並會傾心傾力地照顧高堂及兒女，好讓為夫者能一展抱負，以免「阻君萬里程」。[32]

　　至於丈夫離家赴任，妻子均期望夫君能盡忠職守、善待百姓與匡扶社稷。例如韓邦靖（1488-1523）觀見君主，屈氏屢次強調對方作為「大丈夫」應「輕離別」及勿「為兒女傷」，謹慎地履行「壯志在四方」和「努力事明主」的性別責任。她又以「珍重復珍重，丁寧須記將」望夫子保重，並以「晨昏妾定省，喜懼

盧刻本影印；收入《美國哈佛大學哈佛燕京圖書館藏明清婦女著述彙刊》，冊4），卷3，頁3下-4上。筆者留意到《長真閣集》亦有不同版本，例如有嘉慶十七年（1812）刻本，收入《清代詩文集彙編》，冊464；而《長真閣集》同時收入其丈夫孫原湘《天真閣集》之中（據嘉慶五年〔1800〕增修本影印；收入《清代詩文集彙編》，冊464）等。

31　吳瓊華，合肥人，南京造幣廠會辦同邑李國瓚室。參《安徽名媛詩詞徵略》，卷3，頁241。

32　吳瓊華：〈送夫子入都〉，見《安徽名媛詩詞徵略》，卷3，頁241-242。

君自量」之承諾以期減少他對家庭狀況的憂思。[33]

　　為官者入覲之外，他們亦常抵達不同的地方赴任。即如周維德[34]送別丈夫張子謙[35]奉使保陽，她勸喻對方切勿眷戀家園，注意為臣者之重責，更鄭重展現「大家努力壯門楣」的丈夫襟懷，可謂「女中豪傑」：

> 不須別淚灑臨歧，楊柳何勞綰別離。**君自盡忠儂盡孝，大家努力壯門楣**。烽煙滿地動干戈，此去關山路幾何。他日相看明鏡裡，莫嫌憔悴比君多。[36]

「楊柳何勞綰別離」之表述抒發了作者對夫妻別離的愁緒，而「烽煙滿地動干戈，此去關山路幾何」句也呈現了妻子擔憂丈夫遠征之艱險。不過，周氏為了讓夫子可以履行為臣者盡忠的責任，於詩中強調自己會盡心於孝，故重申「君自盡忠儂盡孝，大家努力壯門楣」；周維德更展示了「巾幗不讓鬚眉」的男子氣概，她願意竭力地共同守護家族名聲。「莫嫌憔悴比君多」透露了周氏所付出的心力，然而妻子為了成就夫君的功業，她又豈敢怠慢？「壯門楣」的抱負頗為宏大，同樣是妻子與丈夫道別，陶

33　屈氏：〈送夫入覲〉，見《名媛詩緯初編》，卷3，〈正集一〉，頁9下-10上。而屈氏係韓邦靖妻，華陰人，參《名媛詩緯初編》，卷3，〈正集一〉，頁9上。案《名媛詩緯初編》所載，屈氏與其夫均具才學，夫妻唱和尤如良友：「邦靖髫年以神童名弱冠，舉進士，與氏稱雙璧，詩文唱和如良友焉」，參《名媛詩緯初編》，卷3，〈正集一〉，頁9上。韓邦靖是正德三年（1508）進士，亦載朱保烱、謝沛霖編：《明清進士題名碑錄索引》，中冊，頁1500。

34　周維德，字湘湄，山陰人。著有《千里樓詩詞草》，著錄於《歷代婦女著作考》，頁383-384；另見《清人別集總目》，頁1475、《清人詩文集總目提要》，頁1520。

35　周維德為「吳縣張子謙妻」，參《歷代婦女著作考》，頁383-384。

36　周維德：〈送外奉使保陽〉，見其《千里樓詩草》，頁21下。

安生（1844-1870）[37]則希望夫君章玗[38]重視「積德」，不需著意官位之高低：

> 此去湖山任意遊，風帆二月下杭州。慈姑自有妾勤奉，幼子無煩君遠憂。莫以微官難報國，須知積德勝封侯。循聲好共詩名著，傳至閨中也解愁。[39]

章玗將抵達浙江就任，陶氏為了避免對方顧慮親人的狀況，便以「慈姑自有妾勤奉，幼子無煩君遠憂」句勸慰對方專注仕宦之經營。再者，妻子也對丈夫為官之道發表意見：她認為「封侯」並不是當官的最終目標，定當成為一位重視百姓的父母官，不必在意是否「微官」，為官者應注重奉公守法及竭力履行職責。此外，丈夫能同時兼顧學問之浸淫，做到「循聲好共詩名著」的境界，切實地完成立德、立功及立言的人格追求，建立個人名聲，不但「傳至閨中也解愁」，也可符合社會上對男性角色的定位。

而阮元（1764-1849）[40]已撫粵數年，孔璐華（活躍於乾隆

37.陶安生，字竹筠，號南沙女史，常熟人。著有《清綺軒詩賸》，著錄於《歷代婦女著作考》，頁609。

38. 陶安生是「廬州郎中章玗妻」，見《歷代婦女著作考》，頁609。

39. 陶安生：〈送夫君之官浙江〉，見《安徽名媛詩詞徵略》，卷3，頁252。

40. 阮元為清代名臣之一，歷任多種官職，如「官兵部、禮部、戶部、工部侍郎」、「任山東和浙江學政、河南及江西巡撫、兩廣與雲貴總督」等等，「終體仁閣大學士」，卒後賜諡文達。參李元度（1821-1887）：《國朝先正事略》（上海中華書局《四部備要》本），卷21，〈名臣〉，〈阮文達公事略〉，頁283-285；趙爾巽等：《清史稿》，卷364，〈列傳〉151，頁11421-11424；張舜徽：《清人文集別錄》，頁317-319；蔡冠洛：《清代七百名人傳》，下冊，第4編，〈學術〉，〈樸學〉，頁1646-1653；徐世昌（1855-1939）：《清儒學案小傳》（《清代傳記叢刊》本），卷13，〈儀徵學案中〉，頁623-640；王鍾翰校：《清史列傳》，卷36，〈大臣傳續編〉1，頁2820-2832；《清人別集總目》，頁616-617；《清人詩文集總目提要》，頁997等。

嘉慶年間）[41]之寄外詩作可謂用情至深，一心寄望夫子勿為家事所纏擾，專注「作良臣」：

> ……星移物換又年年，遙憶長安路七千。粵海風和花氣暖，念兒待漏雪霜天。心懸重望蕙蘭開，待得春深雨後栽。惟願庭前多並蒂，便中早寄好音來。向平餘事且休論，兒女嬌癡亦費神。家自平安休內念，一心純用作良臣。[42]

案《阮元年譜》之記載，阮元於嘉慶二十二年丁丑（1817）八月二十八日「奉旨調補兩廣總督」，其時54歲；[43]又於道光元年辛巳（1821）九月初八日及十月十五日，他「兼署廣東學政印」及「暫行兼署所有粵海關監督事務」，當時58歲。[44]因此，阮元留粵已有一段時間，他身兼重任，故孔氏於詩中亦提及「粵海」。其實孔璐華明白丈夫此行並非短暫，但對方離家漸久，妻子難免有所擔心，並渴望整個事態有進一步的發展，因而道出「便中早寄好音來」的想法。孔氏向阮元提到「向平餘事且休論，兒女嬌癡亦費神」，也引證了家中年長及年幼的子女均歷經不同的人生階段，為母者「兼任父職」當感到非常「費神」。然而，她願意一力承擔，規勸丈夫切勿思念家人，更應「一心純用

---

[41] 孔璐華，字經樓，曲阜人，「大學士儀徵阮元繼室」。著有《唐宋舊經樓詩稿》，著錄於《歷代婦女著作考》，頁219；另見《清人別集總目》，頁267、《清人詩文集總目提要》，頁1111。

[42] 孔璐華：〈五兒婦初來粵，書示大兒婦，兼寄外粵西六首〉，見其《唐宋舊經樓詩稿》（據道光刻本影印；收入《清代詩文集彙編》，冊478），卷7，頁4下-5下。

[43] 張鑒（1768-1850）等著，黃愛平校：《阮元年譜》（北京：中華書局，1995年），「嘉慶二十二年丁丑五十有四歲」，頁125。

[44] 同上，「道光元年辛巳五十有八歲」，頁136。

作良臣」以期效忠國家與確立個人名聲，不但光耀門楣，也不負各位親人之冀望。

除了家庭運作之共同維繫，也有為人妻對丈夫性情的不足之處加以勸誡。[45] 例如黃韻蘭雖提出「夫也比天，終身所倚」及「順夫子」的主張，但並非代表黃氏只選擇完全地聽從丈夫，不發己見，誠然對於「夫或不良」之處，亦需「善言規止」。[46] 再者，劉慧娟也有類似的論調，若果丈夫為人「剛暴」，並「與人搆釁」，為妻者不能視若無睹，並需「含容以弭其災」。[47] 妻子之真誠勸誡，藉此輔助夫君注意個人品德之維持，她們所作出之規勸不應有所忽略。

凡此種種，均見證了夫妻情誼及彼此承擔，更有女性展示「大家努力壯門楣」之丈夫氣概。讀者除了窺探古代男女之性別分工與互相協調外，也可理解為人妻如何堅守崗位以激勵為人夫者經營男性功名。其實明清閨秀之一言一行，也為「男性建構」帶來了不可或缺的力量。

第三節　明清妻子所論述的「夫道」
——「丈夫志四方」與「男兒分合立功名」之期盼

「齊家」的目標並不容易，然而不少妻子甘願作出協調，並於詩中多次道出「君自盡忠儂盡孝」[48] 和「家自平安休內念」[49]

---

[45] 論者指出「夫為妻綱」作為社會期許的夫妻相處模式，妻子應該依從丈夫之命；然而，為妻者言之有理，為夫者亦當聽取其勸諫，參王躍生：《清代中期婚姻衝突透析》，頁75。

[46] 黃韻蘭：〈閨誡詩〉，見《閨秀正始再續集》，卷3，頁24上下。

[47] 劉慧娟：〈閨箴十則〉，見其《曇花閣詩鈔》，〈治家恆言〉，頁26上下。

[48] 周維德：〈送外奉使保陽〉，見其《千里樓詩草》，頁21下。

[49] 孔璐華：〈五兒婦初來粵，書示大兒婦，兼寄外粵西六首〉，見其《唐宋舊經樓

之信息讓丈夫安心地建立事業，蓋因為妻者的心態和為母者一樣，均渴望他們銘記「壯志在四方」[50] 及「努力壯門楣」[51] 之性別規範，繼而出人頭地，作為她們自身默默付出的回報。我們發現，明清妻子所論述的「夫道」，當中以「丈夫志四方」[52] 與「男兒分合立功名」[53] 之寄望為主要內容。

為人妻期許丈夫專注男性志向之尋求，多番勸誡對方勿眷戀家園及兒女之情，頗為常見。例如黃婉璚（1804-1830）[54] 的丈夫歐陽道濟[55]入都應考，她希望對方成為「國華」，並說：

> **男兒志四方，安居身不貴**。長安實人海，文采占炳蔚。鐵網聚珊瑚，雲羅張翡翠。願君為國華，豈但拔鄉莘。奪得錦標歸，庶使親心慰。**臨歧酒一杯，勿灑兒女淚**。[56]

黃氏對於丈夫此行予以厚望，不但期盼他「奪得錦標歸」使「親心慰」，又殷切地渴望歐陽道濟可作為國家之菁英以建立功勳。

詩稿》，卷7，頁4下-5下。

[50] 屈氏：〈送夫入覲〉，見《名媛詩緯初編》，卷3，〈正集一〉，頁9下-10上。

[51] 周維德：〈送外奉使保陽〉，見其《千里樓詩草》，頁21下。

[52] 語出王璐〈話別〉一詩，原句為「丈夫志四方，豈為兒女牽」，為了讓夫子樹立功業，她答應了丈夫用心課訓兒子，又希望對方「君去但須去，勿使心旌懸」，見其《印月樓詩詞集》，總頁501-502。

[53] 載於劉蔭〈寄外〉一詩，原句係「素志原非望溫飽，男兒分合立功名」，見其《夢蟾樓遺稿》，收入《江南女性別集·初編》，下冊，頁839。劉蔭（字佩萱）為武進人。著有《夢蟾樓遺稿》，著錄於《歷代婦女著作考》，頁720。

[54] 黃婉璚，字葆儀，寧鄉人。著有《茶香閣遺草》、《茶香閣詞》，著錄於《歷代婦女著作考》，頁663；另見《清人別集總目》，頁2036、《清人詩文集總目提要》，頁1385。

[55] 黃氏是「縣北貢生歐陽道濟繼室」，見《歷代婦女著作考》，頁663。

[56] 黃婉璚：〈送外之都門〉，見其《茶香閣遺草》（據道光十年〔1830〕刻本影印；收入《美國哈佛大學哈佛燕京圖書館藏明清婦女著述彙刊》，冊1），卷1，頁32上。此處所據版本為道光十年（1830）刻本，《茶香閣遺草》亦存有道光二十七年（1847）《三長物齋叢書》本，收入《叢書集成續編》，〈文學類〉，冊179。

黃婉璚提出作為「男兒」不應圖「安居」，更應注重「志四方」的宏願，兒女之事由妻子加以處理，故勸喻對方「勿灑兒女淚」和常懷「男兒」志向。可惜的是，歐陽道濟於關鍵的「朝考」中未能成功獲得入仕，故由「金陵旋里」。[57]另外，江峯青（字湘嵐，約1860-1933）因教館江村與妻子王紉佩（1862-1891）[58]久別，她亦以「**蓬矢桑弧男子志**，不應樽酒話離腸」句勉勵對方重視「男子志」，[59]不必因離別的愁思而放棄崇高理想，可見王氏之一片苦心。至於江峯青其後亦成進士，並到浙江嘉善縣作官。[60]

　　至於丈夫已身處官場，妻子亦多所叮囑對方建立壯志，如前述屈氏對韓邦靖「壯志在四方」及「努力事明主」之相勉，身為「大丈夫」豈能「為兒女傷」；孔璐華期許夫君阮元懷有「男兒志」，並以「家自平安休內念」勸勉對方傾盡全力作「良臣」。除了妻子對丈夫效忠君主及到他鄉赴任的各種盼望，有趣的是有人任外交官，妻子也就「男子氣概」多所發揮，如李端臨[61]〈送外遵朝諭遊歷日本美利加等國〉一詩便是很好的例子：

　　　　片帆飛去海山秋，好向扶桑作壯遊。七萬鵬摶真快事，天

---

[57] 黃婉璚：〈聞外以朝考報罷將由金陵旋里〉，見其《茶香閣遺草》，卷1，頁32下。
[58] 王紉佩為「江峯青妻」，參《歷代婦女著作考》，頁235。王紉佩，字韻珊，婺源人。著有《佩珊珊室詩存》，著錄於《歷代婦女著作考》，頁235。
[59] 王紉佩：〈送湘嵐之館江村〉，見其《佩珊珊室詩存》（光緒十九年〔1893〕刊本），頁2上下。
[60] 江峯青係光緒十二年（1886）進士，參朱保炯、謝沛霖編：《明清進士題名碑錄索引》，中冊，頁1029。之後，峯青「官至江西審判廳丞」，並在「民國元年（1912）任江西參議員」，載《清人詩文集總目提要》，頁1878；另見《清人別集總目》，頁570。
[61] 李端臨，字更生，烏程人。相關著作有《紅餘籀室吟草》、《圖經》、《女藝文志》、《小名錄》等等，著錄於《歷代婦女著作考》，頁341-342。

風吹送轉星球。記睹十洲未足誇，水蒸舟更火飛車。**丈夫四海平生志，莫向臨歧感鬢華**。[62]

李氏的夫君就是傅雲龍（1840-1901），[63] 他曾任清朝公使，[64] 並奉朝諭遊歷日本、美國及巴西等國家，故詩作中有「片帆飛去海山秋，好向扶桑作壯遊」和「記睹十洲未足誇，水蒸舟更火飛車」諸句引證了雲龍外遊諸國的種種足迹。由於丈夫身肩重任，因此李氏亦以「丈夫四海平生志，莫向臨歧感鬢華」作出相勉，建議夫君把握機會增廣見聞及努力地保持國家聲譽，不應為「臨歧」而有所思慮。

　　丈夫有了明確的志向，繼而專注樹立功名，並使家族增添榮耀，也是為妻者演繹的「為夫之道」。應考科舉為仕宦的重要起步，有見及此，妻子會致以溫和的鼓勵，並寄望對方的事業能

---

[62] 李端臨：〈送外遵朝諭遊歷日本美利加等國二首〉，見其《紅餘籟室唫草》（光緒十三年丁亥〔1887〕刊本），卷3，頁1下。

[63] 李端臨為「德清傅雲龍妻」，參《歷代婦女著作考》，頁341-342。

[64] 雲龍「官兵部武選司兼車駕司郎中」及於「清末朝廷考學問博碩者出使海國」，見趙爾巽等：《清史稿》，卷160，〈志〉135，〈邦交〉8，頁4680；《清人詩文集總目提要》，頁1888-1889、《清人別集總目》，頁2253。有關傅雲龍的研究成果，值得留意的是，傅氏後人所撰寫的《傅雲龍傳》，讓我們對雲龍的生平事迹有更深入的了解，參傅祖熙、傅訓成、傅訓淳：《傅雲龍傳》（杭州：浙江古籍出版社，2003年）。另外，學者亦集中於探討傅氏的海外遊歷及其著作，例如有王曉秋：〈晚清傅雲龍的海外遊歷和外國研究〉，收入朱誠如、王天有編：《明清論叢》，第2輯（北京：紫禁城出版社，2001年），頁238-244；〈傅雲龍等人的日本遊歷〉及〈傅雲龍等人的美洲遊歷〉，收入王曉秋、楊紀國：《晚清中國人走向世界的一次盛舉：一八八七年海外遊歷使研究》（大連：遼寧師範大學出版社，2004年），頁43-178；張群：〈傅雲龍其人及其著述〉，《河南圖書館學刊》，2005年5期（2005年10月），頁77-80；黃淑蓮：〈傅雲龍和他的《遊歷圖經》〉，《蘭臺世界》，2008年19期（2008年10月），頁63-64；王寶平：〈傅雲龍《遊歷日本圖經》徵引文獻考〉，《浙江工商大學學報》，2008年2期（2008年4月），頁71-76；王會豪：〈傅雲龍《遊歷日本圖經餘記》所見漢籍考〉，《貴州文史叢刊》，2014年4期（2014年），頁38-44等。

更上一層樓，建構個人名聲。[65] 例如張因（活躍於乾隆年間）[66] 的丈夫黃文暘（字時若，號秋平，1736-？）[67] 赴試，她說：

> 落葉滿階砌，西風鳴紙窗。曉起促行色，相對兩茫茫。
> 雖無久離別，中心自感傷。何如百里婦，屢屢炊高粱。
> 朝餐渾未備，枵腹赴征航。細雨浥行袂，涼飈吹短裝。饑
> 鴻唳天表，寒鷺下林塘。行李太單薄，何以禦嚴霜。執手
> 斯須立，有淚已盈眶。**丈夫富經術，憂患天所嘗**。行矣勿
> 複顧，努力事明揚。禿筆吐異彩，古墨發新香。不挾兔園
> 冊，惟憑胸所藏。幸逢冰作鑑，慎勿輕文章。[68]

黃文暘即將告別妻子，張氏難免有依依之情，從「雖無久離別，
中心自感傷」及「執手斯須立，有淚已盈眶」等表達已可感受箇
中的傷感；而「朝餐渾未備，枵腹赴征航」及「行李太單薄，何
以禦嚴霜」諸句又可體會丈夫赴考之艱辛及妻子的種種憂心。不
過，張因仍然時刻為丈夫著想，勸勉對方堅持為學，不可「輕文
章」及依仗「兔園冊」，[69] 應該重視「富經術」。面對各種「憂

---

[65] Hoi Ling Lui, "A Haunting Voice: A Place for Literary Wives in the History of the Civil
Examinations in Qing China," pp. 17-30.

[66] 張因，字淨因，號淑華，又名淨因道人，江夏人。相關著作有《塤垢山房唱隨
集》、《雙桐館詩鈔》、《淑華集》、《綠秋書屋詩鈔》，著錄於《歷代婦女
著作考》，頁511-512；另見《清人別集總目》，頁1079、《清人詩文集總目提
要》，頁810。

[67] 張因為「黃文暘妻」，見《歷代婦女著作考》，頁511-512。

[68] 張因：〈送秋平赴試〉，見其《綠秋書屋詩集》，收入《國朝閨閣詩鈔》，第4
冊，卷8，頁40上下。此處所據版本為《國朝閨閣詩鈔》本，而〈送秋平赴試〉
一詩亦見徐世昌（1855-1939）：《晚晴簃詩匯》（據民國十八年〔1929〕退耕堂
刻本影印；收入《續修四庫全書》，〈集部〉，〈總集類〉，冊1629-1633），卷
185，頁41下。此外，惲珠《國朝閨秀正始集》亦載此詩，名為〈送外赴試〉，見
《國朝閨秀正始集》，卷16，頁10上下。

[69] 「兔園冊」係指唐五代時期村塾教授學童的童蒙讀物。案《新五代史·劉岳傳》

患」，唯有「努力事明揚」及不作逃避，才是「丈夫」所為。

與此同時，吳承柴[70]到武昌應舉，妻子李玉容[71]也勉勵丈夫「況乎咫尺閒，何足傷懷抱」，叮囑對方不必記掛家園，致力樹立功業。建基於「寸陰以為寶」的原因，時光一瞬即逝，妻子期望為夫者定當「努力惜韶年」；而「大丈夫」必須「志功名」，達到「封侯萬里老」的「男兒」使命，[72]用以答謝妻子的種種奉獻。其實她們對丈夫功名所表達的各種見解，又何嘗不是「男性建構」的重要聲音？

另外，也有為妻者認為丈夫能時刻「作健」，已是男性為家族增光的表現，值得注意的有錢蕙纕[73]〈送外之廣陵〉一詩：

> 往事休重省，時來且自強。**男兒能作健，蓬篳亦輝光**。旅
> 食風霜苦，離居歲月長。儻成蘇季志，惟望早還鄉。[74]

有「《兔園冊》者，鄉校俚儒教田夫牧子之所誦也」之記載，參歐陽修：《新五
代史》（北京：中華書局，1974年），卷55，〈雜傳〉第43，〈劉岳〉，頁632。
然而，因為該書的內容較為顯淺，故不為士人所重視。其實，「丈夫」應該刻苦
求學及見聞廣博，又豈能依賴「兔園冊」以期經世致用呢？

70 李玉容是「吳承柴妻」，參《歷代婦女著作考》，頁328。
71 李玉容，新化人。著有《李烈婦遺稿》，著錄於《歷代婦女著作考》，頁328。
72 李玉容：〈送外之武昌應舉〉，見鄧顯鶴（1777-1851）：《沅湘耆舊集》（據
上海圖書館藏道光二十三年〔1843〕鄧氏南邨艸堂刻本影印；收入《續修四庫全
書》，〈集部〉，〈總集類〉，冊1690-1693），卷180，頁4下。
73 錢蕙纕，嘉定人。著有《女書癡存稿》，著錄於《歷代婦女著作考》，頁760。
74 錢蕙纕：〈送外之廣陵〉，見《晚晴簃詩匯》，卷186，頁30上。至於詩句
「儻成蘇季志」中所提及的「蘇季」，係指戰國時期的著名縱橫家蘇秦（見註
〔147〕）。蓋因「蘇秦字季子」，故又稱「蘇季」，見司馬遷（前145？-前
87？）：《史記》（北京：中華書局，1959年），卷69，〈蘇秦列傳〉第9，頁
2241。蘇秦「讀書欲睡，引錐自刺其股，血流至足」的事迹，見證了他堅持求學
的意志，並成為後世的典範，參劉向：《戰國策》，卷3，〈秦一〉，〈蘇秦始將
連橫〉，頁85。司馬遷也對蘇秦促使「連六國從親」有「此其智有過人者」之美
譽，見司馬遷：《史記》，卷69，〈蘇秦列傳〉第9，頁2277。所以，錢氏寄望其
夫君可以秉承前人志及奮發向上，並非浪費光陰作出嬉遊。

錢氏丈夫為陳振孟，[75] 而妻子以「往事休重省，時來且自強」作出相勉，可見丈夫之仕途並不理想，而且「旅食風霜苦，離居歲月長」等句亦反映夫君長期在外，可是錢蕙纕並不鼓勵振孟長期遠行，其所撰之詩句透露了她對丈夫之前途頗為擔憂。若果前述女性普遍地盼望男性應考可確立功名，錢氏則寄望丈夫能浪子回頭，著重「男兒能作健」及「儻成蘇季志」之相勸，更強調「男兒」能有發奮圖強的決心，已讓「蓬蓽亦輝光」。可見錢蕙纕並非對夫子寄予厚望，但求對方鳥倦知還，她才會心安。然而，妻子期盼丈夫注重個人及家族名聲之經營，不必置疑；至於女性處於不同的處境，對男性榮譽的主題也持有個別的意見。

言為心聲，明清女性作品中都寄託了妻子對丈夫「志四方」及「立功名」的種種盼望，筆者不但從字裡行間看出兩性的「相互撐持」，[76] 從中亦發現她們對「夫道」多所著墨，展示了古代女性在男性人格方面建構了多種主張。

第四節　「請君三復宋弘言，下堂莫把糟糠棄」
——為妻者對丈夫沉迷女色之勸誡

上述所論的「友愛婚姻」，其表現在於夫妻之間的互相協調與遷就，以期協助丈夫符合一般性別期待，並非只是女性「服從」男性的狀況。誠然，明清妻子也對為夫者貪戀女色的舉動意圖作出規範，提出她們的訴求，期望夫君注意自我行為之約束。[77]

---

[75] 錢蕙纕係「浙江平陽知縣陳振孟妻」，見《歷代婦女著作考》，頁760。
[76] 陳玉蘭：《清代嘉道時期江南寒士詩群與閨閣詩侶研究》，頁230。
[77] 陳寶良指出明代夫妻關係並非只強調女性之德行，也重視夫義，丈夫不能任意縱慾，是明代社會發展中所出現的新轉向。參陳寶良：〈從「義夫」看明代夫婦情感倫理關系的新轉向〉，《西南大學學報》（人文社會科學版），2007年1期（2007

古代男性縱情聲色之表現，與納妾及流連風月等途徑多所連繫。就前者而言，在「不孝有三，無後為大」的教導下，[78] 他們必須慎重地處理為家族傳宗接代的責任。為了達到子嗣興旺的目標，丈夫以納妾之舉藉以彌補妻子無法生育的遺憾，[79] 亦屬常見，故妻妾成群之現象屢見不鮮，[80] 也是普遍採用的廣嗣方式。[81]至於後者，男子攀花折柳的行蹤，也有不少蛛絲馬跡可尋，[82]

年1月），頁48-55。此外，衣若蘭曾探討明代男子守貞的行為，她認為「義夫」一詞被明人賦予了守貞男子的意思，此研究更進一步反映明代丈夫堅守夫妻情義的表現。縱使「義夫」不是社會上的主流群體，他們「誓不更娶」的思想及行為，讓我們理解到有關男性行為的規範，於社會中的確存在不同的聲音。參衣若蘭：〈誓不更娶——明代男子守貞初探〉，《中國史學》，15期（2005年9月），頁65-86。也有學人兼論明清時期「義夫」守義的現象，參邢曉凌：〈明清時期的「義夫」旌表〉，《北京大學研究生學志》，2007年2期（2007年），頁64-65。再者，馮爾康提出清代丈夫也面對不同層面的約束，例如社會道德、輿論及政府法令等等，作者更強調他們已建立了一套「丈夫守則」以規範自身，參馮爾康：〈清代的家庭結構及其人際關係〉，《文史知識》，1987年第11期（1987年11月），頁1-6及《清人生活漫步》（北京：中國社會出版社，1999年），頁113-115。另參拙文〈「夫道」——清代家訓所呈現的男性人格〉的第四章〈「為夫之道」——從家訓看清代男性對自身性別角色的認知〉第四節〈清代丈夫的自我約束〉，頁91-97。由此可見，明清時期的丈夫需注意自我行為的約束，並非任意妄為。

78　語出孟子，參趙岐注，孫奭疏：《孟子注疏》，卷第七下，〈離婁章句上〉，頁2723。

79　論者亦謂丈夫可能藉「無後為大」作為藉口，以滿足男性對美色的追求，故云「納妾求子、傳代防老的傳統思想，因男權主義的膨脹已走向扭曲」，詳參郭松義：《倫理與生活：清代的婚姻關係》，頁354。

80　中國男性納妾具有悠久的歷史，古人亦對丈夫的管理角色加以申述。例如呂不韋（？-前235）便認為丈夫為一家之主，若果他們未能有效地處理妻妾關係，會導致「家室亂」的惡果，參呂不韋撰，高誘注：《呂氏春秋》（《四部叢刊》景明刊本），卷17，〈審分覽第五〉，〈慎勢〉，頁17上。

81　盧嘉琪：〈清代廣嗣思想研究〉（香港浸會大學哲學博士論文，2007年）。

82　古代男子狎妓行為顯為普遍，而明清更為縱欲風氣盛行的時期。有關中國歷史上的娼妓研究，成果頗豐，大致上包括通論性質之研究、區域研究、以妓女與文學結合之研究及中國娼妓史料之匯集（如《文史精華》編輯部所編《近代中國娼妓史料》〔石家莊：河北人民出版社，1997年〕即屬一例）等等。在通論性質的研究方面，有徐君及楊海：《妓女史》（上海：上海文藝出版社，1995年）、單光鼐：《中國娼妓：過去和現在》（北京：法律出版社，1995年）、萬繩楠：《中國娼妓漫話》（合肥：黃山書社，1996年）、蕭國亮：《中國娼妓史》（台北：文津出版社，1996年）、王書奴：《中國娼妓史》（北京：團結出版社，2004年）、張耀銘：《娼妓的歷史》（北京：北京圖書館出版社，2004年）、邵雍：《中國近代妓女

更有論者曾言「座挾妓女」屬「才情所寄」的展現，[83] 雖不屬社會上的主流聲音，但有時妻子容許丈夫「座挾妓女」的行為竟會被視為「敬丈夫」的形式，均可見妻子在這些問題上難免處於較被動的角色。

然而，她們雖不能對丈夫尋求女色加以禁止，然而筆下有時亦會對他們的行為加以諷刺，嘗試對丈夫的行為作出規範，並重申妻子角色於家庭維繫的重要地位及作用。即如陳恭人[84] 便以「家雞」和「舊人」代入為人妻的身份，與「野雞」及「新人」作出對比，一再強調丈夫宜慎思沉迷女色的惡果，對眼前人予以愛惜：

史》（上海：上海人民出版社，2005年）、武舟：《中國妓女文化史》（上海：東方出版中心，2006年）等。而以區域研究而言，以上海為主要研究地點的著述較為豐富，值得注意的有賀蕭（Gail Hershatter）的 *Dangerous Pleasures: Prostitution and Modernity in Twentieth-Century Shanghai* (Berkeley, California: University of California Press, 1997) 及安克強（Christian Henriot）的 *Prostitution and Sexuality in Shanghai: A Social History, 1849-1949* (Cambridge: Cambridge University Press, 2001) 等等。至於以妓女與文學結合之研究而論，亦有張忠江：《妓女與文學》（台北：常春樹書坊，1975年）、陶慕寧：《青樓文學與中國文化》（北京：東方出版社，1993年）、張弓長：《中國歷代的妓女與詩文》（台北：常春樹書坊，2000年）、龔斌：《情有千千結：青樓文化與中國文學研究》（上海：漢語大詞典出版社，2001年）等。就筆者所知，近年亦有論者嘗試探究晚清男性作者如何以妓女為題材進行小說創作，呈現他們對其時政治及社會發展的看法。此研究不但展現小說中的「賣淫」描述與「男性建構」之間的相互關連，亦審視這些男性對自身性別角色的認知，視角頗為新穎。詳參曾佩琳（Paola Zamperini）的 *Lost Bodies: Prostitution and Masculinity in Chinese Fiction* (Leiden; Boston: Brill, 2010)。筆者曾為曾氏一書撰寫書評，參拙書評〈*Lost Bodies: Prostitution and Masculinity in Chinese Fiction*〉，《漢學研究》，30卷4期（2012年12月），頁351-356。有關中國娼妓研究的例子尤多，此處不一一徵引。有趣的是女娼之外，也有男娼的狀況，蔚為風尚。詳參史楠《中國男娼秘史》（北京：中國華僑出版社，1994年）、吳存存《明清社會性愛風氣》（北京：人民文學出版社，2000年）及王書奴《中國娼妓史》等。

[83] 語出陸圻（1614-？）《新婦譜》，原文為「凡少年善讀書者，必有奇情豪氣，尤非兒女所知。或登山臨水，憑高賦詩，或典衣沽酒，剪燭論文，或縱談聚友，或座挾妓女，皆是才情所寄，一須順適，不得違拗。」參陸圻：《新婦譜》（據宣統二年〔1910〕《香豔叢書》本影印；收入《叢書集成續編》，〈社會科學類〉，冊62），〈敬丈夫〉，頁12上。

[84] 陳恭人，南溪人。參《名媛詩緯初編》，卷3，〈正集一〉，頁12上。

野雞羽毛好，不如家雞能報曉。新人美如花，不如舊人能
績麻。績麻作衫郎得著，郎見花開又花落。[85]

據《名媛詩緯初編》所載，陳恭人係陳少卿妻，他「仕宦京師」
並「娶妾而寵之，棄妻于家」，[86] 置妻子於家而不顧。陳氏備受
冷落，故賦詩申述她在協助家庭運作的重要性，希望丈夫回心轉
意，例如「績麻」屬「婦功」的表現及展示妻子的賢慧；相較之
下，陳氏以「羽毛好」和「美如花」等論述表明了少卿之妾徒具
美貌，並不能有效地輔助對方管理家庭。以上的詩句，既表達了
陳恭人對自我角色的性別認知，也勸喻對方不要沉醉於美色之享
樂，需注重妻子的品行，藉以協助他履行「齊家」之男性責任。

此外，「糟糠棄」也是「薄倖」的表現，古人普遍認為為人
夫者不能隨意拋棄曾共患難的妻子，[87] 應該效法宋弘（？-40）

85　陳恭人：〈寄夫〉，見《名媛詩緯初編》，卷3，〈正集一〉，頁12下。此詩亦存
　　有不同版本，並以〈陳少卿妻〉作著錄，如收入《古今名媛彙詩》，卷5，〈七
　　言古詩〉，〈明〉，頁17下；《名媛詩歸》，卷25，〈明一〉，頁13下及季嫻
　　《閨秀集》（據上海師範大學圖書館藏清鈔本影印；收入《四庫全書存目叢書》
　　〔台南柳營鄉：莊嚴文化事業有限公司，1996年〕，〈集部〉，〈總集類〉，冊
　　414），卷上，總頁343等等。
86　《名媛詩緯初編》，卷3，〈正集一〉，頁12上。
87　夫妻維持穩定的關係頗為普遍的社會期許，故男性拋棄妻子之舉動容易遭受輿論鞭
　　撻，例如春秋時期之棄妻現象頗為常見，對社會秩序的維繫帶來不良的影響，因
　　此管仲（約前723-前645）曾提出「士三出妻，逐於境外」的主張，並期望改善
　　相關問題，參管仲撰，房玄齡（579-648）、劉績注：《管子》（上海：上海古
　　籍出版社，1989年），卷8，〈小匡〉第20，〈內言〉3，頁79。其後，宋代理學
　　興盛，士大夫有「出妻」之舉，各種輿論更加激烈，比如社會人士斷定男方沒有
　　德行，因而出現了一些士人寧願維持個人名譽及對家中的「悍妻」加以容忍的做
　　法，所以司馬光（1019-1086）於《家範》曾言：「夫婦以義合，義絕則離之。今
　　士大夫有出妻者，眾則非之，以為無行，故士大夫難之。按《禮》有七出，顧所
　　以出之，用何事耳！若妻實犯禮而出之，乃義也。昔孔氏三世出其妻，其餘賢士
　　以義出妻者眾矣，奚虧於行哉？苟室有悍妻而不出，則家道何日而寧乎？」參司
　　馬光：《家範》（天啟六年〔1626〕刻本），卷7，〈夫〉，頁21上-22上。由此可
　　見，「糟糠棄」的譴責並非明清時期獨有，各種評議於前朝也可找到不少例證。

「不棄糟糠」的「丈夫」行為。宋弘為東漢官員，任「大司空」，並封「枸邑侯」，直言敢諫。其時光武帝（漢光武帝劉秀，前5-57；25-57在位）的姊姊湖陽公主「新寡」，希望再找夫婿，公主屬意宋弘，蓋因她欣賞對方具備「威容德器」。光武帝召見宋弘，欲刺探他的看法。光武帝以「貴易交，富易妻」是否屬人之常情作出提問，宋弘重申「貧賤之知不可忘，糟糠之妻不下堂」的立場，不可因一朝富貴而見利忘義，並拋棄糟糠之妻。[88] 宋弘「不棄糟糠」之舉亦成為典範，受後世所稱頌。例如陳霞如[89]〈呈外〉一詩鄭重規勸丈夫珍惜彼此戀慕之情，勿為追求女色而承受「輕薄」及「糟糠棄」等譴責：

> ……夫妻戀慕在有情，肯因失愛為顏色。君不見茂陵薄倖司馬卿（司馬相如，前179-前118），文君（卓文君）感咏白頭吟。又不見洛陽輕薄子，鳴珂娼院拋琴瑟。從來一瓜只一蒂，豈許移恩別有蘗。請君三復宋弘言，下堂莫把糟糠棄。[90]

崔襄係陳霞如丈夫，也是其表兄，[91] 詩中又流露了夫妻之間的深厚感情得來不易，若為「顏色」而「失愛」，實在感到惋惜。陳氏又列舉前人所犯的過失，規勸丈夫不要為美色而承受「薄

---

88 「貧賤之知不可忘，糟糠之妻不下堂」句出自《後漢書·宋弘傳》，原文如下：「時帝姊湖陽公主新寡，帝與共論朝臣，微觀其意。主曰：『宋公威容德器，羣臣莫及。』帝曰：『方且圖之。』後弘被引見，帝令主坐屏風後，因謂弘曰：『諺言貴易交，富易妻，人情乎？』弘曰：『臣聞貧賤之知不可忘，糟糠之妻不下堂。』帝顧謂主曰：『事不諧矣。』」參范曄：《後漢書》，卷26，〈伏侯宋蔡馮趙牟韋列傳〉第16，頁904-905。
89 陳霞如，湖廣人，見《名媛詩緯初編》，卷18，〈正集十六〉，頁6下-7上。
90 陳霞如：〈呈外〉，見《名媛詩緯初編》，卷18，〈正集十六〉，頁7下。
91 《名媛詩緯初編》，卷18，〈正集十六〉，頁6下。

倖」、「輕薄」等罪名。例如作者以「君不見茂陵薄倖司馬卿，文君感咏白頭吟」句帶出司馬相如納妾及其妻卓文君作《白頭吟》以自絕的事例，[92] 規勸丈夫切勿移情別戀，以免傷害夫妻情誼，並迫使妻子作出自絕之舉。同時，陳霞如更不希望丈夫仿效「洛陽輕薄子」的行為，只懂尋歡作樂，甚至流連「娼院」，拋棄「琴瑟」。因此，陳霞如期盼丈夫能以宋弘為榜樣，切勿「移恩別有變」。

值得注意的是，不論是司馬相如納妾、洛陽輕薄子「拋琴瑟」，以至光武帝「富易妻」之提問，都蘊含了古代男性之身份逐漸顯貴後較容易發生「糟糠棄」的假設。陳氏多番舉出相關例子，是否意味著崔襄處於身份上的轉變或有重蹈前人覆轍之傾向？無論如何，「請君三復宋弘言，下堂莫把糟糠棄」句呈現了陳氏對男性行為的看法，丈夫必須尊重糟糠之妻，尤宜珍惜夫妻共渡患難的時光，不可因貪圖個人享樂而忘卻山盟海誓，繼而棄妻。再者，妻子勸勉丈夫宜避免「薄倖」、「糟糠棄」等論述，她們又何嘗不是以切身經歷規勸為夫者宜檢點自我行為？

前述的例子都彰顯了為妻者的美德，她們亦渴望夫君可回心轉意，愛惜夫妻之情。有趣的是也有妻子認為男子「攀花折柳」屬「尋常事」，既然她們無法控制丈夫的一舉一動，只可警惕對

---

[92] 案《玉臺新詠》所收錄的古樂府詩之中，只以〈皚如山上雪〉為詩名，並附加「一作白頭吟」及「（西京雜記）司馬相如將聘茂陵人女為妾，卓文君作《白頭吟》以自絕，相如乃止」等說明作為該作品的補充資料，然而編者並沒有表明《白頭吟》為卓文君所撰，只列出《西京雜記》之記載。參徐陵（507-583）：《玉臺新詠》（據長洲程氏刪補本影印；上海：中華書局，1966年-1976年），卷1，〈古樂府詩〉，〈皚如山上雪〉，頁14。至於筆者翻查《西京雜記》之原文，雖指出「相如將聘茂陵人女為妾，卓文君作《白頭吟》以自絕，相如乃止」（參葛洪〔284-364〕：《西京雜記》〔北京：中華書局，1985年〕，卷3，〈白頭吟〉，頁21），然而《白頭吟》是否文君所寫，尚待考證，姑存疑。

方莫作「下流」之事，如張氏[93]〈規夫〉一詩云：

> 此去湖山汗漫遊，紅橋白社更青樓。攀花折柳尋常事，只
> 管風流莫下流。[94]

　　張氏為杭州女性，具有「美而賢」的優點。然而丈夫「喜狎
邪」，甘願作浪蕩子弟。她無計可施，只可賦詩勸誡他不作「下
流」之事，因「慮其染惡疾」。[95] 作者於詩中並無刻意地強調
妻子的角色，反而關注其丈夫的身體狀況，並對他的舉止予以規
範。然而，閱畢張氏之著述，亦可感受其百般無奈。前文已提出
社會上有論者認為妻子「敬丈夫」的表現，在於她們對丈夫「座
挾妓女」的行為「一須順適，不得違拗」，所以，我們可以了解
妻子無法禁止丈夫狎妓的行為。然而，陸圻對於「敬丈夫」的議
題，又進一步提出了「或有不善衛生處，則宜婉規，亦不得聒
聒多口耳」的看法。[96] 本文推測，張氏明瞭丈夫「喜狎邪」之舉
容易「染惡疾」，實屬「有不善衛生處」；她又不能「聒聒多
口」，因此為妻者只好採用賦詩的方式，委婉地規勸他不做「下
流」之事。至於詩中「攀花折柳尋常事，只管風流莫下流」之表
述，張氏並非鼓勵「郎主」肆無忌憚作「攀花折柳」，反而是她
對丈夫的行為加以譏諷，期望對方能夠有所領悟及適可而止，注
重自身健康。

---

[93]　張氏，杭州人，參《國朝閨秀詩柳絮集校補》，頁877。

[94]　張氏：〈規夫〉，見《國朝閨秀詩柳絮集校補》，卷20，頁878。

[95]　據《隨園詩話》所載：「杭州多閨秀，有張夫人者，美而賢。郎主喜狎邪，張不
能禁，而慮其染惡疾也，規以詩云：『此去湖山汗漫遊，紅橋白社更青樓。攀花
折柳尋常事，只管風流莫下流。』」參袁枚（1716-1797）撰，顧學頡校：《隨園
詩話》（北京：人民文學出版社，1982年），〈補遺〉，卷4，頁653。

[96]　陸圻：《新婦譜》，〈敬丈夫〉，頁12上。

其實，「大丈夫」與「男兒」應以確立志向、樹立名聲及報效國家為重，又豈可貪戀女色？男性經常流連「青樓」與「汗漫遊」，缺乏雄心壯志，為妻者又怎會不擔心丈夫的處境？這些尋花問柳的行為，又豈能不妨礙理想男性人格之完成？不過，為人妻屢次勸喻丈夫莫沉迷女色，或者也是無濟於事的。張氏權衡輕重，只可作出相應的規勸，為人夫因「下流」之舉繼而「染惡疾」，缺失健全的身軀，又怎能貢獻自我？張氏所面對的憂慮躍然紙上，同時也進一步展示妻子在規範丈夫行為上如何表達女性之立場。

第五節　小結

總括而言，明清女性作家以妻子的身份定義丈夫氣概，為男性角色的性別規範帶來了多元化的想法。「夫為妻綱」屬主要的夫妻相處模式，一些女性期望突顯男性的主導地位，是普遍的性別角色期許，故有「夫為妻之綱，妻亦與夫齊」、「男以剛為貴，女以柔為宜」及「夫也比天，終身所倚」的種種論述。

我們也留意到為妻者與為母者皆有相同之寄望，她們望夫成材及望子成龍的心態表露無遺。然而，母親是兒子的人生導師，故常懷有「長憂九十九」之憂心，因此為人子處於不同的場域及生命歷程，為人母亦一一教導對方如何作為男性，重視家族傳承，所以在訓子方面頗為細緻及嚴格。

至於妻子的想法則更為直接，只要夫君確立明確的志向及專注功名之維繫，她們願意克守「盡孝」的責任去成就丈夫「盡忠」的重任，在男女之性別分工及自我角色期許方面，女性的立場非常清晰。某程度上為人妻也渴望夫君他日有成，為她們廝守

終生之舉帶來重要的鼓舞。若果丈夫長期在外嬉遊或沉迷女色，不思進取，為人妻者又怎可安心地照顧家人及打點家事呢？其實為人夫者以身作則，也是勉勵妻子用心維持家庭運作及達到性別規範的重要指標，「刑于之化」的理念大概可以如此理解。

明清閨秀對男子該如何自處展示了多種看法，不但為傳統男性人格的構建注入了豐富的元素，也讓我們對夫妻關係及兩性之間的相互激勵帶來更多的啟發。「夫綱」的確立並非表示妻子無權發聲，反而她們對「夫道」之形成有不少參與，若後人採取視而不見的態度，則無法全面地了解古代丈夫角色之社會期許是如何層累地形成的。

第四章

「男兒秉志壯閭閻，
　閨女當知詩禮兼」

——明清閨秀對其兄弟侄甥培養
「丈夫氣概」之勉勵

前述章節主要探討明清女性以為母者、為妻者的身份談論男性性別角色。誠然，論者已指出古代女性之課訓作品中，還包括了其他家族成員，比如有課孫、課弟妹、課姪、課甥等等。[1]若果明清女性作家兼具多重的家庭身份，筆下亦應有不同的閱聽對象，那麼為人姊妹者又與其兄弟有所對話嗎？對於同輩男性所肩負的性別責任，她們有否提出看法？另外，作為家族的女性長輩，她們對於傳統男性人格是否存有定見？女性長輩又會否鼓勵男性後輩培養「男性氣概」？再者，明清閨秀參與建構丈夫氣概的同時，又有否對自身之性別規範作出反思？

　　透過梳理多元化的明清女性著述，我們可以發現為人姊妹者與其兄弟之間的互相唱和及鼓勵，確實有不少蛛絲馬跡可尋。與此同時，女性作為長輩對族中姪、甥也寄予厚望。[2]縱使女性已出嫁，或為人母，她們對本家親人的思念以及期望直接參與家族承傳的心態，[3]總帶給閱者頗為鮮明的印象。我們亦見證中國歷史上「男性氣概」之塑造，作為姊妹或其他女性長輩的女性也發表了不少聲音，當中以「男兒志」、「光門楣」、「投筆」等男性責任之演繹尤為明顯。下文將包括三個部分：（1）「男

---

[1] 劉詠聰指出以古代女性文本為切入點，探索她們筆下不同的閱聽對象，也是考究作者「自覺或不自覺地將自我呈現於家族歷史的嘗試。」詳參劉詠聰：〈清代女性的課子詩文〉，載氏著《才德相輝：中國女性的治學與課子》，頁145-146，註〔20〕。

[2] 就其表達方式而言，若果撰寫對象為兄長，明清閨秀多採用「長兄」、「大兄」、「伯兄」、「仲兄」、「哥」等稱呼；而書寫對象為弟弟，也較常沿用「仲弟」、「季弟」、「弟」等表述。有時她們也會兼論家族各兄弟，如使用「諸兄弟」之表達等等。至於閱聽對象係姪或甥，也有「姪」、「姪」、「子姪」、「甥」的各種稱呼。上註中所引劉氏之觀點，筆者深表認同，明清女性筆下涉及男性親人的內容頗為豐富，對於探究家族歷史而言，甚具參考價值。

[3] 詳參鍾慧玲：〈女子有行，遠父母兄弟──清代女作家思歸詩的探討〉，頁127-170；亦參李匯群：《閨閣與畫舫：清代嘉慶道光年間的江南文人和女性研究》，頁36-42。

兒壯遊志萬里，安能終歲寂寂守故園」——女性對家族男性立志之勸勉；（2）「勉旃誦先德，勿墮門戶光」——女性對本家男性「光門楣」之冀望；（3）「請纓投筆男兒事，莫遣蹉跎負歲年」——女性對男性親人「投筆」立功之激勵。

第一節 「男兒壯遊志萬里，安能終歲寂寂守故園」 ——女性對家族男性立志之勸勉

　　明清母親和妻子固然多有勸勉男性立志的說話，即如為人胞姊、姑母、姨母者亦與其家族男子有不少溝通，發表她們對男性角色期許的心聲。古代男性要透徹地理解自身責任，並明確地決定志向，修業不懈是不能或缺的。因此，女性作為長輩對勸導男性後輩勤學以立志的聲音，可謂不絕於耳。例如周秀眉[4]的小侄兒進行試周，因其侄「知拈筆墨與詩書」而甚喜，並賦詩如下：

> 提戈取印信非虛，恰喜今朝試志初。**獨幸男兒真意氣，知拈筆墨與詩書。**[5]

試周為測試孩兒志向的習俗，具有悠久歷史，[6]方法是把書籍、筆墨等各種物件置於小孩面前，讓他任意拿取，用以推斷孩子成

---

[4]　周氏著有《香閨集》，著錄於《歷代婦女著作考》，頁379。

[5]　周秀眉：〈戲贈希聘小侄試周〉，見其《香閨集》，收入蕭耘春點校：《蒼南女詩人詩集》（上海：上海古籍出版社，2005年），頁17。

[6]　試周，又名試兒、抓周，已流傳多時，案顏之推（531-591）《顏氏家訓》已有明確記載：「江南風俗，兒生一朞，為製新衣，盥浴裝飾，男則用弓矢紙筆，女則刀尺鍼縷，竝加飲食之物，及珍寶服玩，置之兒前，觀其發意所取，以驗貪廉愚智，名之為試兒。」參顏之推：《顏氏家訓》（《四部叢刊》景明本），卷上，〈風操篇六〉，頁19上。為了測試兒童的志向，把各式物件「置之兒前」任其拿取，例如「弓」、「矢」、「紙」、「筆」、「刀」、「尺」、「鍼」、「縷」、「飲食之

長後的人生路向。「提戈取印信非虛」句中的「提戈取印」為試兒詩常用的詞彙，[7]對於侄兒「知拈筆墨與詩書」，周氏認為他具備「男兒」志向與氣概，故云「意氣」。周秀眉的詩句委實反映了她認為「男兒」確立志向，必先懂得求學，不斷浸淫學問、知曉「文以載道」，積習既久，自可建立清晰的「男兒志」，發揮所長。周氏對小侄的前途予以寄望，誠然亦表明了她對男性志向的見解，呈現了女性演繹男性人格的聲音。除了為姑者對侄兒有所期望外，為姊者也深盼弟弟能於科場中獲得佳績。例如石錦繡[8]得知其弟石寅谷於鄉試得中榜首，撰詩賦喜如下：

> 一舉成名天下知，喜音傳到慰連枝。今朝已作蟾宮客，始信文章有用時。**奪得蟾宮第一枝，男兒有志豈為奇。**鹿鳴宴罷催行色，杏苑看花轉盼時。莫謂文章不濟貧，聖賢豈

物」、「珍寶服玩」等等，而「以驗貪廉愚智」一句亦印證「試兒」的目的。又趙彥衛《雲麓漫鈔》亦有相關記錄：「魏晉以前，不為生日，南北朝江南風俗，兒生一朞，隨男女以紙筆鍼縷置前，觀其所取，號為試兒。每至此日，飲酒宴樂，後人因為生日。」參趙彥衛：《雲麓漫鈔》（北京：中華書局，1985年），卷2，頁35。由此可見，試兒之舉應在南北朝時期已流行於江南，而此習俗於往後的朝代亦逐漸地普及。即如宋代曹武惠王（曹彬，931-999）於孩童之時也曾進行試周，並有以下的詳細記述：「《玉壺野史》記曹武惠王，始生周晬日，父母以百玩之具羅於席，觀其所取，武惠王左手提干戈，右手提俎豆，斯須取一印，餘無所視。曹，真定人。江南遺俗乃在此，今俗謂試周是也。」參《愛日齋叢鈔》（北京：商務印書館，1936年），卷1，頁48。其他例子尚多，此處不煩逐一徵引。由此可見，試周之風俗並非清代獨有，具有頗為悠久之歷史發展。

7 案吳廷楨〈試兒行為天標令子賦〉之記載，提到「提戈取印，試兒詩中所必用也」，而有關試兒的記錄如下：「……圖史百物羅左右，滿堂坐展紅氍毹。排窗穴壁競規，親戚笑問兒何須。徑前握管隨手抹，似尋字畫筆之無。諸餘玩好不挂眼，豈義取印提戈乎。……」參吳廷楨：〈試兒行為天標令子賦〉，見沈德潛（1673-1769）：《清詩別裁集》（北京：中華書局，1975年），卷19，頁30下-31下。「圖史百物羅左右」句可理解到試兒時所放置的物品是有所規定的，文中亦有「取印提戈」的相關詞彙。

8 石錦繡，字彤霞，會稽人。著有《碧桃花館詞》，著錄於《歷代婦女著作考》，頁270。

誤讀書人。雲梯從此層層上，自有千鍾奉二親。功名拾芥句堂皇，早識英才迴出常。盼得春闈登蕊榜，筵前親遞紫霞觴。[9]

石寅谷成為「蟾宮客」，[10] 又於鄉試考獲首名，「男兒」需不斷警惕自我、繼續克服不同的試煉，故石錦繡對其弟具有「男兒志」予以勉勵及認可。喜事固然值得慶賀，然而她勸勉其弟勿沉醉於鹿鳴宴會的美好時刻，[11] 仍然要緊記「文章濟貧」、「聖賢」之金石良言。惟有勤學，才可持續地進德修業，況且其弟還

---

[9] 石錦繡：〈己酉冬闈滇省鄉試錄知寅谷弟得中榜首喜成四章〉，見其《碧桃花館詩鈔》（同治五年〔1866〕刻本），頁9下-10上。

[10] 「蟾宮」本指月亮。其後，葉夢得（1077-1148）又言「世以登科為折桂，此謂邵説對策東堂，自云桂林一枝也，自唐以來用之。……其後以月中有桂，故又謂之月桂。而月中又言有蟾，故又改桂為蟾，以登科為登蟾宮。」（參葉夢得：《避暑錄話》〔《叢書集成初編》本，冊2786-2787〕，卷下，頁96）葉氏指出「登科」稱「折桂」，亦提到「月中有蟾蜍」的說法，故「登科」又名「登蟾宮」。我們可以得知「蟾宮折桂」委實就包含「科舉登第」的意思。因此，石氏赴考並考取佳績，他就是「蟾宮客」。

[11] 「鹿鳴宴會」起源於唐代，屬於科舉制度中所規定的宴會。大致上考生「懷牒自列」報名應考，當考試完畢及放榜後，內外簾官會宴請於鄉試之中獲取舉人資格的考生，大家一起進行「鄉飲酒禮」，並於聚會上「歌〈鹿鳴〉之詩」。由於「鹿鳴宴會」的對象是舉人，因此，後世的類書如《事物異名錄》就附加說明「鹿鳴宴」為「舉人宴」。參厲荃：《事物異名錄》（乾隆刻本），卷12，〈政治部〉，〈喜宴〉，頁7上下。至於〈鹿鳴〉之詩源自《詩經·小雅·鹿鳴》，原文為「呦呦鹿鳴，食野之苹。我有嘉賓，鼓瑟吹笙。吹笙鼓簧，承筐是將。人之好我，示我周行。呦呦鹿鳴，食野之蒿。我有嘉賓，德音孔昭。視民不恌，君子是則是傚。我有旨酒，嘉賓式燕以敖。呦呦鹿鳴，食野之芩。我有嘉賓，鼓瑟鼓琴。鼓瑟鼓琴，和樂且湛。我有旨酒，以燕樂嘉賓之心。」見毛亨傳，鄭玄箋，孔穎達疏：《毛詩正義》，卷第九，〈鹿鳴之什〉，〈鹿鳴〉，頁405-406。詩中屢屢出現「呦呦鹿鳴」、「旨酒」、「鼓瑟」等表達，可見宴會中充滿「和樂且湛」的氣氛。由此，我們可以理解「舉人宴」是如何進行，相信也是歡聲雷動的場面。關於「鹿鳴宴」的專門探究，亦參祝尚書：〈論宋代的鹿鳴宴與鹿鳴宴詩〉，《學術研究》，2007年5期（2007年5月），頁126-132；姜傳松：〈科舉筵宴——鄉試鹿鳴宴探究〉，《東方人文學誌》，8卷3期（2009年9月），頁187-210及趙永翔：〈清代「重赴鹿鳴宴」制度〉，《歷史檔案》，2012年2期（2012年5月），頁65-69等。

要面對稍後的會試與殿試等各個難關，難怪石氏期盼寅谷「春闈登蕊榜」，甚至「筵前親遞紫霞觴」。此外，石錦繡又和其弟寅谷〈自壽詩〉，重申「勤學」的重要性：

鹿鳴宴罷赴京華，雁序重聯興倍嘉。瑞氣迎來春日景，壽星照到上林花。欲伸大志須勤學，莫為良辰轉憶家。詩酒陶情無限樂，賞心誰謂客天涯。[12]

詩中提到「鹿鳴宴罷」便遠赴京華，其時季節漸漸由冬轉春，「瑞氣迎來春日景」、「壽星照到上林花」均寫實地描繪春天之景象。然而，「良辰」美景不可貪戀，石錦繡規勸其弟必須專注本業、堅守志向，勿思念故鄉，多番強調「男兒」必須「勤學」、務求「伸大志」。以上女性對家族男性勤勉向學多所鼓勵，亦強調他們宜堅持不懈，才能進一步確立「男兒志」。

除了堅持修業的勸導，女性也多次勉勵族中後輩宜增廣見聞，強調「丈夫志四海」，[13] 莫因「故園老」而違背了理想男性人格之追求。比如顧信芳[14]之弟漢求遊粵東，她就以〈折楊柳〉為題賦詩贈別弟，[15] 抒發與親人離別思緒的同時，也道出人生離

---

12 石錦繡：〈庚戌仲春四日和寅谷自壽詩原韻即以慰之〉，見其《碧桃花館詩鈔》，頁10上。

13 原句為「丈夫志四海，萬里猶比鄰」，語出呂溫（771-811）〈又發憤告離詩〉一詩，參《三國志文類》（收入《景印文淵閣四庫全書》，〈集部〉300，〈總集類〉，冊1361），卷58，頁4下-5上。

14 顧信芳，字湘英，吳縣人。著有《生香閣詩詞鈔》，著錄於《歷代婦女著作考》，頁803。

15 例如李白（701-762）以〈折楊柳〉為題加以創作，藉以表達妻子對丈夫從征的想念，原文為「垂楊拂淥水，搖艷東風年。花明玉關雪，葉暖金窗煙。美人結長想，對此心淒然。攀條折春色，遠寄龍庭前。」參李白著，王琦注：《李太白全集》（北京：中華書局，1977年），卷之六，〈樂府〉，〈折楊柳〉，頁338。

合本屬常情，並指出「大丈夫」不能忽略「志四海」的追求：

> 昨日送春今送別，津亭楊柳不堪折。擬將長條繫客舟，一
> 夜東風吹作雪。朝來吾弟去鄉關，千里飢驅鬢欲斑。嶺南
> 風土殊不惡，此去休嗟行路難。況君本是龍門客，好向懷
> 中探白璧。**男兒遇合會有時，惜別何須淚沾臆。**楓江江頭
> 楊柳青，姑蘇城上愁雲生。扁舟若過香爐峽，莫聽林間杜
> 宇聲。[16]

「津亭楊柳不堪折」、「千里飢驅鬢欲斑」諸句真切地刻畫出為
姊者送別的愁思，縱使她深感不捨，也渴望其弟之遠行將有良好
的收穫。而「楓江江頭楊柳青，姑蘇城上愁雲生」句在意境上更
製造了強烈的對比。弟位於楓江，面對「江頭楊柳青」的美景；
而姊位於姑蘇，則處於「城上愁雲生」的狀況，親人離別的愁緒
栩栩如生地呈現。不過，弟弟既為「龍門客」就不應安守故園，
顧氏又指出「嶺南風土殊不惡」，認為其弟可盡快適應當地的風
土人情，故強調「此去休嗟行路難」，建議他盡早收拾心情，不
作嗟嘆。顧信芳更勉勵其弟「勿灑臨岐淚」，「男兒」需注意
「日新又新」，努力地增進見識，自然「遇合會有時」，並得
到發揮才能的機會。顧信芳的作品之中流露了真摯的姊弟情，也
表達了她對男性「志四方」的想法，進一步豐富「男性氣概」的
內涵。

　　鮑之蕙（1757-1810）[17]送別姪兒鮑文逵（字鴻起，1765-

---

[16] 顧信芳：〈折楊柳送漢求弟遊粵東〉，見《國朝閨秀正始集》，卷9，頁3下-4上。
[17] 鮑之蕙，字仲姒，號茝香，丹徒人。著有《清娛閣吟稿》，著錄於《歷代婦女著
　　作考》，頁762；另見《清人別集總目》，頁2327、《清人詩文集總目提要》，頁
　　934。

1828）遊越，亦警惕文逵勿戀「故園老」，宜「致身早」：

> ……越東勝地名栝蒼，山重水複塗修長。嗟爾廿載未為客，束裝一旦離高堂。**應知富貴致身早，男兒何必故園老**。且將秋柳贈秋征，莫遣春暉盼春草。吾家奕世風塵中，支離聚散猶萍踪。青年更喜有雛鳳，詩才俊逸承家風。……若耶從古多佳麗，看花切莫忘歸計。須知日暮倚閭人，夢逐征塵到天際。[18]

鮑氏以「嗟爾廿載未為客，束裝一旦離高堂」句表達姪兒以往從未遠行，如今既與親人離別，因此寫詩細作叮嚀。此外，「莫遣春暉盼春草」、「須知日暮倚閭人」諸句呈現了雙親對文逵的寄望與思念；鮑氏身為姑母也期望他早日有成以報答高堂。鮑之蕙亦訓課姪兒該如何處世，例如多番鼓勵文逵「致身早」，又表明「男兒」必須志四方、不可「故園老」；傳承優良的「家風」亦屬要務，不能有所摒棄。有趣的是，其姪血氣方剛，鮑氏勸勉他不要沉迷於「佳麗」、「看花」的追求，還是要專注男子志向，莫因「看花」而忘卻了「歸計」，也當思念雙親、維繫孝道。

　　不論遠行之路如何艱鉅，「男兒」堅守壯志、勿「守故園」的理念，也是古代女性多番展示的想法。即如袁綬的弟弟袁祖惠（字少蘭，1810-1874）奉命入蜀，她於是在前人反復申述「蜀道難」的基礎上，[19] 一再細心叮嚀，望對方保重：

---

[18] 鮑之蕙：〈送鴻起姪遊越〉，見其《清娛閣吟稾》（據嘉慶十六年〔1811〕刻本影印；收入《美國哈佛大學哈佛燕京圖書館藏明清婦女著述彙刊》，冊1），卷1，頁13下-14上。此處所據版本為嘉慶十六年（1811）刻本，鮑氏《清娛閣吟稾》亦載於《京江鮑氏三女史詩鈔合刻》（光緒八年〔1882〕刻本）。

[19] 例如李白〈蜀道難〉便有名言：「蜀道之難，難於上青天」，而原文如下：「噫

蜀道難，蜀道難，川河與雲棧，縈紆嶄絕何間關。昔人已有語，今人胡不然，蜀道之難如登天。**男兒壯遊志萬里，安能終歲寂寂守故園**。況君捧檄為貧仕，顧儲薄祿娛親顏。莫惜折腰趨下風，但祈名譽動上公。儉可養廉肅僮約，治家為政將毋同。……君不見，叱馭王尊忠，負弩相如顯。只在人心安不安，不在山川遠不遠。[20]

「蜀道難，蜀道難，川河與雲棧，縈紆嶄絕何間關。昔人已有語，今人胡不然，蜀道之難如登天」等句回應了昔人已道出入蜀之艱難尤如登天，極不容易。然而，不論遠征道路如何艱險，袁綬以「男兒壯遊志萬里，安能終歲寂寂守故園」句勸勉其弟用心赴任，並彰顯身為「男兒」更應注重自我性別期許，也是「丈夫志四海」、莫「守故園」等概念的有力呼應。雖然「貧仕」、「薄祿」等詞彙顯示了此官職的微薄俸祿，然而「大丈夫」不應只執著「折腰趨下風」，應注重建立功名，故云「但祈名譽動上公」。袁氏更直言「薄祿」並非徒具弊處，培養節儉美德，可進

吁嚱，危乎高哉！蜀道之難，難於上青天。蠶叢及魚鳧，開國何茫然。爾來四萬八千歲，不與秦塞通人煙。西當太白有鳥道，可以橫絕峨眉巔。地崩山摧壯士死，然後天梯石棧相鉤連。上有六龍回日之高標，下有衝波逆折之回川。黃鶴之飛尚不得過，猿猱欲度愁攀援。青泥何盤盤，百步九折縈巖巒。捫參歷井仰脅息，以手撫膺坐長歎。問君西遊何時還，畏途巉巖不可攀。但見悲鳥號古木，雄飛雌從繞林間。又聞子規啼夜月，愁空山。蜀道之難，難於上青天，使人聽此凋朱顏。連峰去天不盈尺，枯松倒挂倚絕壁。飛湍瀑流爭喧豗，砯崖轉石萬壑雷。其險也若此，嗟爾遠道之人胡為乎來哉！劍閣崢嶸而崔嵬，一夫當關，萬夫莫開。所守或匪親，化為狼與豺。朝避猛虎，夕避長蛇，磨牙吮血，殺人如麻。錦城雖云樂，不如早還家。蜀道之難，難於上青天，側身西望長咨嗟。」參李白著，王琦注：《李太白全集》，卷之三，〈樂府〉，〈蜀道難〉，頁162-168。

[20] 袁綬：〈少蘭弟書來，以四川道遠為慮，賦此勖之〉，見其《瑤華閣詩草》（據光緒十八年〔1892〕刻《隨園三十八種》本影印；收入《清代詩文集彙編》，冊590），頁13下。此處所據版本為光緒十八年（1892）刻《隨園三十八種》本，至於《瑤華閣詩草》尚有同治六年（1867）刻本，收入《美國哈佛大學哈佛燕京圖書館藏明清婦女著述彙刊》，冊2。

一步養成廉潔的操守。其實「修身」、「齊家」與「治國」具有緊密的聯繫，需要循序漸進，先學懂檢討自我和治家之道；當為政時，積習的德行與經驗可加以運用，委實「將毋同」。此外，袁綬又以漢代司馬相如奉使入蜀並獲「負弩」之敬禮、[21]王尊不畏艱鉅以作「叱馭」之舉的忠勇行為作例子，[22]勸慰其弟盡忠及用心經營，他朝定可受屬下與百姓愛戴，獲得「負弩」之敬禮。為官者只要抱有仁心對待百姓，時刻作出自省，定可有一番作為，不必顧慮「山川遠不遠」。

　　以上舉例說明一些為人姊、為人姑的閨秀如何積極地表達她們對男性角色的意見，認為無論他們堅持修業或四處遊歷以增長見識，都應該以「男兒志」自勉，堅毅地接受各種考驗，進而彰顯丈夫氣概。

---

[21] 《史記‧司馬相如列傳》載有「負弩相如」之記錄：「相如還報。唐蒙已略通夜郎，因通西南夷道，發巴、蜀、廣漢卒，作者數萬人。治道二歲，道不成，士卒多物故，費以巨萬計。蜀民及漢用事者多言其不便。是時邛筰之君長聞南夷與漢通，得賞賜多，多欲願為內臣妾，請吏，比南夷。天子問相如，相如曰：『邛、筰、冄、駹者近蜀，道亦易通，秦時嘗通為郡縣，至漢興而罷。今誠復通，為置郡縣，愈於南夷。』天子以為然，乃拜相如為中郎將，建節往使。副使王然于、壺充國、呂越人馳四乘之傳，因巴蜀吏幣物以賂西夷。至蜀，蜀太守以下郊迎，縣令負弩矢先驅，蜀人以為寵。……」參司馬遷：《史記》，卷117，〈司馬相如列傳〉第57，頁3046-3047。

[22] 王尊作為忠臣，果敢地「叱馭」的事迹，載於《漢書‧趙尹韓張兩王傳》，原文如下：「涿郡太守徐明薦尊不宜久在閭巷，上以尊為郿令，遷益州刺史。先是，琅邪王陽為益州刺史，行部至邛郲九折阪，歎曰：『奉先人遺體，奈何數乘此險！』後以病去。及尊為刺史，至其阪，問吏曰：『此非王陽所畏道邪？』吏對曰：『是。』尊叱其馭曰：『驅之！王陽為孝子，王尊為忠臣。』尊居部二歲，懷來徼外，蠻夷歸附其威信。博士鄭寬中使行風俗，舉奏尊治狀，遷為東平相。」參班固撰，顏師古注：《漢書》，卷76，〈趙尹韓張兩王傳〉第46，頁3229。

第二節　「勉旃誦先德，勿墮門戶光」
——女性對本家男性「光門楣」之冀望

明清女作家多具備母親的身份，對夫家鞠躬盡瘁。然而她們對血濃於水的本家，依然充滿感情，這一點亦反映在她們勸勉兄弟要光宗耀祖的說話上。筆者發現明清女性的文本之中，為姊者屢屢勸導她們的弟弟需注重「光門楣」的使命。例如姚淑（1628-1661）[23]〈勉四弟並自勉〉一詩即開宗明義地強調兩性的角色差別：

> **男兒秉志壯閭閻，閨女當知詩禮兼。四德能全誰弱質，秀簾何患拭刀鐮。**[24]

姚淑認為「男兒」必須「秉志壯閭閻」，注意顯親揚名、光宗耀祖；至於「閨女」則需兼顧學問之累積與禮教之注重，這是她對兩性角色之不同期許。事實上，姚氏賦詩勸勉四弟宜「壯閭

---

[23] 姚淑，字仲淑，號鍾山秀才，江寧人。著有《海棠居詩集》，著錄於《歷代婦女著作考》，頁419。案姚淑之作品亦附於其丈夫李長祥（1609-1673）的著作《天問閣文集》中，夫婦之間亦有不少唱和之作，詳參劉詠聰：〈清代之夫婦合稿〉，載《海德公園自由言論》，第八集（香港：海德公園真言宗講座工作委員會，2002年），頁57-80。

[24] 姚淑：〈勉四弟並自勉〉，見陳香編：《清代女詩人選集》（台北：台灣商務印書館，1977年），上冊，頁137-138。姚氏《海棠居詩集》存有不同版本，例如有民國吳興劉氏刻《求恕齋叢書》本，收入《叢書集成續編》，〈文學類〉，冊171；民國十一年（1922）南林劉氏印本，載於《美國哈佛大學哈佛燕京圖書館藏明清婦女著述彙刊》，冊4。此外，姚淑《海棠居詩集》亦載其丈夫李長祥《天問閣文集》之中，收入《四庫禁燬書叢刊》，〈集部〉，冊11。然而，〈勉四弟並自勉〉一詩並未見於姚氏所撰《海棠居詩集》，惟陳香所編《清代女詩人選集》則收錄此詩，故此處以陳氏所輯的相關著述作出徵引。然而此詩的出處尚待考證，姑存疑。

閣」，又何嘗不是同時警惕自我需顧全「四德」？從姚氏的詩句中，也進一步呈現了男性需謹慎處理「光門楣」的議題，而女性也不能忽略「詩禮兼」、「四德能全」的規範。

此外，席佩蘭父親早亡，而自己在成婚後必須侍奉婆婆與丈夫，並不能兼及照顧母親與持家的責任，故勸勉兩弟加以振作，注重「先德」、「門戶光」的維繫：

> 堂下燈燭光，堂上羅酒漿。大弟方束髮，小弟僅扶牀。素冠頭搶地，哭耶心悲傷。大弟知父恩，教育心周詳。十五為孤兒，終天恨茫茫。小弟不見父，百事但隨孃。孃哭彼亦哭，感發從天良。行人見悽絕，況我尤斷腸。大弟爾來前，父死孃在堂。晨昏爾扶持，疾病爾主張。教爾弟以孝，努力扶綱常。爾弗友於弟，孃心為徬皇。小弟爾來前，爾日在孃旁。孃哭爾拭淚，孃行爾牽裳。爾事兄以悌，兄在爾勿彊。爾弗克恭兄，孃心失所望。孃以父病病，矢志父凶凶。未凶且善病，為汝兄弟行。兄弟怡怡如，庶勿悲死喪。**我愧非男兒，門戶不能當**。斯理頗自明，斯言願聽將。勉旃誦先德，勿墮門戶光。[25]

「大弟方束髮，小弟僅扶牀」句透露兩弟均年幼，大弟尚可得到父親的啟蒙，然而小弟來不及受教已與其父陰陽相隔，只由其母課教。從席佩蘭〈勗弟〉一詩可見席氏不但規勸兩弟「努力扶綱常」，亦須嚴謹地正視「誦先德」、「當門戶」、「勿墮門戶光」等重要課題，藉以維繫家族的名聲，她期盼兩弟可以

承繼先德、揚名顯姓。事實上，大弟席世昌（字子侃）其後亦於科場報捷，席佩蘭曾撰詩祝賀。[26] 值得注意的是，席佩蘭屢次採用「我愧非男兒」的謙卑形式來表達她對兩性不同角色的理解，[27] 除上述〈勖弟〉一詩外，這種心態又可見於其〈哭父〉之作，席氏說：「慟絕真何益，傷心且自慙。痛誰能慰母，**恨己不為男**」。[28] 為女者自慚未能盡孝，為母親分憂，故直抒「恨己不為男」的性別訴怨。誠然，不論席氏如何鋪述「我愧非男兒」及「恨己不為男」，都表現了為姊者對弟弟之寄望以及女性普遍期許之傳統男性人格，其中包含對「先德」及「門戶光」的恪守與經營。席氏這種「自慚巾幗」的心態，並非個別例子，其實不少女性也嚮往自我化身為「男兒」以一展抱負；這種「擬男」的表現形式於明清女性筆下頗為普遍。[29] 又若干女性未能充當「男兒」協助娘家，也會在著述之中展露悔恨，例如王貞儀（1768-1797）[30]〈勉弟輩〉一詩就表露無遺：

[26] 席佩蘭：〈賀弟世昌報捷〉，見其《長真閣集》，卷3，頁11下。

[27] 鍾慧玲：〈女子有行，遠父母兄弟──清代女作家思歸詩的探討〉，頁162；鍾慧玲：《清代女詩人研究》，頁429-430。

[28] 席佩蘭：〈哭父〉，見其《長真閣集》，卷1，頁4上。

[29] 有關明清女性著述中「擬男」之表達模式的析論，參本書第五章節〈「讀書久已薄迂儒，願作人間女丈夫」──明清女性作家建構的「女中丈夫」形象〉。

[30] 王貞儀，字德卿，江寧人。著有《德風亭初集》，著錄於《歷代婦女著作考》，頁236、《清人別集總目》，頁118、《清人詩文集總目提要》，頁1033。有關王氏的生平探討及相關之研究著作，詳參徐文緒：〈清代女學者王貞儀和她的《德風亭初集》〉，《文獻》，1980年1期（1980年1月），頁211-214；來新夏：〈王貞儀──兼資文武、六藝旁通的女科學家〉，收入中國人民大學清史研究所編：《清史研究集》，第3輯（北京：中國人民大學出版社，1984年），頁180-186；管成學、關樹人：〈客居吉林的清代女科學家王貞儀〉，《社會科學戰線》，1988年1期（1988年1月），頁211-215；劉天祥：〈乾嘉才媛王貞儀研究〉（國立清華大學碩士論文，1993年）；沈雨梧：〈論清代女青年科學家王貞儀〉，《杭州師範學院學報》（自然科學版），2004年3期（2004年5月），頁213-216；王雲平：〈王貞儀《德風亭初集》研究〉（安徽大學碩士論文，2007年）；蕭燕婉：〈清代の閨秀詩人王貞儀について：その「脂粉の気を除去する」說を中心に〉，《中国文学論集》，38號（2009年），頁92-106；周致元：〈王貞儀的史

學冶與學弓，當念裘與箕。先人以貽厥，後業良在茲。吾家有隱德，儒習常相持。流芳矢不墜，令緒恆警之。**嗟余固為女，無能光門楣**。繼聲在爾輩，高遠荷肩仔。何以慰先靈，所重弗棄苗。守素肯播穡，敦行唯書詩。兢惕互相誡，俾勿壞其基。尚彼古昔人，典學日孜孜。榮名豈不美，卑賤夫何為。勉勗毋終替，奮發自有期。[31]

詩中「學冶與學弓，當念裘與箕」一句，可追溯《禮記‧學記》的記載：「良冶之子，必學為裘；良弓之子，必學為箕」，[32] 當中「箕裘」引申為父親之技藝或其所創之事業，也寓意繼承者傳習相關技能必須循序漸進。王氏的父親王錫琛[33] 為技術高明的醫者，貞儀精於天文算法醫卜之學，父親對女兒的教導尤為關鍵，使她可學到不少醫學理論及實踐經驗。[34] 因此，王氏便以「吾家有隱德，儒習常相持」句表達棄儒習醫的取捨，又表揚父親行醫救人、施德不望報之無私行為。為了達到「流芳矢不墜」的目的，王貞儀勸導弟弟慎重地維繫「光門楣」、「繼聲」的責任。若果他們願意「奮發」求進，懂得「守素」及「播穡」以

學思想與歷史觀〉，《魯東大學學報》（哲學社會科學版），2010年2期（2010年3月），頁16-20等等。

[31] 王貞儀：〈勉弟輩〉，見其《德風亭初集》〔據民國五年〔1916〕蔣氏慎脩書屋校印本影印；收入《美國哈佛大學哈佛燕京圖書館藏明清婦女著述彙刊》，冊4），卷12，頁11上。此處所據版本為民國五年（1916）蔣氏慎脩書屋校印本，就筆者所見，《德風亭初集》亦有民國三年（1914）《金陵叢書》本，收入《叢書集成續編》，〈文學類〉，冊193。

[32] 鄭玄箋，孔穎達疏：《禮記正義》，卷第三十六，〈學記第十八〉，頁1524。

[33] 詳參沈雨梧：〈論清代女青年科學家王貞儀〉，頁213-216；沈雨梧：〈青年科學家王貞儀〉，載氏著《清代女科學家》（杭州：浙江教育出版社，2011年），頁1-20。

[34] 例如王錫琛倡議日常保養身體，必須注意預防勝於治療以建立良好的基礎、加強身體的抵抗能力，不可依賴藥物，故云「雖有神方，不如治病於未起。」參王貞儀：《德風亭初集》，卷8，〈敬書家大人醫方驗鈔後〉，頁4上。

堅守祖業，並「典學日孜孜」和「勉旃毋終替」以積累知識及踏實處世，自然可以「慰先靈」及鞏固「其基」。王貞儀雖然「嗟余固為女」，又何嘗不是以另一種角度提醒弟弟需關注的男性責任？

由此可見，明清女性對兩性角色的定位作出了反思，既為巾幗便不能直接參與家族的傳承，「我愧非男兒」、「恨己不為男」、「嗟余固為女」等論述也的確抒發出一種性別限制的遺憾。然而，在某程度上這等態度又可否視作一種閨秀們自我締建的免責方式，讓她們減輕所承受的性別負擔？既然有「痛誰能慰母」的自慚，她們不能直接地為父母分擔「齊家」之壓力，故為姊者多番提醒為弟者該如何自處，委實可視作為雙親分憂的間接形式。為人姊以「長兄為父」之心態以及採用權威者的口吻叮嚀弟弟必須關注「光門楣」的重任，用以確保家族的聲譽；透過向弟弟施加無形「壓力」，為人姊者亦在過程中參與「男性氣概」的集體建構。女性塑造「男性氣概」的歷史脈絡之餘，也窺見她們自身的處境及對手足親情的思念，[35] 實發人深省。

第三節　「請纓投筆男兒事，莫遣蹉跎負歲年」
——女性對男性親人「投筆」立功之激勵

「投筆」係指「投筆從戎」，即棄文從武，投身戰場，期許建立軍功。案「投筆從戎」的典故，可追溯班超（32-102）立志「立功異域」的記述，《後漢書・班梁列傳》有載：

---

[35] 鍾慧玲：〈女子有行，遠父母兄弟——清代女作家思歸詩的探討〉，頁139。

班超字仲升，扶風平陵人，徐令彪（班彪，3-54）之少子也。為人有大志，不修細節。然內孝謹，居家常執勤苦，不恥勞辱。有口辯，而涉獵書傳。永平五年，兄固被召詣校書郎，超與母隨至洛陽。家貧，常為官傭書以供養。久勞苦，嘗輟業投筆歎曰：「大丈夫無它志略，猶當效傅介子（?-前65）、張騫（前164-前114）立功異域，以取封侯，安能久事筆研閒乎？」左右皆笑之。超曰：「小子安知壯士志哉！」其後行詣相者，曰：「祭酒，布衣諸生耳，而當封侯萬里之外。」超問其狀。相者指曰：「生燕頷虎頸，飛而食肉，此萬里侯相也。」久之，顯宗（漢明帝劉莊，28-75；57-75在位）問固「卿弟安在」，固對「為官寫書，受直以養老母。」帝乃除超為蘭臺令史。後坐事免官。[36]

班超具備宏大抱負、「不修細節」；又注重孝道，「居家常執勤苦」，並不懼怕艱辛的磨練。與此同時，班氏亦具才學，既能言善辯，亦「涉獵書傳」。當兄長班固被徵召擔任「校書郎」，班超則肩負「供養」家人的責任，常常「為官傭書」。久而久之，班超亦因而慨歎，認為自己應效發傅介子及張騫「立功異域，以取封侯」的豐功偉業，不能長期「久事筆研」，才是「大丈夫」展現「志略」的表現。面對旁人的嘲笑，又訴怨他人不能明瞭其想法，更彰顯班超「投筆從戎」的決心與壯志。其後，班超問卜於相士，相者指出班氏雖為「布衣諸生」，日後定會「封侯萬里」，更認為班氏擁有「萬里侯相」。其後，漢明帝曾任班超為

---

[36] 范曄：《後漢書》，卷47，〈班梁列傳〉第37，頁1571。

蘭臺令史，不過又因「坐事」免官。然而，班超並非因免官而頓挫其志，最後他亦奉命出使西域，立下功勞，並獲封侯，故有「其封超為定遠侯，邑千戶」的記載。[37] 班超「投筆」的事迹頗受稱頌，「定遠侯」的封號也令後世印象深刻。有趣的是，我們同樣發現明清女性對男性家人「投筆」之舉予以鼓勵，更寄望他們可以建立軍功。例如高景芳（活躍於康熙雍正年間）[38] 對二弟高欽[39] 科場得意致以厚望：

> 長干聚首九秋前，喜見摶風便上天。文字纏叨三甲首，姓名早向四方傳。章身袍服輝宮錦，攜袖天香帶御烟。**從此扶搖期萬里，丈夫勳業在燕然。**[40]

高氏期盼其弟「摶風便上天」，又稱讚弟弟已確立個人名聲。從「章身袍服輝宮錦」一句，便可知道高欽是進士出身。事實上，高欽為其姊詩集所寫的序，已表明其身份為「萬壽科進士出身欽點御前侍衛加一級」。[41] 相對於高氏對另一弟弟「甲牓失意」

---

37 同上，頁1582。
38 高景芳，字遠芬，正紅旗漢軍人。著有《紅雪軒稿》，著錄於《歷代婦女著作考》，頁499；另見《清人別集總目》，頁1931、《清人詩文集總目提要》，頁384。以高氏為探究對象，詳參張宏生：〈日常化與女性詞境的拓展──從高景芳說到清代女性詞的空間〉，《清華大學學報》（哲學社會科學版），2008年5期（2008年），頁80-86。
39 案《歷代婦女著作考》所載，高景芳《紅雪軒稿》得到「弟高欽序」、「弟欽評輯」，而三弟高鈺及四弟高鎔則負責「校閱」，詳參《歷代婦女著作考》，頁499。
40 高景芳：〈得二弟喜信〉，見其《紅雪軒稿》（據康熙五十八年〔1719〕刻本影印；收入《四庫未收書輯刊》，8輯28冊），卷4，頁45下-46上。此處所據版本為康熙五十八年（1719）刻本，高氏《紅雪軒稿》亦有乾隆四年（1739）刻本，收入《清代詩文集彙編》，冊204。
41 高欽：〈序〉，見高景芳：《紅雪軒稿》，頁9上下。然而，案《明清進士題名碑錄》中所有高姓之記載，並未找到有關高欽的詳細著錄，詳參朱保炯、謝沛霖編：《明清進士題名碑錄索引》，上冊，頁30-53。

作出勸慰，[42] 高景芳展望二弟高欽可以仕途得意，更強調「丈夫勳業在燕然」，進一步指出丈夫功業在於建立軍功，啟示對方努力思考「大丈夫」該如何報效國家。另一方面，屈蕙纕（約1857-1929）[43] 與其甥兒之間的唱和，亦把「投筆」視為「男兒」必須慎思之事說得很明白：

> 千日中山祇醉眠，幾人醒眼對青天。岱雲有願成霖雨，野鷺忘機立水田。涉世自應求學術，清談畢竟誤神仙。**請纓投筆男兒事，莫遣蹉跎負歲年。**[44]

屈氏目睹一些人「千日中山祇醉眠」，因此警惕其甥必須「醒眼對青天」。屈蕙纕並不希望對方只懂「清談」，而是切實地追求「學術」，用以「涉世」。屈氏鼓勵男性「請纓投筆」，效法班超出使西域的心雄志堅，而且不可蹉跎歲月，必須珍惜分秒藉以貢獻自我。屈蕙纕筆下對甥兒的用心叮嚀，委實表達了一些女性對男性「投筆」之舉的期待，「請纓」一詞更展示了作者認為男兒在投筆一事上的積極性與主動性。有關討論，誠然進一步豐富了「男性氣概」的文化內涵。

前者均屬女性作為親人對兄弟、甥兒輩「投筆」的勸勉。如果家人已投身疆場，女性於寫作中也有不少激勵的聲音，如林以寧（1655-1730後）[45]〈伯兄從征有寄〉便對其兄長林以畏出征

---

[42] 高景芳：〈聞三弟甲牓失意寄慰〉，見其《紅雪軒稿》，卷4，頁56上。
[43] 屈蕙纕，字逸珊，臨海人。著有《含青閣詩草》，著錄於《歷代婦女著作考》，頁393、《清人別集總目》，頁1523、《清人詩文集總目提要》，頁1815。
[44] 屈蕙纕：〈和申甥客感韻二首〉，見其《含青閣詩草》（據清刻本影印；收入《清代詩文集彙編》，冊740），卷3，頁13下-14上。
[45] 林以寧，字亞清，錢塘人。著有《墨莊詩鈔》、《墨莊文鈔》、《鳳簫樓集》、《芙蓉峽》等等，著錄於《歷代婦女著作考》，頁396-397。

之舉寄予支持：

> 庭際有高樹，春令群集鳴。無知此飛鳥，猶然感至情。我
> 懷當何如，能不念南征。中原多戰伐，烽火徹天明。阿兄
> 負膽氣，仗劍一身輕。忠義固可嘉，父母在暮齡。及早建
> 功業，大名垂紫庭。忠孝兩不虧，庶可慰生平。[46]

林以寧為蕉園詩社的成員之一，[47] 而林以畏與林以寧的感情至
深，尤為投契。[48] 詩中「無知此飛鳥，猶然感至情」、「我懷當
何如，能不念南征」諸句更印證兄妹之間的融洽相處與思念之
情。林以寧於詩中表彰兄長的「膽氣」，又寫其兄持劍殺敵更是

---

[46] 林以寧：〈伯兄從征有寄〉，見其《墨莊詩鈔》（康熙刻本），卷1，頁2下。

[47] 有關蕉園詩社之代表人物方面，學者也有不同的說法，例如採用「蕉園五子」及
「蕉園七子」作出雅稱、「五子」的成員等，學人的看法已有所分歧，參Dorothy
Ko, *Teachers of the Inner Chambers: Women and Culture in Seventeenth-Century China*,
pp. 234-237; Daria Berg, "Negotiating Gentility: The Banana Garden Poetry Club in
Seventeenth-Century China," pp. 73-93; 張遠鳳：〈清初「蕉園詩社」形成原因初
探〉，頁79-83；段繼紅：〈清代才女結社拜師風氣及女性意識〉，頁39-42；邱
芸怡：〈清才自撰蕉園史：清初閨秀、結社與別書寫〉，頁79-83；吳晶：《西溪與蕉園
詩社》（杭州：杭州出版社，2012年）等等。筆者以王蘊章（1884-1942）《然
脂餘韻》之記錄作出參考，有關記述如下：「錢塘蕉園七子，林以寧（亞清）、
顧啟姬（姒，活躍於康熙年間）、柴季嫻（靜儀，活躍於康熙年間）、馮又令
（嫻，活躍於康熙年間）、錢雲儀（鳳綸，活躍於康熙年間）、張槎雲（昊，活
躍於康熙年間）、毛安芳（媞，活躍於順治康熙年間）是也。」參王蘊章：《然
脂餘韻》（民國九年〔1920〕上海商務印書館鉛印本），卷6，頁17上。

[48] 據林以寧〈哭伯兄有序〉的記述，林氏云「兄，字寅三，秉志高潔，不趨時望，
兄弟中與余最契。」參林以寧：〈哭伯兄有序〉，見其《墨莊詩鈔》，卷1，頁
33下。林以寧亦於行文中交代林以畏因「父（林綸）任夏城令」，故「隨任河
東」；父親不攀附權貴，兄「上書請代」又被「朝貴所阻」，最後更「忽發
狂疾」以致「嘔血而死」。林以寧更指出其兄對她寄予厚望，至於相關記載如
下：「歲戊午，父任夏城令，兄隨任河東，父以不媚權貴，未期月被黜，柄事者
將寘于禮，兄上書請代，為朝貴所阻，不獲上聞。歸至中途，忽發狂疾，抵家嘔
血而死。題詩襟帶間有『吉駒已死，縱縈尚存』之句，蓋厚望于余也。嗚呼哀
哉！」參林以寧：〈哭伯兄有序〉，見其《墨莊詩鈔》，卷1，頁34上。

游刃有餘，箇中的膽量與勇武表現皆為丈夫氣概之呈現。對於林以畏從征的行為，林以寧強調兄長此舉顧全「忠孝」，既報答雙親，又致力報效國家；林氏亦寄望他「早建功業」，不但「垂紫庭」，亦可「慰生平」。其實林以寧對伯兄的勉勵說話，已牽涉到不同層次的男性人格，如維繫忠孝觀念、勇武表現、建立男性榮譽等等，反映出她對男性性別規範之見解。至於楊書蕙[49]亦對其弟戢成從軍浙東致以鼓舞之言：

> 短衣孤劍賦長征，萬馬蕭蕭落日鳴。骨月那堪千里別，功
> 名何止一身榮。西江烽火連荊渚，東浙妖雲莽越城。此去
> 定伸投筆志，關山須念倚閭情。[50]

楊氏以「短衣孤劍賦長征，萬馬蕭蕭落日鳴」、「西江烽火連荊渚，東浙妖雲莽越城」諸句描述其弟從軍的惡劣狀況，適逢戰事頻仍，烽火遍佈荊渚、越城等地方，何其險峻。然而，縱使弟弟與親人離別，楊書蕙以「此去定伸投筆志，關山須念倚閭情」句規勸其弟恪遵本業，果敢地擊退敵軍，秉承前人「投筆」的壯志，不論戰況如何艱鉅，定可為國作出貢獻、載譽歸家，以期報答父母的「倚閭情」。在楊氏詩句中可反映出她認為「投筆志」也是男性雄邁人格的一部分。

前文已道出古人描述入蜀之艱難，有些女性屢次以昔人「投筆」的事例加以佐證，鼓動同輩男性專注從征，避免過慮。例如

---

49 楊書蕙，字紉仙，長沙人。著有《幽篁吟館詩鈔》，著錄於《歷代婦女著作考》，頁673。
50 楊書蕙：〈送戢成弟從軍浙東〉，見其《幽篁吟館詩鈔》（據光緒四年〔1878〕刻本影印；收入李星池：《澹香閣詩鈔》），頁23上。

袁棠（1734-1771）[51]的三兄袁步蟾準備入蜀，[52]袁氏賦詩鼓勵兄長遠征：

> 離人惜別恨悠悠，況復遙天值素秋。兄馬未辭鄉國路，儂心先到木蘭舟。棄繻好壯終軍志，投筆休忘定遠侯。聞說西川程路遠，風亭水驛莫淹留。[53]

「離人惜別恨悠悠，況復遙天值素秋」句表達了袁棠對親人離別的愁思，其時正值「素秋」，倍添愁緒。而且，袁棠亦頗關懷袁步蟾的處境，勸勉兄長注意「風亭水驛莫淹留」，他需時刻地留意周遭的環境，免生意外。縱使入蜀之路頗為遙遠，袁棠亦以「棄繻好壯終軍志，投筆休忘定遠侯」一句勸慰三兄莫忘前人之事例，如終軍「棄繻」、[54]定遠侯班超「投筆」的美譽；從征的

---

[51] 袁棠，字雲扶，號秋卿，仁和人。著有《繡餘吟稿》、《盈書閣遺稿》，著錄於《歷代婦女著作考》，頁492、《清人別集總目》，頁1748-1749、《清人詩文集總目提要》，頁754。案袁棠之生平與著述考究，詳參王英志：《袁枚暨性靈派詩傳》（長春：吉林人民出版社，2000年）；李雅婷：〈家學建構與傳承對清代才女文學的影響：以錢塘袁氏女性文學為中心探討〉（國立中央大學碩士論文，2011年）。

[52] 袁步蟾為袁枚堂弟，步蟾能詩，惜早卒，參袁枚著，王英志編：《袁枚全集》（南京：江蘇古籍出版社，1993年）。王英志撰有一系列之著作專研袁氏家族，例如〈論袁氏家族男性詩人之功過——性靈派研究之一〉，《蘇州大學學報》，1995年4期（1995年），頁52、《袁枚與隨園詩話》（上海：上海古籍出版社，1990年）、《袁枚暨性靈派詩傳》、《袁枚評傳》（南京：南京大學出版社，2002年）等等。

[53] 袁棠：〈送步蟾三兄入蜀〉，見其《繡餘吟稿》（清刻《隨園三十種》本），頁4上下。

[54] 終軍「棄繻而去」的事迹受到後世之讚揚。他是西漢的年青外交家，又具備才學，故被推薦為博士弟子。終軍遠赴京師，於過關之時關吏給予對方「軍繻」作為其歸來之憑證。然而他「棄繻而去」，又強調「大丈夫西遊，終不復傳還」以表明其堅定志向。其後，終軍奉使巡視郡國，守關關吏辨識他為「前棄繻生」並致以嘆服。雖然終軍早卒，然而他擁有宏大的志向，亦建立軍功。案《漢書‧嚴朱吾丘主父徐嚴終王賈傳》所載如下：「初，軍從濟南當詣博士，步入關，關吏予軍繻。軍問：『以此何為？』吏曰：『為復傳，還當以合符。』軍曰：『大丈

過程雖然艱辛,「男兒」並不能輕易放棄「投筆志」。袁棠以終軍、班超的事迹激勵袁步蟾固守「投筆志」,彷彿對男性的性別責任反復申述,過程中又展示了兄妹間的深厚情誼。

凡此種種,皆說明了一些明清閨秀多番引述班超「投筆」的史事,用以鼓勵族中男性確立「投筆志」。面對戰事頻繁、路途遙遠的種種考驗,她們也激勵親人恪守本分,莫忘「終軍志」,勇往直前、不作退縮,並期盼他們建立軍功,達到傳統社會對男性角色的期許。

第四節　小結

明清女性雖身兼母親與妻子的身份,然而她們與兄弟及族中侄、甥的真摯感情,亦生動地記錄在著作之中。筆者認為女性對家人「光門楣」的寄望頗為重要,蓋因她們難以兼顧夫家與本家親人之照料,故期望家族男性宜「致身早」及明瞭自身之性別責任,勸勉他們重視傳承本家的使命,才可有效地維繫家族名聲。值得注意的是,「男兒志」之確立,為姊者、為妹者、為姑者與為姨者均展示了不同的立場,既有「勤學」的叮嚀,注重增長見聞;亦有「投筆」的激勵,關注建立軍功。不過,無論是「文」或「武」的男性構建,規勸本家男子注重「志四方」、勿戀家園是她們的一致共識。此外,為了加強男性家人尋求志向及經營本業之決心,她們於行文中多舉前賢作例子,例如屢屢引用班超「投筆」的著名事迹加以證明;袁綬、袁棠又徵引司馬相如、王

夫西遊,終不復傳還。』棄繻而去。軍為謁者,使行郡國,建節東出關,關吏識之,曰:『此使者乃前棄繻生也。』軍行郡國,所見便宜以聞。還奏事,上甚說。……」參班固撰,顏師古注:《漢書》,卷64下,〈嚴朱吾丘主父徐嚴終王賈傳〉第34下,頁2819-2820。

尊、終軍等史事勉勵兄弟克守本分、建功立業，不需在意從事地點之遠近及險峻。

　　明清閨秀對男性同輩及後輩宜培養丈夫氣概之有關申述中，女性的立場頗為鮮明，誠然她們致力參與演繹「男性氣概」的同時，也反映了她們對自身之性別規範常作思考。即如席佩蘭、王貞儀以身為女性為憾，對男性責任及所享優勢尤為嚮往，既然不可一展抱負，則只可寄望予族中男性，展現了古代女性因性別限制而衍生的矛盾心理。「男兒秉志壯閭閻，閨女當知詩禮兼」等句也寫實地道出了若干女性的性別定見，故本研究認為，女性對「男性氣概」塑造之同時，也呈現了她們對男女角色之分別推敲以及自身處境之心理調整。

第五章

「讀書久已薄迂儒，
願作人間女丈夫」

——明清女性作家建構的
「女中丈夫」形象

前文以多種角度呈現明清女性以男性家人為對象的男性人格論述，無論為母者、為妻者以至為姊者及為妹者等，均對古代男性角色的性別議題多所演繹。此外，她們亦於各類著作中營建多元化的男性形象，那麼明清女性筆下又如何標籤女性的形象？其實，前輩學人已頗有致力於探究女性著述所塑造的病弱才女形象，[1] 指出一些明清閨秀採用「病弱形象」進行自我性別角色的定義。[2] 此外，也有論者提出明清時期男性文人把他們的愛國情懷、英雄主義投射在名妓身上，而另一方面女性也展現了「女中丈夫」的氣概。換言之，「淡化脂氣」的女性聲音也獲得部分男性文人的提倡。[3] 事實上，明清社會也有一些士人對女性應有「大丈夫」之行加以肯定，進一步確認女性的才能，如明人李贄（1527-1602）曾於其著作《初潭集》記述了二十五位女性之才智及識見，並加以讚許：

　　　　此二十五位夫人，才智過人，識見絕甚，中間信有可為干城腹心之託者，其政事何如也。……李溫陵長者歎曰：「是真男子！是真男子！」已而又歎曰：「男子不如也。」[4]

---

[1] 有關明清女性著述所塑造的病弱才女形象之研究，茲臚列如下：Grace S. Fong, "A Feminine Condition? Women's Poetry on Illness in Late Imperial China," in Paolo Santangelo and Ulrike Middendorf (eds.), *From Skin to Heart: Perceptions of Emotions and Bodily Sensations in Traditional Chinese Culture*, pp. 131-150; 楊彬彬：〈「自我」的困境——一部清代閨秀詩集中的疾病呈現與自傳欲望〉，頁95-130; Grace S. Fong, "Writing and Illness: A Feminine Condition in Women's Poetry of The Ming And Qing," in Grace S. Fong and Ellen Widmer (eds.), *The Inner Quarters and Beyond: Women Writers from Ming through Qing*, pp. 17-48. 其他例子尚多，不贅舉。

[2] 楊彬彬：〈由曾懿（1852-1927）的個案看晚清「疾病的隱喻」與才女身份〉，頁1-28。

[3] 康正果：〈重新認識明清才女〉，頁121-131。

[4] 李贄：《初潭集》（北京：中華書局，1974年），卷之二，〈夫婦二〉，〈才識〉，頁26。以上有關「真男子」、「男子不如也」等論述，既對其時之男性表現作出嘲笑，亦藉以表揚女性的高尚行為。誠然，明人吳亮所撰《不如婦寺鈔》

論者曾指出李贄對女子的才能加以肯定,並謂「與男子相同」、「他不但祛除性別的歧視,更進而發揮了男女平等的觀念」。[5] 誠然,李氏的說法也可能有另一種解讀:他表彰那些女性為「真男子」而非「真女子」,我們可否推測李贄的內心深處仍以男子為優勝?值得仔細玩味。不過,筆者認為,李氏的確認同那些女性的才能,不必因性別身份限制而埋沒她們的才華。

由此觀之,明清女性的形象剛柔並重,而上述的「女中丈夫」現象與相關研究,均呈現了男性文人參與塑造女豪傑的主導角色。反過來說,若「女中丈夫」形象之確立,可展現「巾幗不讓鬚眉」的女性聲音,那麼明清女性作家有否參與建構剛強的「女中丈夫」形象?她們的作品中又如何表達其心聲?本研究發現,明清閨秀偶或會模倣傳統男性人格,於著述之中以「擬男」模式進行表達,意圖突破自我性別角色,在才德、志向、從軍等不同層面,建立獨有的「女中丈夫」形象。進一步來說,明清才女不但仿效男性人格來構成「女中丈夫」的女性模範,亦以她們的力量充實了「男性氣概」的歷史發展與文化內涵。故此,本章節將以明清女性所塑造的「女中丈夫」形象為探討主旨,並包括以下四個部分:(1)具備才德與志向的「女士」;(2)牽涉從軍議題的「女英雄」;(3)男性人格之模倣者——明清女性著述中「擬男」的表達模式;(4)「女中丈夫」與「男性氣概」——明清女性作家塑造的男性人格。

亦有近似的論調,並借婦人寺人的崇高節操以譏諷士人的行為,故云「婦寺不如」。參不如子:《不如婦寺鈔》(據萬曆〔1613-1619〕刻本影印;收入《遼寧省圖書館孤本善本叢刊》第一輯;北京:綫裝書局,2003年)。關於《不如婦寺鈔》的梳理及考證,詳參劉詠聰:〈晚明史籍《不如婦寺鈔》解讀〉,收入國立臺灣師範大學歷史學系編:《近世中國的社會與文化(960-1800)論文集》(台北:師大歷史系,2007年),頁371-393。

[5] 鍾慧玲:《清代女詩人研究》,頁8-9。

第一節　具備才德與志向的「女士」

「女士」係指具有士人操守的女性，如《毛詩正義‧大雅》云：「故知女士謂女而有士行者」，[6] 此處的「士行」解作士大夫應該秉持的節操。我們既了解傳統文化對「女士」所作出的定義，委實男性學者亦對「女而有士行者」加以表揚，[7] 為女性自我構建「女中丈夫」形象具備了條件。而明清女性所建立的「女中丈夫」形象，兼具才學與品行，也抱持崇高的志向，極具丈夫氣概。在女性的才學方面，明清女性的著作中均呈現了她們的優秀家學，對累積自身學問製造了良好的條件，例如盧蘊真之自嘲便說：

> **曾習鯉庭詩與禮，自來口氣學男兒。**采芹攀桂雖無分，贏得呻吟一卷詩。[8]

「曾習鯉庭詩與禮」一句反映盧氏具有良好的家庭教育，她的學問浸淫日深，令其說話之語氣及措辭也「學男兒」。即使盧氏未

---

[6] 毛亨傳，鄭玄箋，孔穎達疏：《毛詩正義》，卷第十七，〈大雅〉，〈生民之什〉，〈生民〉，頁537。

[7] 例如清代名宦尹會一（1691-1748）之母李氏（1667-1744）演繹孝女、節婦、賢母等多重角色，其懿行受到男性學者之表揚，如方苞（1668-1749）於尹母身故後為她撰寫墓誌銘，以「女子而有士行」讚揚她的言行，並彰顯李氏是尹會一人生中的重要啟蒙者，故云「豈惟女儀，志士之師」。參方苞：〈尹太夫人李氏墓誌銘〉，見《方苞集》（上海：上海古籍出版社，1983年），卷11，〈墓誌銘〉，頁318。至於尹母李氏的生平事迹之分析，詳參劉詠聰：〈「豈惟女儀，志士之師」：尹會一母李氏之生命歷程〉，載氏著《才德相輝：中國女性的治學與課子》，頁263-298。

[8] 盧蘊真：〈自嘲〉，見其《紫霞軒詩抄》，卷2，頁30下-31上。

能參與入學與科舉，「贏得呻吟一卷詩」表現出這位「女丈夫」的傳世欲望及才華，爭取她寫作的權利。至於孔璐華也沒有埋沒其女兒阮安（1802-1821）的才華，[9] 並鼓勵女兒作詩：

> 弱女嬌癡才七齡，依依文字漸分明。**若教汝是奇男子，必定清才似父名**。[10]

孔氏觀察七歲的女兒已能寫作層次分明的作品，若果阮安是「奇男子」，必能承繼父業、顯親揚名。「必定清才似父名」一句透露了阮安父親阮元的名氣，孔璐華亦對阮安的能力予以肯定，女兒承繼優良的家學，定可展現卓越的才能。女性才華展現的極

---

9   阮安承繼優良的家學，例如她的母親孔璐華（見頁106註[41]）是來自曲阜的閨秀，至於曲阜孔氏也有不少才學女性，姑舉數例，如孔麗貞、孔淑成、孔祥淑（1847-1886）等。孔麗貞，字蘊光，博士孔毓珽女，濟南戴文諲妻，見《歷代婦女著作考》，頁220。孔麗貞精於書畫，具備才能，故彭蘊璨（1780-1840）《歷代畫史彙傳》云：「孔麗貞，字蘊光，曲阜人，博士宏奕女，歷城戴文諲室。精書畫。」參彭蘊璨：《歷代畫史彙傳》（道光刻本），卷70，〈孔〉，頁2上。而孔璐華則為「孔子七十三代長孫女」，參徐世昌（1858-1939）：《晚晴簃詩匯》（民國退耕堂刻本），卷186，〈閨秀〉4，頁33上。此外，孔璐華係孔祥淑（1847-1886）的祖姑母，案孔祥淑弟弟孔祥楨〈先姊於庚午歲于歸，楨方九齡，今春因選拔入都，今道時保陽歡聚廿餘日，報歸復回甫經半月便成永訣，撫今追昔，勉成十二截以當一哭〉一詩提及「祖姑母為阮文達公繼配。著有《舊經樓詩詞稿》」，見孔祥淑：《韻香閣詩草》（光緒十二年〔1886〕刻本），頁24上-25下。至於孔祥淑，字齊賢，永昌觀察劉樹堂妻。著有《韻香閣詩草》，著錄於《歷代婦女著作考》，頁219；另見《清人別集總目》，頁265、《清人詩文集總目提要》，頁1801。孔祥淑丈夫劉樹堂撰有〈孔夫人家傳〉，收入其妻著作《韻香閣詩草》之中。〈孔夫人家傳〉指出孔祥淑為「素王（即孔子）七十五代女孫」，見孔祥淑：《韻香閣詩草》（光緒十二年〔1886〕刻本），頁26上。由此可見，孔璐華具有如此顯赫的家世，孔家亦相繼出現不少具備才華的女性。另外，阮安的父親阮元亦為名臣，他亦鼓勵家族的女性進行寫作及彼此唱和，兩性之間的文學交流頗為突出，詳參史梅、陳婧：〈嘉道時期阮元家族閨秀文學活動述略〉，收入故宮博物院、朱賽虹編：《第一屆清宮典籍國際研討會論文集：天祿珍藏》（北京：故宮出版社，2013年），頁297-321。

10 孔璐華：〈因安女作詩甚喜口占〉，見其《唐宋舊經樓詩稿》，卷4，頁17下。

致，把似是古代男性獨佔的寫作行為，視為女性的份內之事，例如陸卿子[11]為項蘭貞《裁雲草》題序云：

> 我輩酒漿烹飪是務，固其職也。病且戒無所事，則效往古女流，遺風賸響而為詩；詩固非大丈夫職業，實我輩分內物也。……[12]

女性需注意「婦功」，班昭於《女誡》亦已指出「婦功」為「專心紡績，不好戲笑，絜齊酒食，以奉賓客」，[13]她們需專注於紡織與烹調食物，屬婦女必須學懂處理的家務，「我輩酒漿烹飪是務，固其職也」表明了作者認同預備飲食為女性的責任。不過，陸氏認為創作與家務之間沒有抵觸，她可運用閒暇進行寫作。應注意的是陸卿子強調寫詩並非只是「大丈夫職業」，也屬女性本分，在兼具婦職的同時，亦熱切地渴望展示女性的才華。[14]陸氏的題序表明了女性自主的期望，既能兼及本職，為何不能同時涉足男性主導的領域？這種渴望展現才學、爭取女性權益的舉動，既突破了性別框架，亦體現了「女中丈夫」的獨立意識。

---

[11] 陸卿子，長洲人。其著作有《考槃集》、《玄芝集》、《雲臥閣稿》等，著錄於《歷代婦女著作考》，頁169-171。關於陸卿子的生平及其作品之研究，詳參黃仲韻：〈陸卿子及其作品研究〉（東海大學碩士論文，2010年）；Jennifer Feeley, "Lu Qingzi," in Lily Xiao Hong Lee and Sue Wiles (eds.), *Biographical Dictionary of Chinese Women: Tang through Ming, 618-1644* (Armonk, New York and London: M. E. Sharpe Inc., 2014), pp. 278-281.

[12] 陸卿子：〈題項淑裁雲草序〉，見趙世杰編：《古今女史》（崇禎間問奇閣刻本），卷3，〈序〉，頁29上下。

[13] 班昭：《女誡・婦行第四》，見范曄：《後漢書》，卷84，〈列女傳〉第74，〈曹世叔妻〉，頁2789。

[14] 孫康宜指出明清女性作家渴望得到男性文人的認同，刻意模倣他們的寫作模式與風格，此現象稱為文化上的「男女雙性」（cultural androgyny），詳參Kang-i Sun Chang, "Gender and Canonicity: Ming-Qing Women Poets in the Eyes of the Male Literati," pp. 1-18; "Ming-Qing Women Poets and Cultural Androgyny," pp. 21-31.

「女中丈夫」展現其「才」外，也注重忠孝道德的維繫。例如上文曾引用過周維德送別丈夫奉使保陽的詩，就勸勉丈夫不要「淚灑臨歧」，並與丈夫共同捍衛忠孝道德：

> 不須別淚灑臨歧，楊柳何勞縮別離。君自盡忠儂盡孝，大家努力壯門楣。烽煙滿地動干戈，此去關山路幾何。他日相看明鏡裡，莫嫌憔悴比君多。[15]

周氏勉勵丈夫不需灑下離別淚，甚至強調共同維繫家庭和諧的努力，重申「君自盡忠儂盡孝，大家努力壯門楣」，以期減輕丈夫的負擔，讓他可履行為臣者盡忠的責任，妻子則盡心於孝，彼此維繫家族聲譽。而黃璞[16]也應因男性家人的狀況，如「棠棣淒涼雁序孤，椿庭白髮漸婆娑」反映了兄弟之「淒涼」、父親漸老，與琰媛攜手同心，**「君能全節予能孝，願作人間女丈夫」**呈現了黃璞為了維持孝道，矢志成為「女丈夫」的品德。黃氏認為「女丈夫」的崇高品格，可享「天然樂」，不需在意旁人目光，故言「未許旁人道可憐」。[17]明清閨秀所塑造的「女中丈夫」更呈現了她們推崇剛毅不屈的精神，不作苟且之事，例如石承楣[18]對樂羊子妻的「貞義」行為給予高度讚譽：

> 不受遺金冐受污，甘心刎頸為全姑。**臨財臨難均無苟，誰**

---

[15] 周維德：〈送外奉使保陽〉，見其《千里樓詩草》，頁21下。

[16] 黃璞，字石輝，錢塘人。著有《棣華詩草》，著錄於《歷代婦女著作考》，頁667。

[17] 黃璞：〈送琰媛歸臨安〉，見《國朝閨秀詩柳絮集校補》，卷28，頁1283。

[18] 石承楣，字湘雲，號洛川女史，湘潭人。著有《繪水月軒詩鈔》，著錄於《歷代婦女著作考》，頁269。

是鬚眉大丈夫。（原注：樂羊子妻）[19]

河南樂羊子之妻具有良好的品格，其行為也呈現了堅韌不拔的精神。羊子撿起路上遺金回家，其妻子認為「廉者不受嗟來之食」，不可私自收藏，「以污其行」。羊子之妻又「斷機杼」，勸勉丈夫堅持修業，對知識的追求不能有所荒廢。其後盜賊欲侵犯羊子妻，先脅持其婆婆，羊子妻「操刀而出」，盜賊又威脅她若不服從，便殺了她的婆婆。羊子妻「仰天而歎，舉刀刎頸而死」，盜賊最終沒有殺其婆婆。太守得悉此事，立刻捕殺盜賊，並「賜妻縑帛」、「以禮葬之」，賜予「貞義」之稱號。[20] 對於樂羊子妻「不受遺金」、「甘心刎頸」之舉，石承楣強調她的行為與品德呈現了「鬚眉」、「大丈夫」的「無苟」精神，實為「女丈夫」。

除了學問累積與個人進德，有些才媛也認為「女士」還擁有「兼善天下」的無私精神。[21] 孔子曾言「仕而優則學，學而優則

[19] 石承楣：〈善行婦道〉，見鄧顯鶴：《沅湘耆舊集》，卷191，頁6下。

[20] 河南樂羊子妻之事迹，見范曄：《後漢書》，卷84，〈列女傳〉第74，頁2792-2793。原文如下：「河南樂羊子之妻者，不知何氏之女也。羊子嘗行路，得遺金一餅，還以與妻。妻曰：『妾聞志士不飲盜泉之水，廉者不受嗟來之食，況拾遺求利，以污其行乎！』羊子大慚，乃捐金於野，而遠尋師學。一年來歸，妻跪問其故。羊子曰：『久行懷思，無它異也。』妻乃引刀趨機而言曰：『此織生自蠶繭，成於機杼，一絲而累，以至於寸，累寸不已，遂成丈匹。今若斷斯織也，則損失成功，稽廢時月。夫子積學，當日知其所亡，以就懿德。若中道而歸，何異斷斯織乎？』羊子感其言，復還終業，遂七年不反。妻常躬勤養姑，又遠饋羊子。嘗有它舍雞謬入園中，姑盜殺而食之，妻對雞不餐而泣。姑怪問其故。妻曰：『自傷居貧，使食有它肉。』姑竟棄之。後盜欲有犯妻者，乃先劫其姑。妻聞，操刀而出。盜人曰：『釋汝刀從我者可全，不從我者，則殺汝姑。』妻仰天而歎，舉刀刎頸而死。盜亦不殺其姑。太守聞之，即捕殺賊盜，而賜妻縑帛，以禮葬之，號曰『貞義』。」

[21] 語出《孟子》〈盡心章句上〉「窮則獨善其身，達則兼善天下」句。參趙岐注，孫奭疏：《孟子注疏》，卷第十三上，〈盡心章句上〉，頁2765。

仕」，[22] 讀書人與從政者便有緊密聯繫。為官者必須學以致用，蓋因「士而懷居，不足以為士矣」的主張，[23] 督促讀書人不可貪圖安逸。從政者要施行仁政，更需重視「兼善天下」。例如錢希[24] 便以「**讀書久已薄迂儒，願作人間女丈夫**」[25] 道出她對「迂儒」的鄙視，讀書人更要懂得經世致用；她願作「女丈夫」貢獻自我，對於「迂儒」的過失，不再重蹈覆轍。而吳荃佩[26] 贈予耿夫人一詩，又展現了她對耿夫人「濟世民」之見解的表揚：

> 口授喃喃教讀頻，丸熊畫荻最艱辛。成名豈在榮科甲，尚志惟思濟世民。見解真超千古上，經綸深愧一時人。**如君才調如君德，當使男兒拜下塵**。[27]

「口授喃喃教讀頻，丸熊畫荻最艱辛」表達了耿夫人訓課孩兒的艱辛，教導兒子他日中舉作官，必須謹慎地注意「濟世民」，為官者委實需關懷百姓、匡扶社稷。吳氏認為耿夫人具有卓越的見解，才德兼備，展現「女士」風範，故云「當使男兒拜下塵」。由此可見，明清女性筆下所演繹的「女士」，呈現了她們「兼濟天下」、不顧私利的崇高德行，她們在模倣理想男性人格的過程，憑藉「女中丈夫」的塑造以展現女性氣概。

---

[22] 何晏注，邢昺疏：《論語注疏》，卷第十九，〈子張第十九〉，頁2532。

[23] 同上，卷第十四，〈憲問第十四〉，頁2510。

[24] 錢希，字夢龜，陽湖人。著有《雲在軒詩集》、《雲在軒筆談》等，著錄於《歷代婦女著作考》，頁751。

[25] 錢希：〈又贈永妹〉，見其《雲在軒集》，收入《江南女性別集・初編》，下冊，卷2，頁1397。

[26] 吳荃佩，字淑蕙，浙江山陰人。著有《碧雲閣詩鈔》，收入《江南女性別集・四編》，下冊。

[27] 吳荃佩：〈贈耿夫人〉，見其《碧雲閣詩鈔》，收入《江南女性別集・四編》，下冊，卷上，頁1342。

我們亦發現明清女性作家所建立的「女士」形象，抱持雄心壯志，她們的志向可與「男兒志」看齊。值得注意的有王貞儀之著述所彰顯的「嘗擬雄心勝丈夫」、「丈夫之志才子胸」等「女丈夫」雄概：

> 君不見木蘭女，娉婷弱質隨軍旅。代父從軍十二年，英奇誰識閨中侶。又不見大小喬，陰符熟讀諳鈐韜。一十三篇同指授，不教夫壻稱雄豪。……當時女傑徒聞名，每恨古人不見我。……伏雌縮蜎徒自慚，壯情往復懷芳姑。憶昔歷遊山海區，三江五岳快攀途。足行萬里書萬卷，嘗擬雄心勝丈夫。……吁嗟乎！畫圖中人孰能同，丈夫之志才子胸，始信鬚眉等巾幗，誰言兒女不英雄？[28]

王貞儀以木蘭「代父從軍」之著名典故、大小喬「陰符熟讀諳鈐韜」的才能作出吟詠，然而，她同時抒發「當時女傑徒聞名，每恨古人不見我」的一種遺憾。王氏的行文之中屢次強調她的壯志，「伏雌縮蜎徒自慚」表達了她對性別角色束縛的「自慚」，又常憶述她「歷遊山海區」、「三江五岳快攀途」、「足行萬里書萬卷」的行迹，展示她擁有男兒志於四方的人格，增廣見聞，但願「雄飛」。王氏既有才華，也抱持雄心壯志，然而未為世人所廣泛認識，故她在題詠圖畫的作品中也藉此演繹女性的自我價值，故云「嘗擬雄心勝丈夫」、「丈夫之志才子胸」、「始信鬚眉等巾幗，誰言兒女不英雄」以呈現「女丈夫」的宏大志向。

　　此外，秋瑾（1877-1907）[29]也有「**身不得，男兒列。心卻**

28　王貞儀：〈題女中丈夫圖〉，見其《德風亭初集》，卷12，頁20上-21上。
29　秋瑾，字璿卿，又名鑑湖女俠，山陰人。其著作有《秋瑾女俠遺集》、《秋瑾

比，**男兒烈**」的名言，[30] 展現女性立志報國的宏願。秋氏不但親歷八國聯軍之役，又於1903年目睹丈夫王廷鈞（1879-1909）嫖賭的行為，促使她決意離家及矢志投身反清革命。秋瑾以「四面歌殘終破楚，八年風味徒思浙」痛陳這段婚姻所經歷的挫折，同時，她亦通過「苦將儂，強派作蛾眉，殊未屑」及「身不得，男兒列」等表述，道出自己並不留戀「蛾眉」的性別角色，反而更渴望如「男兒」般有一番作為。[31] 王貞儀具有「丈夫之志」，然而她慨歎「每恨古人不見我」；秋瑾亦展示「心卻比，男兒烈」的抱負，她同樣抒發「俗子胸襟誰識我」及「莽紅塵，何處覓知音」的百般無奈。[32] 不過，她們都擁有丈夫氣概，其「男兒志」絕不遜於男性，甚至有所超越，均展示了這些「女士」的豪情壯志。

凡此種種，可見明清女性頗有致力於塑造具備才學、德行與志向的「女士」，既對傳統男性人格加以仿傚，構建獨有的「女丈夫」形象；她們也對進德、「兼善」等道德思想多所堅持，並期望善用女性才能以一展抱負的豪邁情懷，委實不容忽視。

集》、《秋瑾史跡》等等，著錄於《歷代婦女著作考》，頁437-438；另見《清人別集總目》，頁1626、《清人詩文集總目提要》，頁2002。以秋瑾為析論對象的學術著作頗豐，此處只扼要地舉出幾項重要的研究方向：一、秋瑾生平事迹之考證，比如採用相關年譜及傳記進行爬梳；二、秋瑾所參與之革命史迹及其政治思想研究；三、學者對秋瑾之整體評價；四、探究秋瑾其人所採用的史料之匯集；五、秋瑾筆下各種作品之考察，如相關著述之選注、分析其寫作風格、秋瑾書寫的文本中所反映的社會狀況與思潮轉變等；六、秋瑾作出性別換裝的專題探討；七、以秋瑾為專門考究之相關成果評述等等。

30 秋瑾：〈滿江紅〉，見其《秋女士遺稿》（據民國元年〔1912〕鉛印本影印；收入《清代詩文集彙編》，冊793），頁19上。

31 同上。另參王玲珍：〈女性、書寫和國家：二十世紀初秋瑾自傳性作品研究〉，收入張宏生編：《明清文學與性別研究》，頁904-915及Hu Ying, "Gender and Modern Martyrology: Qiu Jin as *Lienü*, *Lieshi*, or *Nülieshi*," in Joan Judge and Hu Ying (eds.), *Beyond Exemplar Tales: Women's Biography in Chinese History*, pp. 121-136.

32 秋瑾：〈滿江紅〉，見其《秋女士遺稿》，頁19上。

第二節　牽涉從軍議題的「女英雄」

明清女性筆下除有才華出眾、品格高尚的「女士」外，亦塑造出不少「女英雄」形象。正如論者所言，「女英雄」被賦予「孝順和勇武」的特質，構建「女子氣概」，也是思考女性作為中華民族一員，她們貢獻自身力量的有效象徵。[33] 明清閨秀也有歌頌不少女中豪傑，多名歷史上有名的女將曾成為她們的題詠對象，包括花木蘭、秦良玉、沈雲英等等。她們當中，也有藉歌頌「女英雄」的勇武表現，而抒發女性的理想追求，並呈現她們對既有性別規範的思考。

花木蘭「代父從軍」家諭戶曉，這個故事不但彰顯古代女性之忠孝，也造就了女性建立軍功之可能。鄭樵（1104-1162）便以：「木蘭，女子也，其父被調從征，木蘭代父往防邊，獲功而歸」寫入《通志》。[34] 至於秦良玉（1574-1648）為明代著名

---

[33] 季家珍（Joan Judge）著、姚平譯：〈融合的向往形象：20世紀初的中西列女〉，收入伊沛霞（Patricia Buckley Ebrey）、姚平編：《當代西方漢學研究集萃：婦女史卷》（上海：上海古籍出版社，2012年），頁258-260。

[34] 鄭樵：《通志》（北京：中華書局，1987年），卷49，〈樂略〉1，〈佳麗四十七曲〉，頁632。有關花木蘭的研究成果，不勝枚舉，姑舉數例，如有樂平：《巾幗不讓鬚眉：中國著名女將小傳》（鄭州：中州古籍出版社，1991年）；黃燦章、李紹義：《花木蘭考》（北京：中國廣播電視出版社，1992年）；馬俊華、蘇麗湘：《木蘭文獻大觀》（鄭州：河南人民出版社，1993年）；王子今：《中國女子從軍史》（北京：軍事誼文出版社，1998年）；陳瑷婷：〈花木蘭故事、形象演化析論——以「木蘭詩」為中心考察〉，《弘光學報》，41期（2003年5月），頁129-147；Louise Edwards, "Transformations of the Woman Warrior Hua Mulan: From Defender of the Family to Servant of the State," *Nan Nü: Men, Women, and Gender in China*, vol. 12, no. 2 (December 2010), pp. 175-214; Shiamin Kwa and Wilt L. Idema (eds.), *Mulan: Five Versions of a Classic Chinese Legend, with Related Texts* (Indianapolis: Hackett Publishing Company, 2010); 張清發：〈奇女奇史——木蘭從軍的敘事發展與典範建構〉，《台北大學中文學報》，11期（2012年3月），頁117-144；李志生：《中國古代婦女史研究入門》（北京：北京大學出版社，2014年），〈木蘭

女將，[35] 係石砫宣撫使馬千乘（1570-1613）的妻子，馬氏去世後，秦氏繼任丈夫的職務，她的英勇事迹也載於官方史料，如《明史‧秦良玉傳》便有以下詳述：

> 秦良玉，忠州人，嫁石砫宣撫使馬千乘。萬曆二十七年（1599），千乘以三千人從征播州，良玉別統精卒五百裹糧自隨，與副將周國柱扼賊鄧坎。明年（1600）正月二日，賊乘官軍宴，夜襲。良玉夫婦首擊敗之，追入賊境，連破金筑等七寨。已，偕酉陽諸軍直取桑木關，大敗賊眾，為南川路戰功第一。賊平，良玉不言功。其後千乘為部民所訟，瘐死雲陽獄，良玉代領其職。良玉為人饒膽智，善騎射，兼通詞翰，儀度嫻雅。而馭下嚴峻，每行軍發令，戎伍肅然。所部號白桿兵，為遠近所憚。……而秦良玉一土舍婦人，提兵裹糧，崎嶇轉關，其急公赴義有足多者。彼仗鐵臨戎，縮朒觀望者，視此能無愧乎！[36]

文本〉，頁311-329；劉可好：〈扮裝故事的民間與文人視角——以花木蘭故事為例〉（國立東華大學碩士論文，2015年）；Louise Edwards, "The Archetypal Woman Warrior, Hua Mulan: Militarising Filial Piety," in *Women Warriors and Wartime Spies of China* (Cambridge: Cambridge University Press, 2016), pp. 17-39等等。

[35] 關於秦良玉的研究成果，頗為豐富，茲舉例如下：比如有陳世松：〈論秦良玉〉，《四川大學學報》，1978年2期（1978年）頁69-75；秦良玉史研究編纂委員會編：《秦良玉史料集成》（成都：四川大學出版社，1987年）；樂平：《巾幗不讓鬚眉：中國著名女將小傳》；魏華先、農夫：〈論愛國女將秦良玉〉，《武陵學刊》，1995年5期（1995年），頁73-75；王子今：《中國女子從軍史》；彭福榮：〈歷代吟詠秦良玉詩歌述論〉，《文藝爭鳴》，2008年7期（2008年），頁153-155；聶樹平：〈明清時期史學與文學文獻中的秦良玉形象〉（重慶工商大學碩士論文，2011年）；賴玉樹：〈忠忱武略勝鬚眉——明清詠秦良玉之詩舉隅〉，《萬能學報》，36期（2014年7月），頁79-86；Yanqing Lin and Lily Xiao Hong Lee (trans.), "Qin Liangyu," in Lily Xiao Hong Lee and Sue Wiles (eds.), *Biographical Dictionary of Chinese Women: Tang through Ming, 618-1644*, pp. 318-320 等。

[36] 張廷玉（1672-1755）等撰：《明史》（北京：中華書局，1974年），卷270，〈列傳〉第158，〈秦良玉〉，頁6944-6950。

萬曆二十七年，馬千乘帶領三千明軍征伐播州，秦良玉亦帶五百精兵跟隨出征。雖然受到賊軍夜襲，兩夫婦亦能加以防範，並「追入賊境，連破金筑等七寨」。其後，馬千乘受民眾誣告，病死於雲陽監獄，良玉繼而代領丈夫的職務。據《明史》所載，秦氏有勇有謀，亦「善騎射」；她既嚴謹地整頓軍風，其率領的「白桿兵」亦令敵軍感到忌憚。相比「縮胸觀望者」的將領，秦氏的「急公赴義」委實「不讓鬚眉」，甚至令那些男性感到慚愧，可見秦良玉的勇武和忠貞亦受到官方的認可。至於沈雲英（1624-1660）為武進士沈至緒之女，沈至緒為湖南道州守備。有關沈雲英的記載，徐鼐（1810-1862）《小腆紀傳》云：

> 沈雲英，蕭山人。父至緒，崇禎辛未武進士；守備道州。癸未，獻賊破湖南，郡縣皆糜爛；惟道州以至緒力戰得全。既而賊再至，再戰，馬驚仆，隕於陣。雲英聞變，奮臂揲矛，號哭趨賊營，奪父屍還；賊環搦之，雲英左右支悟，兵莫能傷，竟完守入保。因是，道州終不破。巡撫王聚奎具疏以聞，詔贈至緒昭武將軍，賜祠祭，授雲英為遊擊將軍，代父職，領兵守城。雲英初隨父任，適西川賈萬策，官荊州督師中軍。荊州困，萬策分門拒守，城陷，不屈死。雲英聞訃，慟哭辭職，間關數千里，出入賊中，扶其父與夫兩櫬歸蕭山。國變後，蠲棄服飾，隱居里門為女教授。素工書法，旁涉經史，然非本宗子弟不教也。族子兆陽者，從之受《春秋胡氏傳》，為知名士。[37]

---

[37] 徐鼐：《小腆紀傳》（光緒金陵刻本），卷60，〈列傳〉第53，〈列女〉，頁12上下。

其時張獻忠（1606-1647）作亂，大破湖南，甚至導致「郡縣皆糜爛」，沈至緒因守城而陣亡，故沈雲英身披鎧甲，又拼命地奪回父屍、代父率領部眾擊退敵人，解除道州的危難。巡撫王聚奎上奏朝廷，對沈氏父女的功績予以表揚，如沈至緒獲封「昭武將軍」、沈雲英獲封「遊擊將軍」，而雲英更代父領兵守湖南。根據《小腆紀傳》的記述，雲英其後嫁給賈萬策，而賈氏「官荊州督師中軍」，但不幸之處在於丈夫亦因守城而亡，雲英只能把父親和丈夫的靈柩帶回家鄉蕭山安葬。回鄉後，她「隱居里門為女教授」，教授族中子弟，可見沈雲英文武雙全，亦頗具膽識，儘管男性家人皆逝世，也堅守崗位，報效國家。由於雲英之事迹不載於《明史》，故夏之蓉（1698-1785）替她作傳，文中說：「秦良玉、沈雲英之流，解簪珥一奮，賊氣為奪，忠勇之伸，乃激於女子，事何奇也！豈亂世陰陽之道，不得其情；抑義在天下，不可奪志者，雖匹婦猶然歟！雲英事不載《明史》，余故傳之云。」[38] 當中以「解簪珥一奮，賊氣為奪，忠勇之伸，乃激於女子」、「抑義在天下，不可奪志者，雖匹婦猶然歟」諸句表揚她的忠勇，作者同時以「事何奇也」、「豈亂世陰陽之道，不得其情」等論述表明了他對古代女性之果敢行為感到詫異，相對而言也反映了一些投身疆場的男性有所不及之處。綜上所述，花木蘭、秦良玉、沈雲英等多位女將的忠孝及勇武形象，獲得廣泛的流傳，而明清女性著述之中亦常以她們的事迹加以發揮，塑造剛強的「女英雄」形象。

「女英雄」為了「全忠孝」而報效國家，她們的無私行為具備了「大丈夫」、「男兒」的丈夫氣概。因此，對於花木

---

[38] 夏之蓉：《半舫齋古文》（乾隆刻本），卷2，〈沈雲英傳〉，頁4上下。

蘭、秦良玉、沈雲英等多位女將「全忠孝」之德行，明清女性均鄭重指出她們的忠孝故事可名垂千古，志比男兒。比如花木蘭「代父從軍」的事迹，孫佩蘭（活躍於道光咸豐年間）[39] 便以「摜甲從軍十二年，歸來粉黛拜堂前。美人志是奇男子，全孝全忠青史傳」[40] 句表達她對木蘭「男子志」的敬重，其忠孝行為更是「青史傳」；而劉韻芳（1846-1923）[41] 更以「忠孝流傳花木蘭，緹縈救父等閒看」[42] 高度讚賞木蘭的忠勇，不但芳名流傳，又以「緹縈救父」的典故作對比，[43] 認為緹縈的救父之舉也可視作「等閒看」。緹縈（前206-8）的父親為淳于意（前205-前150），是齊地名醫，其後有「人上書言意」，故被判以刑罪。他被押送至長安時，埋怨自己育有五個女兒，然而家中沒有男兒替他分憂。緹縈頗為傷感，上書給漢文帝（劉恒，前202-前157；前180-前157在位），並表示她願意充當官婢替父親贖罪。對於緹縈的孝行，文帝頗為感動，既赦免其父之罪，亦廢除肉刑法。筆者相信劉韻芳無意強作對比，旨在頌揚這些女性的剛烈行為，視為一種模範對象加以借鏡。

此外，「女英雄」需極具勇氣，儘管戰場似是古代男性專

39 孫佩蘭，字譜香，錢塘人。著有《吟翠樓詩稿》，著錄於《歷代婦女著作考》，頁460；另見《清人別集總目》，頁645、《清人詩文集總目提要》，頁1583。

40 孫佩蘭：〈木蘭〉，見其《吟翠樓詩稿》（據光緒十四年〔1888〕刻本影印；收入《美國哈佛大學哈佛燕京圖書館藏明清婦女著述彙刊》，冊3），頁4上。

41 劉韻芳，字香洲，德安人。著有《憶餘室詩鈔》，著錄於《歷代婦女著作考》，頁721。

42 劉韻芳：〈木蘭〉，見其《憶餘室詩鈔》（民國十年〔1921〕石印本），頁21上。

43 「緹縈救父」的典故，出自司馬遷《史記》〈扁鵲倉公列傳〉，其具體記載為「文帝四年中，人上書言意，以刑罪當傳西之長安。意有五女，隨而泣。意怒，罵曰：『生子不生男，緩急無可使者！』於是少女緹縈傷父之言，乃隨父西。上書曰：『妾父為吏，齊中稱其廉平，今坐法當刑。妾切痛死者不可復生而刑者不可復續，雖欲改過自新，其道莫由，終不可得。妾願入身為官婢，以贖父刑罪，使得改行自新也。』書聞，上悲其意，此歲中亦除肉刑法。」參司馬遷：《史記》，卷105，〈扁鵲倉公列傳〉第45，頁2795。

有的場域，她們亦屬國家的一份子，若有報效國家的機會，也應盡力地貢獻自身力量，上陣殺敵而不作退縮。女性的赤膽忠肝，委實不遜色於男性，即如花木蘭代父從征便締造了良好的示範，故施淑儀（1876-1945）[44] 以「戎粧新改出關行，一片丹忱萬眾傾。**莫道閨中無血性，男兒幾個與齊名**」[45] 讚許木蘭從軍的忠誠。至於秦良玉請纓代替夫職之果敢行為，覃樹英[46] 與萬夢丹（活躍於道光咸豐年間）[47] 均別有一番體會，並作出題詠。覃樹英〈題秦良玉像〉強調秦氏的膽量，表現女性自強的一面，如「弓箭橫腰便請纓，桃花馬上有威名。**英雄更勝男兒膽**，絕塞能驅十萬兵」[48] 句便表達了覃氏對秦良玉之英勇勝過男兒的敬佩，以一己之力率領部眾並「驅十萬兵」。而馬千乘含冤而死，秦良玉於匆忙之間代領其職，並不思慮個人處境，極具英雄本色。秦氏的戰功亦不負眾望，甚至令敵軍聞風喪膽，難怪萬夢丹以「夫死蒼黃代誓師，錦袍殺賊勝男兒。芳原血濺桃花馬，不負臨軒一首詩」[49] 句強調秦良玉報效國家的勇武，其軍功更是「勝男兒」、「不負臨軒一首詩」。

　　事實上，不論是施氏、覃氏與萬氏，她們都強調「女英雄勝男兒」，甚或展示「男兒幾個與齊名」的自信，也呈現了她們對

---

[44] 施淑儀，字學詩，崇明人。其著作有《湘痕吟草》、《冰魂閣詩存》、《清代閨閣詩人徵略》等，著錄於《歷代婦女著作考》，頁833-834；另見《清人別集總目》，頁1659、《清人詩文集總目提要》，頁2013。

[45] 施淑儀：〈木蘭〉，見其《湘痕吟草》，載施淑儀著，張暉輯校：《施淑儀集》（北京：人民文學出版社，2011年），頁560。

[46] 覃樹英，字素瓊，武陵人。其著作有《素瓊齋集》，著錄於《歷代婦女著作考》，頁650。

[47] 萬夢丹，字篆卿，號品菊，德化人。其著作有《韻香室吟稿》、《彤管新編》，著錄於《歷代婦女著作考》，頁682。

[48] 覃樹英：〈題秦良玉像〉，見《國朝閨秀詩柳絮集校補》，卷34，頁1593。

[49] 萬夢丹：〈秦良玉〉，見其《韻香書室吟稿》，收入《國朝閨閣詩鈔》，第10冊，卷10，頁83上下。

女中豪傑的敬佩，引以為榜樣，驚惕自己不要成為《明史》秦良玉本傳所譏諷的「縮朒觀望者」，期望可建立一番功業。男性盡心報效國家本屬「男兒」需關注的議題，然而「縮朒觀望者」的嘲諷又揭示了未必所有男性能克盡己任，達到「男兒」的人格要求，例如王瓊（活躍於乾隆年間）[50] 便以「**未必丈夫皆報國，最難女子善談兵**」[51] 對那些缺乏志向、不思報國的男性加以嘲笑，更突顯了秦良玉「善談兵」的優點，秦氏調兵遣將、整治軍風都頗具識見，又不圖封賞，並致力於貢獻國家，實為「女中丈夫」。秋瑾也極力頌讚秦良玉與沈雲英的勇武表現，如以「**同心兩女肩朝事，多少男兒首自低。**肉食朝臣盡素餐，精忠報國賴紅顏」[52] 展示兩位女將的功德，又稱在位朝臣也需檢討自我，「多少男兒首自低」、「肉食朝臣盡素餐」其實是她用來譴責那些不盡己任的男性，只為謀取爵祿，並不是理想男性人格的彰顯，「**精忠報國賴紅顏**」更切實地反映了女性的忠誠與才能。

「女英雄」除了堅毅地作戰及保家衛國，她們並不貪戀個人名利，相對於那些「肉食朝臣盡素餐」的男性，「女英雄」更進一步展現了她們「丈夫貴功勳，不貴爵祿饒」的俠義精神。[53] 花木蘭為了顧全忠孝，她盡心報效國家，並不計較「爵祿」，故周佩蓀（1785-1860）[54] 以「薄妝纔卸氣偏豪，買得雕鞍買寶刀。此去豈圖侯爵貴，孝情更比勇名高」[55] 頌揚木蘭重視孝道、為國

---

[50] 王瓊，字碧雲，號愛蘭老人，丹徒人。其著作有《愛蘭軒集》、《愛蘭名媛詩話》等等，著錄於《歷代婦女著作考》，頁256-257。
[51] 王瓊：〈秦良玉〉，見嶙岣編：《閨苑奇葩：中國歷代婦女文學作品精選》（北京：華齡出版社，2012年），〈清代〉，頁355。
[52] 秋瑾：〈芝龕記題後〉，見其《秋女士遺稿》，頁1上。
[53] 姚合：〈送任畹評事赴沂海〉，見彭定求等編：《全唐詩》（北京：中華書局，1960年），卷496，頁5625。
[54] 周佩蓀，梁溪人。著有《瀚餘集》，著錄於《歷代婦女著作考》，頁378。
[55] 周佩蓀：〈木蘭從軍〉，見其《浣餘集詩鈔》（咸豐十一年〔1861〕刻本），頁

家建立功勳，「此去豈圖侯爵貴」呈現了女中豪傑不貪慕爵祿的高尚品格。劉韻芳也有相同的論調，讚許木蘭「功成不羨封侯賞，得替爺勞意始安」，[56]「女英雄」的勇敢表現出自忠孝的立場，並不顧及戰後的賜賞，她們的正直行為正好體現了「丈夫不貴爵祿饒」的崇高品德，難怪劉氏對木蘭之英勇表現有「軍書十二召從戎，**巾幗鬚眉氣吐虹**。匹馬揮戈人萬里，**漫言兒女不英雄**」的美譽。[57]

　　綜上所述，一些明清女性作家筆下具有「豪放」風格，她們所描繪之女中豪傑兼具忠勇及屢建軍功的卓越表現，除了視作自身的楷模外，也用以訴說她們對男女角色規範的看法。事實上閨秀也渴望以「女英雄」的身份跨越性別界限以及享有男性權力，期望直接參與社會與國家之建構。[58]在軍事領域上，戰士於軍營接受各種武術訓練；於戰場上奮勇殺敵，建立軍功，本為古代男性較常涉獵的事宜，女性基於家庭責任及性別規範，難以積極地參與，[59]縱使有「男兒志」，女性也不容易成為「巾幗英雄」，因此明清女性著作之中屢次建構「勝男兒」的形象，其實是想表達她們也渴望一展抱負的襟懷。即如「錦袍殺賊勝男兒」、「英雄更勝男兒膽」、「男兒幾個與齊名」、「多少男兒首自低」、

17上。
[56] 劉韻芳：〈木蘭〉，見其《噫餘室詩鈔》，頁21上。
[57] 同上。
[58] Xiaorong Li, "Engendering Heroism: Ming-Qing Women's Song Lyrics to the Tune *Man Jiang Hong*," pp. 1-39.
[59] Susan Mann, "The Lady and the State: Women's Writing in Times of Trouble during the Nineteenth Century," in Grace S. Fong and Ellen Widmer (eds.), *The Inner Quarters and Beyond: Women Writers from Ming through Qing*, pp. 283-313. 有趣的是前述女性王貞儀是文韜武略的女性模範，她曾在吉林向蒙古阿將軍之夫人「復習騎射」，參與軍事訓練，詳參王貞儀：〈題女中丈夫圖〉，見其《德風亭初集》，卷12，頁20下。

「漫言兒女不英雄」、「始信英雄亦有雌」[60]等女性書寫都是有力的心聲反映。有趣的是駱綺蘭（1755-1813）[61]的自嘲之中，也構建了「女英雄」建立軍功的自信：「小年性格愛豪粗，**惹得人稱女丈夫**。若戴兜鍪向邊塞，恐教麟閣把形圖。」[62]「若戴兜鍪向邊塞，恐教麟閣把形圖」暗示了她對自身才能引以為傲，亦深信女性若可參與戰事，其軍功也不遜於男性，甚至有所超越。「女英雄」更應努力爭取自己的權利，不作男性的附庸，故王采薇（1753-1776）[63]便以木蘭的事例道出「生女勿悲酸」的進取意識，對於「西家女兒衣盈箱，自矜嫁得金龜郎」的女性作出鄙視，「男兒封侯妾何有，要取黃金自懸肘」更寫實地呈現了王氏的性別自覺、「不讓鬚眉」的氣概及對女性所受性別規範之不甘。[64]同

---

[60] 秋瑾：〈芝龕記題後〉，見其《秋女士遺稿》，頁1上。

[61] 駱綺蘭，字佩香，號秋亭，句容人。著有《聽秋軒詩集》，著錄於《歷代婦女著作考》，頁761、《清人別集總目》，頁1716、《清人詩文集總目提要》，頁926。以駱綺蘭為分析對象，詳參于麗艷：〈駱綺蘭「秋燈課女」的文化意蘊〉，《常州資訊職業技術學院學報》，2004年3期（2004年9月），頁32-34；蕭燕婉：〈駱綺蘭の《聽秋軒閨中同人集》および《聽秋軒贈言》について〉，《中國文學論集》，33號（2004年），頁120-134；伏濤：〈試論駱綺蘭詩歌中的男性意識及其成因〉，《大連大學學報》，2010年31卷3期（2010年6月），頁24-27；Robyn Hamilton, "The Unseen Hand: Contextualizing Luo Qilan and Her Anthologies," in Grace S. Fong and Ellen Widmer (eds.), *The Inner Quarters and Beyond: Women Writers from Ming through Qing*, pp. 107-140 等等。

[62] 駱綺蘭：〈自嘲〉，見其《聽秋軒詩集》（據乾隆六十年〔1795〕金陵龔氏刻本影印；收入《美國哈佛大學哈佛燕京圖書館藏明清婦女著述彙刊》，冊1），卷1，頁11下-12上。此版本亦收入《清代詩文集彙編》，冊446。

[63] 王采薇，字玉珍，又名玉映、薇玉、虞鳳，武進人。其著作有《玉珍集》、《長離閣詩集》、《罷繡吟》、《留香草合刻》，著錄於《歷代婦女著作考》，頁234、《清人別集總目》，頁144、《清人詩文集總目提要》，頁897。而有關王氏之專研成果方面，參周律誠：〈清代常州女詩人王采薇研究〉（南京師範大學碩士論文，2007年）、〈清代常州女詩人王采薇詩歌思想內容淺析〉，《文教資料》，2010年24期（2010年8月），頁13-15；伏濤：〈「長儷」閣中「長離」情——試論王采薇的心境與詩情〉，《殷都學刊》，2010年2期（2010年7月），頁66-70、〈從王采薇、黃仲則之詩看「盛世」閨閣、寒士的心境同構〉，《三峽大學學報》（人文社會科學版），32卷5期（2010年9月），頁55-58等等。

[64] 王采薇：〈木蘭詞〉，見其《長離閣集》（據嘉慶二十三年〔1818〕刻本影印；

時，女性亦目睹在位朝臣未能克盡己責，有違「男兒」風範，故「未必丈夫皆報國」、「肉食朝臣盡素餐」諸句亦反映了她們熱切地渴望報效國家，不必依賴這些男性效力朝廷，極富諷刺意味。

明清女性借古諷今，也極力塑造「女英雄」形象，本文認為她們既以這些女性為模範，又因感同身受，故發表女性的理想追求，不願「雌伏」，反而希望用她們的力量為家國作出奉獻。[65]鋪述勇武女性形象的同時，不少作者筆下又暴露了朝臣的不當行為，委實發現「女英雄」之彰顯也蘊含了她們對傳統男性人格作出省思。

第三節　男性人格之模倣者
——明清女性著述中「擬男」的表達模式

明清女性作家致力於塑造「女丈夫」形象，多番仿效男性人格，論者謂她們間或採用「擬男」的表述形式，突破自身性別限制，既呈現女性自主的訴求，通過性別換裝，亦藉以降低她們跨越性別界限的憂慮。[66]據本研究的觀察，明清女性著述中「擬

收入《美國哈佛大學哈佛燕京圖書館藏明清婦女著述彙刊》，冊4），頁5上下。此處所據版本係嘉慶二十三年（1818）刻本，筆者所知《長離閣集》亦有《平津館叢書》本，收入《叢書集成初編》，冊2321。

[65] 鮑震培指出「女中丈夫」形象的確立，女性由崇拜到模倣，已逐漸成為社會上的一種風氣。女性情懷亦由「小我」發展為關心國事、承擔國民責任的「大我」精神，詳參鮑震培：《清代女作家彈詞研究》，〈「女中丈夫」風氣與女豪杰形象〉，頁121。

[66] 華瑋：《明清婦女之戲曲創作與批評》，〈無聲之聲：明清婦女戲曲中之情、欲書寫〉，頁38。華瑋指出「擬男」的表述方式，是女作者以男性形象和論述之展示方式表達女性聲音，詳參華瑋：《明清婦女之戲曲創作與批評》，〈「擬男」的藝術傳統：明清婦女戲曲中之自我呈現與性別反思〉，頁101。另外，王力堅又認為「擬男」創作屬「他者化」現象，論述父系社會中女性是男性的「他者」

男」的表達方式頗為普遍，既衍生出「我愧非男兒」[67]的自我慰藉，用以調整自我性別怨恨之心理；[68]但與此同時，又於行文之中多次表達如「男兒中亦有巾幗，女兒中亦有鬚眉」[69]的自我優越感。事實上，明清閨秀通過「擬男」方式，不但訴說女性命運的切身關懷，亦進一步帶出她們對男性所享權力與優勢之嚮往，嘗試於虛擬的領域尋求自我理想。[70]有關明清女性的自我慰藉之形式及她們致力塑造的性別優越感，茲析論如下：

「我愧非男兒」——明清女性對「巾幗」免責之「自慚」

基於女性自身性別角色的束縛，也無法履行男性的責任，明清才女多以「愧」、「恨」、「悔」、「嗟」等字眼藉以表達未能充當男兒的遺憾、愧疚與悔恨，並用以調節自身對性別限制的訴求。[71]然而，在她們的著述之中，亦充分反映了她們盼望躋身於男性行列，[72]共同建構「男性氣概」。

例如張淑蓮[73]訓示孫女輩學詩書的勸誡，便鄭重勸勉孫女們「雖非男兒」，她們亦需慎重處理「期於名姓揚」、「亦須傳素風，世業詩書長」、「務使才與德，相成毋相妨」[74]等性別議

(the Other)，她們不能獨立地存在。詳參王力堅：《清代才媛文學之文化考察》，頁59。

[67] 語出席佩蘭〈勖弟〉一詩，見其《長真閣集》，卷1，頁4上下。

[68] 王力堅：《清代才媛文學之文化考察》，頁39。

[69] 語出陳鉦（1851-1873）〈遣懷〉一詩，見其《寒碧軒詩存》，收入《江南女性別集‧初編》，下冊，頁1199-1200。

[70] 王力堅：《清代才媛文學之文化考察》，頁59、75。

[71] 同上，頁39。

[72] 同上，頁61。

[73] 張淑蓮，字品香，上虞人。著有《澄輝閣吟草》，著錄於《歷代婦女著作考》，頁520。

[74] 張淑蓮：〈孫女輩學詩書示三首〉，見其《張淑蓮詩稿》（清末抄本），頁2下

題，當中注重揚名顯親、維繫純樸家風、承傳學問等概念皆為男性需優先處理的課題。同時，鄭嗣音、[75] 席佩蘭親歷幼年失怙的苦況，體會到維繫家族傳承的責任已落在她們的弟弟身上。然而弟弟「弱身未立」、未成大器，故鄭氏與席氏均同書「**悔非奇男子**」及「**我愧非男兒**」的遺憾，訴怨自己並非男性，「**余生一巾幗，安能志四方**」、[76]「**門戶不能當**」[77] 等句皆充分呈現兩位女性不可「志四方」及「當門戶」的失落，未能為娘家分憂，故勸勉她們的弟弟注重「騰達與飛揚」、「勉旃誦先德，勿墮門戶光」，切實地履行男子應有之責任。言為心聲，誠然她們頗為渴望分擔娘家的種種窘局，對自己身為女性感到悔恨，未能為家族傳承作出直接的參與。

面對男性家人的仕途失意，袁棠亦對其二兄袁樹（1731-1810）的遭遇感到慨嘆：

> 鵬程人與白雲齊，君獨年年借一枝。聞道故交多及第，更憐羈客尚無期。琴書別後遙相憶，雪月窗前寄所思。**常對芙蓉染衣鏡，堪嗟儂不是男兒。**[78]

-3下。此處所據版本係清末抄本，此詩亦見《國朝閨秀正始集》，卷15，頁1上-2下。關於女性才、德相妨的觀念，古人認為女性有了才思，容易不守婦道，亦因中國傳統思想較重視德行，故出現「才德相妨」的價值觀，詳參劉詠聰：〈「女子無才便是德」說的文化涵義〉，收入《女性與歷史：中國傳統觀念新探》，頁89-103；Dorothy Ko, *Teachers of the Inner Chambers: Women and Culture in Seventeenth-Century China*, pp. 143-176; Kang-i Sun Chang, "Ming-Qing Women Poets and the Notions of 'Talent' and 'Morality'," pp. 236-258 等等。

[75] 鄭嗣音，字芳沚，長樂人。著有《苣香閣遺草》，著錄於《歷代婦女著作考》，頁741。

[76] 鄭嗣音：〈病中侍母話舊〉，見《國朝閨秀詩柳絮集校補》，卷45，頁2145-2146。

[77] 席佩蘭：〈勗弟〉，見其《長真閣集》，卷1，頁4上下。

[78] 袁棠：〈寄香亭二兄〉，見其《繡餘吟稿》，頁11下。

從袁棠書寫的內容之中，可以得知袁樹仕途並不如意，甚至「君獨年年借一枝」；袁棠又有感於其兄的苦況，感觸自身縱有才學，還是受到社會的性別秩序所限，未能肩負男兒職責，只能道出「堪嗟儂不是男兒」的無奈。

除了以上詩作，女性的戲曲創作亦表現出「女兒愁」的感傷，例如吳藻（約1799-約1862）[79]《喬影》的女主角謝絮才於劇首進行自述如下：

> **百鍊鋼成繞指柔，男兒壯志女兒愁。**今朝并入傷心曲，一洗人間粉黛羞。我謝絮才，生長閨門，性耽書史，**自慚巾幗**，不愛鉛華。……但是仔細想來，幻化由天，主持在我，因此日前描成小影百幅，改作男兒衣履，名為《飲酒讀騷圖》，敢云絕代之佳人，竊訕風流之名士。今日易換閨裝，偶到書齋玩閱一番，借消憤懣。[80]

謝絮才具備「男兒壯志」，卻因身為女兒身感到慨歎。她並不喜

---

[79] 吳藻，字蘋香，號玉岑子，仁和人。其著作有《香南雪北詞》、《花簾書屋詩詞》、《讀騷圖曲》等等，著錄於《歷代婦女著作考》，頁317、《清人別集總目》，頁863、《清人詩文集總目提要》，頁1344。以吳藻作為探討對象，成果較多，例如有彭俊彥：〈清代女詞人吳藻——讀詞箚記〉，《遼寧大學學報》（哲學社會科學版），1980年5期（1980年），頁79-83；鍾慧玲：〈吳藻與清代女作家的交遊續探〉，《東海學報》，38卷1期（1997年7月），頁39-58；鍾慧玲：《清代女作家專題：吳藻及其相關文學活動研究》（台北：樂學書局有限公司，2001年）；崔麗娜：〈論嘉道年間女詞人顧春、吳藻〉（黑龍江大學碩士論文，2003年）；李保民：〈清代女詞人吳藻的悲情生活〉，《食品與生活》，2004年9期（2004年），頁38-39；甘華瑩：〈清代女詞人吳藻與沈善寶的詞作風格比較〉，《綿陽師範學院學報》，2012年12期（2012年12月），頁51-54等。華瑋亦有多種著作專研吳氏之戲曲《喬影》，詳參 "The Lament of Frustrated Talents: An Analysis of Three Women's Plays in Late Imperial China," *Ming Studies*, vol. 32 (April 1994), pp. 28-42、《明清婦女戲曲集》、《明清婦女之戲曲創作與批評》、《明清戲曲中的女性聲音與歷史記憶》等等。

[80] 吳藻：《喬影》（道光刻本），頁1下-3上。

愛鉛華弄姿，亦以巾幗之身份而感到慚愧。「性耽書史」、「改作男兒衣履」、「敢云絕代之佳人，竊詡風流之名士」等句又何嘗不是作者以「擬男」方式表達她對傳統男性人格的嚮往及呈現女性的自我慰藉？再者，何佩珠（1819-？）[81]《梨花夢》的女主角杜蘭仙「縱有經天緯地之才」，[82] 然而基於性別期許的約束，又怎敢奢望「有吐氣揚眉之日」？[83] 作者又透過筆下角色之遭遇道出她不能成為男兒的種種歎息。

王筠同是「**以身列巾幗為恨**」，[84] 其創作的《繁華夢》亦得到不少女性的題辭，[85] 值得注意的是杭溫如[86] 所題之內容屢番強調王筠作為「女郎」、「女兒身」的遺憾，例如有「門蔭三槐自賞芳，才高柳絮擅詞場。惟嫌造物留遺憾，**不作兒郎作女郎**」、[87]「槐堂淑質箇中人，憾鬱填胸自壘礧。非為繁華成悵觸，**多才惟恨女兒身**」[88] 諸句。縱使王筠「才高柳絮擅詞場」、

---

[81] 何佩珠，字芷香，號天都女史，歙縣人。其著作有《津雲小草》、《梨花夢》、《環花閣詩鈔》、《竹煙蘭雪齋詩鈔》，著錄於《歷代婦女著作考》，頁292；另見《清人別集總目》，頁941、《清人詩文集總目提要》，頁1409。以珮珠為析論對象，詳參任榮：〈清代徽州女詩人、戲曲家何珮珠考論〉，《淮北師範大學學報》（哲學社會科學版），2011年2期（2011年7月），頁48-52；趙燕紅：〈溫柔敦厚，意似淡荷──論才女何佩珠《津雲小草》的詩歌特色〉，《清遠職業技術學院學報》，2015年5期（2015年12月），頁35-40。至於何氏《梨花夢》之相關分析，亦參華瑋《明清婦女戲曲集》及《明清婦女之戲曲創作與批評》。

[82] 何佩珠：〈憶夢〉，見其《梨花夢》（據道光二十年〔1840〕刻本影印；收入《北京師範大學圖書館藏稀見清人別集叢刊》，冊18），卷2，頁2下-3上。

[83] 同上。

[84] 《歷代婦女著作考》，頁245。

[85] 明清閨秀之間的互相題辭、評點等方式，既對讀者有引導作用，亦藉以為女性表達她們的看法、彰顯女性才德與情感，詳參華瑋：〈性別與戲曲批評：試論明清婦女之劇評特色〉，頁193-232。

[86] 杭溫如，字玉輝，長安人。著有《息存室吟稿》、《息存室吟稿續集》，著錄於《歷代婦女著作考》，頁395。

[87] 杭溫如：〈題繁華夢傳奇〉，見其《息存室吟稿續集》（嘉慶二十二年〔1817〕原刻光緒三十四年〔1908〕重梓），頁22下。

[88] 同上，頁24下。

「槐堂淑質箇中人」，王氏才德雙全，蓋因不是男兒身而成為憾事，甚至感到「憾鬱填胸」、「蹙顰」。

無論如何，我們可以理解明清女性以「悔非奇男子」及「我愧非男兒」等表達形式調節心中的性別遺憾。然而「憾」之愁思外，還存有不少豪情壯志，她們盼望可以「擬男」方式代入男性的角色，期盼建立一番作為是不容置疑的。

「男兒中亦有巾幗，女兒中亦有鬚眉」
──明清女性表現的自我優越感

明清女性筆下「擬男」的表達方式，除了產生自身作為女性的怨歎，用以撫慰她們的心靈，有趣的是也有一些女性不滿於「雌伏」的狀態，甚至彰顯作為女性的自我優越感，展現出「巾幗不讓鬚眉」的姿態，可與「大丈夫」、「男兒」一樣平分秋色，在達到社會上對各性別角色之要求方面，絕不比男性失色。[89]

在從軍議題上，「女英雄」上陣殺敵，具備男兒膽識，絕不臨陣退縮，劉韻芳以「匹馬揮戈人萬里，漫言兒女不英雄」[90]句歌頌花木蘭的英雄事蹟、萬夢丹與秋瑾有「**錦袍殺賊勝男兒**」、[91]「**謫來塵世恥為男，翠鬢荷戈上將壇**」[92]諸句表達她們對秦良玉的敬佩。劉氏、萬氏與秋氏均致力推崇木蘭、良玉等多位著名女將的豐功偉績，更認為女將殺敵、建立軍功等多方面可

---

[89] 鄧丹：《明清女劇作家研究》，頁78-79。
[90] 劉韻芳：〈木蘭〉，見其《噫餘室詩鈔》，頁21上。
[91] 萬夢丹：〈秦良玉〉，見其《韻香書室吟稿》，收入《國朝閨閣詩鈔》，卷10，頁83上下。
[92] 秋瑾：〈芝龕記題後〉，見其《秋女士遺稿》，頁1上。

勝男兒，更甚者如秋瑾更作出「恥為男」的表態，誠然亦反映她們希望以自身的才能去建功立業的自信。難怪學人梁乙真亦對秋瑾有「女性自尊之信念極強」、「真女豪也」的讚嘆。[93]

　　「女中丈夫」亦以其才德兼備引以為傲，例如吳荃佩以「如君才調如君德，**當使男兒拜下塵**」[94] 句贈予耿夫人、石承榅亦對樂羊子妻有「臨財臨難均無苟，**誰是鬚眉大丈夫**」[95] 的高度讚揚；前文所述的女性著作《喬影》，梁德繩（1771-1847）[96] 撰有「**天生幸作女兒身，多少鬚眉愧此人**」[97] 的題辭，對吳藻的才華作出美譽。「當使男兒拜下塵」、「誰是鬚眉大丈夫」、「多少鬚眉愧此人」等詩句均高度呈現了明清閨秀的自我優越感，她們認為男性的才德遜於女性，他們應當感到羞愧。此外，男性行事需光明磊落，抱持雄心壯志，然而王貞儀與施淑儀的著作之中，均屢次強調「女中丈夫」的雄心萬丈及行事磊落，如王貞儀有「足行萬里書萬卷，**嘗擬雄心勝丈夫**」、「**丈夫之志才子胸**」[98] 多句表明閨閣女子也可勝過男兒的抱負；施淑儀也以「生平磊落多雄概，**豈必鬚眉是丈夫**」[99] 句表揚其女同事徐安詳的丈夫氣概。[100]

---

[93] 梁乙真：《清代婦女文學史》，頁254。

[94] 吳荃佩：〈贈耿夫人〉，見其《碧雲閣詩鈔》，卷上，頁1342。

[95] 石承榅：〈善行婦道〉，見《沅湘耆舊集》，卷191，頁6下。

[96] 梁德繩，字楚生，錢塘人。其著作有《古春軒詩鈔》、《古春軒詞》、《再生緣》等等，著錄於《歷代婦女著作考》，頁544、《清人別集總目》，頁2140、《清人詩文集總目提要》，頁1060。

[97] 梁德繩：〈題吳蘋香女史飲酒讀騷圖〉，見其《古春軒詩鈔》（據道光二十九年〔1849〕刻本影印；收入《美國哈佛大學哈佛燕京圖書館藏明清婦女著述彙刊》，冊4），卷下，頁22上。

[98] 王貞儀：〈題女中丈夫圖〉，見其《德風亭初集》，卷12，頁20上-21上。

[99] 施淑儀：〈題徐安詳遺像二絕〉，見其《冰魂閣詩存》，載《施淑儀集》，卷下，頁673。

[100] 施淑儀身歷清代亡國以至民國建立之時代變遷，在投身教育及寫作行為之間進行拿捏，亦反映了傳統與現代情境轉變下的相關抉擇，詳參胡曉真：〈杏壇與文壇

值得注意的是明清女性著作中亦對丈夫氣概不足的男性有所嘲笑，如陳鉦[101]〈遣懷〉一詩便是很好的引證。前文指出「**男兒襟期原落落，志氣凌雲難測度**」，[102] 男兒襟懷與志氣本是理想的男性人格，然而陳氏又觀察當朝士人「惟念千秋不朽名」、「非徒寵榮麋好爵，且使姓名耀麟閣」，[103] 他們只思量自己的名利與爵祿，忘卻了「男兒」需以身作則，關注「兼善天下」。

　　相對這些自私的男性，陳鉦舉出多個歷史上著名的「女丈夫」之事迹，藉以強調她們「忠孝節烈垂芳矩，卓卓驚人不數睹」的無私行為，[104] 而不是徒具「婦道無知世所譊」、「莫道女兒顏色誇，只知刺繡傍窗紗」、「絕無識見高一世，未嘗涉獵及百家」[105] 這些偏見。在彰顯女性的識見方面，如有「嬰母知廢陵母興，一時卓識曾無伍」句，[106] 句中所指係陵（王陵）母、嬰（陳嬰，？-前183）母的事蹟，她們洞察政局，明瞭當時政權的興廢，對兒子的仕途給予灼見。[107] 以表揚女性的賢德為例，陳氏亦有「樂羊有婦孟有母，不惜抽刀斷機杼」等句，[108] 所論的是樂羊子妻和孟（軻）母「斷機」的典故，藉以勸勉丈夫、兒子堅持修業。[109]

——清末民初女性在傳統與現代抉擇情境下的教育與文學志業〉，《近代中國婦女史研究》，15期（2007年12月），頁62-67。

[101] 陳鉦，字靜漪，錢塘人。著有《寒碧軒詩存》，著錄於《歷代婦女著作考》，頁597。

[102] 陳鉦：〈遣懷〉，見其《寒碧軒詩存》，頁1199。

[103] 同上。

[104] 陳鉦：〈遣懷〉，見其《寒碧軒詩存》，頁1200。

[105] 同上，頁1199-1200。

[106] 同上，頁1200。

[107] 「陵母知興，嬰母知廢」，有關王陵與陳嬰之母的事迹，參班固撰，顏師古注：《漢書》，卷100上，〈叙傳〉第70上，頁4210-4211。

[108] 陳鉦：〈遣懷〉，見其《寒碧軒詩存》，頁1200。

[109] 孟母斷機教子的典故，參劉向編：《列女傳》，卷1，〈母儀傳〉，〈鄒孟軻母〉，頁11上-12下。

至於女性才學的展現，也有「美哉女誡大家著，妙筆亦霏五色雨」、「巧思回文織錦組，不櫛進士洵足誇」諸句，[110] 所述的是班昭及竇滔妻蘇氏，她們所撰的《女誡》、回文詩均頗受讚許。班昭協助其兄班固完成《漢書》的寫作，獲得「曹大家」的美譽，[111] 及後她又撰寫《女誡》，屬中國首部女學專著，她才華洋溢，於是成為有名的歷史人物。而蘇氏思念丈夫竇滔，並寫作回文詩，她把詩句織於錦緞上。有趣的是讀者可以「宛轉循環以讀之」，[112] 詞句優美，「回文織錦」既帶有妻思夫之情，也展現了蘇氏的才學。另外，陳鈺亦頗賞識「女英雄」的軍功，有「近今何人能步武，良玉亦提勤王旅」、「或代從軍或救父，玉手纖纖能搤虎」句，[113] 對前述花木蘭、秦良玉等女將的功績予以頌讚。

　　陳氏對那些重利輕義的男性有所嘲諷，認為他們未能達到「男兒」的要求，又多番強調「女中丈夫」的種種才識、德行與勇武，難怪她於詩末評云「**男兒中亦有巾幗，女兒中亦有鬚眉**」，[114] 既呈現出陳氏對「鬚眉女兒」的肯定，也間接地表達她對「巾幗男兒」的不滿。

　　總括而言，明清女性作家透過「擬男」方式所建立的「女中丈夫」，不論是自我的心理調整，或是塑造女性角色的優越形

---

[110] 陳鈺：〈遣懷〉，見其《寒碧軒詩存》，頁1200。

[111] 班昭「曹大家」之名，據《後漢書》所載：「扶風曹世叔妻者，同郡班彪（3-54）之女也，名昭，字惠班，一名姬。博學高才。……帝數召入宮，令皇后諸貴人師事焉，號曰大家。」參范曄：《後漢書》，卷84，〈列女傳〉第74，〈曹世叔妻〉，頁2784-2785。

[112] 《晉書》中有關竇滔妻蘇氏的記載如下：「竇滔妻蘇氏，始平人也，名蕙，字若蘭。善屬文。滔，苻堅時為秦州刺史，被徙流沙，蘇氏思之，織錦為迴文旋圖詩以贈滔。宛轉循環以讀之，詞甚悽惋，凡八百四十字，文多不錄。」參房玄齡等撰：《晉書》（北京：中華書局，1974年），卷96，〈列傳〉第66，〈列女〉，〈竇滔妻蘇氏〉，頁2523。

[113] 陳鈺：〈遣懷〉，見其《寒碧軒詩存》，頁1200。

[114] 同上。

象，誠然也反映明清女性對男性的社會價值之認同，支持他們繼續享有男性的優勢。[115] 對於傳統男性人格的仿傚，足證女性對既有社會規範及性別秩序的質疑，[116] 也展示了她們意圖突破傳統性別角色界限的強烈欲望。[117] 論者謂清代男性文人對名士化的美人加以讚譽，[118] 誠然明清閨秀又何嘗不是以「大丈夫」、「男兒」等理想的男性人格作為她們的模傚指標？「女中丈夫」的演繹，猶如一面鏡子，不但反映了傳統男性人格的歷史與文化內涵，也進一步呈現女性對建構男性人格內容的參與。

第四節 「女中丈夫」與「男性氣概」
——明清女性作家塑造的男性人格

透過「擬男」的表現方式，明清女性表明了她們對性別定見、自我角色的社會規範加以反思，[119] 借用華瑋的觀點，明清閨秀建構的「女中丈夫」形象，誠然也呈現了她們對男性角色的見解。女性在發表她們內在心聲的同時，也豐富了傳統男性人格的內涵。

據雷金慶對中國社會中所存在之「男性氣概」的析論，大致包含了「文」與「武」的兩種男性氣質。「文」所呈現的是文化上的內涵，擁有溫文爾雅的男性氣質，如才子、文人等等；而

---

[115] 胡曉真提出清代女性彈詞小說的創作中，塑造了「假丈夫」以表達女性對男性性別優勢的嚮往，建構女性獨有的「女中豪傑」形象，詳參胡曉真：〈祕密花園：論清代女性彈詞小說中的幽閉空間與心靈活動〉，頁312。

[116] 同上。

[117] 華瑋：《明清婦女之戲曲創作與批評》，〈「擬男」的藝術傳統：明清婦女戲曲中之自我呈現與性別反思〉，頁152。

[118] 王力堅：《清代才媛文學之文化考察》，頁70。

[119] 華瑋：《明清婦女之戲曲創作與批評》，〈「擬男」的藝術傳統：明清婦女戲曲中之自我呈現與性別反思〉，頁152。

「武」則強調剛強與尚武的特點，建立一種武俠形象，關注的是身體上的力量。[120] 本文借用雷金慶所提出的「文」與「武」理論架構及觀點進行分析，發現明清女性演繹的各種「女丈夫」形象，委實也呈現了「文」與「武」的男性特質。秉承優良家學、擁有「清才」的「女士」，她們妙筆生花、注重士人操行與治國，屬「文」的表現；「女英雄」馳騁沙場、殺敵致果，彰顯了她們勇武的力量，係「武」的展現。由此可見，「女中丈夫」與「男性氣概」具有千絲萬縷的關連，明清女性作家在仿傚男性人格的過程，也為「文」、「武」之男性建構作出重要的貢獻，她們的聲音提供了不可或缺的參考價值。

論者曾言二十世紀初中國的傳記之中，箇中有關「女勇士」的描寫，無論是其衣著及舉止，都被視作男性的替代者（surrogate men）。「女勇士」所強調的是德行與忠孝，對女性的性別規範起了鞏固的作用。[121] 本文認為「女中丈夫」的塑造，也是對男性角色期許的一種覺醒，事實上對兩性的性別規範也有關鍵的啟示。明清女性著述之中致力塑造「女士」與「女英雄」的形象，這種文武並重的特點，委實也是論者認為「中國的男性氣概，理想的男人應該是能夠在『文』及『武』取得平衡」[122] 的一種有力回應。她們所致力構建的「文」和「武」之男性特質，女性尚如此，男性又何嘗不然？他們更需注意「文」與「武」的拿捏，用以構建丈夫氣概。

我們亦發現明清女性建立的「女中丈夫」形象，也常觸及個人修身、齊家、治國等不同層面，[123] 均屬古代男性建構丈夫氣

---

[120] Kam Louie, *Theorising Chinese Masculinity: Society and Gender in China*, p. 77.

[121] 季家珍著，姚平譯：〈融合的向往形象：20世紀初的中西列女〉，頁258-260。

[122] Kam Louie, *Theorising Chinese Masculinity: Society and Gender in China*, p. 11.

[123] 「修身」、「齊家」、「治國」等概念為儒家所提倡，故云「古之欲明明德於天

概時更需注意的性別議題。在個人修身之層面，「女士」重視忠孝、品德與志向的秉持，「君自盡忠儂盡孝」、「君能全節予能孝」、「美人志是奇男子，全孝全忠青史傳」等句叮嚀「男兒」注意忠與孝的平衡，不能有所忽略；「生平磊落多雄概」、「臨財臨難均無苟」諸句揭示男性需磊落光明，勿因個人利益和危難而有所苟且，維繫良好的品格與操守。「丈夫之志才子胸」、「男兒襟期原落落，志氣凌雲難測度」多句更重申男兒志在四方的理想人格，他們宜具備宏大的抱負。由個人修身轉移至家族場域，顯親揚名、承傳家風、光耀門閭也是「女有士行」的模範。反過來說，男性為一家之主，身繫家族傳承的重責，他們更需謹慎地維持「父名」，與家人一起用心經營「傳素風」及「壯門楣」的事宜，避免「墮門戶光」的發生，意圖「名姓揚」，建立男性榮譽。

　　由家族伸延至國家層面，有關「女中豪傑」的討論委實包含了「兼濟天下」的崇高理想。她們認為為官者不能側重個人利益與地位而忽略百姓的需要，必須致力於報效國家，建立功績。她們的高尚情操，為男性在「治國」方面建立良好的典範。「讀書久已薄迂儒」、「尚志惟思濟世民」諸句提醒男性不可作迂儒，「大丈夫」需「兼善天下」，並思考如何濟世與愛民；女性對「肉食朝臣盡素餐」的怨恨，更表明「男兒」需實在地貢獻自身予國家，不可「無功受祿」，亦不貪圖「功成」之「封侯賞」。不論是個人、家族以至國家的各個層面，明清女性塑造的「女中丈夫」形象，反映了她們對「大丈夫」、「男兒」等理想人格的

下者，先治其國。欲治其國者，先齊其家。欲齊其家者，先修其身。」參鄭玄箋，孔穎達疏：《禮記正義》，卷第六十，〈大學第四十二〉，頁1673。古代男性需循序漸進，先從「修身」與「齊家」入手，才可逐漸領略如何「治國」和「平天下」。

追求，也使「男性氣概」之內容更形充實。由此觀之，明清閨秀除了致力塑造「女士」和「女英雄」等文武形象，也呈現了她們對兩性在不同場域性別期許的深層思考。

「女中丈夫」的確立，正好進一步提醒了男性該如何自處。一些女性雖然對「女兒身」呈現了她們的怨憤，誠然她們亦表達了對男性責任之看法，無論她們如何以「汝雖非男兒」、「悔非奇男子」及「我愧非男兒」等形式作出鋪陳，都直截了當表明男性需「傳素風」和「誦先德」，注意維繫家風與誦習先德；男性宜謹慎地學習「當門戶」之道，避免「墮門戶光」，為家族建立良好的名聲；「大丈夫」必須慎重建立志向，堅守信念，藉以「騰達與飛揚」、「有吐氣揚眉之日」。本研究認為，明清女性感嘆自身「非男兒」的同時，其實正是從另一角度提醒男性需注意的性別責任。再者，部分明清女性建立的自我性別優越感、對丈夫氣概不足的男性加以嘲諷，又何嘗不是間接地督促男性需自強不息及以身作則？「女中丈夫」實為女性「激勵自我意志的楷模」，[124] 剛強的女豪傑形象，也意味著女性對「軟弱男性之指責」，[125]「大丈夫」、「男兒」又怎能有懦弱與退縮的一面？明清閨秀模倣傳統男性人格，並塑造「女中丈夫」的形象。同時，她們又在男性人格的構成上貢獻了力量。她們以「大丈夫」、「男兒」的理想人格為參考模範，提醒男性亦可視「女中丈夫」為自強的典範，兩者相輔相成。

---

[124] 李志生：《中國古代婦女史研究入門》，頁311-329。

[125] Ellen Widmer, "The Inner Quarters and Beyond: Women Writers from Ming through Qing and its Deliberations on a 'Minor Literature'," in Grace S. Fong and Ellen Widmer (eds.), *The Inner Quarters and Beyond: Women Writers from Ming through Qing*, p. 388. 中譯文字據魏愛蓮：〈閨閣及其超越：明清女作家及其對「小眾文學」（Minor Literature）的思考〉，收入方秀潔、魏愛蓮編：《跨越閨門：明清女性作家論》（北京：北京大學出版社，2014年），頁346。

第五節　小結

　　明清女性構建的「女中丈夫」形象，文武並重，著述之中所牽涉的性別期許與反思，觸及個人、家庭、國家等多個層次，更讓我們感受到「天下興亡，匹婦同樣有責」的崇高人格與德行。[126] 有趣的是，她們採用「擬男」的方式表達女性聲音，一些女性對既定之性別規範有所怨歎，也有其他女性意圖作出性別越界，以「女丈夫」之建立直抒胸臆，筆下亦呈現了她們對「男性氣概」的深思和嚮往。明清女性作家在塑造「女丈夫」的過程，也不斷為傳統男性人格注入不少女性聲音，甚至呈現了她們對「巾幗男兒」的嘲諷，委實也鞭策男性需自強不息。若「女中丈夫」的構建，源於女性對男性人格的參照，那麼「女中丈夫」也可成為男性的模範。兩性的互相激勵與進步，在審視「女中丈夫」形象之中可以得到引證，也可窺見古代兩性關係的微妙互動。

---

[126] 王子今：《古史性別研究叢稿》（北京：社會科學文獻出版社，2004年），〈文學遺產的性別史探討〉，頁334。

第六章

「丈夫落落心何求，
干將豪氣芒千秋」

——明清女性吟詠篇什及論史
文章中男性形象的演繹

明清閨秀參照傳統男性人格而構建「女丈夫」的同時，她們於詩篇及論史文章中亦塑造了多種「男子漢」形象，前者數量較為可觀，後者則相對較少。

　　此章以女性寫作的吟詠篇什及論史文章作為探討對象，蓋因箇中各種男性形象之營建，就蘊含了不同層次的性別期許，她們的論述為男性人格之構成帶來重要的元素，並非單單側重剛強或懦弱男子形象之描繪。另外，本章會以四個方向析論明清女性如何演繹多元化的男性形象，包括以「丈夫氣概」為撰寫主題、男性從軍之議題、評論歷史人物所表述的男性人格及女性所標籤的「賤丈夫」與「小丈夫」形象。以「丈夫氣概」及軍人形象作為議論之主題，本身就呈現了「男性氣概」的典範。[1] 而女性評價歷史人物所呈現的人格期望及她們所發表極富諷刺意味的「賤丈夫」與「小丈夫」論，不但為各種男性角色的社會期許注入了舉足輕重的女性視角，也展現了她們書寫之創意。這些議題皆具代表性，亦是本章的分析主旨。下文將包括四個部分：（1）「奇才磊落輕湖海，請纓投筆鬚眉在」──以「丈夫氣概」為主題的女性詩作；（2）「人生自古誰無死，馬革裹屍是英雄」──女性詩篇中所塑造的男性軍人角色；（3）「丈夫臨事當自決，謀及婦人必亡滅」──女性詠史及論史著作中締建的男性人格；（4）「莫學委靡小丈夫，空負昂然七尺軀」──女性所刻畫之「賤丈夫」與「小丈夫」形象。

---

[1]　參拙書評〈國民革命軍與近代中國男性氣概的形塑，1924-1945〉，《歷史人類學刊》，10卷1期（2012年4月），頁164。

第一節 「奇才磊落輕湖海，請纓投筆鬚眉在」
——以「丈夫氣概」為主題的女性詩作

　　前章已析論才媛如何於著作中申述「嘗擬雄心勝丈夫」的主張，更有作者以「女中丈夫」定為篇名，藉此展示女性之雄概，如王貞儀〈題女中丈夫圖〉即屬一例。[2] 而以「男子氣概」為寫作主旨，吳嶰竹[3]（活躍於咸豐同治年間）及葉璧華（1841-1915）[4] 所撰兩篇同名作品〈丈夫行〉尤宜關注，因為當中對於「丈夫」及「鬚眉」等各種理想人格具有層次分明之闡述。吳嶰竹〈丈夫行〉說：

> **奇才磊落輕湖海，請纓投筆鬚眉在。或伸或屈皆坦然，雷侯胸次高千載。莫學委靡小丈夫，空負昂然七尺軀。落魄奇窮減顏色，身穿犢鼻酒家奴。丈夫惟貴致身早，揚鞭走馬長安道。腰橫秋水凌雲霄，浩氣充周還大造。**[5]

葉璧華〈丈夫行〉則說：

2　王貞儀：〈題女中丈夫圖〉，見其《德風亭初集》，卷12，頁20上-21上。
3　吳嶰竹，號筠仙，鄱陽人。著有《筠仙詩集》，見《歷代婦女著作考》，頁315。至於吳氏之生平及其作品之考證，亦參陳榮華等：《江西歷代人物辭典》（南昌：江西人民出版社，1990年），頁476及石吉梅：〈清朝江西女性作家作品考論〉（江西師範大學碩士論文，2007年），頁19。
4　葉璧華，字潤生，號婉仙，嘉應人。著有《古香閣全集》，著錄於《歷代婦女著作考》，頁687。另外，葉氏其人的專門研究，詳參楊培然：〈梅縣女詩人葉璧華〉，《客家雜誌》，28期（1992年9月），頁64；張永芳：〈葉璧華題詠黃遵憲詩〉，《韶關學院學報》（社會科學版），2006年4期（2006年4月），頁51-52；曾歡玲：〈《古香閣詩集》校注〉（華南師範大學碩士論文，2007年）及〈客家女詩人葉璧華生平及詩歌概觀〉，《學理論》，2010年9期（2010年），頁74-75。
5　吳嶰竹：〈丈夫行〉，見《國朝閨秀詩柳絮集校補》，卷8，頁351。

丈夫落落心何求，干將豪氣芒千秋。身包赤胆走天下，一
夫當道萬夫愁。燕臺北市黃金空，渡江五馬誰為龍。伏櫪
秣芻恥乎恥，長縷獵獵朝嘶風。嶧陽百尺青桐垂，竹花不
實鳳凰飢。沖天未展斕斑翮，且學鷦鷯棲一枝。古來賢哲
窘豈少，投之一塊愚夫譏。升沉物理有分定，傴身坎壈良
堪悲。折凌傲傑形翩翩，拔劍砍地光射天。墨花濺土變五
色，縱橫奇句飛雲烟。經緯羅胸韜略全，那愁蠖屈鱗潛淵。
出袴俯首且莫計，會看腰玉肘金懸。逃亡不遇漢劉季，飯
牛未得齊桓賢。吁嗟乎！**大丈夫，時分不利將焉圖**。[6]

吳嶰竹於詩句中清晰地析論了「鬚眉」、「丈夫」及「小丈夫」
的不同人格。「丈夫」與「鬚眉」在建功立業的過程，定必經常
遇到「或伸或屈」的狀況，然而他們皆採取「坦然」的態度去
面對各種挑戰，並傾盡心力於「投筆」及「致身」以達成「大
造」的人生目標。他們時刻抱持「嚴侯胸次」及「浩氣」的壯懷，
不會像「小丈夫」般「空負昂然七尺軀」，因為「小丈夫」不熱衷
於「大造」之追求，寧願「落魄奇窮」及充當「酒家奴」。另外，
只要「鬚眉」及「丈夫」發揮所長，盡心為國家作出貢獻，「投
筆」之舉亦應獲得眾人的肯定。吳氏生動地描寫了「鬚眉」、
「丈夫」及「小丈夫」的人格差異，形成了鮮明及強烈的對比。

　　至於葉氏則沒有發表她對「小丈夫」的看法，而是寫正面的
男性。其行文申述「丈夫」懷有「落落」胸襟和關注「干將豪氣
芒千秋」是不可背棄的。不過，「丈夫」要完成大業，就不能魯
莽。從「沖天未展斕斑翮，且學鷦鷯棲一枝」、「升沉物理有分

6　葉璧華：〈丈夫行〉，見其《古香閣全集》（光緒二十九年〔1903〕嘉應刻
　　本），卷2，頁6下-7上。

定」、「逃亡不遇漢劉季，飯牛未得齊桓賢」及「時兮不利將焉圖」等表述，也可窺見葉璧華認為「丈夫」報效國家亦要觀察整個政局，選擇適當的時機繼而決定投身，豈可作出草率的決定？「丈夫」在等待「致身」的過程，難免遇到種種考驗，所以葉氏已明言「古來賢哲窘豈少」、「那愁蠖屈鱗潛淵」及「出袴俯首且莫計」。可是，「丈夫」也不能單靠「坦然」之態度處事，他們亦必須具備「經緯羅胸韜略全」的條件，才可有效地為國家建設及為百姓謀福祉。其實，葉氏所撰寫的〈丈夫行〉，進一步強調了「丈夫」的機智及他們該如何裝備自我。

在吳氏及葉氏之著述中，她們均指出「大丈夫」行事定當「磊磊落落」、[7]襟懷廣闊，因此有「奇才磊落輕湖海」、「罾侯胸次高千載」及「丈夫落落心何求，干將豪氣芒千秋」的人格期望。同時，「丈夫」能屈能伸和勇於接受磨練，豈可因困阨重重而淪為「委靡小丈夫」？故此，吳嶰竹道出「或伸或屈皆坦然」的豪邁看法，強調「大丈夫」面對人生挑戰也應抱持處之泰然的態度；而葉璧華亦認為「古來賢哲窘豈少」，男性成為「賢哲」之路，必會遇到種種窘苦，「窘豈少」的表述已說得很明白了。其實「丈夫」只要「經緯羅胸」與注重文韜武略之兼顧，又「那愁蠖屈鱗潛淵」？「出袴俯首」只是作為「男子漢」的一種考驗，不必過於在意。在她們的立場而言，男性具備「豪氣」及行事光明磊落，並且秉承賢哲「能屈能伸」的風範，是古代女性對「大丈夫」行為之冀望。

然而，吳氏及葉氏對於「丈夫」及「鬚眉」報效國家的取態並不相同。吳嶰竹提出「請纓投筆鬚眉在」及「丈夫惟貴致身

---

[7] 房玄齡等撰：《晉書》，卷105，〈載記〉第5，〈石勒下〉，頁2749。

早」的見解，男性宜及早效忠於國家，不管是入仕或投筆的途徑，「大丈夫」建功立業的主動性及積極性是不可忽略的，嶰竹更對男性「大造」抱有厚望。恰恰相反，葉璧華並不主張「丈夫」志向過於宏大，若然他們「沖天未展爛斑斓」，她以「且學鷦鷯棲一枝」相勉，看來是葉氏參透了「升沉物理有分定」之道理所作出的勸喻。若果吳氏致力於表達古代男性「投筆」、「致身」及「大造」之種種責任，葉氏則鄭重指出「大丈夫」應學懂審時度勢，因此她有「時兮不利將焉圖」的深切體會。

　　本文推測她們的見解與作者身處之時期有莫大關係。吳氏活躍於咸豐同治年間，而葉氏更經歷清末過渡至民初的時代轉變，她們同樣見證政局及社會動盪之晚清時期。咸豐同治年間，歷經戰亂，先後發生英法聯軍之役及太平天國運動等等。吳嶰竹親歷國家動亂，又無法參與從征，「請縷投筆鬚眉在」及「丈夫惟貴致身早」的說法，正好反映了她對家國的關懷，盼望男性注重自身的責任，他們必須積極地貢獻自我，怎能在關鍵時刻作出如「小丈夫」的舉動？葉璧華更目睹時代轉變，清朝滅亡，並轉變至民國時期，政局的發展尚未穩定。葉氏借用衛國人甯戚「飯牛」[8]

---

[8] 甯戚「飯牛居車下」及「擊牛角疾歌」，齊桓公（姜小白，？-前643；前685-前643在位）力排眾議繼而重用，並授以大夫。相關事件見《呂氏春秋》：「甯戚欲干齊桓公，窮困無以自進，於是為商旅，將任車以至齊，暮宿於郭門之外。桓公郊迎客，夜開門，辟任車，爝火甚盛，從者甚眾。甯戚飯牛居車下，望桓公而悲，擊牛角疾歌。桓公聞之，撫其僕之手曰：『異哉！之歌者非常人也。』命後車載之。桓公反，至，從者以請。桓公賜之衣冠，將見之。甯戚見，說桓公以治境內。明日復見，說桓公以為天下。桓公大說，將任。羣臣爭之曰：『客，衛人也。衛之去齊不遠，君不若使人問之，而固賢者也，用之未晚也。』桓公曰：『不然。問之，恐其有小惡。以人之小惡，亡人之大美，此人主之所以失天下之士也已。』凡聽必有以矣，今聽而不復問，合其所以也。且人固難全，權而用其長者，當舉也。桓公得之矣。」參呂不韋撰，高誘注：《呂氏春秋》，卷19，〈離俗覽〉第7，〈舉難〉，頁20上下。

及漢人韓信（約前231-前196）逃亡[9]繼而獲得君主的賞識與重用之著名事件，表達了「逃亡不遇漢劉季，飯牛未得齊桓賢」的獨特見解，藉以重申當時的時勢不利於發展男性事業，宜暫避鋒頭及等待良好時機。因此，她提出「丈夫」只要謹記「經緯羅胸韜略全」之維繫，他朝定可發揮個人才能，可見葉氏對時局的深刻了解，又展示其灼見，具有王陵母與陳嬰母洞察政局的典範。

以「丈夫氣概」為主題及命名的女性著作，本研究暫時只能找到兩篇作品。正因為相關著作數量頗少，反而突顯了其罕有之處及重要的價值。首先，有關前文所徵引的女性表述，閨秀在議論各種男性人格的同時，其實於行文之中，也展現了她們以男性家人為對象所灌輸的道德教育及女性角色之自我省思。以「男性氣概」作為專論及定名的女性著述，並不常見，即如王貞儀以「女中丈夫」定為篇名，仍旨在展現女性的自我價值。而〈丈夫行〉之命名，兩位作者已經開宗明義地表示以「丈夫氣概」作為寫作主旨，對傳統男性人格作出整體的評論，實屬大膽的嘗試。其次，兩篇〈丈夫行〉生動地描寫了多種男性形象，而吳氏及葉

---

[9] 韓信逃亡，蕭何（前257-前193）勸諫漢高祖（劉邦，前256-前195；前202-前195在位）加以重用，其後韓信亦拜為大將。事見《史記·淮陰侯列傳》，相關記載如下：「信數與蕭何語，何奇之。至南鄭，諸將行道亡者數十人，信度何等已數言上，上不我用，即亡。何聞信亡，不及以聞，自追之。人有言上曰：『丞相何亡。』上大怒，如失左右手。居一二日，何來謁上，上且怒且喜，罵何曰：『若亡，何也？』何曰：『臣不敢亡也，臣追亡者。』上曰：『若所追者誰何？』曰：『韓信也。』上復罵曰：『諸將亡者以十數，公無所追；追信，詐也。』何曰：『諸將易得耳。至如信者，國士無雙。王必欲長王漢中，無所事信；必欲爭天下，非信無所與計事者。顧王策安所決耳。』王曰：『吾亦欲東耳，安能鬱鬱久居此乎？』何曰：『王計必欲東，能用信，信即留；不能用，信終亡耳。』王曰：『吾為公以為將。』何曰：『雖為將，信必不留。』王曰：『以為大將。』何曰：『幸甚。』於是王欲召信拜之。何曰：『王素慢無禮，今拜大將如呼小兒耳，此乃信所以去也。王必欲拜之，擇良日，齋戒，設壇場，具禮，乃可耳。』王許之。諸將皆喜，人人各自以為得大將。至拜大將，乃韓信也，一軍皆驚。」參司馬遷：《史記》，卷92，〈淮陰侯列傳〉第32，頁2611。

氏身處於不同時期，她們對於男性角色持有個別的見解，反映了政治及社會上變遷如何影響「男性氣概」之建立，因此女性營建的各種人格也展現了她們對政局之反思。[10] 誠然，吳嶸竹及葉璧華撰寫專篇對於「男性氣概」之確立作出呼籲及彰顯，進一步來說，傳統社會對男性的人格期許，是否只存在男性聲音呢？女性又是否鴉雀無聲呢？正如論者所言，她們既有積極地參與建構「丈夫氣概」及發表精闢之見解，「不管成績怎樣有限，我們也不應視而不見。」[11]

第二節　「人生自古誰無死，馬革裹屍是英雄」
——女性詩篇中所塑造的男性軍人角色

明清女性文本之中，牽涉男性從軍的主題也為數不少。學術界對於這類型的寫作賦予了不同的定義，例如在詩作方面便以題材加以劃分，有軍旅詩、[12] 戰爭詩、[13] 邊塞詩[14]等等，論者指出戰

---

[10] Bret Hinsch, *Masculinities in Chinese History*, pp. 7-10.

[11] 劉詠聰：〈明清女性的史著〉，載氏著《才德相輝：中國女性的治學與課子》，頁62。

[12] 有關軍旅詩之相關探究，參看陳善文：《古代軍旅詩縱橫談》（上海：上海古籍出版社，1988年）；郭春鷹：《悠遠的軍魂：古代軍旅詩詞中的軍人精神世界》（北京：解放軍出版社，1999年）；夏傳才：《中國古代軍旅詩選講》（北京：清華大學出版社，2009年）；姜朝霞：〈晚清軍旅詩研究〉（蘇州大學碩士論文，2011年）；成曙霞：《唐前軍旅詩發展史》（濟南：山東人民出版社，2012年）及袁君煊：《北宋軍旅詩研究》（北京：中國文史出版社，2015年）。

[13] 以戰爭詩為主題的著作，例如有洪讚：《唐代戰爭詩研究》（台北：文史哲出版社，1987年）；張娣明：《戎馬不解鞍，鎧甲不離傍：三國時代戰爭詩研究》（台北：萬卷樓圖書股份有限公司，2004年）；胡大雷：《金戈鐵馬，詩裡乾坤：漢魏晉南北朝軍事戰爭詩研究》（北京：中國社會科學出版社，2010年）；蔡鎮楚、蔡靜平：《中國戰爭詩話》（長沙：湖南師範大學出版社，2010年）；王福棟：《唐代戰爭詩研究》（北京：中央廣播電視大學出版社，2012年）；張柏恩：〈時代苦難：論甲午戰爭詩〉，《靜宜中文學報》，5期（2014年6月），頁151-178等。

[14] 至於邊塞詩的分析方面，成果較為豐富，如有漆緒邦：《盛唐邊塞詩評》（太

爭詩側重於事件的鋪述，而軍旅詩則注重戰事及人物的議論。[15]
更有學人表明邊塞詩包羅的課題甚廣，如從征出塞、保衛邊土、
邊塞風情、詩人表達報效國家的雄心等，只要與邊塞生活有所聯
繫，可歸入邊塞詩的範圍。[16]此處無意對相關分類加以評論，只
想指出有關男子從軍的寫作主題具有悠久的傳統，然而學者較注
重男性文本及視野，忽略了女性作家的聲音。本文發現，她們構
造了剛強及激昂的軍人形象，注重「男兒」及「丈夫」等高尚人
格之維持。

　　「投筆從戎」之價值獲得一些女作者的肯定，例如劉月娟[17]
〈送文人從軍〉即云：

原：山西人民出版社，1987年）；黃麟書、程少籍：《宋代邊塞詩鈔》（台北：
東明文化基金會，1989年）；薛宗正：《歷代西陲邊塞詩研究》（蘭州：敦煌文
藝出版社，1993年）；李炳海、于雪棠：《唐代邊塞詩傳》（長春：吉林人民出
版社，2000年）；蘇珊玉：《盛唐邊塞詩的審美特質》（台北：文津出版社，
2000年）；王文進：《南朝邊塞詩新論》（台北：里仁書局，2000年）；任文
京：《唐代邊塞詩的文化闡釋》（北京：人民出版社，2005年）；李嘉瑜：〈上
京紀行詩的「邊塞」書寫：以長城、居庸關為論述主軸〉，《台北教育大學語文
集刊》，14期（2008年7月），頁1-28；祁立峰：〈經驗匱乏者的遊戲：再探南
朝邊塞詩成因〉，《漢學研究》，29卷1期（2011年3月），頁281-312；曾世豪：
〈烽火興浪濤：論明抗倭戰爭中邊塞詩的海洋新貌〉，《台北教育大學語文集
刊》，20期（2011年7月），頁87-122；郭弘：《民族文化與邊塞詩》（蘭
州：甘肅民族出版社，2012年）；關永利：《唐前邊塞詩史論》（北京：中國
文史出版社，2014年）；閻福玲：《漢唐邊塞詩研究》（北京：中華書局，2014
年）等等。同時，學人亦以個別詩人所撰邊塞詩作考究，比如有岑參（715-770）
著，張輝注：《岑參邊塞詩選》（北京：人民文學出版社，1981年）；李興盛：
《邊塞詩人吳兆騫》（哈爾濱：黑龍江人民出版社，1986年）；森野繁夫、新免
惠子：《唐代詩人岑參の邊塞詩》（廣島：溪水社，1988年）；溫毓華：〈論王
昌齡邊塞詩的情感內容與藝術特色：以《從軍行》、《出塞》兩組詩為例〉，
《國文天地》，297期（2010年2月），頁54-58。
[15] 姜朝霞：〈晚清軍旅詩研究〉，頁1。
[16] 馬蘭州：《唐代邊塞詩研究》（天津：天津古籍出版社，2003年），頁10。
[17] 劉月娟，字瑤仙，番禺人。著有《倚雲樓詩鈔》，著錄於《歷代婦女著作考》，
頁713。

少年兵甲富胸中，直搗幽燕志氣雄。**滿目黃塵飛戰馬，丈夫得志在從戎。**慷慨馳驅入戰場，倚天揮劍暮山蒼。羽書萬里傳來易，漫說伊人各一方。書生投筆擁旌旗，紙上談兵肯任嗤。天下興亡原有責，匈奴不滅莫言歸。[18]

劉氏於詩中申述了「丈夫得志在從戎」的主張，若果男性只懂「紙上談兵」，就難以實踐「大丈夫」所追求的志向。同時，她期盼「書生」能夠效法班超之「投筆志」及「擁旌旗」，他們「慷慨馳驅」進入戰場後，以「倚天揮劍」作出殺敵，更能建立「男兒」志氣。其實，男子投筆從戎的決定，也為「男兒」忠義報國之表現，所以蔡澤苕（活躍於道光咸豐年間）[19] 也有**男兒忠義誓報國，豈為封侯方殺賊。紛紛荷戈去從戎，錦衣翠羽生顏色**」的見解。[20] 為了完成「丈夫」志向及報答君恩，對自身之安危不應思慮太多。軍人出塞之時，不論行程多遠及艱鉅重重，他們亦需銘記「**丈夫重意氣，君恩故難負**」的性別責任，[21] 可見沈轂（活躍於嘉慶咸豐年間）[22] 的作品中對出征男性之激勵。

另外，從軍男子要達成「男兒」的人格期許，閨秀認為戰士必須奮力作戰，抱持漢人霍去病（前140-前117）「匈奴不滅，無以家為也」[23] 之無私精神從而竭誠報國。比如蔡澤苕已言

---

18 劉月娟：〈送文人從軍〉，見其《倚雲樓詩鈔》（民國元年〔1912〕刻本），頁10上下。
19 蔡澤苕，字伯穎，德化人。著有《冰壺玉鑑軒詩草》，見《歷代婦女著作考》，頁732。
20 蔡澤苕：〈從軍行〉，見魏向炎：《豫章才女詩詞評注》（南昌：江西人民出版社，1987年），頁231。
21 沈轂：〈出塞曲〉，見其《白雲洞天詩薈》（咸豐元年〔1851〕刻本），頁1上。
22 沈轂，字采石，嘉興人。其著作有《畫理齋集》、《白雲洞天詩》，著錄於《清人別集總目》，頁1025、《清人詩文集總目提要》，頁1230。
23 參班固撰，顏師古注：《漢書》，卷55，〈衛青霍去病傳〉第25，頁2488。

「男兒忠義誓報國」，但她更主張「賊烽未靖歸難休」，[24]「男兒」必須專心致志及於沙場力戰，切勿貪戀家園。至於劉月娟也對「匈奴不滅，無以家為也」的概念加以闡釋，她認為「天下興亡，匹夫有責」，從征戰士不應看輕自己所貢獻的力量，並竭力地擊退敵人，所以劉氏道出了「天下興亡原有責，匈奴不滅莫言歸」的見解。[25] 而覃光瑤[26] 亦有近似的說法：

> 玉露凋殘木葉黃，幾年肌骨飽風霜。**男兒不合疆場老，誓殺單于歸故鄉**。[27]

軍人於戰場進退，本屬非常艱辛的歷程；然而，儘管「幾年肌骨飽風霜」的情況不能避免，「男兒」也不能只圖「疆場老」，他們更該具備壯志、秉承前人「誓殺單于」的目標，[28] 不能半途而廢。只有平定邊患，方能穩定國家政局及為百姓生活帶來保障。

---

[24] 蔡澤苕：〈從軍行〉，見《豫章才女詩詞評注》，頁231。

[25] 劉月娟：〈送文人從軍〉，見其《倚雲樓詩鈔》，頁10上下。

[26] 覃光瑤，字玉芳，武陵人。其著作有《玉芳詩草》，著錄於《歷代婦女著作考》，頁650。

[27] 覃光瑤：〈邊詞用唐人盧弼韻〉，見其《玉芳詩草》（據乾隆三十五年〔1770〕覃光暐曹南衛署刻本影印；收入《四庫未收書輯刊》，10輯28冊），卷下，頁2上-3下。

[28] 單于即匈奴人對部落首領的專稱，又有「廣大之貌」的含義，《漢書‧匈奴傳》便有以下的表述：「單于姓攣鞮氏，其國稱之曰『撐犁孤塗單于』。匈奴謂天為『撐犁』，謂子為『孤塗』，單于者，廣大之貌也，言其象天單于然也。置左右賢王，左右谷蠡，左右大將，左右大都尉，左右大當戶，左右骨都侯。匈奴謂賢曰『屠耆』，故常以太子為左屠耆王。自左右賢王以下至當戶，大者萬餘騎，小者數千，凡二十四長，立號曰『萬騎』。其大臣皆世官。呼衍氏，蘭氏，其後有須卜氏，此三姓，其貴種也。諸左王將居東方，直上谷以東，接穢貉、朝鮮；右王將居西方，直上郡以西，接氐、羌；而單于庭直代、雲中。各有分地，逐水草移徙。而左右賢王、左右谷蠡最大國，左右骨都侯輔政。諸二十四長，亦各自置千長、百長、什長、裨小王、相、都尉、當戶、且渠之屬。」見班固撰，顏師古注：《漢書》，卷94上，〈匈奴傳〉第64上，頁3751。

再者，「男兒」不畏困難，於疆場中不作退縮，甚至為國犧牲性性命，表露豪邁的丈夫氣概，所以前人所言「**男兒要當死於邊野，以馬革裏屍還葬耳**」[29] 及「人生自古誰無死，留取丹心照汗青」[30] 的無比勇氣，也得到女性作家對相關概念作出延伸探討，如沙天香[31]〈戰歌〉曾言：

　　　　邊塞男兒重武功，劍光如電氣如虹。人生自古誰無死，馬
　　　　革裏屍是英雄。[32]

「邊塞男兒」的強悍形象，得到作者的極度發揮。

　　值得注意的是，前人聲言「封侯」作為「大丈夫居世」的人生目標，[33] 也有女性作相反的論調，如錢孟鈿（活躍於乾隆年間）[34]〈塞下曲〉有以下的想法：

---

[29]　語出馬援（前14-49），參范曄：《後漢書》，卷24，〈馬援列傳〉第14，頁841。

[30]　此說見文天祥（1236-1283）〈過零丁洋〉，參《文山先生全集》（上海：商務印書館，1935年），卷14，〈指南後錄〉，頁487。

[31]　沙天香，西藏人，參《閨苑奇葩：中國歷代婦女文學作品精選》，〈明代〉，頁141。

[32]　沙天香：〈戰歌〉，見《閨苑奇葩：中國歷代婦女文學作品精選》，〈明代〉，頁141。

[33]　語出梁竦（？-83），參范曄：《後漢書》，卷34，〈梁統列傳〉第24，頁1172。

[34]　錢孟鈿，字冠之，號浣青，武進人。其著作有《浣青詩草》、《鳴秋合籟集》，著錄於《歷代婦女著作考》，頁751；另見《清人別集總目》，頁1829、《清人詩文集總目提要》，頁796。有關錢氏的專門研究，詳參王英志：〈大家之女與貧者之婦——隨園女弟子錢孟鈿與汪玉軫〉，《蘇州大學學報》，1994年4期（1994年），頁69-75；〈錢氏家族其他畫家——錢維城家族：錢孟鈿〉，收入李湜：《世代公卿，閨閣獨秀：女畫家陳書與錢氏家族》（台北：石頭出版股份有限公司，2009年），頁150-152；陳薇、伏濤：〈家族文化對乾嘉常州女性詩學的促進——以「女青蓮」錢孟鈿為中心〉，《唐山學院學報》，2011年1期（2011年1月），頁60-64；朱平：〈清代女詩人錢孟鈿的詩歌創作〉，《蘇州教育學院學報》，2012年1期（2012年2月），頁46-48；郝毅：〈錢維喬與錢孟鈿的叔任情誼〉，《安徽文學》（下半月），2013年4期（2013年），頁127-128等等。

風雪沙場暮，邊秋一雁還。亂云生古木，吹角老紅顏。思婦機中錦，征人夢裡山。封侯非所望，生入玉門關。[35]

　　錢氏道出了「思婦」的由衷之言，期盼「征人」能「生入玉門關」，並不寄望對方可「封侯」，但求雙方可再團聚。雖然「封侯非所望」的想法並非錢氏獨創，[36] 然而，錢孟鈿以自身出發，既為男性從軍者的角色期許帶來另一種視角，也蘊含了妻子身份的性別意識。

　　總而論之，才女筆下所確立的軍人形象，展示了「男兒」之忠義、奮勇抗敵及戰死沙場的勇武表現，頗堪細味，也可作出進一步的思考如下：這些作品到底是她們的想像，還是目睹家人或其他男性出征的情景而發揮？「漫說伊人各一方」及「思婦機中錦」等表述是否反映了女性在「書寫個人經歷及對親人的懷念」？同時，她們的著作又是否記錄了「戰爭的真實狀況」？[37] 例如劉月娟活躍於清末，其時中國屢受西方國家入侵，尚武的「男子氣概」再獲得重視，[38] 〈送文人從軍〉等議題又可否視作當時社會風氣的一種呈現方式？無論如何，她們透過各種從軍者

---

[35] 錢孟鈿：〈塞下曲〉，見其《浣青詩草》，收入《江南女性別集・初編》，上冊，卷1，頁231。

[36] 唐人王昌齡（約690-約756）於詩作中已藉著「少婦」之刻劃道出了「悔教夫壻覓封侯」的看法。起初「閨中少婦不曾愁」，她悉心打扮，並登上翠樓。然而，丈夫遠征多年，妻子只能孤單地生活，難免對「夫壻」產生思念。她意識到當初鼓勵「夫壻覓封侯」的舉動，如今卻感到後悔，可見王昌齡如何描寫「少婦」的矛盾心理及情緒上的轉變。原文為「閨中少婦不曾愁，春日凝妝上翠樓。忽見陌頭楊柳色，悔教夫壻覓封侯」參王昌齡：〈閨怨〉，見彭定求等編：《全唐詩》，卷143，頁1446。

[37] 參方秀潔著，王志鋒譯：〈欣賞與研究的文學寶庫：哈佛燕京圖書館藏明清婦女著述〉，頁19。

[38] 參王詩穎：《國民革命軍與近代中國男性氣概的形塑，1924-1945》（台北：國史館，2011年）及拙書評〈國民革命軍與近代中國男性氣概的形塑，1924-1945〉，頁162-165。

之演繹，表現了女性對理想人格的不同意見，也是形成「男性氣概」的重要聲音。

第三節　「丈夫臨事當自決，謀及婦人必亡滅」
——女性詠史及論史著作中締建的男性人格

　　有關古代女性詠史及論史課題上的探究，雖方興未艾，但有賴於各學者的精闢議論，讓我們察見中國歷史上並非只有班昭這位極具名氣的女性史學家，誠然，細加爬梳，明清女性作家甚多對歷史產生濃厚興趣。[39] 在她們的作品中也記載了不少讀史的生活片段，例如有「讀古」、[40]「讀史」、[41]「讀史偶成」、[42]「讀史感懷」、[43]「春夜讀史」、[44]「讀史雜詠」、[45]「讀書」、[46]

---

[39] 在明清閨秀詠史及論史之研究方面，詳參許麗芳：〈聲音與權力：試析清代女詩人之題詠書史〉，《國文學誌》，7期（2003年12月），頁227-250；段繼紅：〈咏古和時事：歷史的思考及社會責任的擔當〉，載氏著《清代閨閣文學研究》，頁156-165；李國彤：〈咏史：彤管言志〉，載氏著《女子之不朽：明清時期的女教觀念》（桂林：廣西師範大學出版社，2014年），頁80-86；劉詠聰：〈女性與中國史學〉，載氏著《才德相輝：中國女性的治學與課子》，頁7-23、〈明清女性的史著〉，載氏著《才德相輝：中國女性的治學與課子》，頁24-77、Clara Wing-chung Ho, "History as Leisure Reading for Ming-Qing Women Poets," *Hsiang Lectures on Chinese Poetry (McGill University)*, vol. 7 (2015), pp. 27-64.

[40] 楊鳳姝：〈讀古四首〉，見其《鴻寶樓詩鈔》，收入《國朝閨閣詩鈔》，第3冊，卷9，頁43下-44下。

[41] 高鳳樓：〈讀史〉，見其《澹宜書屋詩草》（道光二十七年〔1847〕刊本），卷上，頁1下-2上。

[42] 張綸英（1798-1868後）：〈讀史偶成〉，見其《綠槐書屋詩稿》（同治七年戊辰〔1868〕重刊本），卷1，頁7下。

[43] 陳氏（孫樹南妻）：〈讀史感懷〉，見其《古香閣吟草》，頁14上。

[44] 蓉仙：〈春夜讀史〉，見《國朝閨秀正始續集》，卷4，頁7上。

[45] 汪端（1793-1838）：〈讀史雜詠〉，見其《自然好學齋詩鈔》，收入冒俊輯：《林下雅音集》（光緒十年〔1884〕刻本），卷1，頁12下-13下。

[46] 黃婉璚：〈讀書〉，見其《茶香閣遺草》，卷1，頁16上。

「雪夜讀書」、[47]「閨中讀書」、[48]「夜讀」、[49]「秋窗夜讀」[50]等多種記錄;而這些女性所閱之書籍種類頗廣,除了史書、儒家與佛道典籍、女學著作、詩詞、戲曲、彈詞及小說等文體之外,亦涉足醫書與天文曆算之學等,[51]足證她們勤於治學。

同時,閨秀掌握了一定的歷史知識,對不同的人物及事件也抒發了己見。有趣的是,明清女性寫史的作品並不止於「單獨刊刻成書的著述」,筆下也有「數量相當可觀的詠史詩作及一些論史篇章」。[52]無論她們處於「閑繙青史」的狀態,[53]或借「形管」以「言志」,[54]女性作家以生動別緻之視角評論歷史,既表現了作者的「思想深度」與「女性所賦予之全新意義」,[55]亦可以彌補「男性史觀」的不足,尤宜重視。其實,才女在寫史的過程中也營建了多元化的「丈夫」形象,牽涉君主及將帥的不同身份,當中以馬延淑所評之諸葛亮(181-234)及高簪(活躍於嘉慶道光年間)所言之宋太祖(趙匡胤,927-976;960-976在位)最令人印象深刻,值得一探。

馬延淑[56]對於將帥抱持「丈夫」的理想人格作出申述,她

---

47 沈轂:〈雪夜讀書〉,見其《白雲洞天詩薰》,頁18下。
48 何玉瑛:〈閨中讀書〉,見《國朝閨秀正始集》,卷9,頁23上。
49 許桐(活躍於清末至民國年間):〈夜讀〉,見其《碧梧軒詩草》(民國鉛印本),頁25下-26上。
50 王采蘋:〈秋窗夜讀〉,見其《讀選樓詩稿》(光緒甲午年〔1894〕吳縣朱氏槐盧翻刻本),卷1,頁2下-3上。
51 韓淑舉:〈明清女性閱讀活動探析〉,《圖書館工作與研究》,2009年1期(2009年1月),頁63-68。
52 劉詠聰:〈明清女性的史著〉,載氏著《才德相輝:中國女性的治學與課子》,頁61。
53 Clara Wing-chung Ho, "History as Leisure Reading for Ming-Qing Women Poets," pp. 47-49.
54 李國彤:〈詠史:形管言志〉,頁80。
55 段繼紅:〈詠古和時事:歷史的思考及社會責任的擔當〉,頁156-158。
56 馬延淑,懷寧人。著有《馬孝女遺稿》,見《歷代婦女著作考》,頁496。

的觀點耳目一新，而是次所評論的歷史人物為諸葛亮：

> 將帥無威，不足使敵人心寒膽裂；將帥無德，不足使敵人
> 心悅誠服。**故大丈夫臨敵，不專以威，不專以德，而德威**
> **並著，則敵人自然畏之如狼虎，敬之如神明，不得不歸順**
> **矣。**諸葛亮七擒孟獲者，示其威也；七縱孟獲者，示其德
> 也，此服敵人之良法也。若一擒而不縱，不特威不揚德不
> 彰，獲心必以為此其僥倖也。他日再圖，安知亮不為我擒
> 耶？昔范蠡不殉會稽之恥，曹沫不死三敗之辱，卒復勾
> 踐之羞，獲豈不能為是哉！所以亮縱之，獲即去之，至二
> 縱三縱而猶去是，孟獲叛亂之心仍在也。四縱五縱而猶去
> 是，孟獲不服之心仍在也。六縱七縱而猶去是，孟獲怨亮
> 之心仍在也。至於遣之不去，其計窮矣，其力盡矣，其心
> 服矣，此獲所以有「公天威，南人不復反」之言也；亦使
> 欲侵漢者，欲害漢者，聞之皆悚然，而不敢動耳。孔明七
> 擒孟獲，殆所謂不以目前無事，稍存苟且之謀；而以後患
> 方殷，為未雨綢繆之計者，歟不然孟獲旋踵又為患矣。壯
> 哉！諸葛亮之為人不啻日月之明，無毫末而不照。為將者
> 若皆能如是，則天下無不服之敵人，何必割耳以獻賊，殺
> 血以釁鼓耶！[57]

這篇論史文章的主題為諸葛亮「七擒七縱」一事，屬孔明採用的
策略，他希望南方部落的首領孟獲可心悅誠服及願意歸順朝廷。

---

[57] 馬延淑：〈諸葛亮七擒孟獲論〉，見其《馬孝女遺集》（宣統二年庚戌〔1910〕
刊本），卷2，〈史學類〉，頁3上下。

到底孟獲是否真有其人、[58]「七擒七縱」之舉是否屬實，[59] 眾說紛紜，莫衷一是。然而，馬氏的著眼點並非其人其事的真偽，反而具體地析論孔明「七擒七縱」的實際效用，例如「七擒」與「七縱」是相輔相成的，「七擒」可以「示其威」，「七縱」可以「示其德」，蓋因「一擒而不縱」未能揚威與彰德，更使孟獲「心必以為此其僥倖」，定必密謀卷土重來。再者，諸葛亮作出「縱」之次數也是精密的部署，因為「二縱三縱」令對方仍存「叛亂之心」、「四縱五縱」使孟獲仍有「不服之心」、「六縱七縱」讓敵人仍抱「怨亮之心」，直至「其計窮矣」及「其力盡矣」，敵軍自然「其心服矣」。馬延淑贊同「七擒七縱」的成效，指出此舉為「未雨綢繆之計者」，亦對「欲侵漢者」及「欲

---

[58] 陳壽（233-297）所撰《三國志》並未記載孟獲其人，然而原注之中則有相關記錄，如裴松之（372-451）引《漢晉春秋》曰：「亮至南中，所在戰捷。聞孟獲者，為夷、漢所服，募дек生致之。既得，使觀於營陳之間，問曰：『此軍何如？』獲對曰：『向者不知虛實，故敗。今蒙賜觀看營陳，若祇如此，即定易勝耳。』亮笑，縱使更戰，七縱七禽，而亮猶遣獲。獲止不去，曰：『公，天威也，南人不復反矣。』遂至滇池。南中平，皆即其渠率而用之。或以諫亮，亮曰：『若留外人，則當留兵，兵留則無所食，一不易也；加夷新傷破，父兄死喪，留外人而無兵者，必成禍患，二不易也；又夷累有廢殺之罪，自嫌釁重，若留外人，終不相信，三不易也；今吾欲使不留兵，不運糧，而綱紀粗定，夷、漢粗安故耳。』」見陳壽撰，裴松之注：《三國志》（北京：中華書局，1982年），卷35，〈蜀書〉5，〈諸葛亮〉，頁921。至於《華陽國志》也有近似的內容：「夏五月，亮渡瀘，進征益州。生虜孟獲，置軍中，問曰：『我軍如何？』獲對曰：『恨不相知，公易勝耳。』亮以方務在北，而南中好叛亂，宜窮其詐。乃赦獲使還，合軍更戰。凡七虜七赦。獲等心服，夷漢亦思反善。亮復問獲，獲對曰：『明公天威也！邊民長不為惡矣。』秋，遂平四郡。」參常璩（約291-361）：《華陽國志》（《叢書集成初編》本，冊3187-3189），卷4，〈南中志〉，頁48。此處徵引相關史料，以備參考，然而孟獲之生平事迹尚待考證，存疑。

[59] 「七擒七縱」的實行似乎不符合當時軍情，更有論者認為是民間傳說，詳參王保鈺：〈「七擒孟獲」真有其事嗎？〉，《史學月刊》，1987年2期（1987年），頁92-93；李明：〈諸葛亮「七擒孟獲」傳說的文化內涵初探〉，《臨滄師範高等專科學校學報》，2008年1期（2008年3月），頁7-10；吳依凡：〈真實與虛構：「諸葛亮南征南中」由《三國志》到《三國演義》承衍研究〉，《輔大中研所學刊》，21期（2009年4月），頁67-87等等。

害漢者」作出警告，讓這些敵人「聞之皆悚然，而不敢動耳」。

才女以她們的角度去重評歷史，旨在表達自己的價值判斷，更富趣味。[60] 在史評之中，馬氏也為「男性建構」加入她的心聲。將帥之威可使「敵人心寒膽裂」，將帥之德可使「敵人心悅誠服」，因此「無威」則無法讓別人敬畏，「無德」亦難以令他人心服。只要「丈夫」對德威並施之人格要求拿捏得宜，擁有臨敵的自決能力，敵軍自然「畏之如狼虎，敬之如神明」，又何需用「割耳以獻賊，殺血以釁鼓」從而獻功？另外，諸葛亮身為將帥，士兵亦馬首是瞻，「德威并著」的精神，又何嘗不可善用作為統領軍隊之道？在馬延淑的行文之中，她並非突顯將帥上陣殺敵的勇武表現，反而寄望將領也著重德行之維持，不能依仗武力服人，表揚「大丈夫」的崇高品格。

為人臣如何完成角色的社會期許及成為男性典範，前文已有詳細的探究。那麼為人君又應如何自處？他們作為一國之君，又怎樣符合「丈夫」的性別要求？清代才媛高篔[61] 所撰的詠史詩〈金匱詞〉，即顯露了君主宜注重「大丈夫」的人格期望，而其書寫的對象為宋太祖：

> **丈夫臨事當自決，謀及婦人必亡滅。**手操麵杖作勸駕，寡婦孤兒殿中泣。焉知綢繆金匱辭，花面老臣能主之。婦人貽誤有如此，德昭自戕廷美死。[62]

---

[60] 段繼紅：〈咏古和時事：歷史的思考及社會責任的擔當〉，頁156、160。

[61] 高篔，字湘筠，元和人。著有《繡篋小集》，著錄於《歷代婦女著作考》，頁501。

[62] 高篔：〈金匱詞〉，見《國朝閨秀正始續集》，〈補遺〉，頁76下-77上。此處採用《國朝閨秀正始續集》版本，而〈金匱詞〉亦收入《國朝閨閣詩鈔》，第9冊，卷5，頁22下-23上。

詩中前四句所指的是「民間喧言當立點檢為天子」一事，而後四句所論的是「金匱之盟」的事件。就前者而言，司馬光《涑水記聞》便有以下的記載：

> 周恭帝（柴宗訓，953-973；959-960在位）幼沖，軍政多決於韓通（？-960），通愚戇，太祖英武有度量，多智略，屢立戰功，由是將士皆愛服歸心焉。及將北征，京師間諠言：'出軍之日，當立點檢為天子。』富室或挈家逃匿於外州，獨宮中不之知。太祖聞之懼，密以告家人曰：'外間詢詢如此，將若之何？』太祖姊（或云即魏國長公主），面如鐵色，方在廚，引麵杖逐太祖擊之，曰：「大丈夫臨大事，可否當自決胸懷，乃來家間恐怖婦女何為邪！」太祖默然而出。[63]

其時趙匡胤並未立國，然而引文之中顯示了宋太祖發動政變前已具備有利的條件。相對於韓通的「愚戇」，太祖更具風範：「有度量，多智略，屢立戰功」，因而「將士皆愛服歸心焉」。而趙匡胤於出兵前已聽到「當立點檢為天子」的種種流言，不過「太祖聞之懼」及回家詢問家人的意見。令人深印腦海的莫過於太祖姊姊「方在廚，引麵杖逐太祖擊之」的情節，她由衷地向匡胤作出「大丈夫臨大事，當自決胸懷」的勸誡，他豈可回來嚇唬家中的女性和作出退縮的舉動。

至於「金匱之盟」係指宋太祖的生母昭憲太后杜氏於臨終時召趙普（922-992）進宮，並記錄有關皇位繼承之遺言。杜氏

---

[63] 司馬光撰，鄧廣銘、張希清校：《涑水記聞》（《唐宋史料筆記叢刊》本；北京：中華書局，1989年），卷1，〈民間喧言當立點檢為天子〉，頁4。

期望太祖傳位於趙光義（宋太宗，939-997；976-997在位），由
於該份遺書藏於金匱之中，故名為「金匱之盟」。追溯「金匱之
盟」一說，也載於官方及其他史料，如《宋史・太祖母昭憲杜
太后傳》、[64]《宋史・魏王廷美傳》、[65]《續資治通鑑長編》[66]
及《涑水記聞》[67]等等，各種史料均有「榻前」、「誓書」、

---

[64] 「金匱之盟」的記載見《宋史・太祖母昭憲杜太后傳》：「建隆二年，太后不
豫，太祖侍藥餌不離左右。疾亟，召趙普入受遺命。太后因問太祖曰：『汝知所
以得天下乎？』太祖嗚噎不能對。太后固問之，太祖曰：『臣所以得天下者，皆
祖考及太后之積慶也。』太后曰：『不然，正由周世宗使幼兒主天下耳。使周氏
有長君，天下豈為汝有乎？汝百歲後當傳位于汝弟。四海至廣，萬幾至眾，能立
長君，社稷之福也。』太祖頓首泣曰：『敢不如教。』太后顧謂趙普曰：『爾同
記吾言，不可違也。』命普於榻前為約誓書，普於紙尾書『臣普書』。藏之金
匱，命謹密宮人掌之。」參脫脫等：《宋史》，卷242，〈列傳〉第1，〈后妃
上〉，〈太祖母昭憲杜太后〉，頁8607。

[65] 案《宋史・魏王廷美傳》中有關「金匱之盟」的內容如下：「初，昭憲太后不
豫，命太祖傳位太宗，因顧謂趙普曰：『爾同記吾言，不可違也。』命普於榻前
為約誓書，普於紙尾書云『臣普書』，藏之金匱，命謹密宮人掌之。或謂昭憲及
太祖本意，蓋欲太宗傳之廷美，而廷美復傳之德昭。故太宗既立，即令廷美尹開
封，德昭實稱皇子。德昭不得其死，德芳相繼夭絕，廷美始不自安。……」參同
上，卷244，〈列傳〉第3，〈宗室一〉，〈魏王廷美〉，頁8669。

[66] 《續資治通鑑長編》亦載有「金匱之盟」的記錄：「六月甲午，皇太后崩。后聰
明有智度，嘗與上參決大政，猶呼趙普為書記，常勞撫之曰：『趙書記且為盡
心，吾兒未更事也。』尤愛皇弟光義，然未嘗假以顏色，光義每出，輒戒之曰：
『必與趙書記偕行乃可。』仍刻景以待其歸，光義不敢違。及寢疾，上侍藥餌不
能對。疾革，召普入受遺命。后問上曰：『汝知所以得天下乎？』上嗚咽不能
對。后曰：『吾自老死，哭無益也，吾與語汝以大事，而但哭耶？』問之如
初。上曰：『此皆祖考及太后餘慶也。』后曰：『不然。政由柴氏使幼兒主天
下，羣心不附故耳。若周有長君，汝安得至此？汝與光義皆我所生，汝後當傳位
汝弟。四海至廣，能立長君，社稷之福也。』上頓首泣曰：『敢不如太后教。』
因謂普曰：『汝同記吾言，不可違也。』普即就榻前為誓書，於紙尾署曰『臣普
記』。上藏其書金匱，命謹密宮人掌之。」見李燾（1115-1184）：《續資治通鑑
長編》（北京：中華書局，1979年），卷2，〈建隆二年（961）六月甲午〉，頁
46；亦參卷22，〈太平興國六年（981）九月丙午〉，頁500-502。

[67] 「金匱之盟」也載於宋人筆記，如《涑水記聞》曾言：「昭憲太后聰明有智度，
嘗與太祖參決大政，及疾篤，太祖侍藥餌，不離左右。太后曰：『汝自知所以得
天下乎？』太祖曰：『此皆祖考與太后之餘慶也。』太后笑曰：『不然，正由柴
氏使幼兒主天下耳。』因敕戒太祖曰：『汝萬歲後，當以次傳之二弟，則并汝之
子亦獲安矣。』太祖頓首泣曰：『敢不如母教！』太后乃召趙普於榻前，為約誓
書，普於紙尾自署名云：『臣普書。』藏之金匱，命謹密宮人掌之。及太宗即
位，趙普為盧多遜所譖，出守河陽，日夕憂不測。上一旦發金匱，得書，大竇

「臣普記」、「臣普書」、「金匱」及「命謹密宮人掌之」的內容。不過細加考證，《宋史・魏王廷美傳》欠缺了杜太后及宋太祖的詳細對話，而其他三者則對杜氏「聰明有智度」的識見加以讚頌，也強調了太祖「敢不如母教」的立場，遺書之訂立看似言之鑿鑿。不過，「金匱之盟」之真偽為史學家長期以來所討論，例如清人畢沅（1730-1797）便定斷「此不過仍史家紀事之舊例而書之，太祖非實有遺詔也」，[68] 而後世史家也有近似的說法，如張蔭麟（1905-1942）及鄧廣銘（1907-1998）等前輩學人均提出「盟約實為趙普偽造」之主張。[69] 抑有進者，也有不同的學者認為「金匱之盟」真有其事，但不排除有後人增刪內容，[70] 比如王育濟指出盟約具有兩種版本，包括「獨傳」及「三傳」，前者即「太祖傳位於太宗」，而後者係「太宗傳之廷美，而廷美復傳之德昭」；趙廷美（947-984）是趙匡胤四弟，而趙德昭（951-979）為趙匡胤次子，此說法見《宋史・魏王廷美傳》。[71]

不過高簷並沒有判別「立點檢為天子」及「金匱之盟」二事的真偽，反而集中於討論「丈夫」及「婦人」的定位。「婦人」若果「手操麵杖作勸駕」，委實有違社會對女性角色的期望，而現在牽涉皇朝更替，與整個政局及百姓生活有莫大關係，太祖又

遂遣使急召之，普惶恐，為遺書與家人別而後行。既至，復為相。」參司馬光撰，鄧廣銘、張希清校：《涑水記聞》，卷1，〈金匱之盟〉，頁9-10。

[68] 畢沅：《續資治通鑑》（北京：中華書局，1957年），卷8，〈宋紀〉8，〈太祖開寶九年（976）十月甲寅〉，頁206。

[69] 張蔭麟：〈宋太宗繼統考實〉，載李毓澍編：《張蔭麟先生文集》（台北：九思出版社，1977年），頁933-939；鄧廣銘：〈宋太祖太宗皇位授受問題辨析〉，載氏著《鄧廣銘治史叢稿》（北京：北京大學出版社，2010年），頁379-400。

[70] 何冠環：〈「金匱之盟」真偽新考〉，《暨南學報》（哲學社會科學版），1993年3期（1993年7月），頁83-89。

[71] 王育濟：〈「金匱之盟」真偽考——對一樁學術定案的重新甄別〉，《山東大學學報》（哲學社會科學版），1993年1期（1993年），頁68-79、87。

豈能倚靠家中女性的意見？另外，皇位承繼亦屬舉足輕重的議
題，杜太后只以「花面老臣」趙普「主之」，而太祖亦遵照杜氏
的遺願而傳位於太宗，最終造成「德昭自戕廷美死」的結果，整
個決定又是否有其疏忽及草率之處？於是高氏便有「謀及婦人必
亡滅」及「婦人貽誤有如此」的定論，她的看法又可否視作「還
原女性的歷史位置」？[72]

　　更重要的是，《涑水記聞》並沒有突顯「婦人」參與政事
的影響力，著重於鋪述太祖姊如何激勵對方建立「自決胸懷」去
完成大事。雖然「方在廚，引麵杖逐太祖擊之」的情節似乎帶點
誇張成份，但旨在強調太祖「臨事」更該兼顧「丈夫」人格及擁
有決斷力，並非把皇朝更迭的議題和女性家人商討，猶豫不決。
至於高氏「謀及婦人必亡滅」的結論，其實已提升至另一層次。
若果「丈夫」缺失「自決」能力，與「婦人」籌謀政事，必會造
成「亡滅」的結果。太祖要成其大業，就不能和「婦人」扯上關
係；如果他未能「自決」，既不能符合「丈夫」的人格要求，更
會遭受「亡滅」的後果。《涑水記聞》之記載與高氏之看法均表
明宋太祖「自決」的主動性及重要性，係「丈夫」的人格指標。
然而，高氏則進一步指出「婦人」參與政事的禍害，與《涑水記
聞》所記截然不同，顯然與前人所論「古王者謀及婦人必取滅
亡」有雷同之處。[73] 再者，趙匡胤既為君主，更應有決斷的能

---

73 前人已有「古王者謀及婦人必取滅亡」之說，值得注意的有鄭厲公（？-前673；
　　前701-前697及前680-前673在位）派遣雍糾殺其岳父祭仲（？-前682）事敗後所
　　提出的言論及桓彥範（653-706）勸諫唐中宗（李顯，656-710；683-684及705-710
　　在位）勿讓韋皇后（？-710）干預朝政之看法。前者而言，祭仲專權，鄭伯「使
　　其壻雍糾殺之」。可是，此舉讓雍糾妻子（雍姬）得悉，之後她又詢問母親的意
　　見，其母認為「人盡夫也，父一而已」。雍姬權衡輕重，告知其父親祭仲，因
　　此他殺了雍糾。鄭厲公載其屍體進行逃亡，並強調雍糾不應「謀及婦人」，故云
　　「宜其死也」。原文為「……祭仲專，鄭伯（鄭厲公）患之，使其壻雍糾殺之。

力，倚仗「婦人」又怎能有效地管治國家？故此，高氏亦對他的角色有所厚望，提出太祖應該效法「大丈夫臨大事」的「自決胸懷」，果敢採取適當的對策，蓋因國事「謀及婦人」或「花面老臣能主之」，實不利於治理國家。[74]

當眾位史家著重於盟約真偽之辯，而高簷已內化此等道德價值，並彷彿站在男性視角來評論此事。她既重申宋太祖的男性責任，亦帶出「婦人」之參與對維繫「丈夫」人格的妨礙，甚或因而犧牲性命。可見高氏之議論頗具啟發性。

凡此種種，一些閨秀於論史及詠史作品中表達了她們對為臣者及為君者的「丈夫」人格的多種期盼。她們具備「獨立思想」

將享諸郊。雍姬知之，謂其母曰：『父與夫孰親？』其母曰：『人盡夫也，父一而已，胡可比也？』遂告祭仲曰：『雍氏舍其室，而將享子於郊，吾惑之，以告。』祭仲殺雍糾，尸諸周氏之汪。公載以出，曰：『謀及婦人，宜其死也。』夏，厲公出奔蔡」參左丘明傳，杜預注，孔穎達疏：《春秋左傳正義》（阮元《十三經注疏》本），卷第七，〈桓公七年至十八年〉，頁1758。就後者而論，由於李顯「臨朝視政」，韋皇后「必施帷殿上」及「預聞政事」，桓彥範便道出歷朝帝王與婦人共同執政的後果，最終「皆破國亡身，傾軻繼路」，然而唐中宗並沒有聽取其諫言。原句為「上書戒帝曰：……『伏見陛下臨朝視政，皇后必施帷殿上，預聞政事。臣愚謂古王者謀及婦人，皆破國亡身，傾軻繼路。』……」參歐陽修、宋祁：《新唐書》，卷120，〈列傳〉第45，〈桓彥範〉，頁4310-4311。另外，「外言入梱則謀及婦人，死之招也」的說法，也可進一步審視男女「內外之別」概念之鞏固，亦參陳夢雷（1650-1741）等：《古今圖書集成》（上海：中華書局影印，1934年），〈明倫彙編〉，〈閨媛典〉，卷一，〈閨媛總部彙考〉，頁1下。相關論說眾多，此處不贅。然而，「謀及婦人必取滅亡」的看法，實為可以再深入思考的課題。

[74] 馬克夢（Keith McMahon）曾提出古代女性參與政事，意味著男性當政者的虛弱及其勢力的衰退，參Keith McMahon, *Women Shall Not Rule: Imperial Wives and Concubines in China from Han to Liao* (Lanham, MD: Rowman and Littlefield Publishers, 2013),p.16.所以，案高氏「謀及婦人必亡滅」的說法，男性與女性商討政事，其實從另一角度反映了男性從政能力的薄弱，結果造成政局的混亂。其實，女性「弄權」，也牽涉「女禍」的觀念。根據劉詠聰的說法，「女性有色或用權」，古人認為都可以「致禍」。劉氏強調「傳統史家具有一種惰性」，他們並不理會「治亂的真相」，都「歸咎於婦人」；而且後代史家亦加以繼承相關觀念，故此國事「謀及婦人必亡滅」的看法委實具其歷史脈絡。參劉詠聰：〈中國古代的「女禍」史觀〉，收入氏著《女性與歷史：中國傳統觀念新探》，頁3-12。

及以「具超越性的觀點」作出評論，[75] 開拓了學人對「丈夫」
與「男兒」等人格構成之既定視野。

第四節　「莫學委靡小丈夫，空負昂然七尺軀」
——女性所刻畫之「賤丈夫」
與「小丈夫」形象

何謂「賤丈夫」？何謂「小丈夫」？追溯源流，儒家除了提
出「大丈夫」崇高人格的追求之外，在《孟子・公孫丑下》中，
孟軻就對二者有詳細的闡述，頗堪玩味：

> 孟子致為臣而歸。王就見孟子曰：「前日願見而不可得，
> 得侍同朝，甚喜。今又棄寡人而歸，不識可以繼此而得見
> 乎？」對曰：「不敢請耳，固所願也。」他日，王謂時子
> 曰：「我欲中國而授孟子室，養弟子以萬鍾，使諸大夫國
> 人，皆有所矜式。子盍為我言之。」時子因陳子而以告孟
> 子。陳子以時子之言告孟子，孟子曰：「然。夫時子惡知
> 其不可也？如使予欲富，辭十萬而受萬，是為欲富乎？」
> 季孫曰：「異哉，子叔疑！使己為政不用，則亦已矣；又
> 使其子弟為卿。人亦孰不欲富貴？而獨於富貴之中，有私龍
> 斷焉。」古之為市也，以其所有，易其所無者，有司者治之
> 耳。有賤丈夫焉，必求龍斷而登之，以左右望而罔市利；
> 人皆以為賤，故從而征之。**征商，自此賤丈夫始矣**。[76]

---

[75]　許麗芳：〈聲音與權力：試析清代女詩人之題詠書史〉，頁247。
[76]　趙岐注，孫奭疏：《孟子注疏》，卷第四下，〈公孫丑章句下〉，頁2698。

孟子去齊，尹士語人曰：「不識王之不可以為湯武，則是
不明也；識其不可，然且至，則是干澤也。千里而見王，
不遇故去。三宿而後出晝，是何濡滯也？士則茲不悅。」
高子以告。曰：「夫尹士惡知予哉？千里而見王，是予所
欲也；不遇故去，豈予所欲哉？予不得已也。予三宿而
出晝，於予心猶以為速。王庶幾改之。王如改諸，則必反
予。夫出晝而王不予追也，予然後浩然有歸志。予雖然，
豈舍王哉？王由足用為善。王如用予，則豈徒齊民安，天
下之民舉安。王庶幾改之，予日望之。**予豈若是小丈夫然
哉**？諫於其君而不受，則怒，悻悻然見於其面，去則窮日
之力而後宿哉？」尹士聞之曰：「**士誠小人也。**」[77]

前者論及貪圖利益的「賤丈夫」，後者則申述心胸狹窄的「小丈
夫」，各種人物的個性尤為突出。以「賤丈夫」而言，孟子認為
齊宣王（田辟疆，？-前301；前319-前301在位）始終不肯施行
仁政，令他「致為臣而歸」。齊王希望以「中國而授孟子室，養
弟子以萬鍾」等待遇挽留孟子，但是對方以「辭十萬而受萬，是
為欲富乎？」表達自己並非貪求財富，進一步表明了他救民濟世
的抱負。孟軻又鋪述官場及市場之壟斷現象以突顯「賤丈夫」形
象。既然男性於仕宦之途得到「為政不用」的結果，仍然耗盡心
力去「使其子弟為卿」，又何嘗不是為了滿足「獨於富貴之中，
有私龍斷焉」的欲望？而於商場之中，也有「賤丈夫」極力追求
「龍斷而登之，以左右望而罔市利」，所以孟子有「征商，自此
賤丈夫始矣」的定論。在孟子的論說之中，「賤丈夫」之形象帶

---

[77] 同上，頁2699。

有「貪鄙」的特點，只求個人私利。

另外，在「小丈夫」方面，尹士認為孟子離開齊國之舉，對方只為了俸祿；齊王不改初衷，孟軻只能辭官歸去。他亦不理解孟子「三宿而後出畫」之用意，指出對方「濡滯」太久，深感「不悅」。其實孟軻「三宿」，只希望齊宣王採納己見，並實施仁政，那麼百姓的生活自可安定，然而齊王沒有回頭追他。至於「諫於其君而不受，則怒，悻悻然見於其面，去則窮日之力而後宿」的表述，實為「小丈夫」目光短淺的表現，並未思量百姓福祉。孟子懷有高尚的情操，一心為了濟世；相較之下，尹士認為自己以小人之心度君子之腹，實屬「小人」。由此觀之，孟軻所論之「小丈夫」器量不足，不以大局為重，形象頗為突出。

就筆者所知，自孟子以來，也有不同的男性文人申述了他們對「賤丈夫」及「小丈夫」的看法，大致上在宋代以後相關的聲音亦較多。

首先，按照孟子的說法，「賤丈夫」作出「壟斷」的行為，既促使「人皆以為賤」，政府亦因此徵收商稅，所以孟軻提出「征商，自此賤丈夫始矣」的定論。不難發現，在後代的類書中，著者解釋「商稅」及「龍斷」等詞彙的起源時，他們多徵引孟子的論述加以析論。例如《事物紀原》〈商稅〉便云：「……《通典》曰：『漢武始稅商賈時，征伐四夷，國用空竭，興利之官自茲始也。』雖原起於漢，亦自孟子征賤丈夫之事。」[78]《群書通要》〈龍斷〉亦云：「（龍斷）有賤丈夫焉，必求龍斷（原注：山岡高處）而登之，以左右望，而罔市利。（原注：孟子今

---

[78] 高承：《事物紀原》（弘治十八年〔1505〕魏氏仁實堂重刻正統本），卷1，〈利源調度部〉第7，〈商稅〉，頁31上。

言罔利之人，曰龍斷之徒）」[79]案《事物紀原》引用《通典》有關「漢武始稅商賈」之說，並提出商稅「雖原起於漢，亦自孟子征賤丈夫之事」，讓我們了解「商賈之初有稅」所出現的源流。再者，《群書通要》中對「龍斷」所作之定義，不但引用孟子的「賤丈夫」論，亦附加註解進一步說明「罔利之人，曰龍斷之徒」屬孟軻的觀點。

其次，孟子為各種「丈夫」形象所賦予的特點，這些概念一直延伸至後代，後世的文本之中也可找到相似的論述。箇中的不同說法就包含了男性及女性的見解，以下先介紹男性文人所作出的議論。

「賤丈夫」唯利是圖，就算是微小的利益，也採取各種不法的手段加以謀取。他們不但摒棄自己的道德操守，也妄顧別人的利益。故此，秦觀（1049-1100）便指出「切切焉從事於闤闠歛散之中，則是賤丈夫爭錐刀之末耳，豈君子所謂理財者耶」。[80]他們從事於「闤闠歛散」，旨在獲取利益，甚或「錐刀之末」也致力爭取，與君子的舉止頗具差異。再者，魏校（1483-1543）更云「大丈夫凍死則凍死，餓死則餓死，方能堂堂立天地間。若開口告人貧，要人憐我，以小惠呴沫我，得無為賤丈夫乎！」[81]他彰顯了「大丈夫」的高尚操守，並鄭重指出自己寧願「凍死」和「餓死」，也不能乞求別人的恩惠。由此看來，魏氏對於「賤丈夫」貪圖利益及「要人憐我」的行徑，尤為鄙視。

79　佚名：《群書通要》（嘉慶宛委別藏本），〈甲集〉，卷10，〈地理門〉，〈關市類〉，頁2下。
80　秦觀：《淮海集》（《四部叢刊》景明嘉靖小字本），卷15，〈財用下〉，頁6上下。
81　魏校：〈論學書〉，見1610-1695）著，沈芝盈校：《明儒學案》（北京：中華書局，2008年），卷3，〈崇仁學案〉3，頁61。

此外，若果從政者未能堅持清正廉潔而著重牟利，實屬「賤丈夫」所為，即如汪藻（1079-1154）便有相關的訓誡如下：

> 孟子以左右望而罔市利者，謂之賤丈夫。故君子之觀人，在于有所不取。爾服官朝列，惟祿是資，謂能潔己以明污，顧乃乘時而射利。市所臨之公賄，法既不容；利其直之私贏，義將安據？鑴官二等，聊愧爾心，取予之間，毋忘慎擇。[82]

汪氏以太府卿徐公裕被「鑴官二等」為例，斥責為官者不為百姓謀福祉，反而「乘時射利」。他們應該「有所不取」，方能符合君子的人格要求。或許「賤丈夫」注重謀取個人利益的形象，令人印象深刻。所以，王慶勳（1814-1867）以「救荒賴有真循吏，漁利難禁賤丈夫」[83] 的表達，道出「賤丈夫」只懂「漁利」之無奈。他由衷地盼望有「真循吏」能切實地體察人民的需要。

至於「小丈夫」心胸狹窄，時常以己度人，如尹士對孟子離開齊國的舉動有所誤解，他認為對方渴望賺取豐厚的俸祿。尹士誣蔑孟子的言論，其實就是「小丈夫」的行為。因此，范浚（1102-1150）亦認同小丈夫「興讟訕」之舉，並強調「夫以言不用而興讟訕，固小丈夫之事」。[84] 彭龜年（1142-1206）也警惕自我勿「為利較錙銖」，乃「小丈夫」氣量狹小的表現。若然

---

[82] 汪藻：《浮溪集》（《叢書集成初編》本，冊1958-1961），卷9，〈外制〉，〈太府卿徐公裕等降兩官制〉，頁108。

[83] 王慶勳：《詒安堂詩稿》（咸豐三年〔1853〕刻五年〔1855〕增修本），〈二集〉，卷8，〈循陔草堂集下〉，〈感賦同竹卿作〉，頁14上。

[84] 范浚：《香溪集》（《四部叢刊》續編景明本），卷16，〈上潘大著書〉，頁15下。

他縱容自己「脂肥不滿腹」，忽略學問操持，最終只會「真成小丈夫」及「罪已塞堪輿」。[85]

另外，本研究也發現，「賤丈夫」及「小丈夫」之形象亦得到後世論者的延伸發揮。孟子所論的「小丈夫」，並沒有同時申述「富貴不能淫，貧賤不能移，威武不能屈」的人格要求。然而，李樂認為男性未能達到以上的人格標準，他們即會成為「小丈夫」，其《見聞雜紀》說：

> 人當不如意，或遭大患難時，可以考見學問操持。當寖得意，富貴榮利駢集，尤可以考見學問操持。故孟子曰：「富貴不能淫，貧賤不能移，威武不能屈。」此之謂大丈夫，少不然即為小丈夫矣。學者當時時猛省。[86]

李樂提出，無論我們面對「大患難時」及「富貴榮利駢集」的處境，均「考見學問操持」，誠然是李氏對孟子所言的「大丈夫」作出解釋。按照孟子所討論的準則，「大丈夫」應避免器度狹隘及重視眾人利益，才不會成為「小丈夫」。相反，李樂則把相關的道德標準提高，男子必須抱持「富貴不能淫，貧賤不能移，威武不能屈」的「丈夫」人格，才不會淪為「小丈夫」。李氏的見解，已經融合了孟子的「大丈夫」及「小丈夫」論。

有趣的是，有明朝來華的西洋傳教士利瑪竇（Matteo Ricci，1552-1610）認為「賤丈夫」沉迷於口腹之慾及色慾的追求。例如他曾言「務形上之工夫，如多飲、多食、多眠、多色，是賤丈

---

[85] 彭龜年：《止堂集》（《叢書集成初編》本，冊2023-2025），卷18，〈燕居十六首〉，頁215。
[86] 李樂：《見聞雜紀》（萬曆刻清補修本），卷10，〈三十一〉，頁78上下。

夫之效也」，[87] 作者就指出「賤丈夫」並不克制自我行為，經常
「多飲、多食、多眠、多色」，這些男子皆忽略精神上的修養。

再者，也有清人對「賤丈夫」提出截然不同的定義，如紀昀
（1724-1805）訓諸子云：

> ……勿持傲謾，勿尚奢華，遇貧苦者宜賙恤之，並宜服勞。
> 吾特購糧田百畝，僱工種植，欲使爾等隨時學稼，將來得為
> 安分農民，便是余之肖子，紀氏之鬼，永不餒矣。爾等勿
> 謂春耕夏苗，胼手胝足，乃屬賤丈夫之事，可知農居四民
> 之首，士為四民之末。農夫披星戴月，竭全力以養天下之
> 人，世無農夫，人皆餓死，烏可賤視之乎？戒之，戒之。[88]

紀昀既訓示兒子「勿持傲謾」及「勿尚奢華」，也期盼他們體恤
處於低下階層的百姓，所以他說「遇貧苦者宜賙恤之，並宜服
勞」。更重要的是，紀氏希望兒輩能「隨時學稼」及作為「安分
農民」，不宜好高騖遠。由此看來，他主張從事農業發展。再
者，作者高度讚揚農夫的辛勞及無私奉獻，促使廣大的百姓受惠。
「春耕夏苗」及「胼手胝足」代表他們辛勤地勞動，紀氏認為兒子
不應鄙視農民的工作及視他們為「賤丈夫」。此處所探討的「賤
丈夫」委實蘊含了階級的意識，似乎與孟子的原意有所出入。

不過，筆者也觀察到，有男作家把「小丈夫」的特點套用到
「賤丈夫」的表述之中，如鄭燮（1693-1765）訓課兒子「小怨不
忘，睚眦必報，乃屬賤丈夫之所為，爾萬不可學此卑鄙行為」[89]

的例子，值得一探。鄭板橋告誡他們應該具備壯闊胸懷，並不能記掛「小怨」，更莫論「睚眥必報」。若果兒子要成為「大丈夫」，鄭氏強調「萬不可學此卑鄙行為」。然而，「睚眥必報」委實是「小丈夫」的特質，我們可以一窺為父者如何混合「賤丈夫」及「小丈夫」兩者之特點，繼而對兒輩作出相關的叮囑。

　　總而言之，孟子為「賤丈夫」及「小丈夫」之說法奠定基礎。後世所出現的各種討論，論者既對他的觀點加以傳承，亦提出一些別開生面的見解，讓閱者對這些「丈夫」形象之構成與演變有更深入的認知。

　　不過，以上盡是男性的聲音。那麼，明清女性有否對長久以來關於「賤丈夫」與「小丈夫」的論述加以探討？其實，閨秀書寫的議題甚豐，部分作者曾以獨特的性別視角來表達她們對「賤丈夫」與「小丈夫」之看法，當中吳嶰竹〈丈夫行〉及李氏〈弓鞋〉皆為很好的例子。例如吳氏〈丈夫行〉云：

　　莫學委靡小丈夫，空負昂然七尺軀。落魄奇窮減顏色，身穿犢鼻酒家奴。[90]

書》，上冊，頁47。

[90] 吳嶰竹：〈丈夫行〉，見《國朝閨秀詩柳絮集校補》，卷8，頁351。另外，詩中「身穿犢鼻酒家奴」的表達，即司馬相如「身自著犢鼻褌」賣酒之事例。見《史記·司馬相如列傳》，而原文如下：「……是時卓王孫有女文君新寡，好音，故相如繆與令相重，而以琴心挑之。相如之臨邛，從車騎，雍容閑雅甚都；及飲卓氏，弄琴，文君竊從戶窺之，心悅而好之，恐不得當也。既罷，相如乃使人重賜文君侍者通殷勤。文君夜亡奔相如，相如乃與馳歸成都。家居徒四壁立。卓王孫大怒曰：『女至不材，我不忍殺，不分一錢也。』人或謂王孫，王孫終不聽。文君久之不樂，曰：『長卿第俱如臨邛，從昆弟假貸猶足為生，何至自苦如此！』相如與俱之臨邛，盡賣其車騎，買一酒舍酤酒，而令文君當鑪。相如身自著犢鼻褌，與保庸雜作，滌器於市中。……」參司馬遷：《史記》，卷117，〈司馬相如列傳〉第57，頁3000-3001。

吳嶰竹認為，若果男性只擁有「七尺軀」的外型，卻缺乏了「磊落」的胸襟與「大造」的抱負，甚或作出「委靡」及「奇窮」的舉動，顯然未達「丈夫」的人格要求。上述的處世態度及舉止，實屬「小丈夫」所為。吳氏所論的「小丈夫」意志消沉，而孟子所言的「小丈夫」則心胸狹隘。其實，兩者均具相同之處，就是他們缺乏遠大目光，不以大局為重，難與「丈夫」之壯闊襟懷相比。

再者，吳嶰竹筆下的「小丈夫」，表示他們欠缺為國家作出貢獻之主動性。男性宜積極地報效國家及建立功業，才是「丈夫」所為；至於李樂則主張男子處於「富貴」、「貧賤」及「威武」的各種處境，亦不能輕易地捨棄傳統男性人格之追求。若果他們的信念有所動搖，未能「時時猛省」，便會成為「小丈夫」。筆者發現，雙方所強調的論點並不相同；然而，兩位作者皆採用兼論「大丈夫」及「小丈夫」的方法，進一步襯托「丈夫」的崇高品格及無私行為。「大丈夫」以大局為重，亦會時刻作出自省，呈現豪邁的男子氣概。而「小丈夫」則忘卻男性的使命，當他們遇到人生處境之轉變，亦會容易地忽略「丈夫」人格的達成，並作出如「身穿犢鼻酒家奴」的舉止。難怪吳嶰竹之詩中有「空負昂然七尺軀」的慨歎。

雖然吳氏於行文中專論各種「丈夫」形象，她並未於文本之中直抒女性對自身角色的想法，誠然也投射了女性對男性「致身早」及「大造」的寄望。這些性別期許就是「男正位乎外」概念的延伸，而且不止於入仕，只要他們「請纓」效忠於國家，男性「投筆」之舉也應予以鼓勵。前文已分析閨秀如何自我建構「女中豪傑」形象，意圖抒發她們為國效力的理想及製造一展抱負的虛擬空間，表明她們的才能並不遜於男性。不過，吳氏並未

於詩篇中塑造「女丈夫」形象，她仍然盼望男性致力為國貢獻，而不是作出「委靡」之舉，可視為女作者對「女正位乎內」的觀念加以傳承。而嶰竹勉勵男性「惟貴致身早」和「請纓投筆」，令我們可以明瞭女性對家國及政局時勢的深切關懷。事實上，女性的種種呼籲，不但透露了當時可能有部分男子寧願成為「小丈夫」，對於他們的性別責任不加重視，也呈現出吳氏對這些男性的消極態度及當時政局發展之混亂有所焦慮。故此，她期盼有更多的「丈夫」挺身而出，並盡心盡力效忠於國家及對抗外敵，合力改善晚清時局的惡劣形勢。

另外，李氏[91]〈弓鞋〉亦為「賤丈夫」之形象增添了獨特意義：

> 三寸弓鞋自古無，觀音大士赤雙趺。**不知裹足從何起？起自人間賤丈夫！**[92]

案《隨園詩話》之記載，當時杭州趙鈞臺在蘇州買妾及遇見「李姓女」，她「貌佳」卻因「土重」（大足）遭到對方嫌棄。在場的「媒嫗」指出「李女能詩，可以面試」，所以趙鈞臺「即以弓鞋命題」。李氏賦詩後，結果鈞臺「悚然而退」。[93] 李氏以「三寸弓鞋自古無」表明纏足並無先例，甚至用「觀音大士赤雙趺」來確定自己的立場，對於相關風俗之興起作出反問，故云「不知裹足從何起」。[94] 她又認為男性為了滿足個人的慾望，而

---

[91] 李氏，元和人，參《國朝閨秀正始續集》，卷6，頁25上。
[92] 李氏：〈弓鞋〉，見《國朝閨秀正始續集》，卷6，頁25下。
[93] 參袁枚撰，顧學頡校：《隨園詩話》，卷4，頁115。
[94] 以纏足議題為主旨之著作，較為著名的有高彥頤的《纏足：「金蓮崇拜」盛極而衰的演變》（*Cinderella's Sisters: A Revisionist History of Footbinding*, Berkeley, California:

導致女性的身體受損，因此「起自人間賤丈夫」一句充分表達了李氏對男性迷戀「三寸金蓮」之斥責。

若果孟軻提出「賤丈夫」為貪婪之人，嚮往富貴榮華；那麼李氏所論「賤丈夫」則為貪戀女性的小腳，沉迷於色慾之觀感享受。然而，兩者所言的「賤丈夫」，又何嘗不是表明了這些男性只顧滿足他們的貪念，並不注重自身的角色責任？更甚者，「賤丈夫」為求私利而作出損人利己的行為。汪藻曾言一些官員「乘時而射利」，漠視人民所面對的困陋；同樣，李氏所標籤的「賤丈夫」，他們為了一己私欲，就算纏足對女性的身體造成永久的傷害，也置之不理。

至於李氏認為男子貪戀女色，又鼓吹「裹足」之舉，即屬「賤丈夫」的表現。相較之下，與利瑪竇提出有關「多飲、多食、多眠、多色，是賤丈夫之效也」的想法，確有異曲同工之妙。然而，李氏的言論較側重於斥責「賤丈夫」多色的舉止，我們可以這樣理解：李氏縱使擁有美貌及才學，「賤丈夫」卻因「土重」而嫌棄自己。她又不能如男性般報效國家，故只可被動地接受男子納妾的舉動，並透過「媒嫗」安排與趙鈞臺會面。作

University of California Press, 2005；台北：左岸文化出版有限公司，2007年）。該書展示纏足文化研究中所忽略的歷史文本，並重申女性在纏足史的能動性及主體性，甚具啟發。至於纏足主題的研究也有不俗的成果，比如有陝西人民出版社：《守節、再嫁、纏足及其他：中國古代婦女生活面面觀》（西安：陝西人民出版社，1990年）；高洪興：《纏足史》（上海：上海文藝出版社，1995年）；戴晴、洛洛：《纏足女子：當代中國女性問題》（香港：明報出版社，1996年）；夏曉虹著，清水賢一郎、星野幸代譯：《纏足をほどいた女たち》（東京：朝日新聞社，1998年）；Wang Ping, *Aching For Beauty: Footbinding in China* (Minneapolis: University of Minnesota Press, 2000)；徐海燕：《悠悠千載一金蓮：中國的纏足文化》（瀋陽：遼寧人民出版社，2000年）；楊楊：《小腳舞蹈：滇南一個鄉村的纏足故事》（合肥：安徽文藝出版社，2001年）；東田雅博：《纏足の発見：ある英国女性と清末の中国》（東京：大修館書店，2004年）；陳存仁：《被閹割的文明：閑話中國古代纏足與宮刑》（桂林：廣西師範大學出版社，2008年）等等。

者既為自己的遭遇及接受纏足的女性抱不平，也藉以譴責「賤丈夫」的自私行為。

李氏〈弓鞋〉一詩所書寫的「賤丈夫」形象，道出女性對性別束縛的憤憤不平，顯現了濃厚的性別色彩。

總而言之，女性所刻畫的「賤丈夫」與「小丈夫」形象，無可否認地與男性的說法有近似的地方。可是，本文認為，才媛的男性人格論述，其獨特之處在於她們既塑造各具特色的「丈夫」形象，亦訴說了古代女性的心聲。女性無緣為國效力，因此，她們深切地盼望男性盡心履行自身的責任，以免他們沉迷女色及忽略男性人格之完成。然而，女性藉著「賤丈夫」與「小丈夫」形象的構建，並對缺乏丈夫氣概的男子作出譏諷，就正好表明了並非所有男性可以達到她們的期許。其實，明清女性督促男子宜時刻檢點自我行為，避免觸犯如「小丈夫」及「賤丈夫」的過失，可見她們的一番苦心。閨秀發揮的「小丈夫」及「賤丈夫」議論，箇中的性別視角極具興味，有助我們了解古代女性對「男性建構」的多元化參與。

第五節　小結

明清女性作家所書寫的各種男子形象，展示了她們如何評價「丈夫」、「男兒」及「鬚眉」等人格典範；閨秀更以獨到的眼光關注不同階層的男性，顯現女性視角之開放性及獨立性。[95] 再者，各種寫作題材又何嘗不是突顯了她們的卓越見識？女性洞悉時局的變化，表達了「時兮不利將焉圖」的肺腑之言；耳目一新

---

[95] 廖冰凌：《尋覓「新男性」：論五四女性小說中的男性形象書寫》，頁16。

之史評著述，提出了「丈夫臨事當自決」的獨特思維；對於軍人形象的演繹，道出了「天下興亡原有責」的家國情懷；刻畫負面形象之男性，表明了「莫學委靡小丈夫」的女性立場。明清才媛觀察入微，關注主流與邊緣人物；[96] 她們的筆風大膽，藉著不同的主題反思男性的社會定位。因此，古代女性於各種寫作中充分呈現其主體性與能動性，是值得後世肯定的。

---

[96] 劉詠聰：〈明清女性的史著〉，載氏著《才德相輝：中國女性的治學與課子》，頁62。

第七章

總結

本研究試圖以明清閨秀及其著述作為主要探討對象，考究她們對男性性別角色的看法及女性著作中所建立的各種男性形象。透過具體的文本分析，我們由此可以了解她們既對傳統社會的男性人格多所發揮，也偶或會仿傚男性人格而締建獨有的「女中丈夫」形象，意圖突破自我性別角色的限制。

本文以男性人格的歷史建構為研究主旨，並考察女性如何演繹她們對異性的角色期望，這個課題之探究就牽涉人倫關係及兩性的社會規範。在古代的中國社會之中，男女必須共同遵守性別秩序，才能促進社會和諧及穩定發展，即如「乾道成男，坤道成女」[1]及「女正位乎內，男正位乎外」[2]等性別規範實屬社會對兩性的普遍期望。基於男性處於主導的地位，他們對男女關係已多所思考。[3]那麼，女性對男女角色之人格期許又有否提出她們的看法呢？本文認為，「女性氣質」的形成由兩性共同建立，無容置疑，並得到學者的熱烈關注。例如從女性的想法而論，就與前述男性的論調有相似之處。一方面部份閨秀於著述中彰顯「夫為妻綱」的概念，強調妻子的依從角色。她們恪守婦

---

[1] 王弼、韓康伯注，孔穎達疏：《周易正義》，卷第七，〈繫辭上〉，頁76。

[2] 同上，卷第四，〈家人〉，頁50。

[3] 就女性角色之期許而言，士人已經申述不少婦德及貞節觀念的課題。不過，透過明清女性著作的仔細探究，一些男性文人對女性的寫作行為及其著作之出版採取開明的態度。詳參Clara Wing-chung Ho, "Encouragement from the Opposite Gender: Male Scholars' Interests in Women's Publications in Ch'ing China-A Bibliographical Study," pp. 308-353. 而這些閨秀絕非足不出戶，反而與其他士人進行文學交流；男女之間彼此建立友誼，也打破了性別及地域的界限。見Kang-i Sun Chang, "Ming-Qing Women Poets and Cultural Androgyny," pp. 21-32. 學者更提出「淡化脂氣」的女性聲音獲得部分男性文人之提倡，參康正果：〈重新認識明清才女〉，頁127。對於明清女性該如何自處，男性就表達了不同的想法。而男性別認知的演變，通過「大丈夫」、「男兒」、「男子漢」、「鬚眉」及「英雄」等詞語的梳理，我們得知古代男性所追求的自我價值，參拙文〈「夫道」——清代家訓所呈現的男性人格〉的第二章節〈傳統社會男性人格的形成〉，頁41-58。由此可見，男性對「女性氣質」及「男性氣概」之構成均有作出參與。

德，視寫作為一種消遣抒懷，亦不敢張揚，因而衍生出「秘藏其稿」或「焚稿」的舉止。[4] 另一方面，其實也有不少才女採取積極的寫作態度，她們認為「才德相成」，[5] 甚或展示「詩固非大丈夫職業，實我輩分內物也」[6] 之自信，只要女性能兼及本職，才德之間並沒有抵觸。雖然明清社會中一些士人對閨秀寫作的舉動予以鼓勵，然而，並不表示他們對其他女性均一視同仁；而這些女性作家所表達的立場，也不能代表所有階層的女性。不過，男女的「內外之別」，從生活層面進行深入的觀察，其活動空間委實具有彈性，並非一成不變；[7] 而女性角色的社會期許是否只停留於婦德的討論，也具有商榷之處。

高彥頤曾指出「女性史研究必須注意兩性之間的性別互動」，[8] 既然女性角色之人格期望由兩性共同建構，那麼探究傳統男性人格就同樣不能只留意男性立場，應該進一步考察女性對「男性氣概」的見解。事實上，明清閨秀於「男性氣概」之形成中同樣肩負重要的角色，為男性的人格塑造加入了嶄新的女性視角。我們明瞭這些才女的主體性及能動性，她們絕非處於被動的位置，我們也不應只是延續「中國古代女性為受害者及被動者」的說法。

雖然中國男性史的研究已日漸進入學者的視線，而相關研究的方向也屢有創新；[9] 不過，前人從女性著作切入來看男性人

4　鍾慧玲：〈清代女詩人寫作態度及其文學理論〉，頁147-168。
5　張淑蓮：〈孫女筆學詩書示三首〉，見其《張淑蓮詩稿》，頁2下-3下。
6　陸卿子：〈題項淑裁雲草序〉，見趙世杰編：《古今女史》，卷3，〈序〉，頁29上下。
7　高彥頤：〈「空間」與「家」：論明末清初婦女的生活空間〉，收入鄧小南、王政、遊鑒明編：《中國婦女史研究讀本》（北京：北京大學出版社，2011年），頁175-199。
8　Dorothy Ko, *Teachers of the Inner Chambers: Women and Culture in Seventeenth-Century China*, p. 14.
9　回顧過去有關中國男性史的研究，學術成果已經逐漸增加，而學者的努力主要集

格的研究也相當缺乏。故此,本文採用女性文本為主要史料,既希望填補這方面的空白,也可彌補單以男性書寫文本為依據之不足。換句話說,男性研究與女性研究不但相輔相成,[10] 其實男女的角色期許也包含了兩性的看法。若果我們只偏重一個性別作為考察對象,並不足以完全地理解性別關係的特點及發展。再者,明清女性所建構的「男性氣概」,當中展現了多姿多采的性別面貌,尤其是男女之間所表現的相互期許及細緻互動,極具意義及啟發性。

因此,本章會綜觀女性文本及視野在男性角色論述中所呈現的特色與貢獻,下文將包括兩個部分:(1)明清女性探討男性人格議題之多元性及廣泛性;(2)女性文本在討論男性人格問題中所展現的獨特視野。

(1)明清女性探討男性人格議題之多元性及廣泛性

對於明清女性演繹男性人格議題之多元性及廣泛性,我們可以得到更深入的認識。她們筆下觸及多種男性社會角色,也描繪了極具諷刺意味的負面男性形象。就本文所見,古代男性處於家庭及官場等不同場域都身肩重任,[11] 閨秀也表達了她們對各種男性角色的性別期望。

首先,從男性的家庭角色而言,女性作家兼具母親、妻子、

中在幾方面,包括男性交友、男性同性戀和男性氣概,近年亦出現了具啟發性的新嘗試,例如男性消費行為等。可是,男性對自身的性別認知、兩性關係等方面之探討則尚待增潤。

[10] 周華山:《性別越界在中國》,〈誰來界定「男性特質」?〉,頁43。

[11] 論者曾指出家庭是「了解社會性別及權力關係之實踐」的基本社會場域,參Dorothy Ko, *Teachers of the Inner Chambers: Women and Culture in Seventeenth-Century China*, p. 11. 中譯文字據高彥頤著,李志生譯:《閨塾師:明末清初江南的才女文化》,頁12。

姑、姨、姊妹等多重身份，她們對於男性親人所肩負的責任也提出了種種的意見。無論作為後輩或是同輩，我們可以得悉女性經常勸勉家人培養男性人格，她們筆下亦有明確的閱聽對象，這些看法也符合對方的身份和處境。換言之，「子道」、「夫道」、「兄道」、「弟道」、「姪道」及「甥道」等家庭身份的人格期許，的確包含了兩性的取態，學者不應只側重於男性聲音的討論。值得注意的是，不論何種身份的女性，皆有積極地推動男性重視自身的性別責任。例如席佩蘭提出「養親課子君休念，若寄家書只寄詩」[12] 及「勉旃誦先德，勿墮門戶光」[13] 等看法，分別勸勉丈夫及弟弟不應忽略傳統男性人格的抱持；袁氏又以「安民治國全忠孝，方顯男兒是丈夫」[14] 和「君慰母心書早寄，姜兼子職任彌專」[15] 之說法期望兒子和夫君重視「男性氣概」的營建。另方面，袁綬也向兒子和弟弟分別致予如「男兒立志初，所貴乃孝弟」[16] 與「男兒壯遊志萬里，安能終歲寂寂守故園」[17] 等鼓勵，但願他們致力達到理想人格的要求等等。由此看來，女性參與「男性氣概」的集體構建，委實不容忽視。她們特別強調男性應確立個人志，並致力建功立業。

其次，明清女性也析論了官場男性的性別定位，當中包括了軍人、將帥、從政者及君主等身份，牽涉主流及邊緣人物。例如前述的軍人展現了其勇武及堅毅的精神，他們即使為國捐軀，也不能忽略軍功之建立；而將帥應該注重德威並施，不可放棄品

---

12 席佩蘭：〈送外入都〉，見其《長真閣集》，卷3，頁3下-4上。
13 席佩蘭：〈勗弟〉，同上，卷1，頁4上下。
14 袁氏（谷暄妻）：〈訓子〉，見其《漱芳亭詩草》，頁9下。
15 袁氏（谷暄妻）：〈送夫子出外讀書〉，同上，頁1上。
16 袁綬：〈夜讀示兩兒〉，見其《瑤華閣詩草》，頁20下-21下。
17 袁綬：〈少蘭弟書來，以四川道遠為慮，賦此勖之〉，同上，頁13下。

德培養及個人操守。至於從政者宜慎重地顧全忠孝思想，移孝作忠，把「事親」的態度同樣「事君」，善用「治家」的經驗從而「治國」；[18] 因此，才媛均提出如「安民治國全忠孝，方顯男兒是丈夫」[19] 及「治家為政將毋同」[20] 等見解。此外，為官者應該體察民情及施行仁政，所以女性對於從政男性寄予如「安民治國全忠孝」及「尚志惟思濟世民」[21] 等厚望。換句話說，他們應該重視「積德」，[22] 致力為國家及人民作出貢獻，「將地方緊要作不到事，幹一兩件」，才是「男子結果」。[23] 「丈夫」要避免作出如「肉食朝臣盡素餐」[24] 的卑劣行為，矢志「作良臣」。[25] 誠然，女性亦期許君主擁有「臨事當自決」[26] 的「丈夫」人格，一國之君的自決能力尤為關鍵。不過，我們可以理解，女性對天子的神聖地位固然有所忌諱，因此不可能提出對當朝君主的人格期許，反而以歷史上的帝王為評議對象。無論如何，女性作家對歷史人物的評論，既顯現了她們的卓越識見，也可見女性筆下所觸及的男性人物是非常廣泛的。

此外，閨秀亦曾觸及「迂儒」、「肉食朝臣」、「巾幗男兒」、「小丈夫」及「賤丈夫」等缺乏「丈夫氣概」的男性之探討，極富趣味。「迂儒」不了解世情，亦不注重經世致用，所以

---

18 袁綬：〈夜讀示兩兒〉，同上，頁20下-21下。

19 袁氏（谷暄妻）：〈訓子〉，見其《漱芳亭詩草》，頁9下。

20 袁綬：〈少蘭弟書來，以四川道遠為慮，賦此勖之〉，見其《瑤華閣詩草》，頁13下。

21 吳荃佩：〈贈耿夫人〉，見其《碧雲閣詩鈔》，收入《江南女性別集・四編》，下冊，卷上，頁1342。

22 陶安生：〈送夫君之官浙江〉，見《安徽名媛詩詞徵略》，卷3，頁252。

23 溫璜：《溫氏母訓》，頁3。

24 秋瑾：〈芝龕記題後〉，見其《秋女士遺稿》，頁1上。

25 孔璐華：〈五兒婦初來粵，書示大兒婦，兼寄外粵西六首〉，見其《唐宋舊經樓詩稿》，卷7，頁4下-5下。

26 高篃：〈金匱詞〉，見《國朝閨秀正始續集》，〈補遺〉，頁76下-77上。

有「女丈夫」道出「讀書久已薄迂儒」[27] 的慨嘆。而「肉食朝臣」沒有克守男性責任，只求謀取爵祿，反而女英雄展示了其軍事才能與忠誠，因而有女性以「肉食朝臣盡素餐，精忠報國賴紅顏」[28] 的說法，對「朝臣」作出譴責並同時讚揚女英雄的懿行。至於「巾幗男兒」也顯露了朝臣「惟念千秋不朽名」和「非徒寵榮麋好爵，且使姓名耀麟閣」等自私行徑，不為國家發展及百姓生活著想。於是，有才媛舉出歷史上著名的「女丈夫」之事迹，強調她們的政治識見、才學與軍事能力。相較之下，更可見這些自私男性實在未能達成「男兒」的要求。因此，作者以「男兒中亦有巾幗，女兒中亦有鬚眉」[29] 來表達她對「巾幗男兒」的鄙視。再者，「小丈夫」作出「委靡」的舉動，甘願「落魄奇窮減顏色」和「身穿犢鼻」作「酒家奴」，[30] 而「賤丈夫」則貪戀「裹足」。[31] 他們都欠缺志向，著眼於個人享樂的尋求，才女也道出了她們的種種不滿。其實，由於這些男性貪圖私利，所以有女性指出「未必丈夫皆報國」[32] 的事實。儘管一些男性已經從政，亦未有竭盡所能報效國家，只懂戀棧權力和榮華富貴，可見他們並不以大局為重。

　　「迂儒」、「肉食朝臣」、「巾幗男兒」、「小丈夫」及「賤丈夫」等詞彙，委實蘊含了女性希望男性擁有「大丈夫」、「男兒」及「鬚眉」等高尚人格。誠然，正因為多種負面男性形

---

[27] 錢希：〈又贈永妹〉，見其《雲在軒集》，收入《江南女性別集・初編》，下冊，卷2，頁1397。

[28] 秋瑾：〈芝龕記題後〉，見其《秋女士遺稿》，頁1上。

[29] 陳鉦：〈遣懷〉，見其《寒碧軒詩存》，頁1200。

[30] 吳嶸竹：〈丈夫行〉，見《國朝閨秀詩柳絮集校補》，卷8，頁351。

[31] 李氏：〈弓鞋〉，見《國朝閨秀正始續集》，卷6，頁25下。

[32] 王瓊：〈秦良玉〉，見鱗峋編：《閨苑奇葩：中國歷代婦女文學作品精選》，〈清代〉，頁355。

象之探討，更反映出男性具備崇高人格的可貴性及楷模性。女性的意見正好揭露了一些男性並未為傳統男性人格所規範。負面男性的舉止是否表示部份男性有意識地擺脫「男性氣概」認知過程中所帶來的束縛及壓力？誠然是值得再深入思考的課題。儘管才媛的勸喻可能無濟於事，不過，女性意圖對男性行為作出具體的指引並傳達寄望，其立場頗為鮮明。若果她們視「丈夫」和「男兒」為男性典範，這些負面男性形象之描寫也可視作女性對失德男性的一種抗議，渴望他們引以為戒，並盡力重回人格正軌，以免受到社會輿論的鞭撻。

由此可見，女性並非只探討單一層次的「男性氣概」，[33]也關注處於主流與邊緣位置的男性。因此，本文題目中亦使用masculinities 而非masculinity，以突顯才女筆下多元化的男性人格書寫。

另外，筆者試圖統計探討過男性人格之女作者，並特別留意以她們的籍貫，製成〈曾討論男性人格之明清女性籍貫統計表〉（見附表四）。根據該表，我們可以得悉廣泛地區的女性都曾參與「男性氣概」之構建。

附表四的數據顯示，女作者合共83人，當中來自江蘇、浙江及湖南的才女合共53人，佔總數六成四。而來自其他省份的女性共30人，佔總數三成六，當中包括了江西、福建、安徽、陝西、湖北、雲南、貴州、廣東、山東、四川、上海及西藏等不同省份。若果我們只專注於某個地區女性所作出的成果，而無視其他區域女作者所參與的人格論述，並不能全面地分析明清閨秀塑造「男性氣概」的整體面貌。縱使箇中以江南地區的才女較多，但

---

[33] Geng Song, *The Fragile Scholar: Power and Masculinity in Chinese Culture*, p. 5.

來自其他籍貫的作者也不少，印證「男性建構」並不是江南女性所獨有，而是源自不同地區的才媛群體合力推演而成的。而且，透過閨秀的書信往來、結社現象及女性著述的流傳等因素的推動下，筆者推測，女性對「男性人格」的演繹委實是跨地域的交流，都證明了才女熱衷於表達她們對男性角色的意見，屬於重要的性別議題。

凡此種種，明清女性參與構建「男性氣概」的主體性及能動性，已經生動地呈現於我們的眼前，後世又怎能忽視女性在男性人格構成過程中所作出的貢獻呢？

（2）女性文本在討論男性人格問題中所展現的獨特視野

本文必須重申，明清才女表達了她們對男性家人之性別期望的同時，委實也對自我角色的定位多加思考。[34] 這種細緻的性別互動及女性的自我呈現，成為了女性文本的重要特色。其實，在表達形式及口脗方面，女性文本和男性文本所討論的男性人格，的確有明顯的差異，以下將以父教與母教中的男性角色論述作進一步的比較。此外，閨秀對於「男性氣概」的演繹，委實也反映了女作者如何因應社會及政治發展的轉變，對兩性角色的期許亦有所調節。所以，女性文本所書寫的傳統男性人格，不但展示了豐富的性別內容，也從另一角度展現了明清的政治及社會經濟狀

---

[34] 黃衛總發現明清時期男性悼念已故女性親人所撰寫的文章之中，著者不但從中演繹男性對「女性氣質」的想法，也反映了他們如何透過親屬關係之建立而建構自身的「男性氣概」。參Martin W. Huang, "Introduction: Remembering Female Relatives: Mourning and Gender in Late Imperial China," *Nan Nü: Men, Women and Gender in China*, vol. 15, no. 1 (March 2013), p. 5. 誠然，閨秀的作品就多以男性親人為閱聽對象。她們鼓勵家人確立「男性氣概」的各種看法，同時也呈現了女性對自我角色之認知。

況。最後，筆者會審視過往有關中國男性氣概的研究，並展示女性文本作為主要參考文獻的歷史價值。

明清閨秀所參與的「男性建構」，具備了作者身處時代的特色，也呈現女性的個人立場，極具歷史意義。[35] 明清時期社會經濟及文化蓬勃發展，為才女文化之形成創造了良好的條件。她們多出身自書香門第，並接受優良的家庭教育及寫作訓練。不少士紳家庭鼓勵女性寫作，又協助推動其著述之流傳，也會因她們的才華而感到光榮。[36] 女性運用自己的力量撰寫「個人生活體驗」，不但記錄了作者的遊歷及思想，也藉此促進她們在「家庭中及社會上人際關係之溝通與往來」。[37] 才媛「在家主持家庭運作」，而「在外廣結人緣」，實在「才藝出眾」。[38]

在這樣的前提下，明清才女獲得更多的空間思考兩性角色的社會期許，例如論者就強調女性作家的「傳世慾望」，並指出女性創作中的自敘部分，往往透露其家庭生活及朋友交遊，以及她們怎樣透過人際關係而建立自我的身份認同。[39] 其實，閨秀以男性親人作為觀察對象所表達的性別期許，相關內容也較為豐富。同時，建基於才媛的家庭背景，她們體會到維持家族聲譽的重要性，因而甚為渴望族中男性聽取她們的意見及重視男性責任和榮

---

[35] 高世瑜：〈婦女史研究的瓶頸──關於史料鑒別問題〉，《中華女子學院學報》，2011年4期（2011年8月），頁87-91。

[36] 鍾慧玲：《清代女詩人研究》，頁102。

[37] Grace S. Fong, "What's in a Text? Re(dis)covering Chinese Women's Literary Collections," in Grace S. Fong and Ellen Widmer (eds.), *The Inner Quarters and Beyond: Women Writers from Ming through Qing*, pp. 4-5. 中譯文字據方秀潔：〈文本中有什麼？婦女文集的重新發現與重新審視〉，收入方秀潔、魏愛蓮編：《跨越閨門：明清女性作家論》，頁4-5。

[38] 沙培德（Peter Zarrow）：〈末代才女文化之風華再現〉，《近代中國婦女史研究》，15期（2007年12月），頁255。

[39] 胡曉真：〈女作家與傳世慾望──清代女性彈詞小說中的自傳性問題〉，頁399-436。

譽。[40] 細閱多種女性文本，我們可清晰地得知這些人際溝通及女性對於各種男性角色的不同想法。

母親盼望兒子在人生中的不同階段也謹記「丈夫」人格的維繫，可見她們肩負家族傳承的重大責任。她們時刻訓示兒子重視「先德」及「父志」的承繼，表明了女性亦藉著對兒子的人格教育希望把「自己寫入這個家族的歷史之中」。[41] 若果兒子他日可以成為社會上的楷模，母親亦將可得到廣泛的認同，這些人格訓示便成為後世仿傚的珍貴經驗。她們嚴謹地參與制定兒子的行為規範，為家族的發展作出奉獻，也期盼後輩將這套人格教育加以承傳。母親也了解言傳身教的影響力，因此她們常常以歷史上賢母之事例從而自我督促，如「我無孟母三遷德」、[42]「我非孟氏賢，母教成三徙」[43] 和「我愧孟母賢，明信以買肉。又愧歐陽

---

[40] 前文所論述的王貞儀，即屬顯例。她出身於書香世家，極具才學。王貞儀的祖父為王者輔，字惺齋，曾「以知府謫戍吉林」。他精通曆算，著述豐贍。在祖父的啟蒙下，亦促使王氏對曆算之學產生濃厚的興趣；同時，她自幼隨祖母董氏學詩。她的父親王錫琛亦是技術高明的醫者，精於醫學，貞儀「隨父錫琛出塞省視」，所以，她亦得以鑽研醫學。習文之外，王氏更「學射於蒙古阿將軍之夫人，發必中的，跨馬如飛」，堪稱文武並重的才女。參蔣國榜（1893-1970）：〈小傳〉，見王貞儀：《德風亭初集》，頁1上。然而，王貞儀縱使抱持雄心壯志，甚或自我建構「女丈夫」的形象，奈何她亦自知「女子不能承家學」。因此，王氏亦於〈敬書先大父惺齋公讀書記事後〉一文中表明她的立場，她期盼「我弟姪輩奮勉成立」與「承先啟後有得於家學」，參王貞儀：〈敬書先大父惺齋公讀書記事後〉，見其《德風亭初集》，卷8，頁1上-2上。由此可見，王氏雖然具備才華，但因性別角色束縛而無法一展所長，只可透過「女中豪傑」形象之建立來展示她的抱負。至於她勉勵弟弟注重男性榮譽的議題，我們的確發現家學承傳的重要性及其急切的需要。蓋因王氏不是男性，貞儀的父親也屢試不第，故此，其他男性家人理所當然地肩負「承家學」的重任。我們可以理解明清女性的家庭背景、生活狀況如何構成她們對異性的性別期望，這些看法並非千篇一律，對於「男性氣概」的形成帶來不可或缺的性別視野及參考價值。

[41] 鍾慧玲：〈期待、家族傳承與自我呈現——清代女作家課訓詩的探討〉，頁203。

[42] 陳氏（孫樹南妻）：〈口占勉諸子〉，見其《古香閣吟草》，頁17上下。

[43] 王繼藻：〈勗恒兒〉，見其《敏求齋詩集》，收入《國朝閨閣詩鈔》，第10冊，卷5，頁28上下。

母，畫荻書滿幅」[44] 等自述，就是她們自我激勵的印證，並不是對自己毫無要求，草草了事。其實，母子均努力地履行各自的角色期許。

母親所營建的「男性氣概」，也帶動了我們延伸思考父親在男性人格建構過程中的角色。過往筆者曾致力爬梳清代家訓文獻，並審視士人如何教導子孫確立丈夫氣概。[45] 若果我們對於父教與母教中的男性角色論述加以比較，委實各具獨特色彩，有助我們了解女性文本及男性文本在探討男性人格問題之差別，尤其是父母在人格訓示上不同的表達方式。

由於男性必須專注建立功名，父親長期在外經營，因此，他們與兒子相處的時間相對較少，故難以每事也加以叮囑。我們不難發現，父親的人格教育傾向於方向性指導，論述較為簡潔，為人子宜從父親的訓誡或經驗中加以領悟。同時，父親多採用命令式的口脗作出告示，強調「男兒氣概」之彰顯屬於世代相傳的家訓，後輩應該視為男性行為的楷模，如曾國藩（1811-1872）以「吾家祖父教人，亦以懦弱無剛四字為大恥」之祖訓自我警惕，[46]並訓示子孫「故男兒自立，必須有倔強之氣」，即屬一例。[47]

至於母親與兒子之間長期相處及接觸，「子之所為，母無不知」，所以「遇事訓誨，母教尤易」。[48] 本文發現，母教中所

---

[44] 張湘筠：〈課子楚生詩〉，見其《冬蔥軒存稿》，頁1上下。

[45] 參拙文〈「夫道」——清代家訓所呈現的男性人格〉的第四章〈「為夫之道」——從家訓看清代男性對自身性別角色的認知〉第二節〈清代男子「男性氣概」的呈現：丈夫尊嚴的確立〉，頁78-83。

[46] 《曾國藩家書》，收入吳鳳翔、金木、王日昌、悟堂等編：《清代十大名人家書》，下冊，頁896。

[47] 同上。

[48] 汪輝祖：〈父嚴不如母嚴〉，見其《雙節堂庸訓》（據光緒十五年〔1889〕江蘇局刊本影印；收入《汪龍莊遺書》〔台北：華文書局股份有限公司，1970年〕），卷5，頁3下-4上。

論述的男性人格則注重日常生活細節之提點，她們對兒子的性別教育亦較為具體，可說是對父教中的人格論述作進一步的補充說明。例如前文所引陳氏〈口占勉諸子〉一詩，為母者循循善誘地指導兒子如何成為「男兒」，她提供了具體可行的方法，讓兒子可加以參考。陳氏建議對方從為學、個人修身及家庭內外的人際關係等各方面逐步切入及實踐，從而領會「富貴不淫貧賤樂」的崇高品格，最終自可達成「男兒」的人格要求。陳氏的規訓頗為生活化，也為兒子的角色定位帶來更清晰的指引。

更重要的是，母親教導兒子注重男性人格的培養，箇中也展現了為母者的關懷是無微不至的。相反，男兒貴自立，父親則寄望兒子懂得自我克服挑戰。故此，相較之下，母親的用心叮嚀尤為突出。就以「男兒」志於四方之規勸而言，父親的著眼點在於兒子能時刻堅守「男兒志」，蓋因他們「貪戀家園」不利於家族名聲的經營與傳承。例如林則徐（1785-1850）曾以「慎勿貪戀家園，不圖遠大。男兒蓬矢桑弧，所為何來？而可如婦人女子之縮屋稱貞哉！」告誡兒子慎重地建立男子志向。[49] 若果兒輩均「不圖遠大」，又何以光耀門楣？「養不教，父之過」，為父者也會遭受社會輿論的譴責，我們可以看到男性作為一家之主的處境及他們為了「齊家」所承受的性別壓力。然而，母親當然也重視兒子確立志向。不過，她們於作品中同時呈現自己對兒子仕宦羈旅之種種憂心，為母者更傾盡心力向對方作出叮囑，如「汝如初嫁女，今日始離娘」、[50]「行矣慎寒暑，戒之在短篇」[51] 及

---

[49] 《林則徐家書》，收入周維立：《清代四名人家書》（台北：文海出版社，1971年），頁6。

[50] 陳昌鳳：〈鋆兒隨其伯父雲樵讀書濂溪書院，臨行成五律〉，見《湖南女士詩鈔》，卷8，頁193。

[51] 郭筠：〈示兒子廣鈞應春官試〉，見懺安：《閨範詩》，頁123。

「戒言莫我忘，見爾知何日」[52] 等表達，可見一斑。

　　為母者在塑造「男性氣概」的過程中，仍不忘嘮叨地囑咐兒子許多生活細節，這種貼身的關懷頗見於她們的著作之中，實屬母教的特色。再者，筆者認為母親對兒子的性別教育比父教更為細緻，[53] 突顯了古代女性在男性人格構成上的重要參與。

　　不過，某些時候女性勸勉家人重視男性人格的規範，也顯現了她們兼顧夫家之照料與本家之維繫而衍生的複雜心理，「男性氣概」之塑造也反映了家庭成員之間在性別分工上的協調。即如為人姊者勸喻弟弟注重光耀門楣的寄望就是很好的例子。為姊者不斷鼓勵弟弟關注「勉旃誦先德，勿墮門戶光」[54] 及「繼聲在爾輩，高遠荷肩仔」[55] 等男性期許的同時，又從另一角度帶出了如「我愧非男兒」、[56]「恨己不為男」[57] 及「嗟余

---

[52] 左錫嘉：〈禧兒授邵武府經歷將之官作此勉之〉，見其《冷吟仙館詩稿》，卷7，頁4下。

[53] 例如清代閨秀駱樹英（約1889-1907）曾提出「賢母勝於賢父」的看法。駱氏認為「居恒一飲一食，一寒一燠，一起一復之處，父不能時為顧復也。膝下依依者，賴有母以主持之。尤賴有賢母以訓勉之，教子為孝，教子為忠，教子為節廉，教子為賢良方正，以及視聽言動悉循乎禮，均可一一為子誠之，並可時時為子晶之」（參駱樹英：〈賢母勝於賢父論〉，見其《飄香室文詩遺稿》〔光緒間（1875-1908）鉛印本〕，頁3上下）。為母者不但能照顧兒子的生活所需，更可時刻訓勉對注重「忠孝廉節」及「賢良方正」等高尚人格的維繫，無論是個人修身、齊家及治國等不同層面，母親亦能「一一為子誠之」及「時時為子晶之」。因此，筆者認為母親對兒子的性別教育比父教更為細緻，甚至駱樹英強調「家有賢母，不獨令子能在家盡孝，在朝盡忠，並可以規其父之不賢也。再者，從父母對待兒子的態度而言，「父主於嚴」而「母主於慈」，筆者相信母親的細心關懷及叮嚀，誠如駱氏所言：「慈則柔和，柔和則其教易入，而人子亦樂於領受」。父母教導兒子所採取的方法，也會影響兒子對相關訓示的接受程度。為人子者是否「樂於領受」，確實值得深思。再者，母親同樣努力地達成自我角色期許，母子之間相互扶持，兒子更能積極地學習如何符合「大丈夫」及「男兒」的人格要求。由此觀之，母教的力量實在不容忽視。

[54] 席佩蘭：〈晶弟〉，見其《長真閣集》，卷1，頁4上下。

[55] 王貞儀：〈勉弟筆〉，見其《德風亭初集》，卷12，頁11上。

[56] 席佩蘭：〈晶弟〉，見其《長真閣集》，卷1，頁4上下。

[57] 席佩蘭：〈哭父〉，同上，頁4上。

固為女」[58] 等性別身份的遺憾。姊弟之間的對話蘊含了女性未能直接參與家庭承傳的慨歎，她們嘗試採用這個方式為雙親分憂。

除了男女彼此的互動及女性心聲的呈現外，才媛對於男性性別角色及其行為規範所表明的立場，也顯露了明清女性對社會及政治發展之關懷。她們的眼光是宏觀的，並非只著重個人處境及家庭狀況的思量。事實上，我們從閨秀的性別聲音中加以觀察，也可更深入地窺探明清社會的生活情況。

以古代夫妻關係而論，「夫為妻綱」屬於禮教提倡而社會普遍期許的兩性相處模式。可是，明清時期夫妻關係就呈現了更繁複的面貌與可能性。[59] 我們重新了解作為妻子的閨秀，她們更主動地發表對丈夫角色的期盼。無論是妻子向對方作出如「君自盡忠儂盡孝，大家努力壯門楣」[60] 及「家自平安休內念，一心純用作良臣」[61] 等承諾，箇中就已經多番探討如「君自盡忠」、「壯門楣」及「作良臣」等人格期許。在丈夫貪戀女色的

---

[58]　王貞儀：〈勉弟筆〉，見其《德風亭初集》，卷12，頁11上。

[59]　例如學人曾指出明末清初的社會上也出現夫妻角色對調的狀況，以王端淑及丁聖肇的個案為例，丈夫認可妻子賺取收入養家，並與其他男性文人多作交流，他願意成為「閨中良伴」。參Dorothy Ko, *Teachers of the Inner Chambers: Women and Culture in Seventeenth-Century China*, pp. 115-142; 中譯字據高彥頤著，李志生譯：《閨塾師：明末清初江南的才女文化》，頁115-152。另外，我們更了解「夫為妻綱」的相處模式屬於基本原則，而實際上士人家庭內已發展了一種「友愛婚姻」。參Paul S. Ropp, "Love, Literacy, and Laments: Themes of Women Writers in Late Imperial China," pp. 117-123及Dorothy Ko, *Teachers of the Inner Chambers: Women and Culture in Seventeenth-Century China*, p.179. 這些文人更傾向與妻子彼此交流和相互遷就，女性絕非只有「服從」及不抒己見，若果夫子出現「不良」之處，為妻者應該「善言規止」。再者，明清時期的丈夫亦不能濫用「夫為妻綱」所賦予的權力，他們宜注重自我行為之約束，這個現象已得到學者的考證。詳參陳寶良：〈從「義夫」看明代夫婦情感倫理關系的新轉向〉，頁48-55；馮爾康：〈清代的家庭結構及其人際關係〉，頁1-6及《清人生活漫步》，頁113-115。

[60]　周維德：〈送外奉使保陽〉，見其《千里樓詩草》，頁21下。

[61]　孔璐華：〈五兒婦初來粵，書示大兒婦，兼寄外粵西六首〉，見其《唐宋舊經樓詩稿》，卷7，頁4下-5下。

話題而論，縱使有妻子表明因男性「攀花折柳」屬「尋常事」而感到無奈；[62] 然而，女性並非不發一言，也擲地有聲地頒下「只管風流莫下流」[63] 的警告，寄望對方不作「下流」之事及對自己的行為有所警惕。其實，為妻者對男性人格的塑造，又何嘗不是印證了明清時期「夫為妻綱」只屬理想模式，不能完全地反映不同階層的夫妻關係？「友愛婚姻」的表現，委實並不止於雙方文字唱和與互相遷就，當中也存在兩性角色之相互期盼，閨秀對於丈夫的志向、個人榮譽與行為均發表了重要的女性聲音。

此外，才媛同樣致力於透過「女中丈夫」與不同男性形象之建立來參與塑造男性人格。女作家秉承家風，不但勤於治學，亦與其他才女及男性文人多所交流。她們積累了一定的學問，就兩性角色的社會定位撰寫了形形色色的議論。有關女性文本，切實地記錄了明清時代的歷史及社會轉變、國家發生的危難及戰爭的真實狀況。[64] 若果明清之際男性文人把他們的愛國情操與英雄主義寄托在名妓身上，讓她們展示「女丈夫」的氣概；[65] 那麼，其實明清閨秀已經積極地自我構建「女中豪傑」之形象，意圖突破自我性別角色。

有趣的是，閨秀在模倣理想人格而構造「女英雄」形象之時，她們在過程中已對「男性氣概」作出集體建構和加入自己的心聲，女性對男性性別優勢的嚮往可謂躍然紙上。然而，她們時刻關懷國家大事，並不甘願「雌伏」及盼望可以一展所長。除了

---

[62] 張氏：〈規夫〉，見《國朝閨秀詩柳絮集校補》，卷20，頁878。

[63] 同上。

[64] Xiaorong Li, "Engendering Heroism: Ming-Qing Women's Song Lyrics to the Tune *Man Jiang Hong*," pp. 1-39.

[65] 毛文芳：《物、性別、觀看：明末清初文化書寫新探》（台北：台灣學生書局，2001年），頁494。

「女中豪傑」形象的彰顯，才媛也憑藉「丈夫氣概」的寫作主題進一步呼籲男性自重，例如前文所論及的吳氏，她身處咸同年間及經歷各種戰亂，因此以「請纓投筆鬚眉在」及「丈夫惟貴致身早」[66] 等看法勸喻當時的男性主動報效國家。女性用親身的經歷與見聞，藉以勸勉男性應該把握自身的權力及履行角色責任，並竭力維持國家及社會之正常秩序。我們更發現明清女性所參與構建的男性人格，也進一步展現了她們對政局時勢的深思及所作的相應行動。例如晚清戰亂頻仍，百姓處於水深火熱的處境，她們深切渴望更多男性秉持「丈夫」人格而效忠於國家，亦寄望其時國家的惡劣形勢得以扭轉，使民生有所改善。之後，清朝政權瓦解之際，也有才女分析時局和思考男性該如何應對，並分享「大丈夫，時兮不利將焉圖」[67] 的看法。

政治和社會經濟之演變，促使明清閨秀思考兩性角色的定位。[68] 才媛是「與時並進」的，她們「調整自己」作出自我身份的適應，[69] 女性不斷地反思男性的社會角色，亦間接地推動了自我處境的思索。她們營建「女中丈夫」的典範人格，呈現女性「天下興亡，匹婦同樣有責」的品德及家國關懷；同時，也從另一角度揭示某些男性的卑劣行為。另外，女性所作出的「男性建構」，就正好反映了明清時期的各種政治、社會及生活面貌，[70] 例如士紳家庭的教育方式及對女性家人書寫的鼓勵、印

---

[66] 吳蘭畹竹：〈丈夫行〉，見《國朝閨秀詩柳絮集校補》，卷8，頁351。

[67] 葉璧華：〈丈夫行〉，見其《古香閣全集》，卷2，頁6下-7上。

[68] Bret Hinsch, *Masculinities in Chinese History*, pp. 7-10.

[69] 胡曉真：〈杏壇與文壇——清末民初女性在傳統與現代抉擇情境下的教育與文學志業〉，頁36。

[70] Maram Epstein, "Bound by Convention: Women's Writing and the Feminine Voice in Eighteenth-Century China," pp. 97-105.

刷出版業的技術進步，商業性坊刻對書籍出版及流傳之推動、[71]
母教對於文人與仕宦家庭教育之影響力、夫妻關係的多種形態、
才女文化的主導群體由晚明名妓轉變為清代閨秀、[72] 晚清時期之
政局及社會動盪與尚武風氣的提倡等等。總而言之，明清才女對
傳統男性人格所作出的各種取態，具備深層的歷史與時代意義，
也表現了她們對政治、社會及兩性角色的細緻思考。

再者，從過往的中國男性氣概研究進行觀察，可知女性著作
的歷史價值，並未普遍地獲得學者的重視。[73]

首先，學人多採用男性文本來分析「男性氣概」於中國歷
史上的形成及發展，包括儒家典籍、訓誡文獻及古代文學作品
等。其次，筆者亦留意到往昔男性研究的觀點，「女性對家庭秩
序造成威脅」的刻板形象經常浮現。例如論者曾言在晚期帝制的
中國，家訓著者重視丈夫的「男子氣概」，他們必須訓誡妻子以
維持家庭運作及確保家族之名聲。蓋因女性身兼妻妾的身份可能
對家庭秩序帶來壞影響，[74] 甚或妨礙男性聲譽的維繫。[75] 基於

---

[71] 參Dorothy Ko, *Teachers of the Inner Chambers: Women and Culture in Seventeenth-Century China*, pp. 29-67. 另外，李伯重也提出明清時期江南的民間出版印刷業出現重大發展，及至清代繼續保持其領先地位，亦參李伯重：〈明清江南的出版印刷業〉，《中國經濟史研究》，2001年3期（2001年），頁96-107、146。若果明清才女的寫作行為並未獲得家人及一些男性文人的認同與支持，又缺乏了正式的渠道令其著作得以付梓，恐怕筆者亦難以重構女性所參與塑造的傳統男性人格。所以，這些社會文化及生活面貌的重大轉變，讓她們得到更多的機會思考兩性的性別期許，並藉著女性的書寫把她們的生活概況及思想得以記錄下來，成為後世可以借鑒的重要歷史文獻。

[72] Susan Mann, *Precious Records: Women in China's Long Eighteenth Century*, pp. 121-142.

[73] 前文已提出雷金慶析論五四時期女作家如何演繹「男性氣概」，然而該文屬於個案研究，難以考察該時期女性對「男性建構」所作出的整體參與。再者，雷氏的專書仍以男性文本為主要參考文獻。不過，作者採用女性文本之舉，確實具其開拓性，可作借鑒。

[74] Martin W. Huang, *Negotiating Masculinities in Late Imperial China*, p. 5.

[75] Bret Hinsch, "Male Honor and Female Chastity in Early China," pp. 169-204.

男性中心意識的維護，[76] 男子必須懂得控制女性的行為舉止，藉以保持男性名譽。[77] 同時，女性常被視作男子建立丈夫氣概的絆腳石，她們的意見也較少獲得男性的重視，[78] 例如孫奇逢（1585-1675）便認為「只不聽婦人言，便有幾分男子氣」，[79] 他的看法就強化了「不聽婦人言」與彰顯「男性氣概」之間的關聯。也有學者討論古代男性交友的議題，並指出男性多與其他精英男性建立關係，[80] 而女性則被視為男性人際網絡的一種威脅。[81] 筆者認為，這些論點呈現出濃厚的男性本位意識，似乎排除了女性參與男性人格塑造之可能性。

「男性是否全是得益者？」亦屬男性研究中值得深思的課題。例如過往論者均強調通過男性文本的考察，從中可以了解中國古代男性在社會上所面對的恐懼及憂慮。[82] 筆者深表認同，然而，男性文本主要呈現「男性憂慮」。本研究則發現，女性文本既展現男女之性別認知是互相影響及構建的，也同時呈現了兩性處於社會上所承受的束縛及壓力。進一步來說，筆者可以推斷，男性要達到社會對其人格的要求，絕非易事。從社會上對丈夫氣概不足的男性所作出之嘲諷，以至女性作家對負面男性形象

---

[76] 吳存存：《明清社會性愛風氣》，頁20。

[77] 參Bret Hinsch, *Masculinities in Chinese History*, pp. 74-94 及拙書評〈*Masculinities in Chinese History*〉，《漢學研究通訊》，35卷2期（2016年7月），頁25-27。

[78] Martin W. Huang, *Negotiating Masculinities in Late Imperial China*, p. 2.

[79] 孫奇逢：《孝友堂家訓》（《叢書集成初編》本，冊977），頁4。

[80] Susan Mann, "Women's History, Men's Studies: New Directions in Research on Gender in Late Imperial China," pp. 73-103.

[81] Geng Song, *The Fragile Scholar: Power and Masculinity in Chinese Culture*, p. 178.

[82] Geng Song, *The Fragile Scholar: Power and Masculinity in Chinese Culture*, p. 3; Martin W. Huang, *Negotiating Masculinities in Late Imperial China*, p. 199; Paola Zamperini, *Lost Bodies: Prostitution and Masculinity in Chinese Fiction*, p.77. 筆者亦嘗討論清代丈夫所面對的約束及憂慮，參拙文〈「夫道」——清代家訓所呈現的男性人格〉的第六章〈從清人家訓看男性所受規範〉第二節〈受害者？——清代丈夫所受規範〉，頁133-143。

之刻劃，我們也可明白社會及異性對男性角色的不同期望所衍生的沉重壓力，因而可能出現部份男子有意識地作出擺脫性別責任的舉動。總括而言，若果我們要重構古人對傳統男性人格的看法，「並掌握更為全面的歷史景觀，加入女性的聲音，是刻不容緩的」。[83] 由此可見，本文著力於增補女性視角來審視「男性氣概」之歷史構建，足見女性文本的可貴之處。

傳統社會男性人格的形成，過往學界都側重於採用男性的視野和文本進行析論，彷彿中國歷史上「男性氣概」的發展只依靠單一的性別力量。若果「女性氣質」是兩性共同塑造的，那麼「男性氣概」的建構就不能忽視女性的參與。本文強調明清閨秀的聲音為「男性氣概」之構成帶來了不可或缺的貢獻。無論是「文」和「武」男性特質之考量、男性社會角色之多元論述、「女丈夫」形象之呈現、負面男性形象之標籤，以至男性如何調整自我而適應時局變遷等課題，才女群體皆曾作出深刻的省思並提出具深度的見解，讓閱者感到眼前一亮。

明清女作家對男性性別角色所演繹的各種期望，也帶動女性對自身角色的思考，箇中蘊含了性別限制所帶來的慨嘆，又不乏她們的自我激勵和相互進步之盼望，並視歷史上的賢妻良母為督促自我改進的模倣對象。同時，透過具體的「男性建構」，可窺見女性對人格教育的堅持。儘管她們歷經戰亂，這些崇高的品格操守是不容摒棄的。她們更冀望男性惦記「丈夫」人格的堅守，並忠誠報效國家，當中亦表現了女性對家國的熱愛及一展抱負的願望。

---

[83] 劉詠聰：〈明清女性的史著〉，載氏著《才德相輝：中國女性的治學與課子》，頁62。

由此觀之，明清時期「男性氣概」之形成是兩性共同建立的，並非只由男性來完成，閨秀的聲音是不容忽視的，而且她們採取積極的態度來展現出女性的立場。所以，我們清楚了解到在中國歷史上「男性氣概」之發展過程中，女性其實不無參與痕迹。男性多所申述女性角色的社會期望，女性也屢屢發表她們對男性角色的性別期許，呈現了兩性關係之中饒富趣味的互動。是次研究也裨益於進一步理解明清的兩性關係，例如母子關係、夫妻關係、兄妹關係、姊弟關係及姑侄關係等等。再者，本文帶出的學術關懷，估計亦能開拓更多有關明清時期性別史、男性性別角色認知、家庭史及古代女性著作等方面的研究課題。

　　最後必須指出，拙文以女性著作去探究她們對傳統男性人格之建構，只屬初步努力。男性史的研究尚待深化及補充。隨著明清女性著述陸續被發掘，我們可能會繼續發現更多女性對於男性角色期望的書寫，對象也可能包括更多家庭內外的成員。總括而言，男性史研究極富延伸探討的空間，筆者希望這篇論文能拋磚引玉，為這個領域引發更多值得深入探討的議題。「婦道」不只由女性書寫，「夫道」、「子道」又怎會純由男性建構呢？歷史是兩性所共有的，男女之間的性別互動，正好交織出燦爛繽紛的歷史場景。

附錄

附表一 | 明清女性別集知見錄[*]

作 者	孔璐華	王佩華 （1767-?）	王采薇 （1753-1776）	王紉佩
書 名	《唐宋舊經樓詩稿》	《願香室筆記》	《長離閣集》	《佩珊珊室詩存》
版 本	道光刻本	民國十年 （1921）太倉圖 書館藏刻本	《平津館叢書》本； 嘉慶二十三年 （1818）刻本	光緒十九年 （1893）刊本
《叢書綜錄》[1]	V		V	
《別集總目》[2]	V		V	
《詩文集總目》[3]	V		V	V
《善本總目》[4]	V			
《古籍總目》[5]	V		V	
《小黛軒》[6]				V
《小檀欒室》[7]				
《清史稿》[8]			V	
《正始集》[9]				
《擷芳集》[10]				
《明清婦女著述》[11]			V（冊4）	
《清代閨閣詩集》[12]	V（冊6）		V（冊3）	
電子文庫[13]		V		V
《清代詩文集》[14]	V（冊478）			
《江南》[15]				
《全明詞》[16]				
《古籍庫》[17]				
其 他	《重修揚州府志》 《販書偶記》	《太倉州志》	收入《孫淵如詩文集》（《四部叢刊初編·集部》〔上海：上海書店，1989年〕）。 收入冒俊輯：《林下雅音集》（光緒十年〔1884〕刻本）。 收入《叢書集成初編》（北京：中華書局，1985年），冊2321。	不詳

（說明：「著錄」為最左側縱列標題，涵蓋上述書目各行。）

* 明清女性別集數量甚豐，基於本書篇幅所限，此處只羅列本文所徵引者，並以作者姓氏筆劃排序。筆者已整理傳世者，編成〈明清女性別集知見錄〉一表，附於拙博士論文之末，見〈明清女性在男性人格建構過程中的角色研究〉（香港浸會大學哲學博士論文，2017年），頁239-300。另外，筆者亦曾嘗試探討過往的明清女性著作研究成果，該文同時附上相關女性作品總集及女性別集知見錄，可作進一步的參考，參拙文〈明清女性著作研究趨勢初探——附明清女性作品總集、女性別集知見錄〉，《書目季刊》，51卷4期（2018年4月），頁109-116。

1 上海圖書館：《中國叢書綜錄》（上海：上海古籍出版社，1982-1983年），本表簡稱《叢書綜錄》，下不另註。

2 李靈年、楊忠、王欲祥：《清人別集總目》（合肥：安徽教育出版社，2000年），本表簡稱《別集總目》，下不另註。

3 柯愈春：《清人詩文集總目提要》（北京：北京古籍出版社，2002年），本表簡稱《詩文集總目》，下不另註。

4 翁連溪：《中國古籍善本總目·集部》（北京：線裝書局，2005年），本表簡稱《善本總目》，下不另註。

5 中國古籍總目編纂委員會：《中國古籍總目·集部》（北京：中華書局；上海：上海古籍出版社，2012年），本表簡稱《古籍總目》，下不另註。

6 陳芸：《小黛軒論詩詩》（宣統三年〔1911〕刻本），本表簡稱《小黛軒》，下不另註。

7 徐乃昌輯：《小檀欒室彙刻閨秀詞》（光緒二十二年〔1896〕南陵徐氏刻本），本表簡稱《小檀欒室》，下不另註。

8 章鈺（1865-1937）等編：《清史稿·藝文志》（北京：中華書局，1982年），本表簡稱《清史稿》，下不另註。

9 惲珠：《國朝閨秀正始集》（道光十一年〔1831〕紅香館刻本），本表簡稱《正始集》，下不另註。

10 汪啟淑（1728-1799）輯：《擷芳集》（乾隆五十年〔1785〕飛鴻堂刻本），本表簡稱《擷芳集》，下不另註。

11 方秀潔、伊維德編：《美國哈佛大學哈佛燕京圖書館藏明清婦女著述彙刊》（桂林：廣西師範大學出版社，2009年），本表簡稱《明清婦女著述》，下不另註。

12 李雷編：《清代閨閣詩集萃編》（北京：中華書局，2015年），本表簡稱《清代閨閣詩集》，下不另註。

13 《明清婦女著作》電子文庫（http://digital.library.mcgill.ca/mingqing/chinese/index.htm），本表簡稱《電子文庫》，下不另註。

14 《清代詩文集彙編》編纂委員會：《清代詩文集彙編》（上海：上海古籍出版社，2009年），本表簡稱《清代詩文集》，下不另註。

15 胡曉明、彭國忠：《江南女性別集初編》（合肥：黃山書社，2008年）、《江南女性別集二編》（合肥：黃山書社，2010年）、《江南女性別集三編》（合肥：黃山書社，2012年）、《江南女性別集四編》（合肥：黃山書社，2014年），本表簡稱《江南》，下不另註。

16 饒宗頤、張璋編：《全明詞》（北京：中華書局，2004年），本表簡稱《全明詞》，下不另註。

17 《中國基本古籍庫》，本表簡稱《古籍庫》，下不另註。

作者	王貞儀 (1768-1797)	王筠 (約1749-約1819)	王璐	左錫嘉 (1831-1896)
書名	《德風亭初集》	《槐慶堂集》	《印月樓詩詞集》	《冷吟仙館詩稿》《詩餘》《文存》
版本	民國五年(1916)蔣氏慎脩書屋校印本;民國三年(1914)《金陵叢書》本	嘉慶十四年(1809)刻《西園滂香集》本	道光十年(1830)刻本	光緒十七年(1891)刻本
著錄 《叢書綜錄》	V		V	
《別集總目》	V	V	V	V
《詩文集總目》	V	V	V	V
《善本總目》				
《古籍總目》	V		V	
《小黛軒》				
《小檀欒室》				
《清史稿》				
《正始集》				
《擷芳集》				
《明清婦女著述》	V(冊4)			V(冊5)
《清代閨閣詩集》	V(冊5)	V(冊425)		V(冊8)
電子文庫				
《清代詩文集》				
《江南》				V(二編)
《全明詞》				
《古籍庫》				
其他	《江寧府志》 收入《叢書集成續編》(台北:新文豐出版公司,1989年),〈文學類〉,冊193。	《國朝閨秀正始續集》	《湖南通志》 收入《北京師範大學圖書館藏稀見清人別集叢刊》,冊18。	《華陽縣志》

作者	左錫嘉	甘立媃(1743-1819)	石錦繡	伍淡如
書名	《曾太僕左夫人詩稿合刻》	《詠雪樓詩存》	《碧桃花館詩鈔》、《繡餘閣詩草》	《餐菊軒詩草》
版本	光緒十七年（1891）定襄官署刻本	道光二十三年（1843）徐心田半偈齋刻本	同治五年（1866）刻本	光緒十四年戊子（1888）重刊本
著錄 《叢書綜錄》				
《別集總目》		V		V
《詩文集總目》		V		V
《善本總目》				
《古籍總目》	V	V		
《小黛軒》				
《小檀欒室》			V	
《清史稿》				
《正始集》				
《擷芳集》				
《明清婦女著述》		V（冊1）		
《清代閨閣詩集》				
電子文庫			V	V
《清代詩文集》	V（冊652）			
《江南》				
《全明詞》				
《古籍庫》				
其他	不詳	《江西通志》	不詳	《崑山胡氏書目》

作者		何佩珠 （1819-?）	何珮珠	吳藻 （約1799-約1862）	吳藻
書名		《津雲小草》附 《梨花夢》	《紅香窠小草》	《喬影》 （《讀騷圖曲》）	《花簾詞》
版本		道光二十年 （1840）刻本	清抄本	道光刻本	光緒十年 （1884）刻本
著錄	《叢書綜錄》				
	《別集總目》	V		V	V
	《詩文集總目》	V			V
	《善本總目》				
	《古籍總目》	V			
	《小黛軒》				
	《小檀欒室》				
	《清史稿》				
	《正始集》				
	《擷芳集》				
	《明清婦女著述》				
	《清代閨閣詩集》				
	電子文庫		V		
	《清代詩文集》				
	《江南》				
	《全明詞》				
	《古籍庫》			V	
	其他	《嚴敦易藏書》 收入《北京師範大學圖書館藏稀見清人別集叢刊》，冊18。	不詳	收入《續修四庫全書》，〈集部〉，〈戲劇類〉，冊1768。	《杭州府志》 收入《林下雅音集》。

作　者	吳藻	李端臨	沈毅 （活躍於嘉慶咸豐年間）	周秀眉
書　名	《香南雪北詞》	《紅餘籀室唫草》	《白雲洞天詩藁》	《香閨集》
版　本	光緒十年（1884）刻本	光緒十三年丁亥（1887）刊本	咸豐元年（1851）刻本	鈔本
著錄　《叢書綜錄》				
《別集總目》	V	V		
《詩文集總目》	V	V		
《善本總目》				
《古籍總目》		V		
《小黛軒》				
《小檀欒室》				
《清史稿》				
《正始集》				
《擷芳集》				
《明清婦女著述》				
《清代閨閣詩集》				
電子文庫		V	V	
《清代詩文集》				
《江南》				
《全明詞》				
《古籍庫》				
其　他	《杭州府志》 收入《林下雅音集》。	《晚晴簃詩匯》	不詳	《兩浙輶軒錄》 收入周秀眉（1769-1789）等撰，蕭耘春點校：《蒼南女詩人詩集》（上海：上海古籍出版社，2005年）。

作　者	周佩蓀 (1785-1860)	周維德	屈蕙纕 (約1857-1929)	杭溫如
書　名	《浣餘集詩鈔》 《浣餘集詞鈔》	《千里樓詩草》	《含青閣詩草》 《詩餘》	《息存室吟稿初集》 《續集》
版　本	咸豐十一年 （1861）刻本	光緒二年 （1876）桂月刻本	清刻本	嘉慶十三年戊辰 （1808）原刻續集 嘉慶二十二年丁丑 （1817）刻 光緒三十四年 （1908）重梓

著錄		周佩蓀	周維德	屈蕙纕	杭溫如
	《叢書綜錄》				
	《別集總目》		V	V	V
	《詩文集總目》		V	V	V
	《善本總目》				
	《古籍總目》			V	
	《小黛軒》				V
	《小檀欒室》	V			
	《清史稿》				
	《正始集》				V
	《擷芳集》				
	《明清婦女著述》				
	《清代閨閣詩集》				
	電子文庫	V			V
	《清代詩文集》			V（冊740）	
	《江南》				
	《全明詞》				
	《古籍庫》				
	其　他	不詳	收入《北京師範大學圖書館藏稀見清人別集叢刊》，冊27。	《閨籍經眼錄》	《續修陝西通志稿》

作　者	林以寧 （1655- 1730後）	姚淑 （1628-1661）	施淑儀 （1876-1945）	施淑儀
書　名	《墨莊詩鈔》 《文鈔》《詞餘》	《海棠居詩集》	《湘痕吟草》	《冰魂閣詩存》
版　本	康熙刻本	民國吳興劉氏刻 《求恕齋叢書》本； 民國十一年 （1922）南林劉氏 印本	民國元年至三十八年 （1912-1949） 鉛印本	民國二十六年 （1937）鉛印本

著錄	《叢書綜錄》				
	《別集總目》		V	V	V
	《詩文集總目》		V		V
	《善本總目》				
	《古籍總目》				V
	《小黛軒》	V			
	《小檀欒室》				
	《清史稿》				
	《正始集》				
	《擷芳集》	V	V		
	《明清婦女著述》		V（冊4）		
	《清代閨閣詩集》	V（冊2）			
	電子文庫	V			
	《清代詩文集》				
	《江南》				
	《全明詞》				
	《古籍庫》				
	其　他	《國朝閨閣詩鈔》 《本朝名媛詩鈔》 《杭州府志》	《上江兩縣志》 收入李長祥：《天問閣文集》（《四庫禁燬書叢刊》〔北京：北京出版社，2000年〕，〈集部〉，冊11）。 收入《叢書集成續編》，〈文學類〉，冊171。	收入施淑儀著，張暉輯校：《施淑儀集》（北京：人民文學出版社，2011年）。	收入《施淑儀集》。

作　者	秋瑾 （1877-1907）	秋瑾	孫佩蘭	席佩蘭 （1760-1829後）
書　名	《秋女士遺稿》	《秋瑾集》	《吟翠樓詩稿》	《長真閣集》
版　本	民國元年 （1912）鉛印本	1960年中華書局 上海編輯所排印本	光緒十四年 （1888）刻本	嘉慶十七年 （1812）刻本； 光緒十七年 （1891）強氏南皐 草廬刻本；嘉慶五年 （1800）刻增修本
著錄 《叢書綜錄》				V
《別集總目》	V	V	V	V
《詩文集總目》	V	V	V	V
《善本總目》				V
《古籍總目》	V		V	V
《小黛軒》				
《小檀欒室》				
《清史稿》				V
《正始集》				V
《擷芳集》				
《明清婦女著述》			V（冊3）	V（冊4）
《清代閨閣詩集》				V（冊4）
電子文庫				
《清代詩文集》	V（冊793）			V（冊464）
《江南》			V（三編）	V（初編）
《全明詞》				
《古籍庫》				
其　他	不詳	收入中華書局上海編 輯所編輯：《秋瑾 集》（北京：中華書 局，1960年）。	不詳	《蘇州府志》 收入孫原湘（1760- 1829）：《天真閣 集》（《清代詩文集 彙編》，冊464）。

作者		徐媛	徐媛	徐媛	袁氏（谷暄妻）
書名		《絡緯吟》	《絡緯吟》	徐媛詞	《漱芳亭詩草》
版本		萬曆四十一年（1613）范允臨刻本	明末鈔本	《全明詞》本	光緒刻本
著錄	《叢書綜錄》				
	《別集總目》				
	《詩文集總目》				
	《善本總目》	V			
	《古籍總目》	V			
	《小黛軒》				
	《小檀欒室》				
	《清史稿》				
	《正始集》				
	《擷芳集》				
	《明清婦女著述》				
	《清代閨閣詩集》				
	電子文庫				V
	《清代詩文集》				
	《江南》				
	《全明詞》			V	
	《古籍庫》		V		
	其他	《明史・藝文志》 《列朝詩集》	《明史・藝文志》 《列朝詩集》 收入《四庫未收書輯刊》，7輯16冊。	不詳	《新纂雲南通志》

作 者	袁棠 （1734-1771）	袁棠、袁杼、袁機	袁綬 （1794-1867後）	馬延淑
書 名	《繡餘吟稿》	《袁家三妹合稿》	《瑤華閣詩草》 《瑤華閣詞鈔》 《瑤華閣詞補遺》 《閩南雜詠》	《馬孝女遺集》
版 本	乾隆嘉慶間刊 《隨園三十種》本	乾隆嘉慶間刊 《隨園三十種》本	光緒十八年 （1892）刻 《隨園三十八種》 本；同治六年 （1867）刻本	宣統二年庚戌 （1910）刊本

		袁棠 （1734-1771）	袁棠、袁杼、袁機	袁綬 （1794-1867後）	馬延淑
著錄	《叢書綜錄》	V		V	
	《別集總目》	V		V	
	《詩文集總目》	V		V	
	《善本總目》				
	《古籍總目》			V	
	《小黛軒》				
	《小檀欒室》				
	《清史稿》	V			
	《正始集》				
	《擷芳集》	V			
	《明清婦女著述》			V（冊2）	
	《清代閨閣詩集》				
	電子文庫	V			V
	《清代詩文集》			V（冊590）	
	《江南》				
	《全明詞》				
	《古籍庫》				
	其 他	《杭州府志》 收入《隨園三十種》，冊60。	《袁枚全集》 袁棠、袁杼、袁機著，袁枚（1716-1798）等編：《袁家三妹合稿》（南京：江蘇古籍出版社，1993年）。 收入《隨園三十種》，冊60。	《杭州府志》 《崑山胡氏書目》	《崑山徐氏書目》 《安徽才媛紀略》

作　者	高景芳	張友書 （1799-1875）	張因	張淑蓮
書　名	《紅雪軒稿》	《倚雲閣詩詞》	《綠秋書屋詩鈔》	《張淑蓮詩稿》
版　本	康熙五十八年 （1719）刻本	光緒十二年 （1886）刻本	嘉慶刻本	清末抄本

		高景芳	張友書	張因	張淑蓮
著錄	《叢書綜錄》	V		V	
	《別集總目》	V	V	V	
	《詩文集總目》	V	V	V	
	《善本總目》	V		V	
	《古籍總目》	V	V	V	
	《小黛軒》				V
	《小檀欒室》				
	《清史稿》				
	《正始集》				V
	《擷芳集》				
	《明清婦女著述》		V（冊3）		
	《清代閨閣詩集》	V（冊2）			
	電子文庫				V
	《清代詩文集》	V（冊204）			
	《江南》				
	《全明詞》				
	《古籍庫》	V			
	其　他	《盛京通志》 《國朝閨秀詩柳絮集》 收入《四庫未收書輯刊》，8輯28冊。	《故宮普通書目》	《重修揚州府志》 《江蘇詩徵》 《吳縣吳氏書目》	《兩浙輶軒續錄》

作　者	張湘筠	梁德繩（1771-1847）	陳氏（孫樹南妻）（活躍於道光咸豐同治年間）	陳淑英（1808-1877）
書　名	《冬蕙軒存稿》	《古春軒詩鈔》《古春軒詞鈔》《古春軒文鈔》	《古香閣吟草》	《竹素園集》
版　本	道光間刻本	道光二十九年（1849）刻本；嘉慶二十四年（1819）德清許氏家刻本	光緒元年（1875）刻本	同治間刻本

著錄		張湘筠	梁德繩	陳氏	陳淑英
	《叢書綜錄》				
	《別集總目》		V		V
	《詩文集總目》		V		V
	《善本總目》				
	《古籍總目》		V		
	《小黛軒》				
	《小檀欒室》				
	《清史稿》		V		
	《正始集》				
	《擷芳集》				
	《明清婦女著述》		V（冊4）		
	《清代閨閣詩集》				
	電子文庫			V	
	《清代詩文集》		V（冊505）		
	《江南》				
	《全明詞》				
	《古籍庫》				
	其　他	《續江寧府志》收入《北京師範大學圖書館藏稀見清人別集叢刊》，冊17。	收入許宗彥（1768-1818）：《鑑止水齋集》（《清代詩文集彙編》，冊488）。	《崑山胡氏書目》	《福建藝文志》《晚晴簃詩匯》收入《南開大學圖書館藏稀見清人別集叢刊》，冊26。

作　者	陸卿子	惲珠 （1771-1833）	曾懿 （1852-1927）	曾懿
書　名	《考槃集》	《紅香館詩草》 《紅香館詩餘》	《古歡室詩詞集》	《中饋錄》
版　本	萬曆刻本； 國立中央圖書館 藏善本	民國十七年 （1928） 武進涉園石印本； 民國十七年 （1928） 《喜咏軒叢書》本	光緒二十九年 （1903）刻本； 光緒三十三年 （1907）刻本	光緒三十三年 （1907）長沙刊本
著錄 《叢書綜錄》		V	V	
《別集總目》		V	V	
《詩文集總目》		V	V	
《善本總目》	V			
《古籍總目》	V	V	V	
《小黛軒》				
《小檀欒室》				
《清史稿》		V		
《正始集》				
《擷芳集》				
《明清婦女著述》			V（冊3）	
《清代閨閣詩集》		V（冊5）	V（冊9）	
電子文庫				
《清代詩文集》		V（冊499）	V（冊777）	
《江南》				
《全明詞》				
《古籍庫》				
其　他	《明史・藝文志》	收入《叢書集成續編》，〈文學類〉，冊176。	《華陽縣志》	《華陽縣志》 收入《中饋錄》（北京：華夏出版社，1999年）。

作　者	覃光瑤	黃婉璐 （1804-1830）	楊文儷	楊文儷
書　名	《玉芳詩草》	《茶香閣遺草》	《孫夫人集》	《孫夫人集》
版　本	乾隆三十五年 （1770） 覃光曘曹南衙署刻本	道光十年 （1830）刻本； 道光二十七年 （1847） 《三長物齋叢書》本	光緒二十三 （1897） 嘉惠堂丁氏刊本	《武林往哲遺著》 本
著錄　《叢書綜錄》		V		V
《別集總目》	V	V		
《詩文集總目》	V	V		
《善本總目》				
《古籍總目》	V	V	V	V
《小黛軒》				
《小檀欒室》				
《清史稿》				
《正始集》	V			
《擷芳集》				
《明清婦女著述》		V（冊1）	V（冊4）	
《清代閨閣詩集》				
電子文庫				
《清代詩文集》				
《江南》				
《全明詞》				
《古籍庫》	V			
其　他	《湖南通志》 收入《四庫未收書輯刊》，10輯28冊。	《湖南通志》 《瀏陽縣志》 《閨籍經眼錄》 收入《叢書集成續編》，〈文學類〉，冊179。	不詳	收入《叢書集成續編》，〈文學類〉，冊170。

作 者	葉璧華 （1841-1915）	劉月娟	劉韻芳 （1846-1923）	劉韻芳
書 名	《古香閣全集》	《倚雲樓詩鈔》	《噫餘室詩鈔》	《增訂噫余室詩鈔》
版 本	光緒二十九年 （1903）嘉應刻本	民國元年 （1912）刻本	民國十年 （1921）石印本	民國十一年 （1922）鉛印本
著 錄 《叢書綜錄》				
《別集總目》	V		V	V
《詩文集總目》	V		V	
《善本總目》				
《古籍總目》				
《小黛軒》				
《小檀欒室》				
《清史稿》				
《正始集》				
《擷芳集》				
《明清婦女著述》				
《清代閨閣詩集》	V（冊9）			
電子文庫	V	V	V	V
《清代詩文集》				
《江南》				
《全明詞》				
《古籍庫》				
其 他	《廣東女子藝文考》	《廣東女子藝文考》	不詳	不詳

作　者	鄭淑昭 （1826-1877）	盧蘊真	錢孟鈿	駱綺蘭 （1755-1813）
書　名	《樹蕙背遺詩》	《紫霞軒詩抄》	《浣青詩草》 《浣青續草》	《聽秋軒詩集》
版　本	光緒二十年 （1894） 遵義鄭氏京師刻本	道光二十六年 （1846）刻本	乾隆四十一年 （1776）寫刻本	乾隆六十年 （1795） 金陵龔氏刻本
著錄 《叢書綜錄》	V		V	V
《別集總目》	V	V	V	V
《詩文集總目》	V	V	V	V
《善本總目》				V
《古籍總目》	V			V
《小黛軒》				
《小檀欒室》				
《清史稿》			V	V
《正始集》				
《擷芳集》			V	
《明清婦女著述》				V（冊1）
《清代閨閣詩集》			V（冊3）	V（冊3）
電子文庫				
《清代詩文集》				V（冊446）
《江南》			V（初編）	V（二編）
《全明詞》				
《古籍庫》				
其　他	《國朝閨秀正始再續集》 收入鄭淑昭著，黃萬機校：《樹蕙背遺詩》（《黔南叢書》點校本，第五輯；貴陽：貴州人民出版社，2009年）。	《閩川閨秀詩話續編》 收入《北京師範大學圖書館藏稀見清人別集叢刊》，冊17。	《山西通志》	《續江寧府志》 《晚晴簃詩匯》

作　者	駱綺蘭	駱綺蘭	駱樹英 （約1889-1907）	鮑之芬
書　名	《聽秋軒閨中同人集》	《聽秋軒贈言》	《飄香室文詩遺稿》	《三秀齋詩鈔》
版　本	乾隆六十年（1795）金陵龔氏刻本	乾隆六十年（1795）金陵龔氏刻本	光緒間（1875-1908）鉛印本	光緒八年（1882）刻本
著錄 《叢書綜錄》				V
《別集總目》	V	V		V
《詩文集總目》	V	V		V
《善本總目》				
《古籍總目》	V	V		V
《小黛軒》				
《小檀欒室》				
《清史稿》	V			V
《正始集》				
《擷芳集》				
《明清婦女著述》				
《清代閨閣詩集》				
電子文庫			V	
《清代詩文集》				
《江南》	V（二編）	V（二編）		V（三編）
《全明詞》				
《古籍庫》				
其　他	《續江寧府志》 《晚晴簃詩匯》	不詳	不詳	《丹徒縣志》 收入戴燮元輯：《京江鮑氏三女史詩鈔合刻》（光緒八年〔1882〕刻本）。

作　者	鮑之蕙 （1757-1810）	鮑之蕙	鮑之蘭
書　名	《清娛閣吟橐》	《清娛閣詩鈔》	《起雲閣詩鈔》
版　本	嘉慶十六年（1811）刻本	光緒八年（1882）刻本	光緒八年（1882）刻本
《叢書綜錄》	V	V	V
《別集總目》	V	V	V
《詩文集總目》	V		V
《善本總目》			
《古籍總目》	V		V
《小黛軒》			
《小檀欒室》			
《清史稿》		V	V
《正始集》			
《擷芳集》			
《明清婦女著述》	V（冊1）		
《清代閨閣詩集》		V（冊4）	
電子文庫			
《清代詩文集》			
《江南》		V（三編）	V（三編）
《全明詞》			
《古籍庫》			
其　他	不詳	《丹徒縣志》 收入《京江鮑氏三女史詩鈔合刻》。	《丹徒縣志》 收入《京江鮑氏三女史詩鈔合刻》。

附表二｜明清女性作品總集知見錄

*以作者姓氏筆劃排序

（一）只錄女性詩文之總集

1.《閨秀百家詞選》（出版地缺：掃葉山房，1925年）。
2.毛文芳：《中國歷代才媛詩選》（台北：台灣學生書局，2011年）。
3.王士祿：《然脂集例》（據道光十三年〔1833〕世楷堂藏板《昭代叢書》本影印；收入《叢書集成續編》〔台北：新文豐出版公司，1989年〕，〈文學類〕，冊204）。
4.王英志：《清代閨秀詩話叢刊》（南京：鳳凰出版社，2010年）。
5.王端淑：《名媛詩緯初編》（康熙間山陰王氏清音堂刻本）。
6.王端淑輯，盧冀野校：《明代婦人散曲集》（據中華書局聚倣宋版影印；上海：中華書局，1937年）。
7.王蘭修等輯：《碧城仙館女弟子詩》（西泠印社吳隱石潛聚珍印本）。
8.史玉德：《名媛雅歌》（鄭州：中州古籍出版社，1999年）。
9.田藝蘅：《詩女史》（據上海圖書館藏嘉靖三十六年〔1557〕刻本影印，收入《四庫全書存目叢書》，〈集部〕，〈總集類〕，冊321）。
10.仲蓮慶：《泰州仲氏閨秀集合刻》（嘉慶十二年〔1807〕刻本）。
11.任兆麟、張滋蘭：《吳中女士詩鈔》（乾隆五十四年〔1789〕刻本）。
12.光鐵夫：《安徽名媛詩詞徵略》（合肥：黃山書社；安徽省新華書店，1986年）。
13.江元祚編：《續玉臺文苑》（據中國人民大學圖書館藏崇禎刻本影印，收入《四庫全書存目叢書》，〈集部〕，〈總集類〕，冊375）。
14.江元禧編：《玉臺文苑》（據中國人民大學圖書館藏崇禎刻本影印，收入《四庫全書存目叢書》，〈集部〕，〈總集類〕，冊375）。
15.江盈科：《閨秀詩評》（濟南：齊魯書社，2005年）。
16.吳灝：《歷代名媛詩選》（上海：掃葉山房，1916年）。
17.李鶴鳴編：《閨秀詩三百首》（武漢：長江文藝出版社，1988年）。
18.杜珣編：《中國歷代婦女文學作品精選》（北京：中國和平出版社，2000年）。
19.沈祖禹：《吳江沈氏詩集》（乾隆五年〔1740〕沈氏刻本）。
20.沈綺雲：《四婦人集》（嘉慶間〔1796-1820〕雲間沈氏古倪園刻本）。
21.貝京：《湖南女士詩鈔》（長沙：湖南人民出版社，2010年）。
22.周秀眉等編：《蒼南女詩人詩集》（上海：上海古籍出版社，2005年）。
23.周道榮、許之栩、黃奇珍：《中國歷代女子詩詞選》（北京：新華出版社，1983年）。
24.周壽昌：《宮閨文選》（北京：西苑出版社，2003年）。
25.季嫻：《閨秀集》（據上海師範大學圖書館藏清鈔本影印；收入《四庫全書存目叢書》〔台南柳營鄉：莊嚴文化事業有限公司，1996年〕，〈集部〕，〈總集類〕，冊414）。
26.季靈編：《歷代才女詩詞選》（香港：志明出版社，1977年）。
27.冒俊：《林下雅音集》（光緒十年〔1884〕刻本）。

（一）只錄女性詩文之總集

28. 紅梅閣主人、清暉樓主人：《清代閨秀詩鈔》（上海：中華新教育社，1922年）。
29. 胡文楷、王秀琴：《歷代名媛書簡》（長沙：商務印書館，1941年）。
30. 胡文楷、王秀琴：《歷代名媛文苑簡編》（上海：商務印書館，1947年）。
31. 胡孝思：《本朝名媛詩鈔》（康熙五十五年〔1716〕凌雲閣刻本）。
32. 范端昂：《奩泐續補》（民國四十四年〔1955〕胡氏複寫本）。
33. 范端昂：《奩詩泐補》（民國四十四年〔1955〕胡氏複寫本）。
34. 徐乃昌：《小檀欒室彙刻閨秀詞》（揚州：廣陵古籍刻印社，1986年）。
35. 徐乃昌：《閨秀詞鈔》（宣統元年〔1909〕小檀欒室刻本）。
36. 徐乃昌：《閨秀詞鈔補遺》（宣統元年〔1909〕小檀欒室刻本）。
37. 秦淮寓客、國立政治大學古典小說研究中心編：《綠窗女史》（台北：天一出版社，1985年）。
38. 袁世忠：《閨閣詞苑》（南昌：百花洲文藝出版社，1991年）。
39. 袁枚：《隨園女弟子詩選》（嘉慶道光年間〔1796-1850〕坊刻巾箱本）。
40. 張之象：《彤管新編》（據北京圖書館藏嘉靖三十三年〔1554〕魏留耘刻本影印，收入《四庫全書存目叢書補編》〔濟南：齊魯書社，2001年〕，〈集部〉，〈總集類〉，冊13）。
41. 張珍懷：《清代女詞人選集》（合肥：黃山書社，2009年）。
42. 張英玉、馮瑰玉：《歷代名媛百詠》（北京：測繪出版社，1993年）。
43. 張夢徵：《閒情女肆》（崇禎六年〔1633〕刻本；清抄本）。
44. 陳定玉、陳節等編：《歷代才女詩詞賞析》（台北：新潮社文化事業有限公司，2009年）。
45. 陳香編：《清代女詩人選集》（台北：台灣商務印書館，1977年）。
46. 陳維崧：《婦人集》（據商務印書館1935年版影印；收入《叢書集成初編》〔北京：中華書局，1985年〕，冊3401）。
47. 陳維崧著，冒丹書補：《婦人集補》（台北：新興書局，1980年）。
48. 陸昶：《歷朝名媛詩詞》（乾隆三十八年〔1772〕吳門陸昶紅樹樓刻本）。
49. 黃秩模、付瓊：《國朝閨秀詩柳絮集校補》（北京：人民文學出版社，2011年）。
50. 傅瑛：《明清安徽婦女文學著述輯考》（合肥：黃山書社，2010年）。
51. 單士釐：《閨秀正始再續集》（民國元年〔1911〕活字印本）。
52. 惲珠：《國朝閨秀正始集》（道光十一年〔1831〕紅香館刻本）。
53. 惲珠：《國朝閨秀正始續集》（道光十六年〔1836〕紅香館刻本）。
54. 揆敘：《歷朝閨雅》（康熙刻本）。
55. 湯志岳編：《廣東古代女詩人詩選》（廣州：廣東人民出版社，1997年）。
56. 鄒漪：《詩媛八名家集》（順治十二年〔1655〕鄒氏鷟宜齋刻本）。
57. 趙世杰、朱錫綸、江采蘋等著：《歷代女子文集》（台北：新興書局，1956年）。
58. 趙世杰：《古今女史》（崇禎間問奇閣刻本）。
59. 趙雪沛：《倦倚碧羅裙：明清女性詞選》（北京：人民文學出版社，2013年）。
60. 劉云份：《翠樓集》（據首都圖書館藏康熙野香堂刻本影印；收入《四庫全書存目叢書》，〈集部〉，〈總集類〉，冊395）。

（一）只錄女性詩文之總集

61. 嶙峋：《閨海吟：中國古近代八千才女及其代表作》（北京：時代文化出版社，2010年）。
62. 嶙峋：《閨苑奇葩：中國歷代婦女文學作品精選》（北京：華齡出版社，2012年）。
63. 蔡殿齊：《國朝閨閣詩鈔》（道光二十四年〔1844〕刻本）。
64. 蔡殿齊等編：《國朝閨閣詩鈔續編》（同治十三年〔1874〕蔡氏嫏嬛別館刻本）。
65. 鄭文昂：《古今名媛彙詩》（據北京大學圖書館藏泰昌元年〔1620〕張正岳刻本影印，收入《四庫全書存目叢書》，〈集部〉，〈總集類〉，冊383）。
66. 鄭曉霞、林佳鬱編：《列女傳彙編》（北京：北京圖書館出版社，2007年）。
67. 靜寄東軒：《名媛尺牘》（清刻本）。
68. 鴛湖煙水散人著，馬蓉校：《女才子書》（瀋陽：春風文藝出版社，1983年）。
69. 戴燮元：《京江鮑氏三女史詩鈔合刻》（據光緒八年〔1882〕刻本影印；收入《美國哈佛大學哈佛燕京圖書館藏明清婦女著述彙刊》〔桂林：廣西師範大學出版社，2009年〕，冊5）。
70. 鍾惺：《名媛詩歸》（據中國人民大學圖書館藏明刻本影印，收入《四庫全書存目叢書》，〈集部〉，〈總集類〉，冊339）。
71. 魏向炎：《豫章才女詩詞評注》（南昌：江西人民出版社，1987年）。
72. 懺安：《閨範詩》（台北：廣文書局，1982年）。
73. 蘇者聰：《中國歷代才女》（鄭州：河南人民出版社，1996年）。
74. 蘇者聰：《古代婦女詩一百首》（長沙：岳麓書社，1984年）。
75. 酈琥：《姑蘇新刻彤管遺編》（據隆慶元年〔1567〕刻補修本影印；收入《四庫未收書輯刊》〔北京：北京出版社，2000年〕，第6輯第30冊）。

（二）附有女性詩文之一般總集

76. 《國朝杭郡詩三輯》（光緒十九年〔1893〕刻本）。
77. 王昶：《國朝詞綜》（據上海辭書出版社藏嘉慶七年〔1802〕王氏三泖漁莊刻增修本影印；收入《續修四庫全書》，〈集部〉，〈詞類〉，冊1731）。
78. 王棻之：《續友聲集》（據中國科學院圖書館藏清咸豐刻本影印；收入《續修四庫全書》，〈集部〉，〈總集類〉，冊1627）。
79. 朱彝尊、王昶輯：《明詞綜》（據上海圖書館藏嘉慶七年〔1802〕王氏三泖漁莊刻本影印；收入《續修四庫全書》，〈集部〉，〈詞類〉，冊1730）。
80. 沈德潛：《清詩別裁集》（北京：中華書局，1975年）。
81. 阮元、楊秉初：《兩浙輶軒錄補遺》（據華東師範大學圖書館藏嘉慶刻本影印；收入《續修四庫全書》，〈集部〉，〈總集類〉，冊1684）。
82. 阮元：《兩浙輶軒錄》（據山東省圖書館藏嘉慶仁和朱氏碧溪艸堂，錢塘陳氏種榆僊館刻本影印；收入《續修四庫全書》，〈集部〉，〈總集類〉，冊1683-1684）。
83. 阮元：《淮海英靈集》（據嘉慶三年〔1798〕小琅嬛僊館刻本影印；收入《續修四庫全書》，〈集部〉，〈總集類〉，冊1682）。
84. 俞憲：《盛明百家詩》（據浙江圖書館藏嘉靖至萬曆刻本影印，收入《四庫全書存目叢書》，〈集部〉，〈總集類〉，冊304-308）。
85. 孫桐生：《國朝全蜀詩鈔》（成都：巴蜀書社；新華書店，1985年）。

86.孫雄：《道咸同光四朝詩史》（據浙江圖書館藏宣統二年〔1910〕刻本影印；收入《續修四庫全書》，〈集部〉，〈總集類〉，冊1628）。

87.徐世昌：《晚晴簃詩匯》（據民國十八年〔1929〕退耕堂刻本影印；收入《續修四庫全書》，〈集部〉，〈總集類〉，冊1629-1633）。

88.張應昌：《清詩鐸》（北京：中華書局，1960年）。

89.曾燠：《江西詩徵》（據復旦大學圖書館藏嘉慶九年〔1804〕賞雨茅屋刻本影印；收入《續修四庫全書》，〈集部〉，〈總集類〉，冊1688-1690）。

90.黃燮清：《國朝詞綜續編》（據南京圖書館藏同治十二年〔1873〕刻本影印；收入《續修四庫全書》，〈集部〉，〈詞類〉，冊1731）。

91.葉恭綽：《全清詞鈔》（香港：中華書局，1975年）。

92.潘衍桐：《兩浙輶軒續錄》（據光緒十七年〔1891〕浙江書局刻本影印；收入《續修四庫全書》，〈集部〉，〈總集類〉，冊1685-1687）。

93.蔣景祁：《瑤華集》（據康熙二十五年〔1760〕刻本影印；收入《續修四庫全書》，〈集部〉，〈詞類〉，冊1730）。

94.鄧之誠：《清詩紀事初編》（上海：上海古籍出版社，1965年）。

95.鄧顯鶴：《沅湘耆舊集》（據上海圖書館藏道光二十三年〔1843〕鄧氏南邨艸堂刻本影印；收入《續修四庫全書》，〈集部〉，〈總集類〉，冊1690-1693）。

96.錢仲聯：《清詩紀事》（南京：江蘇古籍出版社，1987-1989年）。

97.錢謙益：《列朝詩集小傳》（上海：上海古籍出版社，1959 年）。

附表三│明清女性著作中的男性人格論述知見錄

*此處只羅列本文所徵引者，並以作者姓氏筆劃排序

作者	出生地	對象（男性家人）	相關著作	出處
1.孔璐華	山東曲阜	丈夫	〈五兒婦初來粵，書示大兒婦，兼寄外粵西六首〉	《唐宋舊經樓詩稿》，卷7，頁4下-5下。
2.孔璐華	山東曲阜	不詳	〈因安女作詩甚喜口占〉	《唐宋舊經樓詩稿》，卷4，頁17下。
3.王采薇	武進（江蘇常州）	不詳	〈木蘭詞〉	《長離閣集》，頁5上下。
4.王紉佩	江西婺源	丈夫	〈送湘嵐之館江村〉	《佩珊珊室詩存》，頁2上下。
5.王貞儀	江寧（江蘇南京）	弟弟	〈勉弟輩〉	《德風亭初集》，卷12，頁11上。
6.王貞儀	江寧（江蘇南京）	不詳	〈題女中丈夫圖〉	《德風亭初集》，卷12，頁20上-21上。
7.王筠	長安（陝西西安）	兒子	〈送齡兒赴試北上〉	《槐慶堂集》，頁23下-24上。
8.王璊	湖南湘潭	兒子	〈勗迪兒〉	《印月樓詩詞集》，總頁510-511。
9.王瓊	江蘇丹徒	不詳	〈秦良玉〉	嶸峋編：《閨苑奇葩：中國歷代婦女文學作品精選》，〈清代〉，頁355。
10.王繼藻	湖南湘潭	兒子	〈勗恒兒〉	《敏求齋詩集》，收入《國朝閨閣詩鈔》，第10冊，卷5，頁28上下。
11.左錫嘉	陽湖（江蘇常州）	兒子	〈送禧兒之東川〉	《冷吟仙館詩稿》，卷6，頁6下。
12.左錫嘉	陽湖（江蘇常州）	兒子	〈禧兒授邵武府經歷將之官作此勉之〉	《冷吟仙館詩稿》，卷7，頁4下。
13.左錫嘉	陽湖（江蘇常州）	兒子	〈聞岷兒捷南宮賦以勉之〉	《冷吟仙館詩稿》，卷8，頁15上-16上。

作者	出生地	對象 （男性家人）	相關著作	出處
14.左錫嘉	陽湖 （江蘇常州）	兒子	〈示兒女〉	《冷吟仙館詩稿》，卷6，頁4下-5上。
15.甘立媃	江西奉新	兒子	〈口吟示二孤〉	《詠雪樓詩存》，卷3，頁6下-7上。
16.石承楣	湖南湘潭	不詳	〈善行婦道〉	鄧顯鶴：《沅湘耆舊集》，卷191，頁6下。
17.石錦繡	會稽 （浙江紹興）	弟弟	〈己酉冬閱滇省鄉試錄知寅谷弟得中榜首喜成四章〉	《碧桃花館詩鈔》，頁9下-10上。
18.石錦繡	會稽 （浙江紹興）	弟弟	〈庚戌仲春四日和寅谷自壽詩原韻即以慰之〉	《碧桃花館詩鈔》，頁10上。
19.伍淡如	雲南蒙自	兒子	〈示兒輩〉	《餐菊軒詩草》，頁12下。
20.何玉瑛	福建閩侯	兒子	〈口占勖兒〉	《國朝閨秀正始集》，卷9，頁21上下。
21.何佩珠	安徽歙縣	不詳	〈憶夢〉	《梨花夢》，卷2，頁2下-3上。
22.吳氏	錢塘 （浙江杭州）	兒子	〈忠兒寄讀〉	《名媛詩緯初編》，卷4，〈正集二〉，頁21上。
23.吳荃佩	浙江山陰	不詳	〈贈耿夫人〉	《碧雲閣詩鈔》，收入《江南女性別集・四編》，下冊，卷上，頁1342。
24.吳嶰竹	江西鄱陽	不詳	〈丈夫行〉	《國朝閨秀詩柳絮集校補》，卷8，頁351。
25.吳瓊華	安徽合肥	丈夫	〈送夫子入都〉	《安徽名媛詩詞徵略》，卷3，頁241-242。
26.吳藻	仁和 （浙江杭州）	不詳	《喬影》	《喬影》，頁1下-3上。

作者	出生地	對象 （男性家人）	相關著作	出處
27.李氏	貴州遵義	兒子	〈瞰兒成進士寄勖〉	《巴蜀歷代名媛著作考要》，頁90。
28.李氏	元和 （江蘇蘇州）	不詳	〈弓鞋〉	《國朝閨秀正始續集》，卷6，頁25下。
29.李玉容	湖南新化	丈夫	〈送外之武昌應舉〉	鄧顯鶴：《沅湘耆舊集》，卷180，頁4下。
30.李端臨	烏程 （浙江湖州）	丈夫	〈送外導朝諭游歷日本美利加等國二首〉	《紅餘籲室唫草》，卷3，頁1下。
31.沈榖	浙江嘉興	不詳	〈出塞曲〉	《白雲洞天詩藁》，頁1上。
32.沙天香	西藏	不詳	〈戰歌〉	《閬苑奇葩：中國歷代婦女文學作品精選》，〈明代〉，頁141。
33.周秀眉	不詳	侄兒	〈戲贈希聘小侄試周〉	《香閨集》，收入蕭耘春點校：《蒼南女詩人詩集》，頁17。
34.周佩蓀	梁溪 （江蘇無錫）	不詳	〈木蘭從軍〉	《浣餘集詩鈔》，頁17上。
35.周維德	山陰 （浙江紹興）	丈夫	〈送外奉使保陽〉	《千里樓詩草》，頁21下。
36.屈氏	陝西華陰	丈夫	〈送夫入覲〉	《名媛詩緯初編》，卷3，〈正集一〉，頁9下-10上。
37.屈蕙纕	浙江臨海	甥兒	〈和申甥客感韻二首〉	《含青閣詩草》，卷3，頁13下-14上。
38.杭溫如	長安 （陝西西安）	不詳	〈題繁華夢傳奇〉	《息存室吟稿續集》，頁22下。
39.林以寧	錢塘 （浙江杭州）	兄長	〈伯兄從征有寄〉	《墨莊詩鈔》，卷1，頁2下。
40.姚淑	江寧 （江蘇南京）	弟弟	〈勉四弟並自勉〉	見陳香編：《清代女詩人選集》，上冊，頁137-138。

作者	出生地	對象 (男性家人)	相關著作	出處
41.施淑儀	江蘇崇明	不詳	〈木蘭〉	《湘痕吟草》,載施淑儀著,張暉輯校:《施淑儀集》,頁560。
42.施淑儀	江蘇崇明	不詳	〈題徐安詳遺像二絕〉	《冰魂閣詩存》,載《施淑儀集》,卷下,頁673。
43.秋瑾	山陰 (浙江紹興)	不詳	〈芝龕記題後〉	《秋女士遺稿》,頁1上。
44.孫佩蘭	錢塘 (浙江杭州)	不詳	〈木蘭〉	《吟翠樓詩稿》,頁4上。
45.席佩蘭	昭文 (江蘇常熟)	丈夫	〈送外入都〉	《長真閣集》,卷3,頁3下-4上。
46.席佩蘭	昭文 (江蘇常熟)	弟弟	〈勗弟〉	《長真閣集》,卷1,頁4上下。
47.徐媛	長洲 (江蘇蘇州)	兒子	〈訓子〉	《絡緯吟》,卷12,總頁411。
48.袁氏(谷暄妻)	雲南趙州	丈夫	〈送夫子出外讀書〉	《漱芳亭詩草》,頁1上。
49.袁氏(谷暄妻)	雲南趙州	兒子	〈訓子〉	《漱芳亭詩草》,頁9下。
50.袁棠	仁和 (浙江杭州)	兄長	〈送步蟾三兄入蜀〉	《繡餘吟稿》,頁4上下。
51.袁棠	仁和 (浙江杭州)	兄長	〈寄香亭二兄〉	《繡餘吟稿》,頁11下。
52.袁綬	錢塘 (浙江杭州)	兒子	〈夜讀示兩兒〉	《瑤華閣詩草》,頁20下-21下。
53.袁綬	錢塘 (浙江杭州)	弟弟	〈少蘭弟書來,以四川道遠為慮,賦此勖之〉	《瑤華閣詩草》,頁13下。
54.馬延淑	安徽懷寧	不詳	〈諸葛亮七擒孟獲論〉	《馬孝女遺集》,卷2,〈史學類〉,頁3上下。
55.高景芳	不詳	弟弟	〈得二弟喜信〉	《紅雪軒稿》,卷4,頁45下-46上。

作者	出生地	對象 （男性家人）	相關著作	出處
56.高篔	元和 （江蘇蘇州）	不詳	〈金匱詞〉	《國朝閨秀正始續集》，〈補遺〉，頁76下-77上。
57.張友書	江蘇丹徒	兒子	〈長男秋闈獲雋感而賦此〉	《倚雲閣詩詞》，卷3，頁4下。
58.張氏	浙江杭州	丈夫	〈規夫〉	《國朝閨秀詩柳絮集校補》，卷20，頁878。
59.張因	江夏 （湖北武漢）	丈夫	〈送秋平赴試〉	《綠秋書屋詩集》，收入《國朝閨閣詩鈔》，第4冊，卷8，頁40上下。
60.張淑蓮	浙江上虞	不詳	〈孫女輩學詩書示三首〉	《張淑蓮詩稿》，頁2下-3下。
61.張湘筠	江寧 （江蘇南京）	兒子	〈課子楚生詩〉	《冬蕙軒存稿》，頁1上下。
62.梁德繩	錢塘 （浙江杭州）	不詳	〈題吳蘋香女史飲酒讀騷圖〉	《古春軒詩鈔》，卷下，頁22上。
63.郭筠	湖北蘄水	兒子	〈示兒子廣鈞應春官試〉	懺安：《閨範詩》，頁123。
64.陳氏（孫樹南妻）	安徽曲陽	兒子	〈口占勉諸子〉	《古香閣吟草》，頁17上下。
65.陳昌鳳	湖南善化	兒子	〈鎣兒隨其伯父雲樵讀書濂溪書院，臨行成五律〉	《湖南女士詩鈔》，卷8，頁193。
66.陳若梅	湖南益陽	兒子	〈耀兒往岳麓讀書〉	貝京：《湖南女士詩鈔》，卷10，頁256。
67.陳恭人	南溪 （浙江溫州）	丈夫	〈寄夫〉	《名媛詩緯初編》，卷3，〈正集一〉，頁12下。
68.陳淑英	福建莆田	兒子	〈課次子兆熊〉	《竹素園集》，卷1，頁24下-25上。
69.陳鉦	錢塘 （浙江杭州）	不詳	〈遣懷〉	《寒碧軒詩存》，收入《江南女性別集·初編》，下冊，頁1199-1200。

作者	出生地	對象 （男性家人）	相關著作	出處
70.陳霞如	湖廣	丈夫	〈呈外〉	《名媛詩緯初編》，卷18，〈正集十六〉，頁7下。
71.陶安生	江蘇常熟	丈夫	〈送夫君之官浙江〉	《安徽名媛詩詞徵略》，卷3，頁252。
72.陸卿子	長洲 （江蘇蘇州）	不詳	〈題項淑裁雲草序〉	趙世杰編：《古今女史》，卷3，〈序〉，頁29上下。
73.陸費湘于	浙江桐鄉	兒子	〈次兒宗侃北上作此示之〉	《國朝閨秀正始集》，卷20，頁10下。
74.惲珠	陽湖 （江蘇常州）	兒子	〈喜大兒麟慶連捷南宮詩以勖之〉	《紅香館詩草》，頁8上。
75.曾懿	華陽 （四川成都）	兒子	〈夏末秋初炎蒸未退病起無聊作此以示諸子〉	《古歡室詩詞集》，卷3，頁24下-25上。
76.覃光瑤	武陵 （湖南常德）	不詳	〈邊詞用唐人盧弼韻〉	《玉芳詩草》，卷下，頁2上-3下。
77.覃樹英	武陵 （湖南常德）	不詳	〈題秦良玉像〉	《國朝閨秀詩柳絮集校補》，卷34，頁1593。
78.黃婉璚	湖南寧鄉	丈夫	〈送外之都門〉	《茶香閣遺草》，卷1，頁32上。
79.黃璞	錢塘 （浙江杭州）	不詳	〈送琰媛歸臨安〉	《國朝閨秀詩柳絮集校補》，卷28，頁1283。
80.楊文儷	仁和 （浙江杭州）	兒子	〈寄鋌兒〉	《孫夫人集》，頁2下-3上。
81.楊書蕙	湖南長沙	弟弟	〈送戩成弟從軍浙東〉	《幽篁吟館詩鈔》，頁23上。
82.萬夢丹	江西德化	不詳	〈秦良玉〉	《韻香書室吟稿》，收入《國朝閨閣詩鈔》，第10冊，卷10，頁83上下。

作者	出生地	對象（男性家人）	相關著作	出處
83.葉璧華	嘉應（廣東梅州）	不詳	〈丈夫行〉	《古香閣全集》，卷2，頁6下-7上。
84.劉月娟	廣東番禺	不詳	〈送文人從軍〉	《倚雲樓詩鈔》，頁10上下。
85.劉蔭	武進（江蘇常州）	丈夫	〈寄外〉	《夢蟾樓遺稿》，收入《江南女性別集・初編》，下冊，頁839。
86.劉韻芳	江西德安	不詳	〈木蘭〉	《噫餘室詩鈔》，頁21上。
87.蔡澤苔	江西德化	不詳	〈從軍行〉	魏向炎：《豫章才女詩詞評注》，頁231。
88.鄭淑昭	貴州遵義	兒子	〈兩兒鄉試歸，怡兒下第，忻兒獲雋，且悵且喜，詩以勖之〉	《閨秀正始再續集》，卷3，頁13下-14上。
89.鄭嗣音	福建長樂	不詳	〈病中侍母話舊〉	《國朝閨秀詩柳絮集校補》，卷45，頁2145-2146。
90.盧蘊真	侯官（福建閩侯）	兒子	〈寄示潤兒〉	《紫霞軒詩抄》，卷2，頁14下。
91.盧蘊真	侯官（福建閩侯）	不詳	〈自嘲〉	《紫霞軒詩抄》，卷2，頁30下-31上。
92.錢希	陽湖（江蘇常州）	不詳	〈又贈永妹〉	《雲在軒集》，收入《江南女性別集・初編》，下冊，卷2，頁1397。
93.錢孟鈿	武進（江蘇常州）	不詳	〈塞下曲〉	《浣青詩草》，收入《江南女性別集・初編》，上冊，卷1，頁231。
94.錢蕙纕	上海嘉定	丈夫	〈送外之廣陵〉	《晚晴簃詩匯》，卷186，頁30上。
95.駱綺蘭	江蘇句容	不詳	〈自嘲〉	《聽秋軒詩集》，卷1，頁11下-12上。

作者	出生地	對象 （男性家人）	相關著作	出處
96.鮑之蕙	江蘇丹徒	姪兒	〈送鴻起姪遊越〉	《清娛閣吟橐》，卷1，頁13下-14上。
97.顧信芳	江蘇吳縣	弟弟	〈折楊柳送漢求弟遊粵東〉	《國朝閨秀正始集》，卷9，頁3下-4上。

附表四｜曾討論男性人格之明清女性籍貫統計表

*此處以本文所徵引者做出統計

江蘇	常州（6）蘇州（4）丹徒（3）南京（3）常熟（2）崇明（1）無錫（1）句容（1）吳縣（1）	22
浙江	杭州（11）紹興（3）山陰（1）湖州（1）嘉興（1）臨海（1）上虞（1）溫州（1）桐鄉（1）	21
湖南	湘潭（3）常德（2）善化（1）新化（1）益陽（1）寧鄉（1）長沙（1）	10
江西	德化（2）婺源（1）奉新（1）鄱陽（1）德安（1）	6
福建	閩侯（2）莆田（1）長樂（1）	4
安徽	懷寧（1）歙縣（1）合肥（1）曲陽（1）	4
陝西	西安（2）華陰（1）	3
湖北	武漢（1）蘄水（1）	2
雲南	蒙自（1）趙州（1）	2
貴州	遵義（2）	2
廣東	梅州（1）番禺（1）	2
山東	曲阜（1）	1
四川	成都（1）	1
上海	嘉定（1）	1
西藏		1
不詳		1
合共		83

* 部分圖片轉引自麥基爾大學（McGill University）及哈佛燕京學社（Harvard-Yenching Institute）發起、合作，並陸續有不同單位加入的「明清婦女著作」網（http://digital.library.mcgill.ca/mingqing/search/index_ch.php），謹此致謝。

作者	相關著作	出處	原文圖像
1.王采薇	〈木蘭詞〉	《長離閣集》，頁5上下。	
2.王紉佩	〈送湘嵐之館江村〉	《佩珊珊室詩存》，頁2上下。	
3.王貞儀	〈勉弟輩〉	《德風亭初集》，卷12，頁11上。	

作者	相關著作	出處	原文圖像
4.王貞儀	〈題女中丈夫圖〉	《德風亭初集》，卷12，頁20上-21上。	題女中丈夫圖 君不見木蘭女婷贇隨軍旅代父從軍十二年英奇雄識閨中侶又不見大小喬陰符熟讀諸銘緒一十三篇同揩授不教夫壻稱雄豪得毋記載眞非果誰把盧聲讀卿鄉當時女傑徒閨名每恨古人不見我塲來忽煩傾城色靑娥冶鞗憑調墨憂然駑詫女瞟姚娜戟揮戈情自得梅肢柳領芙蓉面裏鷩鴛璅寶劍莫邪爲婦于將夫霜花繢出龍班豔午看疑是虔分妝對面臉疑嬈嬈娘嫺嫺體態輕塲搔叱喑應生口舌香塲綠鳳胚襪無塵意氣昂藏絕少倫登是鎏斯出女帥還猜藏來夫人冰盈犀甲寒凝鏐紫寒黃沙風慘烈美人小陥出郊原笑指唷卓鷹集劣賢武歸來不挂弓験
5.王繼藻	〈勗恒兒〉	《敏求齋詩集》，收入《國朝閨閣詩鈔》，第10冊，卷5，頁28上下。	勗恒兒
6.左錫嘉	〈送禧兒之東川〉	《冷吟仙館詩稿》，卷6，頁6下。	送禧兒之東川 不作別離語心醉愁如泥人生感聚樯梗飂忽恆東西春華當努力無道遲暮棲晨星忧然稱丈夫志四海願與前賢齊奮勉日新忠信爲繩提先德訓勿忘雲程自有梯

作者	相關著作	出處	原文圖像
7.左錫嘉	〈禧兒授邵武府經歷將之官作此勉之〉	《冷吟仙館詩稿》，卷7，頁4下。	禧兒授邵武府經歷將之官作此勉之 男兒志四方　安能久暇逸　行蹤計南閩　道遠心先忧 職念所司慎勿苦末秩　處世抱忠信　臨事戒回遹齊家 重綱常出入謹織悉　白華無點辱我期以貫子道懷 默倚千里同一室戒言莫我忘爾如何日相送語依 依州粉紛如楮尺書勤往還舊德勉紹述
8.左錫嘉	〈示兒女〉	《冷吟仙館詩稿》，卷6，頁4下-5上。	示兒女 俯仰悲身世辛勞慚已斑古賢期必志蘭筆與倫閒寶 劬留遭挂發篇理舊劃吟魂何處返心事可相關 椎隨蓮子隨松柴顏源何以報 君父男兒留果賢
9.石錦繡	〈己酉冬闈滇省鄉試錄知寅谷弟得中榜首喜成四章〉	《碧桃花館詩鈔》，頁9下-10上。	已酉冬闈滇省鄉試錄知寅谷弟得中榜首喜成 四章 一舉成名天下知喜音傳到慰連枝今朝已作蟾宮客 始信文章有用時 杏苑看花轉吟句男兒有志豈為奇鹿鳴宴罷催行色 莫謂文章不濟貧聖賢讀書人雲梯從此屑上 自有千鍾奉一親 功名拾芥句堂皇早識英才迥出常盼得春闈登惡榜 題前觀邊紫雲郎

作者	相關著作	出處	原文圖像
10.石錦繡	〈庚戌仲春四日和寅谷自壽詩原韻即以慰之〉	《碧桃花館詩鈔》，頁10上。	庚戌仲春四日和寅谷自壽詩原韻即以慰之 鹿鳴宴罷赴京華雁序重聯與倍嘉瑞氣迎來春日暖 壽星照到上林花欲仲大志須勤學莫爲頁辰輕憶家 詩酒陶情無限樂賞心誰謂客天涯
11.何玉瑛	〈口占勖兒〉	《國朝閨秀正始集》，卷9，頁21上下。	口占勖兒 殖學補於勤取貴乎上功無一息寬志欲千古 抗臨湯而捫井及泉烏可塗身賢豪開男兒何 正始集 卷九 紅香館
12.李氏	〈弓鞋〉	《國朝閨秀正始續集》，卷6，頁25下。	弓鞋 三寸弓鞋自古無觀音大士赤雙趺不知裹足從 何起自入間累丈夫

作者	相關著作	出處	原文圖像
13.李端臨	〈送外遵朝諭游歷日本美利加等國二首〉	《紅餘籀室唫草》，卷3，頁1下。	
14.周維德	〈送外奉使保陽〉	《千里樓詩草》，頁21下。	
15.杭溫如	〈題繁華夢傳奇〉	《息存室吟稿續集》，頁22下。	

作者	相關著作	出處	原文圖像
16.林以寧	〈伯兄從征有寄〉	《墨莊詩鈔》，卷1，頁2下。	伯兄從征有寄 曉霽有高樹含令蔡堤鳴無知此飛鳥猶戀巢至 情我懷當何如能不念南征中原多戰伐烽火徹 天明阿兄負驥氣伐朝一身輕忠義固可嘉父母 在春齡及早建功業大名光業庭忠孝兩不虧慮 阿慈生平 莫慈深情聲淚俱
17.孫佩蘭	〈木蘭〉	《吟翠樓詩稿》，頁4上。	木蘭 擐甲從軍十二年歸來粉黛拜堂前美人志是奇 男子全孝全忠青史傳
18.席佩蘭	〈送外入都〉	《長真閣集》，卷3，頁3下-4上。	送外入都 打疊輕裝一月賒今朝真是送行時風花有句憑誰賞桑梓無 人要自知情重料應非久別名成豈誤歸期養親課子君休 念老寄家書貝寄詩

作者	相關著作	出處	原文圖像
19.席佩蘭	〈勗弟〉	《長真閣集》，卷1，頁4上下。	勗弟 堂下燈燭光堂上羅酒樂大弟方束髮小弟僅扶床素冠頭撬地哭卽心悲傷大弟知父意哀育心周詳十五爲孤兒終天恨蒸蒼小弟不見父百事但隨孃孃哭彼亦哭感發從天良行人見慷絕兄我尤斷腸大弟爾來前父死孃孃在堂長吾爾扶持疾懷衞主張教衞弟以孝努力扶孃常衞弟友於弟孃心爲榜樣 小弟衞來前衞日在孃芳孃行爾牽妾孃事兄以惕兄在爾勿魘孃弟克恭汝兄孃以父病矢志父兒兒未且善病克志孃心失所望孃以父病死孃死矣父顧勿悲死速我愧非男兒戶牖不能常斯理顧自明斯言顧聽將勉勉繩先德勿臨門戶光
20.徐媛	〈訓子〉	《絡緯吟》，卷12，總頁411。	訓子 兒年弱冠怡快無爲於世情臺不諳練深爲爾憂之男子丹晨六人歲之二儀間不善徐坤流而捉兩寒月海虞戶遠庶無教馴爲艱何其懷而挺恢怡於巧匠操之爲親者備而應者快概戒素奈何人懷於念卽理事頃外明於理而內次於心倾緩之火可以鑠朝陷源之氣可以擢厲物思歟足以綿全向感督敎神行困憂自而益人盘自用成醫喜當殺柏衰憑恨於巧伯搓棄如春以精不長不成喻遺物以神不惡不爲葛能盡我邁爾美德此則勞身不媿於神心乎身不媿喻命乘不媿乎神之以忠言勿惜高鮑之勵之以義義古爲成勿憒憒於裹母勝於志
21.袁氏（谷暄妻）	〈送夫子出外讀書〉	《漱芳亭詩草》，頁1上。	漱芳亭詩草 送夫子出外讀書 好把芸香世澤延等師訪友自年年讀書豈爲登高第立品應須法大賢君慰母心書早寄妾兼子職任彌專瀛洲待步先人跡仔細青鐙手一編

作者	相關著作	出處	原文圖像
22.袁氏（谷暄妻）	〈訓子〉	《漱芳亭詩草》，頁9下。	訓子已未赴襄鑲南州余大病愈不起增藥方 十歲詛為此訓之不可讀詩也 繼後承先學大儒先翁留館後註有應代大儒詩錄 六十卷花驄早上帝王都安民治國全忠孝方顯男 兒是丈夫
23.袁棠	〈送步蟾三兄入蜀〉	《繡餘吟稿》，頁4上下。	送步蟾三兄入蜀 離人惜別恨悠悠況復遙天值素秋兄馬未辭鄉國路 憂心先到木蘭舟棄繻好壯終軍志投筆休定遠侯 閒說西川程路遠風亭水驛莫淹留
24.袁棠	〈寄香亭二兄〉	《繡餘吟稿》，頁11下。	寄香亭二兄 鵬程人與白雲齊君獨年年借一枝聞道故交多及第 更憐羈客尚無期棄書別後通相憶雪月窗前寄所思 常對芙蓉染衣鏡堪嗟儂不是男兒

作者	相關著作	出處	原文圖像
25.袁綬	〈夜讀示兩兒〉	《瑤華閣詩草》，頁20下-21下。	夜讀示兩兒 男兒立志初所貴乃孝弟讀書啟其蒙豈為博金紫事君如事親忠臣必孝子治國如治家循吏必廉弟聞書……
26.袁綬	〈少蘭弟書來，以四川道遠為慮，賦此勖之〉	《瑤華閣詩草》，頁13下。	少蘭弟書來以四川道遠為慮賦此勖之……
27.馬延淑	〈諸葛亮七擒孟獲論〉	《馬孝女遺集》，卷2，〈史學類〉，頁3上下。	諸葛亮七擒孟獲論…… 馬孝女遺稿 卷二 史學類

作者	相關著作	出處	原文圖像
28.高簣	〈金匱詞〉	《國朝閨秀正始續集》，〈補遺〉，頁76下-77上。	金匱詞　丈夫臨事當自決謀及婦人必亡滅手操麵杖作　勸駕寒婦孤兒殿中泣焉知綑縛金匱辭花面去　臣能主乏婦人賠飫有如此德昭自牖廷羨死
29.張友書	〈長男秋闈獲雋感而賦此〉	《倚雲閣詩詞》，卷3，頁4下。	長男秋闈獲雋感而賦此　屢雪劉蕡涕今朝曹屬眉未堪酬汝志差可慰吾貧　戮餘生在風雲後日期莫忘忠孝意努力壯門楣
30.張因	〈送秋平赴試〉	《綠秋書屋詩集》，收入《國朝閨閣詩鈔》，第4冊，卷8，頁40上下。	綠秋書屋詩集　送秋平赴試　江貞蕤　問淑華　落葉滿階砌西風鳴觥觫曉起促行色相對雨茫茫離緒無人解剗中心自感傷何如百里遙風屢承高誼朝餐暖裝鴻漢天表秉下林塘行字秋涼颯吹短裝鴻漢未備捊晨赴征航翹兩淀行太單薄何以禦嚴寒執手斯須立有淚已盈眶明遺天筆吐異彩古墨殘新香不挾兔圖帶惟憑別所藏幸蓮水作鑑慎勿輕文章大夫富經商曼思天所覽行矣勿復顧勞力事

作者	相關著作	出處	原文圖像
31.張淑蓮	〈孫女莘學詩書示三首〉	《張淑蓮詩稿》，頁2下-3下。	孫女莘學詩書示三首
32.梁德繩	〈題吳蘋香女史飲酒讀騷圖〉	《古春軒詩鈔》，卷下，頁22上。	題吳蘋香女史飲酒讀騷圖　天生幸作女兒身多少蛾眉愧此人縱使空山環佩杳　斯圖千載足傳神
33.陳氏（孫樹南妻）	〈口占勉諸子〉	《古香閣吟草》，頁17上下。	口占勉諸子

作者	相關著作	出處	原文圖像
34.陳恭人	〈寄夫〉	《名媛詩緯初編》,卷3,〈正集一〉,頁12下。	寄夫 野鵲羽毛好不如家雞能報曉新人美如花不如 舊人能績蘇績蘇作衣郎得著郎見花開又花落
35.陳霞如	〈呈外〉	《名媛詩緯初編》,卷18,〈正集十六〉,頁7下。	呈外 洛陽有女名與慈蘇與盧生貴封侯瑪瑙桂輪枕 十二雙坐雙向玉樓盧家富貴銃可歲豈無嗣 戚與傾國夫妻戀慕在有情肯因失髮爲顏色君 不見茂陵薄倖司馬卿文君感外白頭吟又不見 洛陽輕薄子鳴珂姐宠掷琴逐從來一瓜只一帶 宣詩移恩別有變請君三復宋弘言下堂莫把擒
36.陸卿子	〈題項淑裁雲草序〉	趙世杰編:《古今女史》,卷3,〈序〉,頁29上下。	題項淑裁雲草序 陸卿子 …（原文圖像）

作者	相關著作	出處	原文圖像
37.陸費湘于	〈次兒宗侃北上作此示之〉	《國朝閨秀正始集》，卷20，頁10下。	次兒宗侃北上作此示之 松柏生深山之蘭在空谷不遇人採拾卻同凡草木明兒苟有志甘老茅屋貧賤人所憎富貴人所欲立身宜及早老大腸時促四海顧為家何必戀鄉邦文章可療貧挾策寸縷寸踰遊邊汝平生壁遊子病遠行何似萬斛連行不成眠事事榮心曲的經潇蘯孤澹貨无宿為兒裁衣服愛前寄書惆燭北鄰乞米為兒其會粥雖難作
38.曾懿	〈夏末秋初炎蒸未退病起無聊作此以示諸子〉	《古歡室詩詞集》，卷3，頁24下-25上。	夏末秋初炎蒸未退病起無聊作此以示諸子 病起苦炎蒸鬱好症不適乘曉臨前軒冷冷蕉露淌若蘇綠陰綠敗葉掃積昨花西風來吹夢溽天末春念宜遊子天涯五相隔章江波溶膓山青突凱長歌行路難道歷冰雪兒行萬里遑遑徹嶺見志四方雲程督六關仲子依帝都聖慮美嘉節朗冠金閨彥辭觀遷行役護置去復回衣院邊塵蹤願兒惜璫與匡君并補國顧見如膓春隨時布德澤霜露霑兒供噶京都三兒飄宿四川西質觀漢中六兒從學京都時大兒城軍江右二兒
39.黃婉璚	〈送外之都門〉	《茶香閣遺草》，卷1，頁32上。	送外之都門 男兒志四方安居身不貴長安貴人海文采占畢嘉儆朝聚珊朝雲羅張翰顧君為國華豈但拔萃奇得篝標踽庶使親心慰臨歧酒一杯勿濕兒女淚

作者	相關著作	出處	原文圖像
40.楊書蕙	〈送戢成弟從軍浙東〉	《幽篁吟館詩鈔》，頁23上。	送戢成弟從軍浙東 短衣孤劍賦長征萬馬蕭蕭落日鳴骨肉邪堪千里別功名何止一身榮西江烽火連荊渚東浙妖氛莽越城此去定仲投筆志闞山須念倚閭情
41.萬夢丹	〈秦良玉〉	《韻香書室吟稿》，收入《國朝閨閣詩鈔》，第10冊，卷10，頁83上下。	秦良玉 桃花馬不負隤軒一首詩 大死倉皇代誓師錦袍殺賊勝男兒芳原血濺
42.葉璧華	〈丈夫行〉	《古香閣全集》，卷2，頁6下-7上。	丈夫行

作者	相關著作	出處	原文圖像
43.劉月娟	〈送文人從軍〉	《倚雲樓詩鈔》,頁10上下。	送文人從軍 少年兵甲富胸中直擣幽燕志氣雄目眩黃塵飛戰馬 丈夫得志在從戎 牋檄馳驅入戰場倚天揮劍暮山蒼羽書萬里傳來易 漫說伊人各一方 書生投筆擁旄旌旗紙上談兵肯任嚼天下興亡原有責 匈奴不滅莫言歸
44.劉韻芳	〈木蘭〉	《憶餘室詩鈔》,頁21上。	木蘭 忠孝流傳花木蘭娥眉父子間有功成不表封侯賞 甲冑十二扮戎衣惆悵爺孃血淚斑迢迢萬里浸言兒女不英雄
45.鄭淑昭	〈兩兒鄉試歸,怡兒下第,忻兒獲雋,且悵且喜,詩以勖之〉	《閨秀正始再續集》,卷3,頁13下-14上。	兩兒鄉試歸怡兒下第忻兒獲雋且悵且喜詩以勖之 甘苦辛其根緜棗生賴枝美物酸辛來天道真若斯男 兒不勝器局安足奇汝蕾我覲授汝作亦離離名駒 自汗血昇昇神駿姿自許凌太行翻成賴下悲安知此 濔濔非荷臯天慈窮達毌委命玉成常自思且效董夫 子三年重下帷真君子有世澤遠以貽孫子而非似績 賢亞難濟其菱先人一卷書傳家惟特此又復孝慈德 又醫桂蕊雜冢孫縣及後人門庭自宜起兒才領青衿乃 祥和感難冢孫縣及後人門庭自宜起兒才領青衿乃 貴黃己前途正悠悠舊業從此始二其

作者	相關著作	出處	原文圖像
46.駱綺蘭	〈自嘲〉	《聽秋軒詩集》，卷1，頁11下-12上。	自嘲 少年性格愛豪粗 惹得人稱女丈夫 若戴兜鍪向邊塞 恐教麟閣把形圖
47.鮑之蕙	〈送鴻起姪遊越〉	《清娛閣吟橐》，卷1，頁13下-14上。	送鴻起姪遊越 井梧葉脫涼飈發庭際趺吟殘暑駃流光倏忽正 慈人間說阿咸將適越越東勝地名栝若山重水 復塗修長嘆蘭廿載未為客東裝一旦離高堂應 知富貴致身早男兒何必故園老且將秋柳贈秋 猶薄琮青年更喜有離鳳蒿才俊逸承家風兹游 真蘭開轡塞曦嚴遠谷搜奇特儻收荒怪入笑囊 悅罹歸裝壯行色懍予學殖等雕蟲年來鬢髮將 如蓬臨歧數語忘未盡斜陽帆影何多多若耶從
48.顧信芳	〈折楊柳送漢求弟遊粵東〉	《國朝閨秀正始集》，卷9，頁3下-4上。	折楊柳送漢求弟遊粵東

徵引書目

（一）中文資料

甲、論著

1. 《三國志文類》（收入《景印文淵閣四庫全書》〔台北：台灣商務印書館，1983-1985年〕，〈集部〉300，〈總集類〉，冊1361）。

2. 《文史精華》編輯部編：《近代中國娼妓史料》（石家莊：河北人民出版社，1997年）。

3. 《四庫未收書輯刊》（北京：北京出版社，2000年）。

4. 《四庫全書存目叢書》（台南柳營鄉：莊嚴文化事業有限公司，1996年）。

5. 《四庫全書存目叢書補編》（濟南：齊魯書社，2001年）。

6. 《四庫禁燬書叢刊》（北京：北京出版社，2000年）。

7. 《國朝杭郡詩三輯》（光緒十九年〔1893〕刻本）。

8. 《清代詩文集彙編》編纂委員會：《清代詩文集彙編》（上海：上海古籍出版社，2009年）。

9. 《愛日齋叢鈔》（北京：商務印書館，1936年）。

10. 《閨墨萃珍》（台北：新興書局，1980年）。

11. 《叢書集成初編》（北京：中華書局，1985年）。

12. 《叢書集成續編》（台北：新文豐出版公司，1989年）。

13. 《續修四庫全書》（上海：上海古籍出版社，1995年）。

14. 丁文：《莫教空度可憐宵：魏晉南北朝兩性關係史》（西安：陝西人民出版社，2008年）。

15. 不如子：《不如婦寺鈔》（據萬曆〔1613-1619〕刻本影印；收入《遼寧省圖書館孤本善本叢刊》第一輯；北京：線裝書局，2003年）。

16. 中國伙伴關係研究小組、閔家胤：《陽剛與陰柔的變奏：兩性關係和社會模式》（北京：中國社會科學出版社，1995年）。

17. 仁孝文皇后：《內訓》（據墨海本排印；收入《叢書集成初編》，冊990）。

18. 孔祥淑：《韻香閣詩草》（光緒十二年〔1886〕刻本）。

19. _____：《韻香閣詩草》（據光緒十五年〔1889〕刻本影印；收入方秀潔〔Grace S. Fong〕、伊維德〔Wilt L. Idema〕編：《美國哈佛大學哈佛燕京圖書館藏明清婦女著述彙刊》〔桂林：廣西師範大學出版社，2009年〕，冊3）。

20. 孔璐華：《唐宋舊經樓詩稿》（據道光刻本影印；收入《清代詩文集彙編》，冊478）。

21. 文天祥：《文山先生全集》（上海：商務印書館，1935年）。

22. 方秀潔、魏愛蓮（Ellen Widmer）編：《跨越閨門：明清女性作家論》（北京：北京大學出版社，2014年）。

23. 方苞：《方苞集》（上海：上海古籍出版社，1983年）。

24. 毛文芳：《卷中小立亦百年：明清女性畫像文本探論》（台北：台灣學生書局，2013年）。

25. _____：《物、性別、觀看：明末清初文化書寫新探》（台北：台灣學生書局，2001年）。

26. 毛亨傳，鄭玄箋，孔穎達疏：《毛詩正義》（阮元〔1764-1849〕《十三經注疏》本）。

27. 王力堅：《清代才媛文學之文化考察》（台北：文津出版社，2006年）。

28. _____：《清代才媛沈善寶研究》（台北：里仁書局，2009年）。

29. _____：《清代文學跨域研究》（台北：文津出版社有限公司，2013年）。

30. 王士祿：《然脂集例》（據道光十三年〔1833〕世楷堂藏板《昭代叢書》本影印；收入《叢書集成續編》，〈文學類〉，冊204）。

31. 王子今：《中國女子從軍史》（北京：軍事誼文出版社，1998年）。

32. _____：《古史性別研究叢稿》（北京：社會科學文獻出版社，2004年）。

33. 王文進：《南朝邊塞詩新論》（台北：里仁書局，2000年）。

34. 王兵：《清人選清詩與清代詩學》（北京：中國社會科學出版社，2011年）。

35. 王佩華：《願香室筆記》（民國十年〔1921〕太倉圖書館藏刻本）。

36. 王采薇：《長離閣集》（據《平津館叢書》本影印；收入《叢書集成初編》，冊2321）。

37. _____：《長離閣集》（據嘉慶二十三年〔1818〕刻本影印；收入《美國哈佛大學哈佛燕京圖書館藏明清婦女著述彙刊》，冊4）。

38. _____：《長離閣集》，收入孫星衍：《孫淵如詩文集》（《四部叢刊初編・集部》，冊382-383）。

39. 王采蘋：《讀選樓詩稿》（光緒甲午年〔1894〕吳縣朱氏槐盧翻刻本）。

40. 王昶：《國朝詞綜》（據上海辭書出版社藏嘉慶七年〔1802〕王氏三泖漁莊刻增修本影印；收入《續修四庫全書》，〈集部〉，〈詞類〉，冊1731）。

41. 王秋文：《明代女詞人群體關係研究》（新北：花木蘭文化出版社，2012年）。

42. 王紉佩：《佩珊珊室詩存》（光緒十九年〔1893〕刊本）。

43. 王英志：《袁枚評傳》（南京：南京大學出版社，2002年）。

44. _____：《袁枚與隨園詩話》（上海：上海古籍出版社，1990年）。

45. _____：《袁枚暨性靈派詩傳》（長春：吉林人民出版社，2000年）。

46. ＿＿＿＿：《清代閨秀詩話叢刊》（南京：鳳凰出版社，2010年）。

47. 王貞儀：《德風亭初集》（據民國三年〔1914〕《金陵叢書》本影印；收入《叢書集成續編》，〈文學類〉，冊193）。

48. ＿＿＿＿：《德風亭初集》（據民國五年〔1916〕蔣氏慎脩書屋校印本影印；收入《美國哈佛大學哈佛燕京圖書館藏明清婦女著述彙刊》，冊4）。

49. 王書奴：《中國娼妓史》（北京：團結出版社，2004年）。

50. 王弼、韓康伯注，孔穎達疏：《周易正義》（阮元《十三經注疏》本；北京：中華書局，1980年）。

51. 王筠：《槐慶堂集》（據嘉慶十四年〔1809〕刻《西園瓣香集》本影印；收入《清代詩文集彙編》，冊425）。

52. 王詩穎：《國民革命軍與近代中國男性氣概的形塑，1924-1945》（台北：國史館，2011年）。

53. 王福棟：《唐代戰爭詩研究》（北京：中央廣播電視大學出版社，2012年）。

54. 王端淑：《名媛詩緯初編》（康熙間山陰王氏清音堂刻本）。

55. ＿＿＿＿：《映然子吟紅集》（據清刻本影印；收入《清代詩文集彙編》，冊82）。

56. 王端淑輯，盧冀野校：《明代婦人散曲集》（據中華書局聚珍仿宋版影印；上海：中華書局，1937年）。

57. 王慶勛：《詒安堂詩稿》（咸豐三年〔1853〕刻五年〔1855〕增修本）。

58. 王璐：《印月樓詩詞集》（據道光十年〔1830〕刻本影印；收入《北京師範大學圖書館藏稀見清人別集叢刊》，冊18）。

59. 王曉秋、楊紀國：《晚清中國人走向世界的一次盛舉：一八八七年海外遊歷使研究》（大連：遼寧師範大學出版社，2004年）。

60. 王曉燕：《清代女性詩學思想研究》（四川大學出版社，2014年）。

61. 王裘之:《續友聲集》(據中國科學院圖書館藏咸豐刻本影印;收入《續修四庫全書》,〈集部〉,〈總集類〉,冊1627)。

62. 王應麟撰,陳戍國、喻清點校:《三字經》(長沙:岳麓書社,2002年)。

63. 王瑗玲、胡曉真編:《經典轉化與明清敘事文學》(台北:聯經出版事業股份有限公司,2009年)。

64. 王鍾翰校:《清史列傳》(北京:中華書局,1987年)。

65. 王鎮遠:《清詩選》(香港:中華書局,1991年)。

66. 王蘊章:《然脂餘韻》(民國九年〔1920〕上海商務印書館鉛印本)。

67. 王躍生:《清代中期婚姻衝突透析》(北京:社會科學文獻出版社,2003年)。

68. 付建舟:《兩浙女性文學:由傳統而現代》(北京:中國社會科學出版社,2011年)。

69. 史楠:《中國男娼秘史》(北京:中國華僑出版社,1994年)。

70. 史鳳儀:《中國古代婚姻與家庭》(武漢:湖北人民出版社,1987年)。

71. 司馬光:《家範》(天啟六年〔1626〕刻本)。

72. 司馬光撰,鄧廣銘、張希清校:《涑水記聞》(《唐宋史料筆記叢刊》本;北京:中華書局,1989年)。

73. 司馬遷:《史記》(北京:中華書局,1959年)。

74. 左丘明傳,杜預注,孔穎達疏:《春秋左傳正義》(阮元《十三經注疏》本)。

75. 左錫嘉:《冷吟仙館詩稿》(據光緒十七年〔1891〕刻本影印;收入《美國哈佛大學哈佛燕京圖書館藏明清婦女著述彙刊》,冊5)。

76. 本書編寫組:《明清人口婚姻家族史論:陳捷先教授、馮爾康教授古稀紀念論文集》(天津:天津古籍出版社,2002年)。

77. 甘立媟：《詠雪樓詩存》（據道光二十三年〔1843〕徐心田半偈齋刻本影印；收入《美國哈佛大學哈佛燕京圖書館藏明清婦女著述彙刊》，冊1）。

78. 石錦繡：《碧桃花館詩鈔》（同治五年〔1866〕刻本）。

79. _____：《繡餘閣詩草》（同治五年〔1866〕刻本）。

80. 任文京：《唐代邊塞詩的文化闡釋》（北京：人民出版社，2005年）。

81. 任兆麟、張滋蘭：《吳中女士詩鈔》（乾隆五十四年〔1789〕刻本）。

82. 伊沛霞（Patricia Buckley Ebrey）、姚平編：《當代西方漢學研究集萃：婦女史卷》（上海：上海古籍出版社，2012年）。

83. 伊沛霞著，胡志宏譯：《內闈：宋代的婚姻和婦女生活》（南京：江蘇人民出版社，2004年）。

84. 伍淡如：《餐菊軒詩草》（光緒十四年戊子〔1888〕重刊本）。

85. 光鐵夫：《安徽名媛詩詞徵略》（合肥：黃山書社；安徽省新華書店，1986年）。

86. 成曙霞：《唐前軍旅詩發展史》（濟南：山東人民出版社，2012年）。

87. 朱汝珍輯：《詞林輯略》（周駿富輯《清代傳記叢刊》本；台北：明文書局，1985年）。

88. 江元祚編：《續玉臺文苑》（據中國人民大學圖書館藏崇禎刻本影印，收入《四庫全書存目叢書》，〈集部〉，〈總集類〉，冊375）。

89. 江元禧編：《玉臺文苑》（據中國人民大學圖書館藏崇禎刻本影印，收入《四庫全書存目叢書》，〈集部〉，〈總集類〉，冊375）。

90. 江盈科：《閨秀詩評》（濟南：齊魯書社，2005年）。

91. 衣若蘭：《史學與性別：〈明史‧列女傳〉與明代女性史之建構》（太原：山西教育出版社，2011年）。

92. _____：《三姑六婆：明代婦女與社會的探索》（台北：稻鄉出版社，2002年）。

93. 何佩珠：《津雲小草》（據道光二十年〔1840〕刻本影印；收入《北京師範大學圖書館藏稀見清人別集叢刊》，冊18）。

94. _____：《梨花夢》（據道光二十年〔1840〕刻本影印；收入《北京師範大學圖書館藏稀見清人別集叢刊》，冊18）。

95. _____：《紅香窠小草》（清抄本）。

96. 何炳棣（Ping-ti Ho）著，徐泓譯：《明清社會史論》（台北：聯經出版事業股份有限公司，2013年）。

97. 何晏注，邢昺疏：《論語注疏》（阮元《十三經注疏》本）。

98. 余新忠、張國剛：《中國家庭史：明清時期》（廣州：廣東人民出版社，2007年）。

99. 佚名：《群書通要》（嘉慶宛委別藏本）。

100. 利瑪竇：《二十五言》（崇禎天學初函本）。

101. 吳永萍、張淑琴、楊澤琴：《清代三大女詞人研究》（蘭州：甘肅文化出版社，2010年）。

102. 吳存存：《明清社會性愛風氣》（北京：人民文學出版社，2000年）。

103. 吳晶：《西溪與蕉園詩社》（杭州：杭州出版社，2012年）。

104. 吳鳳翔、金木、王日昌、悟堂等編：《清代十大名人家書》（長春：東北師範大學出版社，1996年）。

105. 吳藻：《喬影》（據道光刻本影印；收入《續修四庫全書》，〈集部〉，〈戲劇類〉，冊1768）。

106. 呂不韋撰，高誘注：《呂氏春秋》（《四部叢刊》景明刊本）。

107. 呂妙芬：《無聲之聲（III）：近代中國的婦女與國家（1600-1950）》（台北：中央研究院近代史研究所，2003年）。

108. 呂芳上：《無聲之聲（I）：近代中國的婦女與國家（1600-1950）》（台北：中央研究院近代史研究所，2003年）。

109. 宋致新：《長江流域的女性文學》（武漢：湖北教育出版社，2004年）。

110. 宋清秀：《清代江南女性文學史論》（上海：上海古籍出版社，2015年）。

111. 岑參著，張輝注：《岑參邊塞詩選》（北京：人民文學出版社，1981年）。

112. 巫仁恕：《奢侈的女人：明清時期江南的婦女消費文化》（台北：三民書局，2005年）。

113. ＿＿＿＿＿：《優游坊廂：明清江南城市的休閑消費與空間變遷》（台北：中央研究院近代史研究所，2013年）。

114. 李又寧、張玉法編：《中國婦女史論文集》（台北：台灣商務印書館，1981-1988年）。

115. 李元度：《國朝先正事略》（上海中華書局《四部備要》本）。

116. 李氏（化州茂才陳玉山妻）：《吳陽女士詩》。

117. 李白著，王琦注：《李太白全集》（北京：中華書局，1977年）。

118. 李志生：《中國古代婦女史研究入門》（北京：北京大學出版社，2014年）。

119. 李昉：《太平御覽》（北京：中華書局，1960年）。

120. 李炳海、于雪棠：《唐代邊塞詩傳》（長春：吉林人民出版社，2000年）。

121. 李貞德編：《中國史新論・性別史分冊》（台北：聯經出版事業股份有限公司，2009年）。

122. 李桓輯：《國朝耆獻類徵初編》（《清代傳記叢刊》本）。

123. 李國彤：《女子之不朽：明清時期的女教觀念》（桂林：廣西師範大學出版社，2014年）。

124. 李朝正、李義清：《巴蜀歷代名媛著作考要》（成都：巴蜀書社，1997年）。

125. 李湜：《世代公卿閨閣獨秀：女畫家陳書與錢氏家族》（台北：石

頭出版股份有限公司，2009年）。

126. 李匯群：《閨閣與畫舫：清代嘉慶道光年間的江南文人和女性研究》（北京：中國傳媒大學出版社，2009年）。

127. 李雷編：《清代閨閣詩集萃編》（北京：中華書局，2015年）。

128. 李端臨：《紅餘籀室唫草》（光緒十三年丁亥〔1887〕刊本）。

129. 李銀河：《中國婚姻家庭及其變遷》（哈爾濱：黑龍江人民出版社，1995年）。

130. 李樂：《見聞雜紀》（萬曆刻清補修本）。

131. 李興盛：《邊塞詩人吳兆騫》（哈爾濱：黑龍江人民出版社，1986年）。

132. 李燾：《續資治通鑑長編》（北京：中華書局，1979年）。

133. 李贄：《初潭集》（北京：中華書局，1974年）。

134. 杜芳琴、王政編：《中國歷史中的婦女與性別》（天津：天津人民出版社，2004年）。

135. 汪玢玲：《中國婚姻史》（上海：上海人民出版社，2001年）。

136. 汪胡楨、吳慰祖輯：《清代河臣傳》（《清代傳記叢刊》本）。

137. 汪輝祖：《雙節堂庸訓》（據光緒十五年〔1889〕江蘇局刊本影印；收入《汪龍莊遺書》〔台北：華文書局股份有限公司，1970年〕）。

138. 汪藻：《浮溪集》（《叢書集成初編》本，冊1958-1961）。

139. 沈雨梧：《清代女科學家》（杭州：浙江教育出版社，2011年）。

140. 沈彩：《春雨樓集》（據乾隆四十七年〔1782〕刻本影印；收入《清代詩文集彙編》，冊379）。

141. _____：《春雨樓槁》（民國十三年〔1924〕影印手稿本）。

142. 沈善寶：《名媛詩話》（據中山大學圖書館藏光緒鴻雪樓刻本影印，收入《續修四庫全書》，〈集部〉，〈詩文評類〉，冊1706）。

143. 沈轂：《白雲洞天詩薰》（咸豐元年〔1851〕刻本）。

144. 沈德潛：《清詩別裁集》（北京：中華書局，1975年）。

145. 貝京：《湖南女士詩鈔》（長沙：湖南人民出版社，2010年）。

146. 辛立：《男女・夫妻・家國：從婚姻模式看中國文化中的倫理觀念》（北京：國際文化出版公司，1989年）。

147. 阮元、楊秉初：《兩浙輶軒錄補遺》（據華東師範大學圖書館藏嘉慶刻本影印；收入《續修四庫全書》，〈集部〉，〈總集類〉，冊1684）。

148. 阮元：《兩浙輶軒錄》（據山東省圖書館藏嘉慶仁和朱氏碧溪艸堂，錢塘陳氏種榆僊館刻本影印；收入《續修四庫全書》，〈集部〉，〈總集類〉，冊1683-1684）。

149. _____：《淮海英靈集》（據嘉慶三年〔1798〕小琅嬛僊館刻本影印；收入《續修四庫全書》，〈集部〉，〈總集類〉，冊1682）。

150. 冼玉清：《廣東女子藝文考》（長沙：商務印書館，1941年）。

151. 周秀眉等撰，蕭耘春點校：《蒼南女詩人詩集》（上海：上海古籍出版社，2005年）。

152. 周佩蓀：《浣餘集詞鈔》（咸豐十一年〔1861〕刻本）。

153. _____：《浣餘集詩鈔》（咸豐十一年〔1861〕刻本）。

154. 周華山：《性別越界在中國》（香港：香港同志研究社，2000年）。

155. 周維立：《清代四名人家書》（台北：文海出版社，1971年）。

156. 周維德：《千里樓詩草》（據光緒二年〔1876〕桂月刻本影印；收入《北京師範大學圖書館藏稀見清人別集叢刊》，冊27）。

157. 周巍：《技藝與性別：晚清以來江南女彈詞研究》（上海：上海人民出版社，2010年）。

158. 季乃禮：《三綱六紀與社會整合：由〈白虎通〉看漢代社會人倫關係》（北京：中國人民大學出版社，2004年）。

159. 季嫻：《閨秀集》（據上海師範大學圖書館藏清鈔本影印；收入《四庫全書存目叢書》，〈集部〉，〈總集類〉，冊414）。

160. 季蘭韻：《楚畹閣集》（據道光二十七年〔1847〕刻本影印；收入《美國哈佛大學哈佛燕京圖書館藏明清婦女著述彙刊》，冊4）。

161. 屈蕙纕：《含青閣詩草》（據清刻本影印；收入《清代詩文集彙編》，冊740）。

162. 房玄齡等撰：《晉書》（北京：中華書局，1974年）。

163. 杭溫如：《息存室吟稿初集》（嘉慶十三年〔1808〕原刻光緒三十四年〔1908〕重梓）。

164. ＿＿＿＿＿：《息存室吟稿續集》（嘉慶二十二年〔1817〕原刻光緒三十四年〔1908〕重梓）。

165. 林以寧：《墨莊詩鈔》（康熙刻本）。

166. 武舟：《中國妓女文化史》（上海：東方出版中心，2006年）。

167. 邵雍：《中國近代妓女史》（上海：上海人民出版社，2005年）。

168. 俞憲：《盛明百家詩》（據浙江圖書館藏嘉靖至萬曆刻本影印，收入《四庫全書存目叢書》，〈集部〉，〈總集類〉，冊304-308）。

169. 冒俊輯：《林下雅音集》（光緒十年〔1884〕刻本）。

170. 南京大學中國語言文學系全清詞編纂委員會編：《全清詞‧順康卷》（北京：中華書局，2002年）。

171. 南開大學圖書館、江曉敏編：《南開大學圖書館藏稀見清人別集叢刊》（桂林：廣西師範大學出版社，2010年）。

172. 姚淑：《海棠居初集》（據民國十一年〔1922〕南林劉氏印本影印；收入《美國哈佛大學哈佛燕京圖書館藏明清婦女著述彙刊》，冊4）。

173. ＿＿＿＿＿：《海棠居初集》，收入李長祥：《天問閣文集》（據民國吳興劉氏刻《求恕齋叢書》本影印；《四庫禁燬書叢刊》，〈集部〉，冊11）。

174. ＿＿＿＿＿：《海棠居詩集》（據民國十一年〔1922〕《求恕齋叢書》本影印；收入《叢書集成續編》，〈文學類〉，冊171）。

175. 故宮博物院編：《故宮珍本叢刊》（海口：海南出版社，2001年）。

176. 施淑儀：《清代閨閣詩人徵略》（上海：上海書店，1987年）。

177. 施淑儀著，張暉輯校：《施淑儀集》（北京：人民文學出版社，2011年）。

178. 施曄：《中國古代文學中的同性戀書寫研究》（上海：上海人民出版社，2008年）。

179. 段繼紅：《清代閨閣文學研究》（天津：南開大學出版社，2007年）。

180. 洪讚：《唐代戰爭詩研究》（台北：文史哲出版社，1987年）。

181. 秋瑾：《秋女士遺稿》（據民國元年〔1912〕鉛印本影印；收入《清代詩文集彙編》，冊793）。

182. 紅梅閣主人、清暉樓主人：《清代閨秀詩鈔》（上海：中華新教育社，1922年）。

183. 胡大雷：《金戈鐵馬，詩裡乾坤：漢魏晉南北朝軍事戰爭詩研究》（北京：中國社會科學出版社，2010年）。

184. 胡文楷、王秀琴：《歷代名媛文苑簡編》（上海：商務印書館，1947年）。

185. _____：《歷代名媛書簡》（長沙：商務印書館，1941年）。

186. 胡文楷：《歷代婦女著作考》（張宏生等增訂本；上海：上海古籍出版社，2008年）。

187. 胡孝思：《本朝名媛詩鈔》（康熙五十五年〔1716〕凌雲閣刻本）。

188. 胡曉明、彭國忠：《江南女性別集二編》（合肥：黃山書社，2010年）。

189. _____：《江南女性別集三編》（合肥：黃山書社，2012年）。

190. _____：《江南女性別集四編》（合肥：黃山書社，2014年）。

191. _____：《江南女性別集初編》（合肥：黃山書社，2008年）。

192. 胡曉真：《才女徹夜未眠：近代中國女性敘事文學的興起》（台

北：麥田出版，2003年）。

193. _____：《世變與維新：晚明與晚清的文學藝術》（台北：中央研究院中國文哲研究所籌備處，2001年）。

194. _____：《新理想、舊體例與不可思議之社會：清末民初上海「傳統派」文人與閨秀作家的轉型現象》（台北：中央研究院中國文哲研究所，2010年）。

195. 范浚：《香溪集》（《四部叢刊》續編景明本）。

196. 范淑：《憶秋軒詩鈔》（光緒十七年〔1891〕范履福良鄉官廨刻本）。

197. 范曄：《後漢書》（北京：中華書局，1965年）。

198. 夏之蓉：《半舫齋古文》（乾隆刻本）。

199. 夏明琇：《佩瓊詩草》（光緒至民國間抄本）。

200. 夏傳才編：《中國古代軍旅詩選講》（北京：清華大學出版社，2009年）。

201. 孫佩蘭：《吟翠樓詩稿》（據光緒十四年〔1888〕刻本影印；收入《美國哈佛大學哈佛燕京圖書館藏明清婦女著述彙刊》，冊3）。

202. 孫奇逢：《孝友堂家訓》（《叢書集成初編》本，冊977）。

203. 孫桐生：《國朝全蜀詩鈔》（成都：巴蜀書社；新華書店，1985年）。

204. 孫雄：《道咸同光四朝詩史》（據浙江圖書館藏宣統二年〔1910〕刻本影印；收入《續修四庫全書》，〈集部〉，〈總集類〉，冊1628）。

205. 席佩蘭：《長真閣集》（據光緒十七年〔1891〕強氏南皋草廬刻本影印；收入《美國哈佛大學哈佛燕京圖書館藏明清婦女著述彙刊》，冊4）。

206. _____：《長真閣集》（據嘉慶十七年〔1812〕刻本影印；收入《清代詩文集彙編》，冊464）。

207. _____：《長真閣集》，收入孫原湘：《天真閣集》（據嘉慶五年

〔1800〕刻增修本影印；《清代詩文集彙編》，冊464）。

208. 徐乃昌、吳灝：《閨秀百家詞選》（出版地缺：掃葉山房，1925年）。

209. 徐乃昌：《小檀欒室彙刻閨秀詞》（揚州：廣陵古籍刻印社，1986年）。

210. _____：《閨秀詞鈔》（宣統元年〔1909〕小檀欒室刻本）。

211. _____：《閨秀詞鈔補遺》（宣統元年〔1909〕小檀欒室刻本）。

212. 徐天嘯：《神州女子新史》（台北：食貨出版社，1978年）。

213. _____：《神州女子新史正續篇》（台北：食貨出版社，1978年）。

214. 徐世昌：《晚晴簃詩匯》（據民國十八年〔1929〕退耕堂刻本影印；收入《續修四庫全書》，〈集部〉，〈總集類〉，冊1629-1633）。

215. _____：《清儒學案小傳》（《清代傳記叢刊》本）。

216. 徐君及楊海：《妓女史》（上海：上海文藝出版社，1995年）。

217. 徐皇后：《仁孝文皇后內訓》（據《墨海金壺》本影印；收入《叢書集成初編》，冊990）。

218. 徐海燕：《悠悠千載一金蓮：中國的纏足文化》（瀋陽：遼寧人民出版社，2000年）。

219. 徐陵：《玉臺新詠》（據長洲程氏刪補本影印；上海：中華書局，1966年-1976年）。

220. 徐媛：《絡緯吟》（據明末鈔本影印；收入《四庫未收書輯刊》，7輯16冊）。

221. 徐達左：《金蘭集》（據北京圖書館藏清錢氏萃古齋鈔本影印；收入《四庫全書存目叢書》，〈集部〉，〈總集類〉，冊290）。

222. 徐鼎：《小腆紀傳》（光緒金陵刻本）。

223. 班固：《白虎通德論》（《四部叢刊》景元大德覆宋監本）。

224. 班固撰，顏師古注：《漢書》（北京：中華書局，1962年）。

225. 祝瑞開：《中國婚姻家庭史》（上海：學林出版社，1999年）。

226. 秦良玉史研究編纂委員會編：《秦良玉史料集成》（成都：四川大

學出版社，1987年）。

227. 秦觀：《淮海集》（《四部叢刊》景明嘉靖小字本）。

228. 袁氏（谷暄妻）：《漱芳亭詩草》（光緒刻本）。

229. 袁君煊：《北宋軍旅詩研究》（北京：中國文史出版社，2015年）。

230. 袁枚：《隨園女弟子詩選》（嘉慶道光年間〔1796-1850〕坊刻巾箱本）。

231. 袁枚等撰：《隨園三十種》（乾隆嘉慶間刊本）。

232. 袁枚著，王英志編：《袁枚全集》（南京：江蘇古籍出版社，1993年）。

233. 袁枚撰，顧學頡校：《隨園詩話》（北京：人民文學出版社，1982年）。

234. 袁棠：《繡餘吟稿》（清刻《隨園三十種》本）。

235. 袁綬：《瑤華閣詞鈔》（據光緒十八年〔1892〕刻《隨園三十八種》本影印；收入《清代詩文集彙編》，冊590）。

236. _____：《瑤華閣詞鈔》（據同治六年〔1867〕刻本影印；收入《美國哈佛大學哈佛燕京圖書館藏明清婦女著述彙刊》，冊2）。

237. _____：《瑤華閣詞補遺》（據光緒十八年〔1892〕刻《隨園三十八種》本影印；收入《清代詩文集彙編》，冊590）。

238. _____：《瑤華閣詞補遺》（據同治六年〔1867〕刻本影印；收入《美國哈佛大學哈佛燕京圖書館藏明清婦女著述彙刊》，冊2）。

239. _____：《瑤華閣詩草》（據光緒十八年〔1892〕刻《隨園三十八種》本影印；收入《清代詩文集彙編》，冊590）。

240. _____：《瑤華閣詩草》（據同治六年〔1867〕刻本影印；收入《美國哈佛大學哈佛燕京圖書館藏明清婦女著述彙刊》，冊2）。

241. _____：《閩南雜詠》（據光緒十八年〔1892〕刻《隨園三十八種》本影印；收入《清代詩文集彙編》，冊590）。

242. _____：《閩南雜詠》（據同治六年〔1867〕刻本影印；收入《美國哈佛大學哈佛燕京圖書館藏明清婦女著述彙刊》，冊2）。

243. 陝西人民出版社：《守節、再嫁、纏足及其他：中國古代婦女生活面面觀》（西安：陝西人民出版社，1990年）。

244. 馬延淑：《馬孝女遺集》（宣統二年庚戌〔1910〕刊本）。

245. 馬俊華、蘇麗湘：《木蘭文獻大觀》（鄭州：河南人民出版社，1993年）。

246. 馬蘭州：《唐代邊塞詩研究》（天津：天津古籍出版社，2003年）。

247. 高承：《事物紀原》（弘治十八年〔1505〕魏氏仁實堂重刻正統本）。

248. 高彥頤（Dorothy Ko）著，李志生譯：《閨塾師：明末清初江南的才女文化》（南京：江蘇人民出版社，2005年）。

249. 高彥頤著，苗延威譯：《纏足：「金蓮崇拜」盛極而衰的演變》（台北：左岸文化出版有限公司，2007年）。

250. 高洪興：《纏足史》（上海：上海文藝出版社，1995年）。

251. 高峰：《科舉與女性：溫馨與哀愁》（長春：時代文藝出版社，2007年）。

252. 高連峻：《中國婚姻家庭史》（長春：吉林教育出版社，2002年）。

253. 高景芳：《紅雪軒稿》（據乾隆四年〔1739〕刻本影印；收入《清代詩文集彙編》，冊204）。

254. ＿＿＿＿：《紅雪軒稿》（據康熙五十八年〔1719〕刻本影印；收入《四庫未收書輯刊》，8輯28冊）。

255. 高鳳樓：《澹宜書屋詩草》（道光二十七年〔1847〕刊本）。

256. 常建華：《婚姻內外的古代女性》（北京：中華書局，2006年）。

257. 常璩：《華陽國志》（《叢書集成初編》本，冊3187-3189）。

258. 張弓長：《中國歷代的妓女與詩文》（台北：常春樹書坊，2000年）。

259. 張友書：《倚雲閣詩詞》（據光緒十二年〔1886〕刻本影印；收入《美國哈佛大學哈佛燕京圖書館藏明清婦女著述彙刊》，冊3）。

260. 張宏生、張雁：《古代女詩人研究》（武漢：湖北教育出版社，2002年）。

261. 張宏生編：《明清文學與性別研究》（南京：江蘇古籍出版社，2002年）。

262. 張廷玉等撰：《明史》（北京：中華書局，1974年）。

263. 張忠江：《妓女與文學》（台北：常春樹書坊，1975年）。

264. 張珍懷：《清代女詞人選集》（合肥：黃山書社，2009年）。

265. 張娣明：《戎馬不解鞍，鎧甲不離傍：三國時代戰爭詩研究》（台北：萬卷樓圖書股份有限公司，2004年）。

266. 張敏杰：《中國古代婚姻與家庭》（杭州：浙江人民出版社，2004年）。

267. 張淑蓮：《張淑蓮詩稿》（清末抄本）。

268. 張湘筠：《冬蕙軒存稿》（據道光間刻本影印；收入《北京師範大學圖書館藏稀見清人別集叢刊》，冊17）。

269. 張廓：《多妻制度：中國古代社會和家庭結構》（天津：天津古籍出版社，1999年）。

270. 張綸英：《綠槐書屋詩稿》（同治七年戊辰〔1868〕重刊本）。

271. 張應昌：《清詩鐸》（北京：中華書局，1960年）。

272. 張麗傑：《明代女性散文研究》（北京：中國社會科學出版社，2009年）。

273. 張耀銘：《娼妓的歷史》（北京：北京圖書館出版社，2004年）。

274. 張鑒等著，黃愛平校：《阮元年譜》（北京：中華書局，1995年）。

275. 曹清：《香閨綴珍：明清才媛書畫研究》（南京：江蘇美術出版社，2013年）。

276. 曼素恩（Susan Mann）著，定宜莊、顏宜葳譯：《綴珍錄──十八世紀及其前後的中國婦女》（南京：江蘇人民出版社，2004年）。

277. 曼素恩著，楊雅婷譯：《蘭閨寶錄：晚明至盛清時的中國婦女》（台北：左岸文化事業有限公司，2005年）。

278. 梁乙真：《清代婦女文學史》（台北：中華書局，1958年）。

279. 梁德繩：《古春軒文鈔》（據道光二十九年〔1849〕刻本影印；收入《清代詩文集彙編》，冊505）。

280. ＿＿＿＿：《古春軒詞鈔》（據道光二十九年〔1849〕刻本影印；收入《清代詩文集彙編》，冊505）。

281. ＿＿＿＿：《古春軒詩鈔》（據道光二十九年〔1849〕刻本影印；收入《美國哈佛大學哈佛燕京圖書館藏明清婦女著述彙刊》，冊4）。

282. ＿＿＿＿：《古春軒詩鈔》（據道光二十九年〔1849〕刻本影印；收入《清代詩文集彙編》，冊505）。

283. ＿＿＿＿：《古春軒詩鈔》，收入許宗彥：《鑑止水齋集》（據嘉慶二十四年〔1819〕德清許氏家刻本影印；《清代詩文集彙編》，冊488）。

284. 梁蘭漪：《畹香樓詩稿》（據光緒二十一年〔1895〕上洋飛鴻閣書林石印本影印；收入《美國哈佛大學哈佛燕京圖書館藏明清婦女著述彙刊》，冊4）。

285. ＿＿＿＿：《畹香樓詩稿》（據光緒二十一年〔1895〕上洋飛鴻閣書林石印本影印；收入《清代詩文集彙編》，冊362）。

286. 畢沅：《續資治通鑒》（北京：中華書局，1957年）。

287. 脫脫等：《宋史》（北京：中華書局，1977年）。

288. ＿＿＿＿：《遼史》（北京：中華書局，1974年）。

289. 許桐：《碧梧軒詩草》（民國鉛印本）。

290. 許維賢：《從艷史到性史：同志書寫與近現代中國的男性建構》（台北：遠流出版事業股份有限公司，2015年）。

291. 郭弘：《民族文化與邊塞詩研究》（蘭州：甘肅民族出版社，2012年）。

292. 郭松義、定宜莊：《清代民間婚書研究》（北京：人民出版社，2005年）。

293. 郭松義：《倫理與生活：清代的婚姻關係》（北京：商務印書館，

2000年）。

294. 郭春鷹：《悠遠的軍魂：古代軍旅詩詞中的軍人精神世界》（北京：解放軍出版社，1999年）。

295. 陳氏（孫樹南妻）：《古香閣吟草》（光緒元年〔1875〕刻本）。

296. 陳玉蘭：《清代嘉道時期江南寒士詩群與閨閣詩侶研究》（北京：人民文學出版社，2004年）。

297. 陳存仁：《被閹割的文明：閑話中國古代纏足與宮刑》（桂林：廣西師範大學出版社，2008年）。

298. 陳宏謀：《五種遺規》（據中國科學院圖書館藏乾隆四至八年〔1739-1743〕培遠堂刻匯印本影印；收入《續修四庫全書》，〈子部〉，〈儒家類〉，冊951）。

299. 陳香：《清代女詩人選集》（台北：台灣商務印書館，1977年）。

300. 陳高華、童芍素編：《中國婦女通史》（杭州：杭州出版社，2010-2011年）。

301. 陳寅恪：《柳如是別傳》（台北：里仁書局，1985年）。

302. 陳淑英：《竹素園集》（據同治間刻本影印；收入《南開大學圖書館藏稀見清人別集叢刊》，冊26）。

303. 陳善文：《古代軍旅詩縱橫談》（上海：上海古籍出版社，1988年）。

304. 陳壽撰，裴松之注：《三國志》（北京：中華書局，1982年）。

305. 陳夢雷編纂，蔣廷錫校訂：《古今圖書集成》（北京：中華書局；成都：巴蜀書社，1985年）。

306. 陳榮華等：《江西歷代人物辭典》（南昌：江西人民出版社，1990年）。

307. 陳維崧：《婦人集》（據商務印書館1935年版影印；收入《叢書集成初編》，冊3401）。

308. 陳維崧著，冒丹書補：《婦人集補》（台北：新興書局，1980年）。

309. 陶秋英：《中國婦女與文學》（台中：藍燈出版社，1975年）。

310. 陶慕寧：《青樓文學與中國文化》（北京：東方出版社，1993年）。

311. 陶毅、明欣：《中國婚姻家庭制度史》（北京：東方出版社，1994年）。

312. 陸圻：《新婦譜》（據宣統二年〔1910〕《香豔叢書》本影印；收入《叢書集成續編》，〈社會科學類〉，冊62）。

313. 陸昶：《歷朝名媛詩詞》（乾隆三十八年〔1772〕吳門陸昶紅樹樓刻本）。

314. 黃宗羲著，沈芝盈校：《明儒學案》（北京：中華書局，2008年）。

315. 黃秩模、付瓊：《國朝閨秀詩柳絮集校補》（北京：人民文學出版社，2011年）。

316. 傅祖熙、傅訓成、傅訓淳：《傅雲龍傳》（杭州：浙江古籍出版社，2003年）。

317. 傅瑛：《明清安徽婦女文學著述輯考》（合肥：黃山書社，2010年）。

318. 單士釐：《閨秀正始再續集》（民國元年〔1911〕活字印本）。

319. 單光鼐：《中國娼妓：過去和現在》（北京：法律出版社，1995年）。

320. 彭定求等編：《全唐詩》（北京：中華書局，1960年）。

321. 彭龜年：《止堂集》（《叢書集成初編》本，冊2023-2025）。

322. 彭蘊璨：《歷代畫史彙傳》（道光刻本）。

323. 惲珠：《紅香館詩草》（據民國十七年〔1928〕《喜咏軒叢書》本影印，收入《叢書集成續編》，〈文學類〉，冊176）。

324. _____：《紅香館詩草》（據民國十七年〔1928〕武進涉園石印本；收入《清代詩文集彙編》，冊499）。

325. _____：《國朝閨秀正始集》（道光十一年〔1831〕紅香館刻本）。

326. _____：《國朝閨秀正始續集》（道光十六年〔1836〕紅香館刻本）。

327. 曾燠：《江西詩徵》（據復旦大學圖書館藏嘉慶九年〔1804〕賞雨茅屋刻本影印；收入《續修四庫全書》，〈集部〉，〈總集類〉，冊1688-1690）。

328. 曾懿：《古歡室詩詞集》（據光緒二十九年〔1903〕刻本影印；收入《清代詩文集彙編》，冊777）。

329. _____：《古歡室詩詞集》（據光緒三十三年〔1907〕刻本影印；收入《美國哈佛大學哈佛燕京圖書館藏明清婦女著述彙刊》，冊3）。

330. 游鑑明編：《中國婦女史論集》（台北：稻鄉出版社，2011-2014年）。

331. _____：《無聲之聲（II）：近代中國的婦女與國家（1600-1950）》（台北：中央研究院近代史研究所，2003年）。

332. 湯志岳編：《廣東古代女詩人詩選》（廣州：廣東人民出版社，1997年）。

333. 程宇昂：《明清士人與男旦》（上海：上海古籍出版社，2012年）。

334. 華瑋：《明清婦女戲曲集》（台北：中央研究院中國文哲研究所，2003年）。

335. _____：《明清婦女之戲曲創作與批評》（台北：中央研究院中國文哲研究所，2003年）。

336. _____：《明清戲曲中的女性聲音與歷史記憶》（台北：國家出版社，2013年）。

337. 覃光瑤：《玉芳詩草》（據乾隆三十五年〔1770〕覃光暐曹南衙署刻本影印；收入《四庫未收書輯刊》，10輯28冊）。

338. 馮爾康、常建華：《清人社會生活》（天津：天津人民出版社，1990年）。

339. 馮爾康：《清人生活漫步》（北京：中國社會出版社，1999年）。

340. _____：《清史史料學》（瀋陽：瀋陽出版社，2004年）。

341. 黃克武：《言不褻不笑：近代中國男性世界中的諧謔、情慾與身體》（台北：聯經出版事業股份有限公司，2016年）。

342. 黃昕瑤：《魏晉名士的友誼觀：友情與友道研究》（新北：花木蘭文化出版社，2012年）。

343. 黃婉璩：《茶香閣遺草》（據道光二十七年〔1847〕《三長物齋叢書》本影印；收入《叢書集成續編》，〈文學類〉，冊179）。

344. _____：《茶香閣遺草》（據道光十年〔1830〕刻本影印；收入《美國哈佛大學哈佛燕京圖書館藏明清婦女著述彙刊》，冊1）。

345. 黃儀冠：《晚明至盛清女性題畫詩研究：以閱讀社群及其自我呈現為主》（台北：花木蘭文化出版社，2009年）。

346. 黃錦珠：《女性書寫的多元呈現：清末民初女作家小說研究》（台北：里仁書局，2014年）。

347. _____：《晚清小說中的「新女性」研究》（台北：文津出版社有限公司，2005年）。

348. 黃燦章、李紹義：《花木蘭考》（北京：中國廣播電視出版社，1992年）。

349. 黃燮清：《國朝詞綜續編》（據南京圖書館藏同治十二年〔1873〕刻本影印；收入《續修四庫全書》，〈集部〉，〈詞類〉，冊1731）。

350. 黃麟書、程少籍：《宋代邊塞詩鈔》（台北：東明文化基金會，1989年）。

351. 楊文儷：《孫夫人集》（據《武林往哲遺著》本影印；收入《叢書集成續編》，〈文學類〉，冊170）。

352. _____：《孫夫人集》（據光緒二十三〔1897〕嘉惠堂丁氏刊本影印；收入《美國哈佛大學哈佛燕京圖書館藏明清婦女著述彙刊》，冊4）。

353. 楊書蕙：《幽篁吟館詩鈔》（據光緒四年〔1878〕刻本影印；收入李星池：《滄香閣詩鈔》）。

354. 楊楊：《小腳舞蹈：滇南一個鄉村的纏足故事》（合肥：安徽文藝出版社，2001年）。

355. 溫璜：《溫氏母訓》（《叢書集成初編》本，冊976）。

356. 萬繩楠：《中國娼妓漫話》（合肥：黃山書社，1996年）。

357. 葉衍蘭、葉恭綽：《清代學者像傳》（上海：上海書店出版社，2001年）。

358. 葉恭綽：《全清詞鈔》（香港：中華書局，1975年）。

359. 葉紹袁編，冀勤校：《午夢堂集》（北京：中華書局，1998年）。

360. 葉夢得：《避暑錄話》（《叢書集成初編》本，冊2786-2787）。

361. 葉璧華：《古香閣全集》（光緒二十九年〔1903〕嘉應刻本）。

362. 葛洪：《西京雜記》（北京：中華書局，1985年）。

363. 董家遵：《中國古代婚姻史研究》（廣州：廣東人民出版社，1995年）。

364. 賈麗英：《誰念西風獨自涼：秦漢兩性關係史》（西安：陝西人民出版社，2008年）。

365. 廖冰凌：《尋覓「新男性」：論五四女性小說中的男性形象書寫》（台北：文史哲出版社，2006年）。

366. 廖宜方：《唐代的母子關係》（台北：稻鄉出版社，2009年）。

367. 漆緒邦：《盛唐邊塞詩評》（太原：山西人民出版社，1987年）。

368. 熊秉真、余安邦編：《情欲明清‧遂欲篇》（台北：麥田出版，2004年）。

369. 熊秉真、張壽安編：《情欲明清‧達情篇》（台北：麥田出版，2004年）。

370. 管仲撰，房玄齡、劉績注：《管子》（上海：上海古籍出版社，1989年）。

371. 趙世杰、朱錫綸、江采蘋等著：《歷代女子文集》（台北：新興書局，1956年）。

372. 趙世杰：《古今女史》（崇禎間問奇閣刻本）。

373. 趙岐注，孫奭疏：《孟子注疏》（阮元《十三經注疏》本）。

374. 趙彥衛：《雲麓漫鈔》（北京：中華書局，1985年）。

375. 趙崔莉：《被遮蔽的現代性：明清女性的社會生活與情感體驗》（北京：智慧財產權出版社，2015年）。

376. 趙雪沛：《明末清初女詞人研究》（北京：首都師範大學出版社，2008年）。

377. 趙尊嶽輯：《明詞彙刊》（上海：上海古籍出版社，1992年）。

378. 趙爾巽：《清史稿》（北京：中華書局，1977年）。

379. 劉月娟：《倚雲樓詩鈔》（民國元年〔1912〕刻本）。

380. 劉向：《戰國策》（上海：上海古籍出版社，1985年）。

381. 劉向編：《列女傳》（道光五年〔1825〕摹刊宋本）。

382. 劉詠聰：《女性與歷史：中國傳統觀念新探》（香港：香港教育圖書公司，1993年）。

383. _____：《才德相輝：中國女性的治學與課子》（香港：三聯書店有限公司，2015年）。

384. _____：《德‧才‧色‧權：論中國古代女性》（台北：麥田出版，1998年）。

385. 劉詠聰編：《性別視野中的中國歷史新貌》（北京：中國社會科學出版社，2012年）。

386. 劉慧娟：《曇花閣詩鈔》（據光緒十六年〔1890〕刻本影印；收入《美國哈佛大學哈佛燕京圖書館藏明清婦女著述彙刊》，冊3）。

387. 劉燕儷：《唐律中的夫妻關係》（台北：五南圖書出版股份有限公司，2007年）。

388. 劉韻芳：《增訂噫余室詩鈔》（民國十一年〔1922〕鉛印本）。

389. _____：《噫餘室詩鈔》（民國十年〔1921〕石印本）。

390. 厲荃：《事物異名錄》（乾隆刻本）。

391. 嶙峋：《閨海吟：中國古近代八千才女及其代表作》（北京：時代文化出版社，2010年）。

392. _____：《閨苑奇葩：中國歷代婦女文學作品精選》（北京：華齡出版社，2012年）。

393. 廣東省立中山圖書館、中山大學圖書館編：《清代稿鈔本》（廣州：廣東人民出版社，2007年）。

394. 樂平：《巾幗不讓鬚眉：中國著名女將小傳》（鄭州：中州古籍出版社，1991年）。

395. 歐陽修、宋祁：《新唐書》（北京：中華書局，1975年）。

396. 歐陽修：《新五代史》（北京：中華書局，1974年）。

397. 潘衍桐：《兩浙輶軒續錄》（據光緒十七年〔1891〕浙江書局刻本影印；收入《續修四庫全書》，〈集部〉，〈總集類〉，冊1685-1687）。

398. 蔡冠洛：《清代七百名人傳》（北京：中國書店，1984年）。

399. 蔡殿齊：《國朝閨閣詩鈔》（道光二十四年〔1844〕刻本）。

400. 蔡鎮楚、蔡靜平：《中國戰爭詩話》（長沙：湖南師範大學出版社，2010年）。

401. 蔣景祁：《瑤華集》（據康熙二十五年〔1760〕刻本影印；收入《續修四庫全書》，〈集部〉，〈詞類〉，冊1730）。

402. 鄧小南、王政、游鑒明編：《中國婦女史研究讀本》（北京：北京大學出版社，2011年）。

403. 鄧小南編：《唐宋女性與社會》（上海：上海辭書出版社，2003年）。

404. 鄧丹：《明清女劇作家研究》（新北：花木蘭文化出版社，2013年）。

405. 鄧之誠：《清詩紀事初編》（上海：上海古籍出版社，1965年）。

406. 鄧紅梅：《女性詞史》（濟南：山東教育出版社，2000年）。

407. 鄧顯鶴：《沅湘耆舊集》（據上海圖書館藏道光二十三年〔1843〕鄧氏南邨艸堂刻本影印；收入《續修四庫全書》，〈集部〉，〈總集類〉，冊1690-1693）。

408. 鄭文昂：《古今名媛彙詩》（據北京大學圖書館藏泰昌元年〔1620〕張正岳刻本影印，收入《四庫全書存目叢書》，〈集部〉，〈總集

類〉，冊383）。

409. 鄭氏：《女孝經》（據津逮祕書本影印；收入《叢書集成初編》，冊990；北京：中華書局，1991年）。

410. 鄭玄注，賈公彥疏：《儀禮注疏》（阮元《十三經注疏》本）。

411. 鄭玄箋，孔穎達疏：《禮記正義》（阮元《十三經注疏》本）。

412. 鄭雅如：《情感與制度：魏晉時代的母子關係》（台北：國立台灣大學出版委員會，2001年）。

413. 鄭樵：《通志》（北京：中華書局，1987年）。

414. 盧建榮編：《性別、政治與集體心態：中國新文化史》（台北：麥田出版，2001年）。

415. 盧蘊真：《紫霞軒詩抄》（據道光二十六年〔1846〕刻本影印；收入《北京師範大學圖書館藏稀見清人別集叢刊》，冊17）。

416. 蕭國亮：《中國娼妓史》（台北：文津出版社，1996年）。

417. 錢仲聯：《清詩紀事》（南京：江蘇古籍出版社，1987-1989年）。

418. 閻福玲：《漢唐邊塞詩研究》（北京：中華書局，2014年）。

419. 靜寄東軒：《名媛尺牘》（清刻本）。

420. 駱綺蘭：《聽秋軒詩集》（嘉慶金陵龔氏刻本）。

421. _____：《聽秋軒詩集》（據乾隆六十年〔1795〕金陵龔氏刻本影印；收入《美國哈佛大學哈佛燕京圖書館藏明清婦女著述彙刊》，冊1）。

422. _____：《聽秋軒詩集》（據乾隆六十年〔1795〕金陵龔氏刻本影印；收入《清代詩文集彙編》，冊446）。

423. 駱賓王：《駱賓王文集》（據上海商務印書館縮印明刊本影印；收入《四部叢刊初編》，〈集部〉）。

424. 駱樹英：《飄香室文詩遺稿》（光緒間〔1875-1908〕鉛印本）。

425. 鮑之蕙：《清娛閣吟稾》（據嘉慶十六年〔1811〕刻本影印；收入《美國哈佛大學哈佛燕京圖書館藏明清婦女著述彙刊》，冊1）。

426. _____：《清娛閣詩鈔》，收入《京江鮑氏三女史詩鈔合刻》（光

緒八年〔1882〕刻本）。

427. 鮑震培：《清代女作家彈詞研究》（天津：南開大學出版社，2008年）。

428. 戴德：《大戴禮記》（《四部叢刊》景明袁氏嘉趣堂本）。

429. 戴燮元：《京江鮑氏三女史詩鈔合刻》（據光緒八年〔1882〕刻本影印；收入《美國哈佛大學哈佛燕京圖書館藏明清婦女著述彙刊》，冊5）。

430. 戴晴、洛洛：《纏足女子：當代中國女性問題》（香港：明報出版社，1996年）。

431. 薛宗正：《歷代西陲邊塞詩研究》（蘭州：敦煌文藝出版社，1993年）。

432. 謝無量：《中國婦女文學史》（上海：上海書店，1990年）。

433. 鍾惺：《名媛詩歸》（據中國人民大學圖書館藏明刻本影印，收入《四庫全書存目叢書》，〈集部〉，〈總集類〉，冊339）。

434. 鍾慧玲：《清代女作家專題：吳藻及其相關文學活動研究》（台北：樂學書局有限公司，2001年）。

435. _____：《清代女詩人研究》（台北：里仁書局，2000年）。

436. 顏之推：《顏氏家訓》（《四部叢刊》景明本）。

437. 魏向炎：《豫章才女詩詞評注》（南昌：江西人民出版社，1987年）。

438. 譚正璧：《中國女性文學史話》（天津：百花文藝出版社，1984年）。

439. _____：《中國女性的文學生活》（台北：河洛圖書出版社，1977年）。

440. _____：《中國女詞人故事》（台北：華嚴出版社，1996年）。

441. 譚莊蘭：《〈詩經〉男性人物形象研究》（新北：花木蘭文化出版社，2011年）。

442. 關永利：《唐前邊塞詩史論》（北京：中國文史出版社，2014

年）。

443. 懺安：《閨範詩》（台北：廣文書局，1982年）。

444. 蘇者聰：《古代婦女詩一百首》（長沙：岳麓書社，1984年）。

445. 蘇珊玉：《盛唐邊塞詩的審美特質》（台北：文津出版社，2000
年）。

446. 蘇菁媛：《晚明女詞人研究》（台北：花木蘭文化出版社，2010
年）。

447. 饒宗頤、張璋編：《全明詞》（北京：中華書局，2004年）。

448. 顧鑒塘：《中國歷代婚姻與家庭》（台北：台灣商務印書館，1994
年）。

449. 龔斌：《情有千千結：青樓文化與中國文學研究》（上海：漢語大
詞典出版社，2001年）。

乙、期刊及專集論文

1. 于麗艷：〈駱綺蘭「秋燈課女」的文化意蘊〉，《常州資訊職業技
術學院學報》，2004年3期（2004年9月），頁32-34。

2. 尹楚兵：〈宋話本愛情婚戀題材小說中男性形象探析〉，《江南大
學學報》（人文社會科學版），2004年4期（2004年8月），頁82-
85、89。

3. 王力堅：〈《名媛詩話》的自我指涉及其內文本建構〉，《中山大
學學報》（社會科學版），2008年1期（2008年），頁17-26。

4. _____：〈《名媛詩話》的性靈詩學思想〉，收入黃霖、鄔國平
編：《追求科學與創新——復旦大學第二屆中國文論國際學術會議
論文集》（北京：中國文聯出版社，2006年），頁352-358。

5. _____：〈《名媛詩話》與經世實學〉，《蘇州大學學報》，2006
年3期（2006年5月），頁46-52。

6. _____：〈從《名媛詩話》看家庭對清代才媛的影響〉，《長江學
術》，2006年3期（2006年），頁109-116。

7. ＿＿＿＿：〈清代女性婉約詞學觀及女性婉約詞創作中的性別意識〉，收入中國古代文學理論學會編：《古代文學理論研究》，第20輯（上海：華東師範大學出版社，2002年），頁317-326。

8. ＿＿＿＿：〈清代才媛沈善寶的家庭性別角色〉，《深圳大學學報》（人文社會科學版），2008年5期（2008年9月），頁112-117、144。

9. ＿＿＿＿：〈清代才媛的山水意識——以《名媛詩話》為考察中心〉，《中國文學研究》，2008年11輯（2008年），頁224-258。

10. ＿＿＿＿：〈清代才媛紅樓人物題詠論析〉，《長江學術》，2012年1期（2012年），頁35-43。

11. ＿＿＿＿：〈清代才媛紅樓主題題詠剖析〉，《文化與傳播》，2012年1期（2012年2月），頁93-99。

12. ＿＿＿＿：〈清代才媛紅樓題詠的型態分類及其文化意涵〉，《江西師範大學學報》（哲學社會科學版），2012年5期（2012年10月），頁48-59。

13. ＿＿＿＿：〈清代才媛書信體散文之女性書寫——以《歷代名媛書簡》之家訓書信為考察中心〉，《勵耘學刊》（文學卷），2006年1期（2006年），頁75-90。

14. ＿＿＿＿：〈錢塘才媛沈善寶的隨宦行跡與文學交遊〉，《浙江大學學報》（人文社會科學版），2009年3期（2009年5月），頁184-191。

15. ＿＿＿＿：〈錢塘才媛沈善寶與山東壽光安邱李氏之情緣〉，《文史哲》，2009年2期（2009年），頁54-60。

16. 王兵：〈清詩女性選本研究〉，《中國文化大學中文學報》，23期（2011年10月），頁21-38。

17. 王育濟：〈「金匱之盟」真偽考——對一樁學術定案的重新甄別〉，《山東大學學報》（哲學社會科學版），1993年1期（1993年），頁68-79、87。

18. 王保鈺：〈「七擒孟獲」真有其事嗎？〉，《史學月刊》，1987年

2期（1987年），頁92-93。

19. 王英志：〈大家之女與貧者之婦——隨園女弟子錢孟鈿與汪玉軫〉，《蘇州大學學報》，1994年4期（1994年），頁69-75。

20. _____：〈論袁氏家族男性詩人之功過——性靈派研究之一〉，《蘇州大學學報》，1995年4期（1995年），頁29-36、52。

21. _____：〈隨園第一女弟子——常熟女詩人席佩蘭論略〉，《吳中學刊》，1995年3期（1995年），頁53-58。

22. 王細芝：〈從《清代閨閣詩人徵略》看清代女詩人的早逝現象〉，《當代教育理論與實踐》，2013年12期（2013年12月），頁149-151。

23. _____：〈論清代閨閣詞人及其創作〉，《中國韻文學刊》，2001年1期（2001年），頁63-68。

24. 王莉芳、趙義山：〈晚明女曲家徐媛初論〉，《蘇州大學學報》，2004年4期（2004年7月），頁91-96。

25. 王晶冰：〈從唐詩中看古人的交友之道〉，《太原理工大學學報》（社會科學版），2003年3期（2003年9月），頁70-72。

26. 王萌：〈明清女性創作群體的地理分佈及其成因〉，《中州學刊》，2005年6期（2005年11月），頁216-220。

27. 王雲平：〈嘗擬雄心勝丈夫——清代女作家王貞儀和她的詩詞〉，《上饒師範學院學報》，2007年1期（2007年2月），頁74-77。

28. 王會豪：〈傅雲龍《遊歷日本圖經餘記》所見漢籍考〉，《貴州文史叢刊》，2014年4期（2014年），頁38-44。

29. 王磊：〈先秦時期的交友之道〉，《倫理學研究》，2009年5期（2009年9月），頁17-19。

30. 王衛：〈唐婚戀傳奇中男性形象塑造的藝術成就探析〉，《商洛學院學報》，2014年1期（2014年2月），頁38-41、72。

31. 王曉秋：〈晚清傅雲龍的海外遊歷和外國研究〉，收入朱誠如、王天有編：《明清論叢》，第2輯（北京：紫禁城出版社，2001年），頁238-244。

32. 王燕：〈明清徽州閨媛及其詩詞創作〉，《巢湖學院學報》，2011年1期（2011年1月），頁61-64。

33. 王穎：〈南朝樂府民歌中的男性形象探析〉，《柳州職業技術學院學報》，2013年4期（2013年8月），頁63-67。

34. 王寶平：〈傅雲龍《遊歷日本圖經》徵引文獻考〉，《浙江工商大學學報》，2008年2期（2008年4月），頁71-76。

35. 付瓊、曾獻飛：〈論清代女詩人的地域分佈：以《國朝閨秀詩柳絮集》所收詩人為例〉，《海南大學學報》（人文社會科學版），2008年1期（2008年2月），頁69-75。

36. 付瓊：〈《國朝閨秀詩柳絮集》的地位和特色〉，《蘇州大學學報》（哲學社會科學版），2010年6期（2010年11月），頁98-100。

37. 史梅、陳婧：〈嘉道時期阮元家族閨秀文學活動述略〉，收入故宮博物院、朱賽虹編：《第一屆清宮典籍國際研討會論文集：天祿珍藏》（北京：故宮出版社，2013年），頁297-321。

38. 甘華瑩：〈清代女詩人吳藻與沈善寶的詞作風格比較〉，《綿陽師範學院學報》，2012年12期（2012年12月），頁51-54。

39. 任榮：〈清代徽州女詩人、戲曲家何珮珠考論〉，《淮北師範大學學報》（哲學社會科學版），2011年2期（2011年4月），頁48-52。

40. 伏濤：〈「長儷」閣中「長離」情——試論王采薇的心境與詩情〉，《殷都學刊》，2010年 2期（2010年7月），頁66-70。

41. _____：〈從王采薇、黃仲則之詩看「盛世」閨閣、寒士的心境同構〉，《三峽大學學報》（人文社會科學版），32卷5期（2010年9期），頁55-58。

42. _____：〈試論「隨園第一女弟子」席佩蘭的科舉詩〉，《菏澤學院學報》，2012年1期（2012年2月），頁37-40、55。

43. _____：〈試論駱綺蘭詩歌中的男性意識及其成因〉，《大連大學學報》，2010年31卷3期（2010年6月），頁24-27。

44. 合山究著，李寅生譯：〈明清女子題壁詩考〉，《河池學院學

報》，2004年1期（2004年7月），頁53-57。

45. 朱平：〈清代女詩人錢孟鈿的詩歌創作〉，《蘇州教育學院學報》，2012年1期（2012年2月），頁46-48。

46. 朱榮智：〈孟子論交友〉，《孔孟月刊》，41卷4期（2002年12月），頁24-25。

47. 衣若蘭：〈才女史評越扶桑——和刻本李晚芳《讀史管見》的出版與流傳〉，《台大歷史學報》，55期（2015年6月），頁173-217。

48. _____：〈「天下之治自婦人始」：試析明清時代的母訓子政〉，收入游鑑明編：《中國婦女史論集・九集》（台北：稻鄉出版社，2011年），頁111-137。

49. _____：〈明清女性散傳研究〉，收入張顯清編：《第十三屆明史國際學術研討會論文集》（長沙：湖南人民出版社，2011年），頁714-729。

50. _____：〈誓不更娶——明代男子守貞初探〉，《中國史學》，15期（2005年9月），頁65-86。

51. 何宇軒：〈「為夫之道」：清代家訓所呈現的男性性別角色認知〉，《中國史研究》（大邱），第90輯（2014年6月），頁169-199。

52. _____：〈明清女性著作研究趨勢初探——附明清女性作品總集、女性別集知見錄〉，《書目季刊》，51卷4期（2018年4月），頁97-116。

53. _____：〈「大丈夫」、「男子漢」、「男兒」——論傳統社會男性人格的形成〉，《國文天地》，395期（2018年4月），頁63-67。

54. _____：〈漸放異彩：中國男性史之賡續研究〉，《漢學研究通訊》，36卷4期（2017年12月），頁26-35。

55. _____：〈中國男性史研究論著目錄〉，《書目季刊》，49卷2期（2015年12月），頁105-121。

56. _____：〈方興未艾：學術界的中國男性史研究〉，《漢學研究通訊》，32卷4期（2013年11月），頁1-10。

57. _____：〈明清女性作家之個別研究論著知見錄〉，《書目季刊》，50卷4期（2017年4月），頁75-114。

58. _____：〈近年學術界對清代邊疆城市與內地城市經濟的探討：以伊犁、蘇州為例〉，《新北大史學》，13期（2013年5月），頁57-74。

59. _____：〈書評：*Lost Bodies: Prostitution and Masculinity in Chinese Fiction*〉，《漢學研究》，30卷4期（2012年12月），頁351-356。

60. _____：〈書評：*Masculinities in Chinese History*〉，《漢學研究通訊》，35卷2期（2016年7月），頁25-27。

61. _____：〈書評：國民革命軍與近代中國男性氣概的形塑，1924-1945〉，《歷史人類學學刊》，10卷1期（2012年4月），頁162-165。

62. _____：〈書評：優游坊廂：明清江南城市的休閒消費與空間變遷〉，《中國史研究》（大邱），第88輯（2014年2月），頁273-278。

63. _____：〈清代女性著作中有關養生議題的探討〉，《新北大史學》，19期（2016年6月），頁25-43。

64. _____：〈清代家訓文獻所呈現的男性人格〉，收入周佳榮、范永聰編：《東亞世界：政治·軍事·文化》（香港：三聯書店〔香港〕有限公司，2014年），頁80-100。

65. _____：〈韓愈詩文的性別內容〉，《中正歷史學刊》，15期（2012年12月），頁63-94。

66. 何冠環：〈「金匱之盟」真偽新考〉，《暨南學報》（哲學社會科學版），1993年3期（1993年7月），頁83-89。

67. 余康發、謝愛萍：〈清代江西閨閣詩人及其作品刊刻概況〉，《景德鎮高專學報》，2009年3期（2009年9月），頁74-76。

68. 余意：〈論明代女詞人的懷親詞〉，《東莞理工學院學報》，2011年4期（2011年8月），頁75-79。

69. 吳宇娟：〈走出傳統的典範：晚清女作家小說女性蛻變的歷程〉，

《東海中文學報》，19期（2007年7月），頁239-268。

70. 吳依凡：〈真實與虛構：「諸葛亮南征南中」由《三國志》到《三國演義》承衍研究〉，《輔大中研所學刊》，21期（2009年4月），頁67-87。

71. 呂凱鈴：〈李尚暲、錢韞素合集所見之夫婦情誼：清代友愛婚姻一例〉，《中國文化研究所學報》，50期（2010年1月），頁189-217。

72. 呂菲、呂迅：〈清代徽州女詞人考〉，《安徽廣播電視大學學報》，2009年3期（2009年9月），頁85-89。

73. 宋清秀：〈秀——清代閨秀詩學的核心概念〉，《徐州師範大學學報》（哲學社會科學版），2011年4期（2011年7月），頁44-51。

74. _____：〈清代才女文化的地域性特點——以王照圓、李晚芳為例〉，《浙江師範大學學報》（社會科學版），2005年4期（2005年8月），頁35-39。

75. _____：〈試論明末清初才女文化的特點〉，《求索》，2005年9期（2005年），頁195-197、176。

76. 扶平凡：〈人間別離苦，相思了無期——清代貴州女詩人鄭淑昭詩歌抒情藝術論〉，《貴州民族大學學報》（哲學社會科學版），2015年1期（2015年5月），頁90-94。

77. 李冰馨：〈從「秋紅吟社」看明清女性詩社的發展〉，《樂山師範學院學報》，2007年2期（2007年2月），頁43-46。

78. 李伯重：〈明清江南的出版印刷業〉，《中國經濟史研究》，2001年3期（2001年），頁96-107、146。

79. 李利軍：〈唐傳奇中的男性形象〉，《太原師範學院學報》（社會科學版），2013年2期（2013年3月），頁77-79。

80. 李志躍：〈敢於「攬星捉月」的南京清代女天文學家——王貞儀〉，《紫金歲月》，1999年3期（1999年），頁51-52。

81. 李明：〈諸葛亮「七擒孟獲」傳說的文化內涵初探〉，《臨滄師範

高等專科學校學報》，2008年1期（2008年3月），頁7-10。

82. 李長泰：〈孟子「大丈夫」人格思想探析〉，《船山學刊》，2006年4期（2006年），頁83-86。

83. 李保民：〈清代女詞人吳藻的悲情生活〉，《食品與生活》，2004年9期（2004年），頁38-39。

84. 李國彤：〈明清婦女著作中的責任意識與「不朽」觀〉，《燕京學報》，新20期（2006年5月），頁55-77。

85. 李敏：〈始信鬚眉等巾幗，誰言兒女不英雄——清代女科學家王貞儀的成才之路〉，《高師函授》，1986年1期（1986年），頁38-39。

86. _____：〈近二十年來明末清初女詞人群體研究回顧〉，《宜賓學院學報》，2006年3期（2006年3月），頁66-69。

87. 李匯群：〈「才女」與「名妓」：晚明至嘉道文人社會的流行書寫〉，《中國文化研究》，2009年4期（2009年10月），頁45-53。

88. 李嘉瑜：〈上京紀行詩的「邊塞」書寫：以長城、居庸關為論述主軸〉，《台北教育大學語文集刊》，14期（2008年7月），頁1-28。

89. 杜榮春：〈清代貴州女詩人鄭淑昭〉，《貴州文史叢刊》，1982年3期（1982年），頁118-121。

90. 汪青雲：〈清代女性詞人自我形象的重塑〉，《安徽廣播電視大學學報》，2007年2期（2007年6月），頁98-102。

91. 汪超：〈閨閣、青樓場域差異影響下的文學傳播與接受——以明代女性詞人為例〉，《中南大學學報》（社會科學版），2012年2期（2012年4月），頁180-185。

92. 汪超宏：〈范允臨的散曲及生平考略——兼談其妻徐媛的生卒年〉，《中華文史論叢》，74輯（2004年1月），頁219-234。

93. 汪靜：〈席佩蘭與《長真閣集》〉，《文教資料》，2011年7期（2011年3月），頁16-17。

94. 沈雨梧：〈論清代女青年科學家王貞儀〉，《杭州師範學院學報》

（自然科學版），2004年3期（2004年5月），頁213-216。

95. 沈婷：〈從清代閨閣詩作看巴蜀風情〉，《文史雜志》，2011年4期（2011年），頁6-9。

96. 沙培德（Peter Zarrow）：〈末代才女文化之風華再現〉，《近代中國婦女史研究》，15期（2007年12月），頁255-261。

97. 邢義田：〈從《列女傳》看中國式母愛的流露〉，《歷史月刊》，4期（1988年5月），頁98-108。

98. 那曉凌：〈明清時期的「義夫」旌表〉，《北京大學研究生學志》，2007年2期（2007年），頁64-65。

99. 來新夏：〈王貞儀——兼資文武、六藝旁通的女科學家〉，收入中國人民大學清史研究所編：《清史研究集》，第3輯（北京：中國人民大學出版社，1984年），頁180-186。

100. 周良亭：〈孔門論交友之道〉，《孔孟月刊》，7卷12期（1969年8月），頁3-5。

101. 周明初：〈「悼亡」并非悼妻的專稱——讀明代六位女詩人的悼亡詩〉，《中國文化研究》，2008年4期（2008年12月），頁38-44。

102. 周律誠：〈清代常州女詩人王采薇詩歌思想內容淺析〉，《文教資料》，2010年24期（2010年8月），頁13-15。

103. 周致元：〈王貞儀的史學思想與歷史觀〉，《魯東大學學報》（哲學社會科學版），2010年2期（2010年3月），頁16-20。

104. 林玫儀：〈試論陽湖左氏二代才女之家族關係〉，《中國文哲研究集刊》，30期（2007年3月），頁179-222。

105. 林麗月：〈從性別發現傳統：明代婦女史研究的反思〉，《近代中國婦女史研究》，13期（2005年12月），頁1-26。

106. 祁立峰：〈經驗匱乏者的遊戲：再探南朝邊塞詩成因〉，《漢學研究》，29卷1期（2011年3月），頁281-312。

107. 侯步云：〈論孔子的交友之道〉，《西北大學學報》（哲學社會科學版），2008年3期（2008年5月），頁56-58。

108. 俞士玲：〈朝鮮許蘭雪軒詩與明清中國女性文學──以徐媛詩歌創作為中心〉，《深圳大學學報》（人文社會科學版），2015年3期（2015年7月），頁6-15。

109. 姚雪梅：〈清代徽州名媛略論〉，《池州學院學報》，2011年5期（2011年10月），頁80-82。

110. 姜傳松：〈科舉筵宴──鄉試鹿鳴宴探究〉，《東方人文學誌》，8卷3期（2009年9月），頁187-210。

111. 姜碧純：〈淺析孟子的「大丈夫」思想〉，《武警學院學報》，2008年3期（2008年3月），頁55-57。

112. 律雪云：〈清代女科學家王貞儀〉，《歷史教學》，1999年3期（1999年3月），頁49。

113. 段繼紅：〈清代女性「和友詩」論〉，《晉陽學刊》，2011年6期（2011年），頁126-128。

114. _____：〈清代才女結社拜師風氣及女性意識〉，《天津師範大學學報》（社會科學版），2008年3期（2008年6月），頁39-42。

115. _____：〈論清代女性題壁詩〉，《名作欣賞》，2013年14期（2013年），頁90-92。

116. 紀玲妹：〈論清代常州詞派女詞人的家族性特徵及其原因〉，《聊城師範學院學報》（哲學社會科學版），2000年6期（2000年），頁54-58。

117. 胡曉真：〈「皇清盛世」與名媛閨道──評介Susan Mann: *Precious Records: Women in China's Long Eighteenth Century*〉，《近代中國婦女史研究》，6期（1998年8月），頁247-258。

118. _____：〈女作家與傳世慾望──清代女性彈詞小說中的自傳性問題〉，收入國立台灣大學中國文學系編：《語文、情性、義理──中國文學的多層面探討：國際學術會議論文集》（台北：台灣大學中國文學系，1996年），頁399-436。

119. _____：〈才女徹夜未眠：清代婦女彈詞小說中的自我呈現〉，

《近代中國婦女史研究》，3期（1995年8月），頁51-76。

120. _____：〈由彈詞編訂家侯芝談清代中期彈詞小說的創作形式與意識型態轉化〉，《中國文哲研究集刊》，12期（1998年3月），頁41-90。

121. _____：〈杏壇與文壇──清末民初女性在傳統與現代抉擇情境下的教育與文學志業〉，《近代中國婦女史研究》，15 期（2007年12月），頁35-75。

122. _____：〈祕密花園：論清代女性彈詞小說中的幽閉空間與心靈活動〉，收入熊秉真、王璦玲、胡曉真編：《慾掩彌彰：中國歷史文化中的「私」與「情」──私情篇》（台北：漢學研究中心，2003年），頁279-316。

123. _____：〈晚清前期女性彈詞小說試探──非政治文本的政治解讀〉，《中國文哲研究集刊》，11期（1997年9月），頁89-135。

124. _____：〈酗酒、瘋癲與獨身：清代女性彈詞小說中的極端女性人物〉，《中國文哲研究集刊》，28期（2006年3月），頁51-80。

125. _____：〈最近西方漢學界婦女文學史研究之評介〉，《近代中國婦女史研究》，第2期（1994年6月），頁271-289。

126. _____：〈閱讀反應與彈詞小說的創作──清代女性敘事文學傳統建立之一隅〉，《中國文哲研究集刊》，8期（1996年3月），頁305-364。

127. _____：〈藝文生命與身體政治：清代婦女文學史研究趨勢與展望〉，《近代中國婦女史研究》，13期（2005年12月），頁27-63。

128. 唐述壯、張雲倩：〈左錫嘉與宗婉交遊考〉，《忻州師範學院學報》，2015年 3期（2015年9月），頁37-39。

129. 孫康宜（Kang-i Sun Chang）著，馬耀民譯：〈明清女詩人選集及其採輯策略〉，《中外文學》，23卷2期（1994年7月），頁27-61。

130. 徐文緒：〈清代女學者王貞儀和她的《德風亭初集》〉，《文獻》，1980年1期（1980年1月），頁211-214。

131. 徐春燕：〈明代知識女性論略──以江南地區知識女性為考察對象〉，《黃河科技大學學報》，2008年2期（2008年3月），頁57-60。

132. 祝尚書：〈論宋代的鹿鳴宴與鹿鳴宴詩〉，《學術研究》，2007年5期（2007年5月），頁126-132。

133. 秦方：〈晚清才女的成長歷程：以安徽旌德呂氏姊妹為中心〉，《近代中國婦女史研究》，18期（2010年12月），頁259-294。

134. 郝毅：〈錢維喬與錢孟鈿的叔姪情誼〉，《安徽文學》（下半月），2013年4期（2013年），頁127-128。

135. 馬珏玶、高春花：〈《國朝閨秀正始集》淺探〉，《南京師大學報》（社會科學版），2005年6期（2005年11月），頁119-124。

136. 馬珏玶：〈《國朝閨秀正始集》史料價值和文學意義的多學科考察〉，《古籍整理研究學刊》，2012年5期（2012年9月），頁13-17。

137. _____：〈等閒莫作眾芳看──惲珠與《國朝閨秀正始集》〉，載於程章燦編：《中國古代文學文獻學國際學術研討會論文集》（南京：鳳凰出版社，2006年），頁562-581。

138. _____：〈論《國朝閨秀正始集》的民族兼容思想〉，《民族文學研究》，2011年2期（2011年4月），頁66-72。

139. 馬婷婷：〈論漢代交友之禮〉，《管子學刊》，2007年3期（2007年），頁93-97。

140. 馬衛中：〈「隨園第一女弟子」席佩蘭對詩的自覺意識〉，《黑龍江社會科學》，2011年4期（2011年），頁75-78。

141. 高世瑜：〈婦女史研究的瓶頸──關於史料鑑別問題〉，《中華女子學院學報》，2011年4期（2011年8月），頁87-91。

142. 高春花：〈清代女詩人惲珠生平家世考略〉，《蘭台世界》，2011年23期（2011年10月），頁62-63。

143. _____：〈清代山東地區女詩人著作知見錄──《歷代婦女著作考》訂補〉，《湖北社會科學》，2013年10期（2013年），頁126-

129。

144. _____：〈略論《國朝閨秀正始集》的成書與版本〉，《蘭台世界》，2013年20期（2013年7月），頁147-148。

145. 常軍、孫毓晗：〈席佩蘭挽詩研究〉，《現代語文》（文學研究版），2009年22期（2009年8月），頁68-69。

146. 康文：〈「女子何足貴，姑姪羨班家」——簡論貴州遵義鄭淑昭的閨閣詩創作〉，《貴州文史叢刊》，2008年 4期（2008年7期），頁89-92。

147. 康正果：〈重新認識明清才女〉，《中外文學》，22卷6期（1993年11月），頁121-131。

148. 張冬青：〈從《聊齋志異》審視婚戀中的男性形象〉，《北京青年政治學院學報》，2001年2期（2001年6月），頁77-80。

149. 張冬梅：〈明清戲曲與女性意識〉，《長沙師範專科學校學報》，2007年1期（2007年1月），頁65-68。

150. 張永芳：〈葉璧華題詠黃遵憲詩〉，《韶關學院學報》（社會科學版），2006年4期（2006年4月），頁51-52。

151. 張宏生：〈日常化與女性詞境的拓展——從高景芳說到清代女性詞的空間〉，《清華大學學報》（哲學社會科學版），2008年5期（2008年），頁80-86。

152. _____：〈清代婦女詞的繁榮及其成就〉，《江蘇社會科學》，1995年6期（1995年），頁120-125。

153. _____：〈經典確立與創作建構——明清女詞人與李清照〉，《中華文史論叢》，2007年4期（2007年12月），頁279-313。

154. 張柏恩：〈時代苦難：論甲午戰爭詩〉，《靜宜中文學報》，5期（2014年6月），頁151-178。

155. 張洲：〈明清江南才媛文化考述〉，《玉溪師範學院學報》，2012年7期（2012年7月），頁8-19。

156. 張清發：〈奇女奇史——木蘭從軍的敘事發展與典範建構〉，《台

北大學中文學報》，11期（2012年3月），頁117-144。

157. 張經科：〈孟子的大丈夫論〉，《孔孟月刊》，35卷3期（1996年11月），頁11-20。

158. 張群：〈傅雲龍其人及其著述〉，《河南圖書館學刊》，2005年5期（2005年10月），頁77-80。

159. 張遠鳳：〈清初「蕉園詩社」形成原因初探〉，《金陵科技學院學報》（社會科學版），2008年1期（2008年3月），頁79-83。

160. 張蔭麟：〈宋太宗繼統考實〉，載李毓澍編：《張蔭麟先生文集》（台北：九思出版社，1977年），頁933-939。

161. 曹連明：〈紅樓遺夢在，世上有知音——記清代女詩人惲珠〉，《紫禁城》，1995年3期（1995年），頁10-12。

162. 曹曉花：〈無意苦爭春，一任群芳妒——論清代女詩人的總體特徵〉，《名作欣賞》，2013年33期（2013年），頁22-23。

163. 盛志梅：〈清代女性彈詞中女扮男裝現象論析〉，《南開學報》（哲學社會科學版），2004年3期（2004年5月），頁21-28。

164. 許麗芳：〈詩教典範之詮釋與維護：試析明清詩集序跋中對女性書寫合理化之論述〉，《國文學誌》，6期（2002年12月），頁175-198。

165. _____：〈聲音與權力：試析清代女詩人之題詠書史〉，《國文學誌》，7期（2003年12月），頁227-250。

166. 郭玉峰：〈略論漢代士大夫階層的母子關係〉，《聊城師範學院學報》（哲學社會科學版），2001年1期（2001年），頁51-55。

167. 郭蓁：〈清代女性詩人群的總體特徵：以清初至道咸詩壇為中心〉，《齊魯學刊》，2008年5期（2008年9月），頁122-124。

168. 陳世松：〈論秦良玉〉，《四川大學學報》，1978年2期（1978年），頁69-75。

169. 陳玉平：〈明女散曲家黃娥與徐媛散曲風格之異同及成因〉，《新餘學院學報》，2011年2期（2011年4月），頁107-109。

170. 陳旻志：〈至情祇可酬知己：袁枚與隨園女詩人開啟的性靈詩觀〉，《鵝湖月刊》，325期（2002年7月），頁26-38。

171. 陳瑷婷：〈花木蘭故事、形象演化析論——以「木蘭詩」為中心考察〉，《弘光學報》，41期（2003年5月），頁129-147。

172. 陳薇、伏濤：〈家族文化對乾嘉常州女性詩學的促進——以「女青蓮」錢孟鈿為中心〉，《唐山學院學報》，2011年1期（2011年1月），頁60-64。

173. 陳寶良：〈從「義夫」看明代夫婦情感倫理關係的新轉向〉，《西南大學學報》（人文社會科學版），2007年1期（2007年1月），頁48-55。

174. 彭俊彥：〈清代女詞人吳藻——讀詞箚記〉，《遼寧大學學報》（哲學社會科學版），1980年5期（1980年），頁79-83。

175. 彭福榮：〈歷代吟詠秦良玉詩歌述論〉，《文藝爭鳴》，2008年7期（2008年），頁153-155。

176. 揭芳：〈友道精神的確立——先秦儒家友道之成因分析〉，《新疆社科論壇》，2013年4期（2013年），頁70-74。

177. 曾世豪：〈烽火與浪濤：論明朝抗倭戰爭中邊塞詩的海洋新貌〉，《台北教育大學語文集刊》，20期（2011年7月），頁87-122。

178. 曾歡玲：〈客家女詩人葉璧華生平及詩歌概觀〉，《學理論》，2010年9期（2010年），頁74-75。

179. 焦靜宜：〈科學史上一菁英——記清代女科學家王貞儀〉，《歷史知識》，1986年2期（1986年3月），頁38-39。

180. 程君：〈論清代女詩人的佛道之風及其文學影響〉，《北京理工大學學報》（社會科學版），2011年3期（2011年6月），頁119-123。

181. 程海霞：〈女性與科舉〉，《山東女子學院學報》，2011年1期（2011年2月），頁41-43。

182. 華瑋：〈性別與戲曲批評：試論明清婦女之劇評特色〉，《中國文哲研究集刊》，9期（1996年9月），頁193-232。

183. 馮爾康：〈清代的家庭結構及其人際關係〉，《文史知識》，1987年第11期（1987年11月），頁1-6。

184. _____：〈清代的婚姻制度與婦女的社會地位述論〉，見其《顧真齋文叢》（北京：中華書局，2003年），頁184-224。

185. 馮曉東、饒晨曦、申國娥：〈清代女詞人創作特徵研究〉，《安徽文學》（下半月），2011年8期（2011年），頁100-102。

186. 黃淑蓮：〈傅雲龍和他的《遊歷圖經》〉，《蘭臺世界》，2008年19期（2008年10月），頁63-64。

187. 黃儀冠：〈清代婦女題畫詩的閱讀社群及其自我呈現——以《晚晴簃詩匯》為主〉，《國立編譯館館刊》，27卷1期（1998年6月），頁287-310。

188. 黃衛總：〈「情」「欲」之間——清代艷情小說《姑妄言》初探〉，《明清小說研究》，1999年1期（1999年），頁213-223。

189. _____：〈晚明朋友楷模的重寫：馮夢龍《三言》中的友倫故事〉，《人文中國學報》，2012年18期（2012年12月），頁225-238。

190. 黃曉丹：〈清代毗陵張氏家族的母教與女學〉，《長江師範學院學報》，2008年5期（2008年9月），頁121-126。

191. 楊雨：〈中國男性文人氣質柔化的社會心理淵源及其文學表現〉，《文史哲》，2004年2期（2004年），頁107-112。

192. 楊培然：〈梅縣女詩人葉璧華〉，《客家雜誌》，28期（1992年9月），頁64。

193. 楊彬彬：〈「自我」的困境—— 一部清代閨秀詩集中的疾病呈現與自傳欲望〉，《中央研究院中國文哲研究集刊》，37期（2010年9月），頁95-130。

194. _____：〈由曾懿（1852-1927）的個案看晚清「疾病的隱喻」與才女身份〉，《近代中國婦女史研究》，16期（2008年12月），頁1-28。

195. 楊寧寧：〈從《史記》看古人交友〉，《學術論壇》，2007年8期

（2007年8月），頁164-168。

196. 溫毓華：〈論王昌齡邊塞詩的情感內容與藝術特色：以《從軍行》、《出塞》兩組詩為例〉，《國文天地》，297期（2010年2月），頁54-58。

197. 管成學、關樹人：〈客居吉林的清代女科學家王貞儀〉，《社會科學戰線》，1988年1期（1988年1月），頁211-215。

198. 趙文彬：〈試論孟子的交友之道〉，《理論界》，2008年7期（2008），頁158-159。

199. 趙世瑜：〈冰山解凍的第一滴水：明清時期家庭與社會中的男女兩性〉，《清史研究》，1995年4期（1995年12月），頁93-99。

200. 趙永翔：〈清代「重赴鹿鳴宴」制度〉，《歷史檔案》，2012年2期（2012年5月），頁65-69。

201. 趙娜：〈施淑儀《清代閨閣詩人徵略》〉，《蘇州大學學報》（哲學社會科學版），2009年2期（2009年），頁58-59。

202. 趙雪沛：〈從清中葉浙江女詞人的創作看女性詞特質〉，《北京大學學報》（哲學社會科學版），2010年6期（2010年11月），頁60-64。

203. 趙愛華：〈閨秀作家的生存狀況與明清江南地區的彈詞創作〉，《江蘇工業學院學報》（社會科學版），2012年3期（2012年7月），頁57-60。

204. _____：〈論明清彈詞小說中的男性弱化現象〉，《鹽城師範學院學報》（人文社會科學版），2013年4期（2013年4月），頁75-79。

205. 趙燕紅：〈溫柔敦厚，意似淡荷——論才女何佩珠《津雲小草》的詩歌特色〉，《清遠職業技術學院學報》，2015年 5期（2015年12月），頁35-40。

206. 劉奇玉：〈性別・話語・策略：從序跋視角解讀明清女性的戲曲批評〉，《中南大學學報》（社會科學版），2009年5期（2009年10

月），頁692-697。

207. _____：〈明清女性戲曲創作理論的詮釋與接受：以古代戲曲序跋為例〉，《湖南科技大學學報》（社會科學版），2008年3期（2008年5月），頁103-107。

208. 劉厚琴：〈論儒學與兩漢的交友之道〉，《山東師大學報》（社會科學版），1993年4期（1993年），頁49-54。

209. 劉姝：〈清代詩人孫原湘、席佩蘭生卒年考辨〉，《上海大學學報》（社會科學版），2004年6期（2004年11月），頁43-45。

210. 劉軍華：〈明清女性作家戲曲之社會性別錯位現象透視〉，《西北工業大學學報》（社會科學版），2011年2期（2011年4月），頁46-50、87。

211. 劉詠聰：〈目錄繫於史學：論胡文楷編纂女性著作目錄之貢獻〉，收入李金強編：《世變中的史學》（桂林：廣西師範大學出版社，2010年），頁237-264。

212. _____：〈晚明史籍《不如婦寺鈔》解讀〉，收入國立台灣師範大學歷史學系編：《近世中國的社會與文化（960-1800）論文集》（台北：師大歷史系，2007年），頁371-393。

213. _____：〈清代女性課子書舉要〉，《東海中文學報》，20期（2008年7月），頁187-216。

214. _____：〈清代之夫婦合稿〉，收入《海德公園自由言論》，第八集（香港：海德公園真言宗工作委員會，2002年），頁57-80。

215. 劉艷琴：〈論《三言》中士之交友〉，《時代文學》（下半月），2009年7期（2009年7月），頁122-123。

216. 樂繼平：〈論《再生緣》中男性形象的陰化傾向〉，《江蘇教育學院學報》（社會科學版），2011年1期（2011年1月），頁130-133。

217. 賢娟：〈從《詩經》看先秦時代的男性形象〉，《青年文學家》，2013年10期（2013年），頁8-9。

218. 鄧丹：〈才女形象與明清女劇作家的性別思索〉，《戲曲藝術》，

2013年3期（2013年8月），頁55-59。

219. ＿＿＿＿＿：〈名言為曲，實本為心：論明清女劇作家的「私情」書寫〉，《文化遺產》，2010年1期（2010年1月），頁51-57。

220. 鄧廣銘：〈宋太祖太宗皇位授受問題辨析〉，載氏著《鄧廣銘治史叢稿》（北京：北京大學出版社，2010年），頁379-400。

221. 盧嘉琪：〈《四庫全書》廣續諸編所收女性著述〉，《成大歷史學報》，32期（2007年6月），頁35-80。

222. 蕭敏如：〈戲謔下的規戒──清代男色笑話中的諧謔、規戒與性別心態〉，《漢學研究》，31卷3期（2013年9月），頁229-260。

223. 賴玉樹：〈忠忱武略勝鬚眉──明清詠秦良玉之詩舉隅〉，《萬能學報》，36期（2014年7月），頁79-86。

224. 錢泳宏：〈清代的夫妻關係──基於《大清律例》與刑科檔案的法文化考察〉，《南通大學學報》（社會科學版），2010年5期（2010年9月），頁44-51。

225. 鮑震培：〈明清時代江南才女文化的繁榮與彈詞體小說〉，《閩江學刊》，2011年6期（2011年12月），頁100-106。

226. 戴朝福：〈論語的友道精神〉，《中國國學》，22期（1994年10月），頁141-148。

227. 戴慶鈺：〈明清蘇州名門才女群的崛起〉，《蘇州大學學報》（哲學社會科學版），1996年1期（1996年），頁130-133。

228. 戴麗珠：〈清代婦女題畫詩〉，《靜宜人文學報》，3期（1991年6月），頁45-69。

229. 薛青濤：〈論明代閨秀詞人的「女性書寫」及其詞史意義〉，《中華女子學院學報》，1995年1期

230. 謝雍君：〈論明清戲曲女性情感教育的社會意義〉，《浙江藝術職業學院學報》，2008年2期（2008年6月），頁33-39。

231. 鍾慧玲：〈女子有行，遠父母兄弟──清代女作家思歸詩的探討〉，收入淡江大學中國文學系編：《中國女性書寫：國際學術研

討會論文集》（台北：台灣學生書局，1999年），頁127-170。

232. _____：〈吳藻與清代女作家的交遊續探〉，《東海學報》，38卷1期（1997年7月），頁39-58。

233. _____：〈深閨星空——清代女作家記夢詩探論〉，《漢學研究》，27卷1期（2009年3月），頁263-298。

234. _____：〈清代女作家沈善寶年譜前篇〉，《東海中文學報》，19期（2007年7月），頁195-238。

235. _____：〈清代女詩人寫作態度及其文學理論〉，《東海中文學報》，3期（1982年6月），頁147-168。

236. _____：〈期待、家族傳承與自我呈現——清代女作家課訓詩的探討〉，《東海中文學報》，15期（2003年7月），頁177-204。

237. _____：〈閱讀女性‧女性閱讀——沈善寶《名媛詩話》的女性建構〉，《東海中文學報》，20期（2008年7月），頁217-251。

238. 韓淑舉：〈明清女性閱讀活動探析〉，《圖書館工作與研究》，2009年1期（2009年1月），頁63-68。

239. 聶欣晗：〈滿清文化融合的使者、閨秀文化發展的領袖〉，《貴州文史叢刊》，2009年2期（2009年2月），頁98-101。

240. _____：〈論《國朝閨秀正始集》在「教化」與「傳世」間遊走的詩學思想〉，《滿族研究》，2009年2期（2009年6月），頁92-96。

241. 顏建華：〈清代女性駢文作家及其創作述略〉，《中國文學研究》，2006年1期（2006年），頁49-52。

242. 魏華先、農夫：〈論愛國女將秦良玉〉，《武陵學刊》，1995年5期（1995年），頁73-75。

243. 魏愛蓮著，趙穎之譯：〈十八世紀的廣東才女〉，《中山大學學報》（社會科學版），2009年3期（2009年），頁40-46。

244. 羅香萍：〈略論孟子的理想人格——以大丈夫為例〉，《讀與寫》（教育教學刊），2009年8期（2009年8月），頁83、157。

245. 顧敏耀：〈清代女詩人的空間分佈析探：以沈善寶《名媛詩話》

為論述場域〉，《國立中央大學中國文學研究所論文集刊》，11期（2006年6月），頁102-156。

丙、學位論文

1. 王婕：〈清代蘇州閨閣詩人研究〉（蘇州大學碩士論文，2006年）。
2. 王琇瑩：〈席佩蘭詩作及其性靈的表現〉（國立中央大學碩士論文，2010年）。
3. 王雪晨：〈唐前婚戀小說中的男性形象研究〉（延邊大學碩士論文，2011年）。
4. 王婷婷：〈刺繡、書寫、憑欄：乾、嘉、道江南才媛研究〉（華中師範大學碩士論文，2013年）。
5. 王雲平：〈王貞儀《德風亭初集》研究〉（安徽大學碩士論文，2007年）。
6. 王瑜：〈清代女性詩詞成就論〉（蘇州大學碩士論文，2004年）。
7. 王慧瑜：〈明末清初江南才女身世背景之研究〉（國立中央大學碩士論文，2005年）。
8. 王衛：〈唐婚戀傳奇中的男性形象研究〉（陝西師範大學碩士論文，2009年）。
9. 王燕：〈清代徽州才媛詩人研究〉（安徽師範大學碩士論文，2011年）。
10. 王艷紅：〈明代女性作品總集研究〉（上海師範大學碩士論文，2006年）。
11. 石吉梅：〈清朝江西女性作家作品考論〉（江西師範大學碩士論文，2007年）。
12. 伍倩：〈論五四女作家小說中的男性形象〉（江西師範大學碩士論文，2012年）。
13. 何宇軒：〈「夫道」──清代家訓所呈現的男性人格〉（香港浸會大學哲學碩士論文，2013年）。

14. _____：〈明清女性在男性人格建構過程中的角色研究〉（香港浸會大學哲學博士論文，2017年）。

15. 何宣儀：〈唐人小說男性怯懦形象書寫研究〉（佛光大學碩士論文，2012年）。

16. 吳麗真：〈徐媛《絡緯吟》研究〉（東海大學碩士論文，2009年）。

17. 李雅婷：〈家學建構與傳承對清代才女文學的影響：以錢塘袁氏女性文學為中心探討〉（國立中央大學碩士論文，2011年）。

18. 周云匯：〈徐媛詩歌研究〉（復旦大學碩士論文，2010年）。

19. 周律誠：〈清代常州女詩人王采薇研究〉（南京師範大學碩士論文，2007年）。

20. 林如敏：〈明清小說男性形象弱化現象研究〉（暨南大學碩士論文，2005年）。

21. 林寧：〈徐媛研究〉（南京師範大學碩士論文，2012年）。

22. 邱芸怡：〈清才自撰蕉園史：清初閨秀、結社與性別書寫〉（國立暨南國際大學碩士論文，2012年）。

23. 姜朝霞：〈晚清軍旅詩研究〉（蘇州大學碩士論文，2011年）。

24. 施幸汝：〈隨園女弟子研究：清代女詩人群體的初步探討〉（淡江大學碩士論文，2005年）。

25. 紀玲妹：〈清代常州女詞人群體研究〉（南京師範大學碩士論文，1999年）。

26. 范玉婷：〈清代上海女詞人研究〉（華東師範大學碩士論文，2011年）。

27. 范育菁：〈風俗與法律：十七世紀中國的男風與男風論述〉（國立政治大學碩士論文，2010年）。

28. 孫毓晗：〈清代女詩人席佩蘭研究〉（蘭州大學碩士論文，2008年）。

29. 高春花：〈惲珠與《國朝閨秀正始集》研究〉（南京師範大學碩士論文，2006年）。

30. 崔麗娜：〈論嘉道年間女詞人顧春、吳藻〉（黑龍江大學碩士論文，2003年）。

31. 張元懷：〈清乾嘉閨閣社群詩作研究〉（中國文化大學碩士論文，2009年）。

32. 張星星：〈孫原湘、席佩蘭夫婦詩歌研究〉（蘇州大學碩士論文，2013年）。

33. 張瑄蘭：〈明清女性自傳劇作之夢境書寫〉（國立中央大學碩士論文，2011年）。

34. 張毅：〈從五四到抗戰：中國女性小說中的男性形象〉（山東大學博士論文，2007年）。

35. 彭貴琳：〈席佩蘭《長真閣集》研究〉（私立東海大學碩士論文，2003年）。

36. 景方方：〈漢晉交友詩研究〉（廣西師範大學碩士論文，2012年）。

37. 曾歡玲：〈《古香閣詩集》校注〉（華南師範大學碩士論文，2007年）。

38. 程妤琪：〈三面亞當──從「人夫」、「人子」、「人父」論唐傳奇中男性形象的漸層性〉（國立東華大學碩士論文，2013年）。

39. 黃仲韻：〈陸卿子及其作品研究〉（東海大學碩士論文，2010年）。

40. 黃郁晴：〈晚明吳中地區名門女詩人研究〉（國立中山大學碩士論文，2007年）。

41. 黃馨蓮：〈左錫嘉與《冷吟仙館詩稿》研究〉（東海大學碩士論文，2007年）。

42. 葉一慧：〈二十世紀上海女作家小說中男性形象轉變之探討──以六位女作家為例〉（淡江大學碩士論文，2009年）。

43. 詹萍：〈隨園女弟子之冠──席佩蘭研究〉（中南大學碩士論文，2009年）。

44. 劉天祥：〈乾嘉才媛王貞儀研究〉（國立清華大學碩士論文，1993年）。

45. 劉可妤：〈扮裝故事的民間與文人視角——以花木蘭故事為例〉（國立東華大學碩士論文，2015年）。

46. 劉姝：〈席佩蘭的生平事蹟與詩歌創作〉（上海大學碩士論文，2005年）。

47. 劉洋：〈論《聊齋志異》男性人物形象〉（西北師範大學碩士論文，2010年）。

48. 盧嘉琪：〈清代廣嗣思想研究〉（香港浸會大學哲學博士論文，2007年）。

49. 盧蘭：〈宋代女性詞作中的男性形象研究〉（贛南師範學院碩士論文，2013年）。

50. 聶樹平：〈明清時期史學與文學文獻中的秦良玉形象〉（重慶工商大學碩士論文，2011年）。

（二）日文資料

甲、專書

1. 小林徹行：《明代女性の殉死と文学：薄少君の哭夫詩百首》（東京：汲古書院，2003年）。

2. 中津濱涉：《中国の女詩人たち：続》（京都：朋友書店，1987年）。

3. ＿＿＿＿：《中国の女詩人たち》（京都：朋友書店，1981年）。

4. 合山究：《明清時代の女性と文学》（東京：汲古書院，2006年）。

5. 東田雅博：《纏足の発見：ある英国女性と清末の中国》（東京：大修館書店，2004年）。

6. 夏曉虹著，清水賢一郎、星野幸代譯：《纏足をほどいた女たち》（東京：朝日新聞社，1998年）。

7. 高峰：《科挙と女性》（岡山：大学教育出版，2004年）。

8. 森野繁夫、新免惠子：《唐代詩人岑參の邊塞詩》（廣島：溪水社，1988年）。

9. 蕭燕婉：《清代の女性詩人たち：袁枚の女弟子点描》（福岡：中国書店，2007年）。

乙、期刊論文

1. 李艷麗：〈「美男」の誘惑──清末写情小説の「文弱」な男性像についての解読〉，《アジア地域文化研究》，第6号（2009年），頁81-96。

2. 蕭燕婉：〈清代の閨秀詩人王貞儀について：その「脂粉の気を除去する」説を中心に〉，《中国文学論集》，38号（2009年），頁92-106。

3. ＿＿＿＿：〈清末乱世を生きた女流詩人：左錫嘉と《孤舟入蜀図》を中心に〉，《九州中国学会報》，46巻（2008年），頁61-75。

4. ＿＿＿＿：〈単士釐と日本：《受茲室詩稿》と《癸卯旅行記》をめぐって〉，《九州中国学会報》，45巻（2007年），頁92-106。

5. ＿＿＿＿：〈日本に紹介された《隨園女弟子詩選選》について〉，《中国文学論集》，31号（2002年），頁60-77。

6. ＿＿＿＿：〈袁枚の女孫袁綬と滅びゆく隨園：清嘉慶・道光期の女流詩人の素描〉，《中国文学論集》，36号（2007年），頁72-86。

7. ＿＿＿＿：〈袁枚の女弟子歸懋儀の生涯とその文学〉，《中国文学論集》，34号（2005年），頁74-88。

8. ＿＿＿＿：〈駱綺蘭の《聽秋軒閨中同人集》および《聽秋軒贈言》について〉，《中国文学論集》，33号（2004年），頁120-134。

（三）韓文資料

甲、期刊論文

1. 金宜貞：〈明代女性詩에나타난전통과의대화방식：徐媛을중심으로〉，《中國語文學論集》，第70號（2011年10月），頁335-354。

（四）英文資料

甲、專書

1. Berg, Daria and Chloe Starr, eds. *The Quest for Gentility in China: Negotiations beyond Gender and Class*. London and New York: Routledge, 2007.

2. Berg, Daria. *Women and the Literary World in Early Modern China, 1580-1700*. London and New York: Routledge, 2013.

3. Birdwhistell, Joanne D. *Mencius and Masculinities: Dynamics of Power, Morality, and Maternal Thinking*. Albany: State University of New York Press, 2007.

4. Boretz., Avron. *Gods, Ghosts, and Gangsters: Ritual Violence, Martial Arts, and Masculinity on the Margins of Chinese Society*. Honolulu: University of Hawai'i Press, 2011.

5. Brook, Timothy. *The Troubled Empire: China in the Yuan and Ming Dynasties*. Cambridge, MA: Belknap Press of Harvard University Press, 2010.

6. Brownell, Susan and Jeffrey N. Wasserstrom, eds. *Chinese Femininities/ Chinese Masculinities: A Reader*. Berkeley: University of California Press, 2002.

7. Chang, Kang-i Sun and Haun Saussy, eds. *Women Writers of Traditional China: An Anthology of Poetry and Criticism*. Stanford, CA: Stanford

University Press, 1999.

8. Chang, Kang-i Sun. *The Late-Ming Poet Ch'en Tzu-lung: Crises of Love and Loyalism*. New Haven: Yale University Press, 1991.

9. Ebrey, Patricia Buckley and Rubie S. Watson, eds. *Marriage and Inequality in Chinese Society*. Berkeley: University of California Press, 1991.

10. Ebrey, Patricia Buckley. *The Inner Quarters: Marriage and the Lives of Chinese Women in the Sung Period*. Berkeley, L.A. & London: University of California Press, 1993.

11. _____. *Women and the Family in Chinese History*. London and New York: Routledge, 2003.

12. Edwards, Louise. *Women Warriors and Wartime Spies of China*. Cambridge: Cambridge University Press, 2016.

13. Elman, Benjamin A. *Civil Examinations and Meritocracy in Late Imperial China*. Cambridge, MA: Harvard University Press, 2013.

14. Epstein, Maram. *Competing Discourses: Orthodoxy, Authenticity, and Engendered Meanings in Late Imperial Chinese Fiction*. Cambridge, MA; London: Harvard University Asia Center, 2001.

15. Fairbank, John King and Kwang-Ching Liu, eds. *The Cambridge History of China, vol. 10-11: Late Qing, 1800-1911*. Cambridge: Cambridge University Press, 1987.

16. Fong, Grace S. and Ellen Widmer, eds. *The Inner Quarters and Beyond: Women Writers from Ming through Qing*. Leiden and Boston: Brill, 2010.

17. Fong, Grace S. *Herself an Author: Gender, Agency, and Writing in Late Imperial China*. Honolulu: University of Hawai'i Press, 2008.

18. Fong, Grace S., Nanxiu Qian, and Harriet T. Zurndorfer, eds. *Beyond Tradition and Modernity: Gender, Genre, and Cosmopolitanism in Late Qing China*. Leiden and Boston: Brill, 2004.

19. Gilmartin, Christina K., Gail Hershatter, Lisa Rofel and Tyrene White,

eds. *Engendering China: Women, Culture and the State.* Cambridge, 'MA: Harvard University Press, 1994.

20. Goodman, Bryna and Wendy Larson, eds. *Gender in Motion: Divisions of Labor and Cultural Change in Late Imperial and Modern China.* Lanham, Boulder, New York and Oxford: Rowman and Littlefield Publishers, 2005.

21. Guo, Li. *Women's Tanci Fiction in Late Imperial and Early Twentieth-Century China.* West Lafayette, Indiana: Purdue University Press, 2015.

22. Henriot, Christian. *Prostitution and Sexuality in Shanghai: A Social History, 1849-1949.* Cambridge: Cambridge University Press, 2001.

23. Hershatter, Gail. *Dangerous Pleasures: Prostitution and Modernity in Twentieth-Century Shanghai.* Berkeley, California: University of California Press, 1997.

24. Hinsch, Bret. *Masculinities in Chinese History.* Lanham, MD: Rowman and Littlefield Publishers, 2013.

25. _____. *Passions of The Cut Sleeve: The Male Homosexual Tradition in China.* Berkeley: University of California Press, 1990.

26. Ho, Clara Wing-chung, ed. *Biographical Dictionary of Chinese Women: The Qing Period, 1644-1911.* Armonk, New York and London: M.E. Sharpe, 1998.

27. _____, ed. *Overt and Covert Treasures: Essays on the Sources for Chinese Women's History.* Hong Kong: Chinese University Press, 2012.

28. Huang, Martin W. *Male Friendship in Ming China.* Leiden and Boston: Brill, 2007.

29. _____. *Negotiating Masculinities in Late Imperial China.* Honolulu: University of Hawai'i Press, 2006.

30. Hummel, Arthur W., ed. *Eminent Chinese of the Ch'ing Period (1644-1912).* Washington DC: Government Printing Office, 1943-1944.

31. Idema, Wilt L. and Beata Grant, eds. *The Red Brush: Writing Women*

of Imperial China. Cambridge, MA: Harvard University Asia Center, 2004.

32. Judge, Joan and Hu Ying, eds. *Beyond Exemplar Tales: Women's Biography in Chinese History*. Berkeley, Los Angeles, and London: Global, Area, and International Archive: University of California Press, 2011.

33. Kang, Wenqing. *Obsession: Male Same-Sex Relations in China, 1900-1950*. Hong Kong: Hong Kong University Press, 2009.

34. Ko, Dorothy. *Cinderella's Sisters: A Revisionist History of Footbinding*. Berkeley, California: University of California Press, 2005.

35. _____. *Teachers of the Inner Chambers: Women and Culture in Seventeenth-Century China*. Stanford, CA: Stanford University Press, 1994.

36. Kwa, Shiamin and Wilt L. Idema, eds. *Mulan: Five Versions of a Classic Chinese Legend, with Related Texts*. Indianapolis: Hackett Publishing Company, 2010.

37. Lee, Lily Xiao Hong, and Sue Wiles, eds. *Biographical Dictionary of Chinese Women: Tang through Ming, 618-1644*. Armonk, New York and London: M.E. Sharpe, 2014.

38. Li, Wai-yee. *Women and National Trauma in Late Imperial Chinese Literature*. Cambridge, MA: Harvard University Asia Center, 2014.

39. Li, Xiaorong. *Women's Poetry of Late Imperial China: Transforming the Inner Chambers*. Seattle: University of Washington Press, 2012.

40. Louie, Kam and Morris Low, eds. *Asian Masculinities: The Meaning and Practice of Manhood in China and Japan*. London: Routledge Curzon, 2003.

41. Louie, Kam, ed. *Changing Chinese Masculinities: From Imperial Pillars of State to Global Real Men*. Hong Kong: Hong Kong University Press, 2016.

42. Louie, Kam. *Chinese Masculinities in a Globalizing World*. Abingdon, Oxon and New York: Routledge, 2015.

43. _____. *Theorising Chinese Masculinity: Society and Gender in China*. Cambridge: Cambridge University Press, 2002.

44. Lu, Weijing. *True to Her Word: The Faithful Maiden Cult in Late Imperial China*. Stanford, CA: Stanford University Press, 2008.

45. Mann, Susan. *Gender and Sexuality in Modern Chinese History*. New York: Cambridge University Press, 2011.

46. _____. *Precious Records: Women in China's Long Eighteenth Century*. Stanford, CA: Stanford University Press, 1997.

47. _____. *The Talented Women of the Zhang Family*. Berkeley: University of California Press, 2007.

48. McMahon, Keith. *Women Shall Not Rule: Imperial Wives and Concubines in China from Han to Liao*. Lanham, MD: Rowman and Littlefield Publishers, 2013.

49. Peterson, Willard J., ed. *The Cambridge History of China, vol. 9: The Ch'ing Dynasty, Part 1: To 1800*. Cambridge, MA: Cambridge University Press, 2002.

50. Qian, Nanxiu, Grace S. Fong and Richard J. Smith, eds. *Different Worlds of Discourse: Transformations of Gender and Genre in Late Qing and Early Republican China*. Leiden and Boston: Brill, 2008.

51. Qian, Nanxiu. *Politics, Poetics, and Gender in Late Qing China: Xue Shaohui and the Era of Reform*. Stanford, CA: Stanford University Press, 2015.

52. Rawski, Evelyn S. *Education and Popular Literacy in Ch'ing China*. Ann Arbor: University of Michigan Press, 1979.

53. Rowe, William T. *China's Last Empire: The Great Qing*. Cambridge, MA: Belknap Press of Harvard University Press, 2009.

54. Schillinger, Nicolas. *The Body and Military Masculinity in Late Qing and Early Republican China: The Art of Governing Soldiers.* Lanham: Lexington Books, 2016.

55. Scott, Joan Wallach. *Gender and the Politics of History.* New York: Columbia University Press, 1988.

56. Shields, Anna M. *One Who Knows Me: Friendship and Literary Culture in Mid-Tang China.* Cambridge, MA: Harvard University Press, 2015.

57. Smith, Richard J. *China's Cultural Heritage: The Ch'ing Dynasty, 1644-1912.* Boulder: Westview Press, 1994.

58. Sommer, Matthew H. *Polyandry and Wife-Selling in Qing Dynasty China: Survival Strategies and Judicial Interventions.* Oakland, CA: University of California Press, 2015.

59. _____. *Sex, Law and Society in Late Imperial China.* Stanford: Stanford University Press, 2000.

60. Song, Geng and Derek Hird, eds. *Men and Masculinities in Contemporary China.* Leiden: Brill, 2014.

61. Song, Geng. *The Fragile Scholar: Power and Masculinity in Chinese Culture.* Hong Kong: Hong Kong University Press, 2004.

62. Stevenson, Mark and Cuncun Wu, eds. *Homoeroticism in Imperial China: A Sourcebook.* New York: Routledge, 2013.

63. T'ien, Ju-k'ang. *Male Anxiety and Female Chastity: A Comparative Study of Chinese Ethical Values in Ming-Ch'ing Times.* Leiden: E.J. Brill, 1988.

64. Twitchett, Denis and Frederick W. Mote, eds. *The Cambridge History of China, vol. 7: The Ming Dynasty, 1368-1644, Part 1.* Cambridge: Cambridge University Press, 1988.

65. _____, eds. *The Cambridge History of China, vol. 8: The Ming Dynasty, 1368-1644, Part 2.* Cambridge: Cambridge University Press, 1998.

66. Vitiello, G. *The Libertine's Friend: Homosexuality and Masculinity in Late Imperial China*. Chicago: The University of Chicago Press, 2011.

67. Wang, Ping. *Aching for Beauty: Footbinding in China*. Minneapolis: University of Minnesota Press, 2000.

68. Wang, Yanning. *Reverie and Reality: Poetry on Travel by Late Imperial Chinese Women*. Lanham, Maryland: Lexington Books, 2013.

69. Wang, Yun and Qingyun Wu, trans. *A Dream of Glory(Fanhua meng): A Chinese Play by Wang Yun*. Hong Kong: The Chinese University Press, 2008.

70. Widmer, Ellen and Kang-i Sun Chang, eds. *Writing Women in Late Imperial China*. Stanford, CA: Stanford University Press, 1997.

71. Widmer, Ellen. *Fiction's Family: Zhan Xi, Zhan Kai, and The Business of Women in Late-Qing China*. Cambridge, MA: Harvard University Press, 2015.

72. _____. *The Beauty and the Book: Women and Fiction in Nineteenth-Century China*. Cambridge, MA: Harvard University Asia Center, 2006.

73. Wu, Cuncun. *Homoerotic Sensibilities in Late Imperial China*. London and New York: Routledge Curzon, 2004.

74. Yang, Binbin. *Heroines of the Qing: Exemplary Women Tell Their Stories*. Seattle: University of Washington Press, 2016.

75. Zamperini, Paola. *Lost Bodies: Prostitution and Masculinity in Chinese Fiction*. Leiden; Boston: Brill, 2010.

76. Zhong, Xueping. *Masculinity Besieged?: Issues of Modernity and Male Subjectivity in Chinese Literature of The Late Twentieth Century*. Durham: Duke University Press, 2000.

77. Zurndorfer, Harriet T., ed. *Chinese Women in the Imperial Past: New Perspectives*. Leiden and Boston: Brill, 1999.

乙、期刊及專集論文

1. Berg, Daria. "Female Self-Fashioning in Late Imperial China: How the Gentlewoman and the Courtesan Edited Her Story and Rewrote History." In Daria Berg, ed., *Reading China: Fiction, History and the Dynamics of Discourse: Essays in Honour of Professor Glen Dudbridge*. Leiden and Boston: Brill, 2007.

2. Brown, Miranda. "Sons and Mothers in Warring States and Han China." *Nan Nü: Men, Women and Gender in Early and Imperial China* 5, no.2(October 2003): 137-169.

3. Chang, Kang-i Sun. "A Guide to Ming-Ch'ing Anthologies of Female Poetry and Their Selection Strategies." *Gest Library Journal* 5, no. 2(1992): 119-160.

4. _____. "Gender and Canonicity: Ming-Qing Women Poets in the Eyes of the Male Literati." *Hsiang Lectures on Chinese Poetry* 1(2001): 1-18.

5. _____. "Ming-Qing Women Poets and Cultural Androgyny." In Peng-hsiang Chen and Whitney Crothers Dilley, eds., *Feminism/Femininity in Chinese Literature*. Amsterdam and New York: Rodopi, 2002.

6. _____. "Ming-Qing Women Poets and the Notions of 'Talent' and 'Morality'." In Theodore Huters, R. Bin Wong, and Pauline Yu, eds., *Culture and States in Chinese History: Conventions, Accommodations, and Critiques*. Stanford: Stanford University Press, 1997.

7. Edwards, Louise. "Transformations of the Woman Warrior Hua Mulan: From Defender of the Family to Servant of the State." *Nan Nü: Men, Women, and Gender in China* 12, no. 2(December 2010): 175-214.

8. Epstein, Maram. "Bound by Convention: Women's Writing and the Feminine Voice in Eighteenth-Century China." *Tulsa Studies in Women's Literature* 26, no. 1(Spring 2007): 97-105.

9. Fong, Grace S. "A Feminine Condition? Women's Poetry on Illness in Late Imperial China." In Paolo Santangelo and Ulrike Middendorf, eds., *From Skin to Heart: Perceptions of Emotions and Bodily Sensations in Traditional Chinese Culture*. Wiesbaden: Harrassowitz Verlag, 2006.

10. _____. "Gender and Interpretation: Form and Rhetoric in Ming-Qing Women's Poetry Criticism." In Ching-I Tu, ed., *Interpretation and Intellectual Change: Chinese Hermeneutics in Historical Perspective*. New Brunswick, N.J.: Transaction Publishers, 2005.

11. _____. "Gender and the Failure of Canonization: Anthologizing Women's Poetry in the Late Ming." *Chinese Literature: Essays, Articles, Reviews* 26 (December 2004): 129-149.

12. _____. "Reclaiming Subjectivity in a Time of Loss: Ye Shaoyuan (1589-1648) and Autobiographical Writing in the Ming-Qing Transition." *Ming Studies*, no. 59 (May 2009): 21-41.

13. _____. "Signifying Bodies: The Cultural Significance of Suicide Writings by Women in Ming-Qing China." *Nan Nü: Men, Women and Gender in Early and Imperial China* 3, no. 1(June 2001): 105-142.

14. Grant, Beata. "*Da Zhangfu*: The Gendered Rhetoric of Heroism and Equality in Seventeenth-Century Chan Buddhist Discourse Records." *Nan Nü: Men, Women and Gender in China* 10, no. 2(September 2008): 177-211.

15. Hershatter, Gail and Wang Zheng, "Chinese History: A Useful Category of Gender Analysis." *American Historical Review* 113(December 2008): 1404-1421.

16. Hinsch, Bret. "Male Honor and Female Chastity in Early China." *Nan Nü: Men, Women and Gender in China* 13, no. 2(September 2011): 169-204.

17. Ho, Clara Wing-chung. "Conventionality versus Dissent: Designation of the Titles of Women's Collected Works in Qing China." *Ming Qing Yanjiu* 3(1994): 46-90.

18. _____. "History as Leisure Reading for Ming-Qing Women Poets." *Hsiang Lectures on Chinese Poetry(McGill University)*7(2015): 27-64.

19. Hua, Wei. "The Lament of Frustrated Talents: An Analysis of Three Women's Plays in Late Imperial China." *Ming Studies* 32 (April 1994): 28-42.

20. Huang, Martin W. "Introduction: Remembering Female Relatives: Mourning and Gender in Late Imperial China." *Nan Nü: Men, Women and Gender in China* 15, no. 1 (March 2013): 4-29.

21. _____. "Male-Male Sexual Bonding and Male Friendship in Late Imperial China." *Journal of the History of Sexuality* 22, no. 2 (May 2013): 312-331.

22. _____. "Negotiating Wifely Virtues: Guilt, Memory and Grieving Husbands in Seventeenth-Century China." *Nan Nü: Men, Women and Gender in China* 15, no. 1(March 2013): 109-136.

23. Idema, Wilt L. "Ming and Qing Literature: Women's Literature." In Haihui Zhang, *et al.* eds., *A Scholarly Review of Chinese Studies in North America.* Ann Arbor, MI.: Association for Asian Studies, 2013.

24. Li, Guotong. "In Quest of Immortality: A Perspective of Chinese Women's History." *Bulletin of Ming-Qing Studies* 8 (December 2005): 203-220.

25. Li, Xiaorong. "'Singing in Dis/Harmony' in Times of Chaos: Xu Can's Poetic Exchange with Her Husband Chen Zhilin during the Ming-Qing Transition." *Research on Women in Modern Chinese History* 19 (2011): 215-254.

26. _____. "Eating, Cooking, and Meaning-making: Ming-Qing Women's Poetry on Food." *Journal of Oriental Studies* 45, nos.1-2(2012): 27-43.

27. _____. "Engendering Heroism: Ming-Qing Women's Song Lyrics to the Tune *Man Jiang Hong.*" *Nan Nü: Men, Women and Gender in China* 7, no.1(March 2005): 1-39.

28. _____. "Gender and Textual Politics during the Qing Dynasty: The Case of the *Zhengshi ji.*" *Harvard Journal of Asiatic Studies* 69, no.

1(June 2009): 75-107.

29. _____. "Woman Writing about Women: Li Shuyi's(1817-?)Project on One Hundred Beauties in Chinese History." *Nan Nü: Men, Women and Gender in China* 13, no. 1(June 2011): 52-110.

30. Lui, Hoi Ling. "A Haunting Voice: A Place for Literary Wives in the History of the Civil Examinations in Qing China." *New Zealand Journal of Asian Studies* 13, no. 1(June 2011): 17-30.

31. Mann, Susan. "AHR Forum-The Male Bond in Chinese History and Culture." *American Historical Review* 105, no. 5(December 2000): 1600-1614.

32. _____. "Talented Women in Local Gazetteers of the Lingnan Region during the Eighteenth and Nineteenth Centuries." *Research on Women in Modern Chinese History* 3(1995): 123-141.

33. _____. "Women's History, Men's Studies: New Directions in Research on Gender in Late Imperial China." In Huang Kewu, ed., *Gender and Medical History.* Taipei: Institute of Modern History, Academia Sinica, 2002.

34. Robertson, Maureen. "Voicing the Feminine: Constructions of the Gendered Subject in Lyric Poetry by Women of Medieval and Late Imperial China." *Late Imperial China* 13, no.1(June 1992): 63-110.

35. Ropp, Paul S. "Love, Literacy, and Laments: Themes of Women Writers in Late Imperial China." *Women's History Review* 2, no. 1(1993): 117-123.

36. Scott, Joan Wallach. "Gender: A Useful Category of Historical Analysis." *American Historical Review* 91, no. 5(December 1986): 1053-1075.

37. Vitiello, G. "Exemplary Sodomites: Chivalry and Love in Late Ming Culture." *Nan Nü: Men, Women and Gender in Early and Imperial China* 2, no. 2(April 2000): 207-257.

38. _____. "The Dragon's Whim: Ming and Qing Homoerotic Tales from *The Cut Sleeve*." *T'oung Pao* 78(1992): 341-372.

39. _____. "The Fantastic Journey of an Ugly Boy: Homosexuality and Salvation in Late Ming Pornography." *Positions* 4, no. 2(Fall 1996): 291-320.

40. _____. "The Forgotten Tears of the Lord of Longyang: Late Ming Stories of Male Prostitution and Connoisseurship." In Jan A.M. De Meyer and Peter M. Engelfriet, eds., *Linked Faiths: Essays on Chinese Religions and Traditional Chinese Culture in Honour of Kristofer Schipper*. Brill: Leiden, 2000.

41. Widmer, Ellen. "Guangdong's Talented Women of the Eighteenth Century." In Maghiel van Crevel, *et al.* eds., *Text, Performance, and Gender in Chinese Literature and Music: Essays in Honor of Wilt Idema*. Leiden: Brill, 2009.

42. _____. "The Epistolary World of Female Talent in Seventeenth-Century China." *Late Imperial China* 10, no. 2(1989): 1-43.

43. _____. "The Rhetoric of Retrospection: May Fourth Literary History and the Ming-Qing Woman Writer." In Milena Dolezelová-Velingerová and Oldřich Král, eds., *The Appropriation of Cultural Capital, China's May Fourth Project*. Cambridge, MA: Harvard University Asia Center, 2001.

44. _____. "The Trouble with Talent: Hou Zhi(1764-1829)and Her *Tanci Zaizaotian* of 1828." *Chinese Literature: Essays, Articles, Reviews* 21(December 1999): 131-150.

45. _____. "Xiaoqing's Literary Legacy and the Place of the Woman Writer in Late Imperial China." *Late Imperial China* 13, no. 1(1992): 111-155.

46. Xu, Sufeng. "The Rhetoric of Legitimation: Prefaces to Women's Poetry Collections from the Song to the Ming." *Nan Nü: Men, Women and Gender in China* 8, no.2(September 2006): 255-289.

47. Yang, Binbin. "A Disease of Passion: The'Self-Iconizing' Project of an Eighteenth-Century Chinese Woman Poet, Jin Yi(1769-1794)." *Journal of Women's History* 24, no. 3(September 2012): 62-90.

48. _____. "Disruptive Voices: Three Cases of Outspoken'Exemplary Women' in Nineteenth-Century China." *Nan Nü: Men, Women, and Gender in China* 14, no. 2(September 2012): 222-261.

49. _____. "Family'Drama' and Self-Empowerment Strategies in Genealogy Writings of Yuan Jingrong(1786-ca.1852)." *Frontiers of Literary Studies in China* 7, no. 1(March 2013): 37-64.

50. Yuan, Xing. "Leaving the'Boudoir' for the Outside World: Travel and Travel Writings by Women from the Late Ming to the Late Qing Periods." *Ming Qing Studies*(December 2014): 257-276.

51. Zhou, Zuyan. "Aspiring to Be A *Da Zhangfu*: Masculinization in Late Imperial Chinese Literature." *Tamkang Review* 35, no.1(Fall 2004): 79-117.

丙、學位論文

1. Lui, Hoi Ling. "Gender, Emotions, and Texts: Writings to and about Husbands in Anthologies of Qing Women's Works." M.Phil. dissertation, Hong Kong Baptist University, 2010.

2. Vitiello, G. "Exemplary Sodomites: Male Homosexuality in Late Ming Fiction." Ph.D. dissertation, University of California, Berkeley, 1994.

3. Yang, Binbin. "Women and the Aesthetics of Illness: Poetry on Illness by Qing-Dynasty Women Poets." Ph.D. dissertation, Washington University, 2007.

4. Zhou, Lili. "The Reconstruction of Masculinity in China, 1896-1930." Ph.D. dissertation, University of Technology, Sydney, 2012.

（五）電子資料

1. 「中國歷代人物傳記資料庫」（http://isites.harvard.edu/icb/icb.do?keyword=k35201）。
2. 「中國基本古籍庫」（http://library.hkbu.edu.hk/hkbuonly/accd.html）。
3. "Oxford Bibliographies Online - Chinese Studies" (http://www.oxfordbibliographies.com/obo/page/chinese-studies).
4. "The McGill-Harvard-Yenching Library Ming-Qing Women's Writings Digitization Project" (http://digital.library.mcgill.ca/mingqing/search/index_ch.php).
5. "The Red Brush: Writing Women of Imperial China" (http://digital.wustl.edu/redbrush/).

史地傳記類　PC0777　讀歷史84

言為心聲：
明清時代女性聲音與男性氣概之建構

作　　　者 / 何宇軒
責 任 編 輯 / 鄭伊庭
圖 文 排 版 / 楊家齊
封 面 設 計 / 蔡瑋筠

發　行　人 / 宋政坤
法 律 顧 問 / 毛國樑　律師
出 版 發 行 / 秀威資訊科技股份有限公司
　　　　　　114台北市內湖區瑞光路76巷65號1樓
　　　　　　電話：+886-2-2796-3638　傳真：+886-2-2796-1377
　　　　　　http://www.showwe.com.tw
劃 撥 帳 號 / 19563868　戶名：秀威資訊科技股份有限公司
　　　　　　讀者服務信箱：service@showwe.com.tw
展 售 門 市 / 國家書店（松江門市）
　　　　　　104台北市中山區松江路209號1樓
　　　　　　電話：+886-2-2518-0207　傳真：+886-2-2518-0778
網 路 訂 購 / 秀威網路書店：https://store.showwe.tw
　　　　　　國家網路書店：https://www.govbooks.com.tw

2018年11月　BOD一版
定價：450元
版權所有　翻印必究
本書如有缺頁、破損或裝訂錯誤，請寄回更換

國家圖書館出版品預行編目

言為心聲 : 明清時代女性聲音與男性氣概之建構 / 何宇軒
作. -- 一版. -- 臺北市 : 秀威資訊科技, 2018.11
　　面 ； 公分. -- (史地傳記類)
BOD版
ISBN 978-986-326-606-8(平裝)

1. 性別認同　2. 男性氣概　3. 明代　4. 清代

544.7　　　　　　　　　　　　　　　　107016437

讀者回函卡

感謝您購買本書,為提升服務品質,請填妥以下資料,將讀者回函卡直接寄
回或傳真本公司,收到您的寶貴意見後,我們會收藏記錄及檢討,謝謝!
如您需要了解本公司最新出版書目、購書優惠或企劃活動,歡迎您上網查詢
或下載相關資料:http:// www.showwe.com.tw

您購買的書名:_____

出生日期:_____年_____月_____日

學歷:□高中 (含) 以下　　□大專　　□研究所 (含) 以上

職業:□製造業　□金融業　□資訊業　□軍警　□傳播業　□自由業
　　　□服務業　□公務員　□教職　　□學生　□家管　　□其它____

購書地點:□網路書店　□實體書店　□書展　□郵購　□贈閱　□其他

您從何得知本書的消息?

　□網路書店　□實體書店　□網路搜尋　□電子報　□書訊　□雜誌
　□傳播媒體　□親友推薦　□網站推薦　□部落格　□其他_____

您對本書的評價:(請填代號　1.非常滿意　2.滿意　3.尚可　4.再改進)

　封面設計____　版面編排____　內容____　文／譯筆____　價格____

讀完書後您覺得:

　□很有收穫　□有收穫　□收穫不多　□沒收穫

對我們的建議:_____

_____

_____

_____

11466

台北市內湖區瑞光路 76 巷 65 號 1 樓

秀威資訊科技股份有限公司　　　收

BOD 數位出版事業部

....

（請沿線對折寄回，謝謝！）

姓　　名：＿＿＿＿＿＿＿＿　年齡：＿＿＿＿　性別：□女　□男

郵遞區號：□□□□□

地　　址：＿＿＿＿＿＿＿＿＿＿＿＿＿＿＿＿＿＿＿＿＿

聯絡電話：(日) ＿＿＿＿＿＿＿＿＿　(夜) ＿＿＿＿＿＿＿＿＿

E-mail：＿＿＿＿＿＿＿＿＿＿＿＿＿＿＿＿＿＿＿＿＿＿＿